YANFA LIUCHENG ZAIZAO
JIYU IPD DE
YANFA YU ZHILIANG GUANLI SHIJIAN

研发流程再造

基于IPD的研发与质量管理实践

索胜军 ◎ 著

企业管理出版社
ENTERPRISE MANAGEMENT PUBLISHING HOUSE

图书在版编目（CIP）数据

研发流程再造：基于IPD的研发与质量管理实践 / 索胜军著. －北京：企业管理出版社，2023.3（2024.2重印）

ISBN 978-7-5164-2761-3

Ⅰ. ①研… Ⅱ. ①索… Ⅲ. ①企业－技术开发－研究 Ⅳ. ①F273.1

中国版本图书馆CIP数据核字(2022)第226785号

书　　名：研发流程再造：基于 IPD 的研发与质量管理实践
书　　号：ISBN 978-7-5164-2761-3
作　　者：索胜军
责任编辑：刘玉双　于湘怡
出版发行：企业管理出版社
经　　销：新华书店
地　　址：北京市海淀区紫竹院南路 17 号　　**邮　　编：**100048
网　　址：http://www.emph.cn　　**电子信箱：**1502219688@qq.com
电　　话：编辑部（010）68701661　发行部（010）68701816
印　　刷：北京亿友创新科技发展有限公司
版　　次：2023 年 3 月 第 1 版
印　　次：2024 年 2 月 第 2 次印刷
规　　格：700 毫米 × 1000 毫米　　**开　　本：**1/16
印　　张：23.25 印张
字　　数：406 千字
定　　价：78.00 元

推荐序

在两年前的一次聚会中，索博士就提到，他正在写一本关于研发和质量管理的书，希望我能作序。现在这本书终于要和大家见面了，虽姗姗来迟，但值得期待。

2001年，随着新的三年战略的展开，联想从文化和管理机制入手，开始落实矩阵式管理模式，并由此带动了研发管理流程的初步完善。2004年，联想并购了IBM PC业务，除了获得相关的产品、渠道和客户外，还获得了一项重要的无形资产——IPD，借助IPD研发管理体系，联想在研发管理能力方面实现了与国际接轨。

收购IBM PC业务后的新联想，最开始在研发流程上实行的是“双轨制”，即国际业务由原IBM团队主导，采用IPD流程，国内业务由原联想团队主导，采用原流程。随着联想业务及组织架构的全面整合，IPD逐步作为研发管理的统一流程在各业务领域贯彻执行，这并不是一步到位的推行，而是有一个基于统一的流程框架，在综合考虑业务特点和以往经验的基础上，由各业务部门依据自己的情况定制化实施、逐步推进的过程。2009年，公司又邀请世界知名的管理咨询公司PRTM对消费PC业务研发流程进行了全面梳理，并将全新产品开发周期由原来的12个月降到9个月，以满足公司战略对消费业务在效率和创新方面的要求。

新联想在研发流程建设中，强调以客户为中心，将IPD流程升级为IOD流程，实现了关注点从开发过程到方案交付的转移；将精益思想融入研发管理体系，通过基于业务的个性化流程设计及基于项目的流程裁剪来消除浪费、提高效率；通过与供应商的密切合作，实现了项目管理的一体化，从而构建了一个高效的精益研发管理体系。精益思想是联想在PC这一完全开放、充分竞争的业务领域能够不断创新、保持竞争优势、保证持续稳定盈利的关键条件之一。

近年来，联想对研发越来越重视，研发投入不断增加，研发团队不断壮大，更是建立了由联想创投、研究院和业务部门研发团队构成的三级研发体系。联想集团多次入围波士顿咨询公司发布的全球最具创新力的50家公司榜单，这是对联想研发创新能力最好的认可。

联想还十分重视质量，把质量看作企业的生命线。强调质量文化的作用，二十多年来坚持每年举办质量月活动；强调质量工具的作用，积极推行精益六西格玛、NUDD等质量管理工具的应用，将质量管理与IOD紧密结合，极限左移，构建了端到端的产品质量管理体系；近年来更是将质量管理向智能化转型，充分发挥人工智能、大数据等创新科技在产品创新、分析预警、服务支持中的作用，赋能产业链质量价值创造，打造极致的用户体验。

索博士在联想工作的十多年中，曾先后在研发团队和质量团队工作过。在研发团队工作期间，参与和主持了包括商用台式机、消费一体机在内的数十款产品的策划、开发和验证工作。在质量团队工作期间，参与了联想质量学院的筹建，主导完成了道场模式的IOD实战体验营培训课程开发工作，并为供应链、质量、研发等多个团队提供了相关的培训；主笔中国质量奖、质量技术奖、全国质量标杆奖申报材料。在研发和质量管理方面，可以说他既在理论方面有全面深入的认知，又具有丰富的实战经验。

在这本书中，索博士对研发管理发展的来龙去脉、IPD流程架构等内容进行了详细介绍，对IPD流程的管理、应用及常见问题进行了全面分析，并通过诸多案例分享了联想在研发和质量管理方面的经验。可以说，这是一部不可多得的理论和实践相结合的著作。

推荐大家有时间读读本书，相信它会让你在研发和质量管理方面有新的发现、新的认知。

王会文 联想集团副总裁、电脑和智能设备首席质量官

推 介

产品研发创新是科学技术转化为生产力的最后一百米。导入成熟的IPD研发管理，可以助推企业将研发创新转化为商业价值和实现商业变现。本书的内容有助于读者了解IPD、认知IPD，并能在应用IPD方面获得指导。

——张平淡 北京师范大学经济与工商管理学院教授、副院长

说起IPD，大家基本上会想到华为和IBM，许多IPD资料也来自这两家企业。联想是中国最早一批国际化的企业之一，多年来在PC产业领域一直处于龙头地位，在这背后，联想基于IPD的研发管理与技术创新体系功不可没。索胜军博士的这本书，详尽介绍并分析了联想在IPD方面的应用实践，所举案例细致鲜活，让人耳目一新。

——李晓光 中国人民大学商学院教授

IPD是一套客户导向、全链集成的产品开发方法，能够有效帮助企业缩短开发周期、提高研发效率，让企业可兼顾做正确的事和正确地做事。在收购IBM PC业务及x86服务器业务过程中，联想全面导入了IPD研发管理体系，实现了研发管理的跨越式发展，从而具备了与世界一流企业同台竞技的能力。对于联想在研发管理方面的发展历程、遇到的问题及采取的对策，索博士在

本书中进行了详细的介绍和深入的分析，有助于大家真正认知IPD，在研发管理方面少走弯路。

——高文平 联想集团前副总裁

研发是企业生存、成长的命脉，一流的研发能力需要一流的研发流程做支撑。研发流程的变革，要求管理者不能仅有决心，还要了解一流的研发流程是怎样的，变革需要在组织和文化方面做哪些准备，不同发展阶段的研发流程变革的关注点是什么，有可能遇到的困难是什么……我相信，您能在这本书中找到这些问题的答案。

——丁晓辉 联想集团副总裁

联宝科技首席执行官

如何找准市场、提高效率、降低成本是企业产品开发面临的几个问题，IPD流程将市场管理与新产品开发管理相结合，能够有效解决这些问题，联想、IBM、联宝等企业多年的实践结果也证明了这一点。作为联想IPD流程导入的亲历者、IPD流程应用的实践者，索博士在本书中分享了诸多亲身经历的案例和心得，有助于管理者和工程师快速了解IPD、应用IPD。

——曲松涛 联宝科技智能制造群组高级总监

智能制造解决方案事业部总经理

从质量视角看，本书对企业战略、组织发展、IPD方法论和流程做了全面生动的阐述，精彩地聚焦于精益研发管理之道。这是对全面质量管理的展现，是对未来智能质量管理生态建设的基础保障，为龙头企业带动生态链高质量发展提供了生动的案例，更有助于为企业的全面创新注入活力。

——宋扬 联想集团全球个人电脑与智能设备、供应链质量管理高级总监联想是中国企业国际化的成功典范之一。其营业额从国际化之初2004财年的225亿港币到2021财年的4899亿港币，增长了20多倍，国际化销售占比超过了75%。业绩增长的背后，是联想作为国际化企业在研发、供应链管理、质量等方面核心竞争力的质的提升。本书聚焦联想研发一体化管理的演化进程，对联想的自我探索、和IBM IPD的融合过程、形成联想特色的精益研发体系进行了详细解剖和分析，分享了很多联想独创的方法、工具，这对所有希望提高研发一体化管理水平的企业都有相当大的参考价值和借鉴意义。

——孔庆斌 联想集团大联想学院原院长

黑马创业金牌导师

研发是科学，更是一门艺术，似乎与流程和标准无法兼容；研发是项目管理，更是系统工程，似乎与运营难以相提并论；研发是投入，更是价值与利润的创造，似乎让投入产出无从计较。本书是索博士的梦想和心血，来自他十多年的坚持和努力，是打破这些天花板的不断寻索！在不同研发岗位的担当和最近十多年的精益咨询实践让他当仁不让地成为这个领域的专家。这本书中谈到的原则和方法在不同的企业和私募项目中被不断验证和充实。恭喜索博士，更要恭喜大家将见证这些宝贵经验在您的工作中大放光彩！

——黄震亚 美国RSL咨询投资集团总裁

美国富达投资集团前副总裁

联想产品集团战略总监、精益咨询全球总监

集成产品开发（IPD）作为一套产品开发的模式、理念与方法，已经越来越多地被应用于各大企业，对企业及时交付满足客户需求的高质量新产品发挥着重要作用。索胜军博士参与了联想IPD流程的建立过程，本书展现了其参与新产品开发的亲身经验，呈现了精益研发的关键路径和重要节点，体现了其对满足客户需求、建立合作团队、优化项目成本、保证产品质量的独到见解和感悟。

——董英刚 紫光计算机科技有限公司质量管理部总监

企业只有制订清晰的战略，通过兼具明确分工和高度协同特点的组织来推动各级流程运转，才能获得高质量的产品创新。这不是一本简单的关于IPD的书，而是一本将成功企业在研发管理中的经验化繁为简，极具借鉴意义的书，值得一读再读。

——林鸿 科理咨询（深圳）股份有限公司总经理

VUCA（多变性、不确定性、复杂性和模糊性）是我们所处的这个时代的特点，企业和个人都面临着来自方方面面的压力，大量有“基础病”的企业因此而失败。只有不断提升自己各方面的能力，才能抵御大风大浪。研发对企业能力的构建起着决定性的作用，但企业研发效率普遍较低。由多种方法论组成的研发方法论理论体系必将对企业研发能力的提升起到举足轻重的作用，它已经不是企业生存、发展的可选项，而是必选项。

——孙永伟 RDMI主席

六西格玛设计黑带大师

TRIZ大师（五级）

联想产品享誉全球，产品研发功不可没，联想研发的精益管理，是从引入IPD流程开始的。小米也在2019年开始引入IPD，以实现产品开发的规范化和标准化。索博士曾是企业内部IPD全流程实施的研发管理者，也是企业内部IPD流程培训的设计者。他对研发精益管理的理解与感悟源于理论与实践的结合，更深刻、更实用。本书是难得一见的研发管理实战宝典。

——翟迎春 小米生态链原质量总监

作为PC行业的龙头企业之一，联想多年来一直十分重视质量管理工作，收购IBM PC业务后，更是依托IPD流程构建了基于产品全生命周期的源头预防质量管理体系，实现了质量管理与国际接轨。本书对联想基于IPD的新产品开发质量管理体系进行了全面介绍，对多个特色质量管理工具及应用进行了分享，这些内容对众多质量管理者来说很具借鉴意义。

——刘伟 一线互联网大厂质量总监

互联网公司为什么进入硬件行业会“水土不服”？互联网化快速迭代的研发模式如何和硬件开发固定节奏匹配？公司的战略方向如何通过产品规划落地？索胜军博士深入分析了IBM、联想和华为等国际先进企业对IPD研发管理的应用，结合自己多年的研发实践总结而成本书，可以让企业少走弯路，实现自己的愿景和目标。

——文聪 中国移动咪咕公司智能硬件部总经理

IPD产品开发体系，联想无疑是最正宗的实践者之一。在2004年和2014年，联想分别收购了IBM的PC业务和x86服务器业务，并相应完成了研发管理体系的升级，IPD是这个体系的核心内容之一。产品开发不是理论，是实践。实践的精髓，只有久经锤炼的实践者才有资格讲。索博士是一位名副其实的实践者，他在个人电脑产品开发的岗位，兢兢业业耕耘了十多年，带出过几代知名产品。我们俩是十多年的老友，三年前他说准备写一本书讲讲研发，讲讲他十多年工作的心得，讲讲那些踩过的坑和摘过的果。我十分了解他的想法，我比他还要期待，每次见面都问这本书的进度。一直盼着，终于读到了他的书稿。

现在，我的朋友，建议你倒一杯茶，翻开崭新的书页，细细品读……

——董航 企业管理资深顾问

便利蜂精益管理前负责人

联想服务器项目管理前总监

关于研发管理和IPD流程落地实践，这是一本非常值得从头到尾深度精读的著作。索胜军博士总结了他在联想多年的工作经验和作为咨询专家的实践经验，为读者奉献了这本IPD教科书。本书不仅告诉大家如何应用和优化IPD流程、工具和方法，深入浅出地剖析了为什么要这样用，如何渐进、精细、灵活地用，还给出了站在公司战略高度及客户、市场等不同角度思考的IPD落地关键步骤及实践方法。希望在中国智能制造崛起的大背景下，本书能够带动我们的企业管理者获得更高的研发管理水平，为中华民族的伟大复兴贡献力量。

——纪绍国　企业管理资深顾问

晶科能源前首席人力资源官

云杉信息技术前人力资源副总裁

360企业大学前校长

精益研发有几个关键词：低成本、高质量、高效率、共识、透明、持续改善。精益研发是一套管理哲学，同时也是包含着很多指导工作方法的工具箱，能帮助企业解决很多研发工作中的具体问题。联想国际化战略成功之路，也是融合IBM IPD、日本丰田精益思想、摩托罗拉六西格玛的联想端到端研发体系建设之路，本书作者是此建设进程的亲历者、实践者、推进者，本书展示了其在这方面的深度思考和全面总结及复盘，是一本值得研发人员学习的参考书。

——刘炜炜　奇安信集团研发管理中心总经理

序 言

德鲁克曾讲过，企业只有两个基本职能：市场营销和创新。所谓创新就是创造差异化的产品和服务，创新也被很多企业家看作企业发展的命脉。

改革开放以来，中国逐渐融入全球经济体系，中国企业获得了前所未有的发展机遇与成长空间。2022年度《财富》世界500强，有145家中国企业上榜，上榜企业总数位列各国榜首，但从以“两利四率”为主的高质量发展指标体系的角度看，与有竞争力的国际大企业相比，中国企业在创新方面还有很大差距。企业所有的问题归根到底都是管理的问题，产品和技术创新也不例外，也会受到企业战略、运营、组织、人才、流程等方面综合管理水平的影响，而研发流程体系不健全是造成中外企业创新差距的关键因素之一。头部企业的研发管理水平尚且如此，其他企业的情况可想而知。

中国企业对研发越来越重视，研发流程体系的不断优化、升级、变革在很多企业已经成为常态，并且主要集中于以IPD（Integrated Product Development，集成产品开发）为代表的第三代研发管理体系。不同行业的众多企业因为IPD的应用而受益，这表明，IPD确实是一套成熟完善、适用性强的研发管理体系。

集成产品开发是一种理念，是通过将开发战略、人员、过程、技术和市场等层次的内容进行集成并通过多学科小组来实现开发，以生产出满足客户需求的产品。多家企业的实践经验表明，集成产品开发管理体系的构建需要总体规划、分步实施，内容要和企业发展情况相匹配，并且要随着企业的发展优化升级；企业的管理水平不同、业务特点不同，集成产品开发流程的关注点、呈现形式也会不同；集成产品开发管理体系的构建不只是研发团队的事，还需要多个职能部门的参与，需要企业具备矩阵式组织管理基础，也就要求企业在愿景、文化、机制、工具的配合下从战略层面进行推进。

一家企业研发管理变革的成功，源于管理者的变革意识，源于推进者对研发管理体系内容的深刻理解和灵活应用，源于研发团队对管理体系的实践和不断改进。这都要求管理者对企业的研发管理状况和发展趋势有清醒的认知；变革推进人员要有深厚的理论基础和丰富的实践经验，只有实践没有理论会陷于肤浅和盲目，只有理论没有实践会陷于空洞和僵化；研发人员则要了解研发管理体系的基本内容，对其在体系中的位置、职责有清晰的认知，并愿意在体系的指导下展开工作。

我在联想工作了十五年，主持和参与了数十款产品的策划、开发、验证工作，申请了十多个专利；经历了联想拆分后的多元化、收购IBM PC业务后的国际化及2008年国际金融危机后依靠“双拳”战略获得全球PC市场份额第一的过程；参与了联想多元化阶段的研发流程自主建设、收购IBM PC业务后IPD的应用推广、PRTM对IPD的优化及联想流程管理制度的建设工作。离开联想后曾给多家企业提供有关研发的咨询培训服务。这几年工作的节奏慢了下来，使我有时间去思考总结，于是基于工作经验和对研发相关理论的理解，我撰写了这本书，期望它能够给管理者以启迪，给变革推进者和研发人员提供参考和指导。

本书共10章。

第1章和第2章，从发展的角度看研发管理和企业组织，以实例帮助读者了解不同阶段研发管理的特点和支撑工具，了解研发管理的发展趋势，了解不同发展阶段的企业的组织特点、研发管理存在的问题及相应的对策。

第3章和第4章，针对研发上升到公司战略层面的情况，介绍如何制订战略并将研发内容在战略层面进行呈现、如何实现战略对技术研究和产品开发的指导作用。

第5章和第6章，介绍IPD的理论基础和内容框架、IPD实施的组织基础、IPD涉及的跨部门团队及相应职责，带领读者从宏观上了解IPD。

第7章、第8章和第9章，介绍了需求收集、需求分配及具体需求在产品中的实现以及基于市场需求的IPD管理方法、IPD流程在新产品开发中的应用实践、基于IPD的质量保证体系和特色工具等内容，帮助读者了解如何基于IPD进行需求管理、产品开发和质量管理。

第10章详细介绍了本人提出的“双引擎驱动”研发管理理念，提醒企业一方面要以技术/产品为核心，以流程为保障，通过企业文化、组织、人力资源等方面的配合来提升技术/产品的创新能力；另一方面要注重客户/市场对技术/产品创新的引导作用，通过客户体验之旅洞察客户需求，明确技术/产品的发展方向，提升客户体验。此外，要充分发挥复盘工具的作用，打造学习型组织，及时发现研发战略、研发项目、重大事件中的问题，总结经验教训，推动企业整体研发能力不断提升。

不可否认，联想至今仍然是成功企业中的成功企业，其研发能力、创新能力毋庸置疑，其研发管理发展历程对众多企业有极强的参考意义。

联想通过IPD流程实现了企业研发管理与国际的接轨，其所处行业的开放、充分竞争及低利润的特点，让其研发管理更加重视产品创新和研发效率，强调项目一体化管理和产品交付。一家企业，也许没有机会再次进行行业的选择，也许无法进行大规模的研发投入，也许没有能力支撑领先技术的研究，但肯定可以不断消除浪费、提高效率，实现精益研发，联想的研发管理经验可以提供这方面的参考。

这本书是想通过详细总结自己研发管理的经验，梳理研发管理的来龙去脉，形成自己对研发管理系统性的理解，让自己有提升，给读者以启示。

本书内容不仅源于我个人的经验，更是众多同事共同努力多年知识积累的结果，在此表示感谢。本书的撰写过程中，查阅了大量文献资料，有些引用的内容无法追溯到具体出处，在此一并致谢。

凡是过往，皆为序章；凡心所向，素履以往。不断学习理论、总结经验，以理论和实践相结合的形式向大家展示研发管理体系，是我的追求。由于水平和时间所限，本书内容仍有许多不够系统、不够完善的地方，希望能够有机会和大家一起探讨修正。

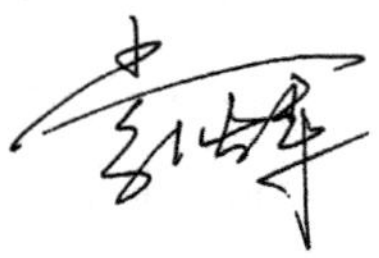

目录

第 1 章

研发管理的前世今生

以史为鉴，可以知兴替。了解研发管理的产生背景及发展情况，有助于企业准确判断自身情况并有针对性地进行改进。

研发管理思想是随着近代工业实验室的出现而出现的，并随着复杂系统的出现不断得到完善，近年来更是与战略管理、营销管理等思想相结合，以适应激烈市场竞争环境下跨国巨型企业的研发管理需要。

研发管理经历了科学家主导的发明商品化时代的第一代研发管理和以新知识的适用性为重点的项目成功时代的第二代研发管理。目前在市场中领先的企业普遍采用的是以连续创新为特征的企业和客户管理时代的第三代研发管理。第四代研发管理一般被认为是将研发视为创造战略性竞争优势的主要手段，并可将研发管理提升到战略核心层面的管理模式，全球科技领导厂商几乎都已经不同程度采用了第四代研发管理模式并取得了巨大成功，这为广大企业研发管理的发展指明了方向。

1.1 研发管理的产生背景及演进

1.1.1 科学家主导的第一代研发管理模式

1800年，伊莱·惠特尼提出了可互换零件的概念，使产品的大规模生产成为可能，机床及精准测量技术的出现则使大规模生产成为现实，这标志着社会开始向大规模批量生产的工业时代发展。企业研发是近代工业的产物，最早的企业内部研发产生于19世纪后期的德国合成染料工业。

德国的巴斯夫公司、赫斯特公司在与大学化学专家和企业内部化学专家合作的过程中获益甚多，认识到工业实验室的重要作用，并于19世纪70年代开始大量招募科学家，建立自己的实验室并给予大力支持，由此推动了企业的快速成长。19世纪70年代中期，科学技术的发展及社会制度的完善，提升了染料企业对科学研究的依赖程度；19世纪80年代企业制度的重大转变使企业进一步发展壮大，各染料企业开始相继建立自己的工业实验室，以增强企业的技术创新能力。自然科学在大学里的体制化及以培养新型工程师为目标的工艺学校的不断发展，为德国培养了大批科技人才，使德国成为当时拥有最多高质量科学家和工程师的国家，这对德国当时包括染料工业在内的新型工业的发展起到了极大推动作用。

1876年，爱迪生在门洛帕克投资两万美元建立了“门罗公园实验室”，即“爱迪生发明工厂”，这可以被认为是全球第一个成熟的研究开发中心。这个实验室招聘工程师，按照计划进行发明，即把一个发明过程分解为不同的工作环节，每个环节由相应领域的专家研究，最终组合为有效的专利，并将专利权出售给企业。爱迪生创立此实验室的目的就是将发明商品化，这种模式成为后来美国众多工业实验研究所的标杆。

这种模式也推动了企业研发机构的快速发展，20世纪初期，通用电气、柯达、杜邦、AT&T（美国电话电报公司）等企业相继建立了工业研究实验室。随后，企业研发机构的数量快速增长，规模也不断增大。这个时期的研发，一般由科学家主导，企业仅为他们提供设备和工作场所，并不干扰科学家对研究项目的选择、实施和指导，即实验室的研究开发相对独立于企业的运营，科学家更多的是做技术研究，企业期望的是基于科学家偶然的科研突破开发出的新产品和工艺，从而获取高额的利润。这种由科学家主导的实验室模式被认为是第一代研发管理模式。

第一代研发管理模式下，研究成果以新知识、新技术为主，因此具有很大的不可控性。在经营上，人们相信的是萨伊定律——供给创造其自身的需求，即新技术、新产品能够形成自己的市场并能为企业带来高额的利润。基于以上理念，第一代研发采取的是放任式管理，研发并没有明确的目的、规划和管理活动，所有的研发工作就是按部就班、一步步顺序执行，至于项目投入多少成本、成功后有什么影响，都不做充分估计、不采取预先措施。目前这种研发管理模式在基础研究与开放式创新领域仍然被广为采用，如企业资助一些科研机构，就是只管投资、不定目标；一些企业对员工的创新管理也是只规定投入、不规定产出。

在这个阶段，人们对研发活动没有进行深入分析，没有形成比较系统的管理理论和方法，更多依赖于个人的经验，至于研发成功与否以及后续对市场的影响，则更多基于个人的科研能力及对技术方向的把握，因此，这个阶段的研发管理是非正式的，是基于个人经验和水平的能人式管理。研发实验室的出现，结束了独行侠时代，使研发走向了团队竞争阶段。

19世纪后期至20世纪40年代的第一代研发管理，以从既有知识向新知识跳跃为特征，管理的核心是产品技术，是一种极为初级的管理活动，组织仅能认知研发活动的专业性特征，尚未认识到研发活动对企业运营的重要性。由于该阶段的研发不受已有业务的限制，因此经常出现突破性、革命性的技术成果，从而能够开拓全新的市场并成就企业，比如杜邦公司发明尼龙。但由于经营策略与创新活动的脱节，研发成果经常不能很好地被组织利用，比如贝尔实验室曾发明晶体管，并引发电子产业的新革命，但AT&T的运营并未因此受益。

1.1.2　追求项目成功的第二代研发管理模式

1911年，泰勒出版了《科学管理原理》一书，这代表着泰勒管理思想的成熟，是管理思想发展史上的一个里程碑，是使管理成为科学的一次质的飞跃，为现代管理学奠定了理论基础。

作为泰勒创立和推广科学管理制度的密切合作伙伴，甘特开始尝试用图表对管理进行生动的说明，其图表横轴表示时间，纵轴表示活动（项目），形成的曲线表示整个时间周期计划和实际活动的完成情况，可直观地反映任务计划进行情况及实际进展与计划要求的对比。第一次世界大战期间，甘特在美国陆军部担任顾问，当时的管理部门缺乏有效的工具和方法，工作安排显得比较混乱，甘特对如何准确把握和有效处理各部门的庞杂工作进行了反复思考，提出：工作控制的关键因素是时间，时间应当是制订任何计划的基础，解决时间安排问题的办法是绘制一张标明计划和控制工作的线条图。于是甘特对原有图表进行了升级改进，形成了今天在管理学界享有盛誉的甘特图。

20世纪20年代，出现了“产品品牌管理”岗位，即指定一人对某一产品的研发、生产和营销等所有工作负全责，这是项目经理的前身。

20世纪30年代，美国航空行业逐步采用类似“项目办公室”的方法监控飞机的研制过程，美国工程行业也开始设立“项目工程师”的职位来监控和协调与项目相关的多个部门。

1940年，在美国贝尔电话公司实验室工作的莫利纳和在丹麦哥本哈根电话公司工作的厄朗第一次提出了“系统工程”一词，他们将研制工作分为规划、研究、开发、应用和通用工程等五个阶段，从而构建了系统工程阶段划分的雏形。1942年，美国开始研制原子弹，即“曼哈顿计划（Manhattan Project）”，在执行过程中，负责人格罗夫斯和奥本海默应用了系统工程的思路和方法，大大缩短了研发时间，先于德国制造出原子弹。这种系统工程的思路就是项目管理科学的前身。

以上工作都在项目管理实践方面做了有益的尝试，为项目管理理论的成熟和应用普及提供了基础。

1957年，雷明顿–兰德公司的克里和杜邦公司的沃尔克提出了关键路径法（Critical Path Method，CPM），用于对化工厂的维护项目进行日程安排。这种方法是用网络图表示各项工作之间的关系，找出控制工期的关键路线，在一定工期、成本、资源条件下进行最佳计划安排，以达到缩短工期、提高工效、降低成本的目的。这种方法在一定程度上解决了涉及大量人力、物力、财力的复杂科研和工程项目的有效组织安排问题，使组织在有限的资源条件下以最短的时间和最低的成本完成整个项目成为可能。CPM为项目费用与成本的控制提供了有效的工具，杜邦在采用该技术的第一年就节省了100多万美元。

1957年，美国海军启动“北极星”项目，该项目的目标是开发一种海基陆基通用的固体燃料弹道导弹，洛克希德公司（导弹）和航空喷气公司（推进）承接了该项目。该项目有主要承包商200多家，转包商超过10000家，涉及美国三分之一左右的科学家，计划工期6年。这是一个技术难度高、周期长、协调极其复杂、不确定性极高的项目，按期保质完成该项目是很大的挑战。同时由于来自苏联的压力，必须用新的工具来加速项目的推进。这时Buzz Allen提出了计划评审技术（Program Evaluation and Review Technique，PERT）并被应用到项目中。PERT把工程项目当成一种系统，用网络图、表格或者矩阵来表示各项具体工作的先后顺序和相互关系，以时间为中心，找出从开工到完工的最长路线，并围绕关键路线对系统进行统筹规划、合理安排并对各项工作的完成进度进行严密控制，以实现用最少的时间和资源消耗完成系统预定目标。PERT用于含有大量不确定因素的大规模开发研究项目，重点在于时间控制，“北极星”项目运用该技术将项目周期由计划的6年缩短为4年。

另外一个项目管理重要工具是工作结构分解（Work Breakdown Structure，WBS），这是一个描述思路的规划和设计工具。WBS能够帮助项目经理和项目团队确定和有效地管理项目工作。最初的WBS是一个伴生工具，是随着PERT的出现而出现的。1959年，马尔科姆、罗斯布姆、克拉克和法扎尔的一篇论文阐述了PERT如何成功实施，尽管其中没有直接介绍WBS，但涉及了分解图形，这表明WBS在当时就已有一定发展。1961年，“工作结构分解”这一说法已被广泛使用，当时通用电气内部发表的一篇文章中就有一个WBS的例子。随后一段时间，美国国防部、美国国家宇航局、航天工业企业等机构在介绍PERT时，都对WBS做了详细介绍，推动了WBS的普及和应用。

挣值（Earned Value，EV）的概念最早是19世纪晚期，由一些美国制造工厂的工程师提出的，他们使用这种方法对工厂的绩效进行评估，可以被认为是挣值管理方法的雏形。1962年，在PERT拥戴者的推动下，出现了“PERT/COST（成本）”法，虽然“PERT/COST”法没有获得发展，但蕴含其中的“挣值”概念却被保留了下来。

1967年，美国国防部组织美国空军在“PERT/COST”法基础上研究推出了成本/工期控制系统准则（Cost/Schedule Control System Criteria，C/SCSC），形成了项目挣值法（Earned Value Method，EVM）的雏形。1970年到1980年，C/SCSC得到大范围推广，美国国防部多次对其进行修订并应用于“民兵导弹计划”。EVM是在工程项目实施中使用较多的一种方法，是一种能全面衡量工程进度、成本状况的整体方法，其基本要素是用货币量代替工程量来测量工程的进度。EVM不以投入资金的多少反映工程的进展，而以资金已经转化为工程成果的量来衡量，是一种完整和有效的工程项目监控方法。EVM的价值在于将项目的进度和费用综合度量，从而能够准确描述项目的进展状态，并预测项目可能发生的工期滞后量和费用超支量，进而及时采取纠正措施。EVM为项目管理和控制提供了有效手段。

至此，现代项目管理从技术的角度已经比较全面，形成了一门关于项目资金、时间、人力等资源控制的管理科学，可实现对项目的有效管理，配合职能型、矩阵型、项目专案型的组织结构，使项目成功率大大提升。但在该阶段，由于产品不同、对项目管理工具的理解和使用不同，各企业的研发模式、研发效率差异很大，甚至同一企业的不同事业部、不同产品项目的研发管理水平都存在一定的差异。

20世纪80年代，准时生产（JIT）、全面质量管理（TQM）、拉动式生产等新方法、新理念、新支持手段的出现，使企业的制造过程获得巨大的改进。但用于管理新产品开发过程的概念、理念及手段都没有大的突破，这是因为大家从认知角度，把产品开发看作一门艺术，认为产品是天才与灵感结合的产物，是偶然发生的，可遇不可求，无法对之进行量化管理，人们只能通过提供良好的氛围来激发灵感，从而获得理想的产品。在这个时期，一些专家学者也基于自己的研究，开始揭示产品创新、开发的规律，并通过沉淀、总结，形成了高效产品开发流程的雏形。

加拿大麦克马斯特大学的罗伯特·G. 库珀教授基于对60多家企业案例的研究并听取大量来自一线管理人员的经验和建议，在1986年出版了《决胜新产品》一书，书中虽然未使用门径管理（Stage Gate）的说法，但第一次提出了从系统的构思到发布的业务流程的应用，并提供了大量对成功或失败的新产品的调查研究结果。1988年，库珀教授在《市场管理》杂志上发表的一篇文章中首次用到了阶段—关口流程的说法，代表着门径管理走向成熟，库珀在后期还以此为基础构建了新产品开发模式（New Product Development，NPD）。门径管理系统的基本思想包括两个方面，一是做正确的项目，二是把项目做正确。

门径管理及NPD是产品项目级的新产品开发优秀流程工具，通过项目前期的需求与创意管理以及项目过程中的分段监控，同时实现了做正确的项目和把项目做正确两个目的。门径管理流程如图1-1所示。

一是通过科学的方法进行新产品创意和构思的搜集和筛选，并在大量的市场调查研究基础上进行严格的项目筛选和优化，确保最后进入开发阶段的项目是在技术、商业、财务等方面都真正值得做的项目，坚决淘汰不合乎要求的新产品构思和项目。对开发的项目进行取舍，不把有限的资源分散在太多的项目上，否则会形成资源瓶颈，拉长开发周期，增加失败的可能性。选对项目是取得成功的前提，所以必须突出强调正式开发要做充分的市场调研，确保产品的市场导向。

二是在流程中采用分阶段控制体系，将整个流程分为多个阶段，每个阶段开始前都设置一个审核性“入口”，每个入口有一套严格的评估审核体系，没有达到要求指标的项目不能进入下一个阶段，有可能就此被淘汰。这使每一个阶段的工作都必须保证质量，同时保证了新产品开发不偏离设定的各种目标，避免因环境变化或者实施质量等问题导致不能取得新产品开发成功的同时还投入大量资源，造成巨大的沉没成本。这就有效地控制了新产品开发活动的风险，避免在错误的路上走得太远。

借助基于门径管理的NPD可有效对市场因素进行整合，合理安排公司资源，组织跨部门的团队，实现新产品开发的过程化，缩短新产品研发周期，提高新产品的市场成功率，并可以有效与各种绩效管理工具进行融合，实现开发团队的绩效管理。

20世纪50年代至80年代形成的第二代研发管理以新知识的适用性为重点，管理的核心是项目。该阶段，研发虽然被看作公司运营的一部分，但仍处于从属地位，其作用是配合业务部门实现公司的经营目标，其创新成果不会被看作公司的竞争优势，因此公司缺乏对技术创新的规范管理和有效引导，更多的是由研发人员自行掌握。

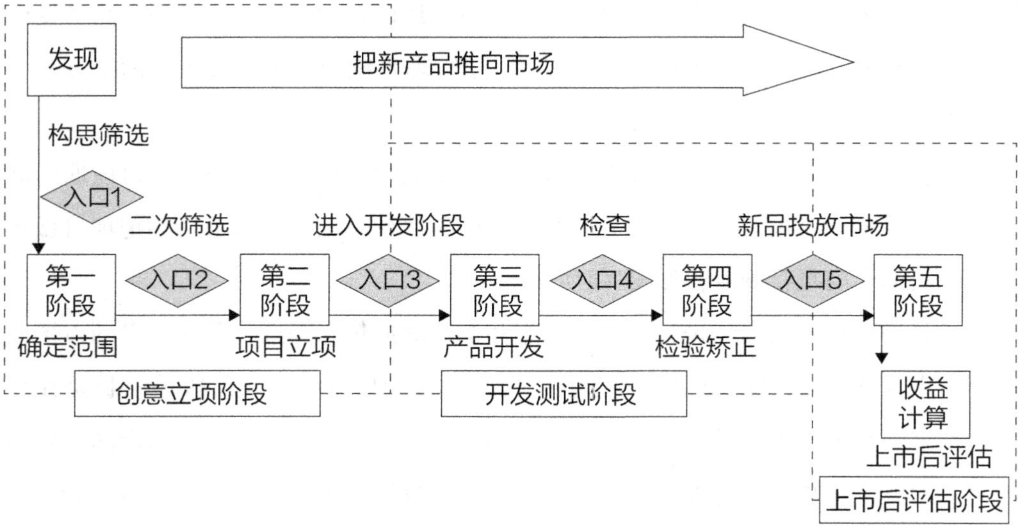

图1-1　门径管理流程

1.1.3　上升到战略层面的第三代研发管理模式

到了20世纪80年代，随着石油价格和通货膨胀率的下降，美元汇率日趋疲软，股市行情却不断上涨，给美国企业提供了大展宏图的好机会。同时，随着社会、经济、文化的迅速发展，特别是信息技术的发展与知识经济的出现，世界形势发生了极为深刻的变化，各公司之间以及国际市场的竞争日趋激烈。顾客需求不断提高，新技术不断取得突破并被广泛应用，众多企业相继进入高新技术领域。现代技术结构中的众多高新技术都有创新难度系数大、系统发展要求高、知识更新频繁的特点，同时，这些技术领域蕴藏着巨大的商机，使进入这些领域的企业竞争激烈。在高新技术领域，技术和产品的领先性决定了企业的市场占有率和扩展潜力，这就要求进入高新技术领域的企业尽可能地将资源集中于企业主要技术导向的路线，进行持续的、系统性的研究与开发，不断推出最新技术成果，保持企业在主要业务领域的技术领先地位。

高新技术行业属于典型的技术密集型行业，资源投入远高于传统行业，高新技术的高复杂度、创新的高难度以及知识的快速更新，都决定了高新技术企业需要更多的技术人员参与，并需要更密切的合作。此外，技术研究的不确定性以及高新技术创新的难度，决定了现代技术研究需要在更长的周期内进行持续资金投入，这就要求企业在业务上归核化，以谋求更长期的生存发展，要求企业重视研发，将研发在企业运营中提升到与业务同等重要的地位，并从战略层面考虑研发创新的作用，使研发工作在战略规划指导下有目的、高效地进行。企业高层领导和研发管理团队必须紧密合作、相互交流，加快推进研发的速度并提高其质量，如此才能实现企业的长期目标，构建企业的竞争优势。

第三代研发管理的代表是PRTM的PACE和IBM的IPD。

1.1.3.1 产品及周期优化（PACE）

1. PACE的优势

成立于1976年的PRTM（柏亚天）是一家世界知名的管理咨询公司，主要为企业及政府部门提供经营战略、供应链、产品开发及客户管理方面的服务。该公司在总结多年咨询经验、借鉴业内最新研究成果的基础上，于1986年提出了基于产品及周期优化法（Product and Cycle-time Excellence，PACE）理念的产品开发流程。PACE方法一出现便获得了广泛认可，因为它可给公司带来巨大的效益，PRTM将PACE的优势总结为四点。

（1）产品投入市场时间缩短了40%～60%。

（2）产品开发浪费减少了50%～80%。

（3）产品开发生产力提高了25%～30%。

（4）新产品收益（占全部收益的百分比）增加了100%。

2. PACE的核心思想

PACE的核心思想在于把不可重复的项目管理过程化、规范化，基于项目又超越项目。首先，对项目进行过程管理，找到项目过程的分解方法和管控要点并将其规范化，使项目的管控具有一致性、可重复性；其次，确定了项目之外但对项目有巨大影响的因素，将项目提升到业务整体运营层面进行总体规划和管理。PACE的主要内容包括两个层面、七个要素。

3. PACE项目层面四要素

（1）阶段评审流程与高效决策。产品开发在流程的推动下有序展开，由于项目的一次性特点，在产品开发过程中总会遇到各种问题、风险，影响项目的结果，所以，一方面要通过流程的规范性来保证项目执行的可控性，另一方面又要通过及时评审、有效决策对项目进行纠偏，包括项目的方向、进度、资源投入，并在项目预期结果与目标严重背离时及时停止。此外，阶段性评审会增加紧迫感，确保项目能够按计划推进。

（2）项目组织的核心小组法。该方法明确了核心小组的构成和职责，不同的项目可按照同样的规则组建核心小组，实现项目一次性与人员专业性的有机组合。核心小组人员在一定时间内相对固定、直接对项目负责，组内沟通顺畅，项目信息透明、传递效率高，出现问题时小组相关专家会及时处理，也可以从部门专家那里获取帮助。

（3）结构化的产品开发。结构化指将逐渐积累起来的知识加以归纳和整理，使之条理化、纲领化，以便于理解和应用。比如家里的柜子分为衣柜和书柜，书柜又分为爸爸妈妈用的和孩子用的，爸爸妈妈书柜中的书籍又各自分开，并且要按工具类、管理类等规则进行分类，那么在找书时，只要知道找谁的书、找哪类书，就很容易找到。结构化产品开发，是将产品开发涉及的成千上万项工作，按照一定的组织原则放置到一个层次分明的框架结构中，上层较简单、宏观，下层较复杂、具体。对项目涉及的每项工作要有明确的定义，对项目组成员的职责也要有明确的定义，包括完成职责内工作所采用的方法。结构化产品开发流程的基础是项目绝大部分工作是负责人所熟悉的，结构化可使项目组成员了解自己的工作内容，知道项目工作的接口关系，项目信息明确、透明，避免工作交接引起的混淆和困惑，减少遗漏和重复，提高开发效率。流程结构化不可过度，因为项目中还有相当一部分工作是全新的，需要发挥团队的创造力，要避免流程过细和僵化。

（4）开发技术和工具。产品开发效率的提升很大程度上依赖于对各种设计手段和自动化开发工具的应用。随着管理和技术发展出现的各种工具可以显著缩短新产品上市时间，改善产品质量，提高生产力。一方面，企业要不断引入新的工具，另一方面，企业要注意各种工具的合理搭配使用，避免重复和遗漏。

4. PACE业务层面三要素

（1）产品战略流程。PACE方法认为，产品战略也是一个流程，是一个从产品战略愿景、产品平台战略、产品线战略再到产品开发逐级展开和落实的过程，下一级战略是对上一级战略的承接和支撑，上一级战略则对下一级战略进行方向指引。产品战略流程推动的产品开发是有目的、有计划的开发，而非反应性、应急性的开发，如此可确保实现在售产品对市场的有效覆盖，新老产品可实现有序衔接。就如同盖房子，我们按照图纸要求，在相应位置打好桩，砌好墙，加上屋顶就可建成一座房子，但如果随意选定打桩位置，最后能得到什么结果就不确定了。新老产品的切换也需要明确的战略指导，新产品开发何时完成、老产品何时退市、新老产品备货节奏如何配合、相应的价格策略如何配合，都需要统一考虑，如此才能保证业务和市场的平稳性。战略指导下的开发以市场技术预测、客户需求分析为依据确定生产、技术和服务开发的优先顺序，确保公司各种资源的平衡和合理利用。

（2）技术管理。新技术的应用往往是支持新一代产品开发的主要动力，也是新一代产品竞争力所在，因此新技术对企业十分重要。要做好技术管理，首先要了解技术开发与产品开发的区别，产品开发具有很大的可控性，时间计划比较明确，而技术开发具有很大的不可预测性，因此不能采用产品开发的方式来管理技术开发。技术开发要在技术战略的指导下进行，技术战略是连接技术开发和产品战略的纽带。一方面，技术战略要对产品战略起到支撑作用；另一方面，技术战略中的前瞻性技术会为产品战略提供输入。技术战略首先要对技术进行分类，明确哪些是现有产品平台的支撑技术、哪些是新产品平台的支撑技术、哪些是核心技术、哪些是通用技术，针对不同的技术要采用不同开发策略。技术开发可通过流程的结构化来增强沟通，传达紧迫感和企业目标，减少科研经费的浪费，缩短技术开发时间。技术评审是保证技术开发项目有效展开的重要手段，在项目开始时要确定需要几个阶段，各阶段的定义是什么，需要安排哪些评审，评审的规则、标准是什么，从而确保技术开发项目的收敛性。此外技术开发项目还要重视从技术开发到产品开发的过渡，在技术开发的开始就应尽可能地考虑产品的需求，并在技术开发完成后确保相关文件齐全，为后续的产品开发扫清障碍。

（3）管道管理。管道管理是连接产品战略、项目管理与职能管理的纽带，有助于企业更合理地部署产品开发相关资源（包括人力、设备、辅助设施、资金等）。管道管理基于三点实现流程与职能的关联：战略平衡、管道承载量、协调职能交付。

1.1.3.2 集成产品开发（IPD）

1. IPD的产生和发展

集成产品开发（Integrated Product Development，IPD）是由IBM于20世纪90年代借鉴当时先进的研发管理方法，并结合IBM的实践经验总结出来的一套先进的、成体系的研发管理思想、模式和方法。1998年，华为在IBM的帮助下开始导入IPD，随着华为业务的发展及华为咨询顾问队伍的壮大IPD在国内广为传播，从而成为中国最为知名的第三代研发管理模式的代表。

1993年4月1日，郭士纳成为IBM董事长兼CEO，他以务实的态度，半年内果断裁员4.5万人，彻底摧毁旧有生产模式，开始削减成本、调整结构、重振大型机业务、拓展服务业范围，并带领IBM重新投向PC市场。

对计算机行业的领导者IBM来讲，新产品开发是业务的关键因素，因此IBM打造了世界一流的产品开发流程——IPD。1991年到1994年，IBM内部称这个产品开发流程为全球开发战略（World Wide Development Strategy，WWDS），1994年后被称为IPD。可以说，郭士纳虽然不是IPD的提出者，却是IPD的推行者、实践者和完善者（Andreasen 和Hein早在1987年就提出了IPD的概念并强调了多部门协作的理念）。

但真正让IPD在中国变得广为人知的却是华为。1997年，华为面临着管理太低下，人员浪费太大、重复劳动太多等问题。鉴于IBM的知名度和先进的管理理念，任正非决定引入IBM的IPD。并逐步结合业务特点构建了适合自己的IPD管理体系。随着业务的蓬勃发展，华为的研发管理模式也逐渐获得认可。

近年来，国内众多知名企业采用了IPD管理模式并都形成了自己独到见解。中兴、海尔、美的等企业都结合自身具体情况引入了IPD管理模式。联想在收购IBM的PC业务后全面落实了原汁原味IPD，并根据业务发展需要，邀请PRTM对IPD进行了升级优化，使之能够更好地适应联想消费市场及双模式运营的需要。

2. IPD的核心思想

（1）把新产品开发看作一种投资行为。新产品开发不仅是技术活动，更是企业最为重要的投资行为，投资的目的是收益最大化。IPD可以帮助企业在人力、物力、时间等资源有限的情况下，合理进行方向规划和产品开发的优先级排序，确保企业收益最大化；通过结构化的流程和决策，实现项目资源协调、风险控制和成本控制，减少失误损失，确保项目收益目标的达成。

（2）以市场为导向的新产品开发。当企业的业务大都处于买方市场时，商品供过于求，卖主之间竞争激烈，买主处于主动地位。企业如果想在竞争中获胜，一方面要保持领先的技术，另一方面就是要全方位了解客户的需求，并在产品开发和服务中想办法满足客户的需求。因此，需要基于市场分析进行产品规划、技术规划。在产品、技术开发之前，需要通过市场管理和需求管理流程，充分开展需求收集、需求分析、竞争分析、市场定位、产品规划、技术规划等需求管理和市场管理活动；在产品开发过程中，需要正确定义市场需求和产品概念，贯彻以客户为中心的开发设计理念，给客户提供技术领先、满足或超越客户期望的产品。

（3）业务分层管理。为了在满足客户需求多样性的目标下实现快速开发，需要将业务拆分为多个层级，包括技术部件、子系统、平台、产品方案等。首先是基于对客户需求、技术现状、技术趋势等方面的分析，明确未来的技术方向，从部件层面独立展开不同领先技术的研究；其次是逐层集成，将一项或多项技术进行整合，构成具有一项或多项功能、具有稳定结构和标准接口的可重用的模块；再次根据客户需求的共性，将多个关键的、基础的可重用模块进行组合，构成产品平台；最后根据客户的个性需求，在产品平台上增加相应的功能形成产品方案。技术平台和部件重用，可使企业实现“多快好省”的开发产品方案，满足不同客户的需求。

（4）异步开发。技术开发具有很大的不确定性，产品开发有严格的时间要求，新产品需要技术支撑来获得更强的竞争力，IPD通过异步开发（并行开发）的模式来消除以上几个要求之间的矛盾，即在统一的规划和指导下，部件、子系统、产品平台、产品方案分别由不同的团队并行完成相关的开发工作，从而减少产品开发对技术开发的依赖和风险，缩短产品开发周期，有利于关键技术的突破和进步。

（5）跨部门协作团队。跨部门的管理决策和执行团队，打破了部门墙的隔阂，避免了“铁路警察，各管一段”情况的出现，使技术开发、产品开发、生命周期管理都能够在统一协调规划下通过项目小组形式得到落实。项目小组的高效沟通、无缝衔接以及获得的专业支持可保证各项任务顺利完成，确保项目成功及客户需求的满足。跨部门协作的良好实现基于矩阵式的组织结构、相互补位的协作文化以及矩阵模式的绩效管理机制保证。

（6）结构化的开发流程。对新产品开发进行过程管理，将开发过程活动分解为合理的结构、清晰的层次、明确的任务，确保开发活动的规范性、可重复性，从而确保项目开发的效率。在IPD流程中，将开发工作分解为若干阶段，并相对应地设置评审点，对开发任务按层级、角色进行分配，确保高层对项目的宏观把控以及底层执行细节的到位。开发过程中分段决策、资源分阶段投入，可有效消除风险，将可能的损失降到最低。

1.1.3.3 PACE和IPD对比

从以上两种模式的内容来看，它们具有很多共同之处。在项目层面，都强调产品开发过程的分阶段管理决策，强调团队围绕项目目标进行跨部门合作；在业务管理方面，都强调产品组合管理，提出从公司层面建立多个产品的优先级别，以匹配、协调公司资源，化解外部市场机会与企业内部能力之间的矛盾，强调技术管理对产品战略的支撑作用；在流程层面，都强调结构化。IPD作为企业实践经验的总结，更强调落地和实用性，因而更关注产品开发对战略的支持，更关注市场导向和项目收益，通过强调异步开发来保证质量和缩短开发时间，在技术方面通过分层管理实现产品、技术以及业务组织的有效关联。

总之，PACE和IPD作为第三代研发管理模式的代表，都是业内最佳理论和实践的总结，可有效帮助企业实现持续创新。从特性上看，PACE理论性偏强，更多的是起理论指导作用；IPD作为大型企业的实践总结，知识体系更全面、更复杂，并且有众多企业的实践支撑，中国的大型知名企业都相继导入了IPD。

IPD可以被看作第三代研发管理模式的集大成者，但企业在导入新的研发管理模式时不要拘泥于IPD，而是要结合企业的具体情况量身定制，才能真正实现对企业研发管理水平的提升。

20世纪80年代后期出现的第三代研发管理模式以连续创新为特征，管理的核心是企业和客户，是与经济风险、战略计划和技术路线图相关联情况下的技术管理。该阶段将研发管理与企业运营密切结合，研发活动已经成为企业整体战略中至关重要的组成部分。企业在战略规划指导下，以市场为导向，将技术与业务紧密结合，合理分配资源并整合营销、研发和生产活动，优化研发流程、提高研发效率，使研发创新成为企业创造竞争优势的重要手段。同时，第三代研发以市场为导向，注重创新的连续性和研发的高效性，强调绩效管理，不利于突破性创新带来的新业务的成长以及新市场的开拓。

1.1.4 将创新视为核心策略的第四代研发管理模式

1.1.4.1 第四代研发管理模式的出现

20世纪末，计算机技术的快速发展、互联网的普及以及经济的全球化，大大促进了资本、商品、劳务、技术、知识、服务的自由流通，为企业不断革新生产技术、优化资源配置、降低生产成本、吸引优秀人才、拓展产品领域提供了便利的平台与广阔的空间，加强了跨地区、跨行业的企业交流与合作，从而使世界市场日益成为一台协调统一且高速运转的生产机器，源源不断地创造出令人眼花缭乱的物质财富。先进的生产方式同时也带来了更为激烈的市场竞争，为了保证竞争优势，企业必然要追求在所属领域的技术领先性，这就导致了企业对专业化的更高追求，从而陷入了专业化—市场竞争—进一步专业化的循环之中，后果就是研发投入增大、产品生命周期缩短、企业利润下降。随着该循环的不断持续，很多企业渐渐发现，在现有市场环境下通过渐进式创新和市场细分维持企业的运营越来越困难，企业想生存下去，一方面要想办法比竞争对手做得更好，通过各种技术、管理手段提升效率、降低成本和缩短开发周期，以市场为导向，通过渐进创新来更好地满足客户需求；另一方面则要想办法跳出现有循环，寻找新的技术方向和市场，通过突破性创新来获得新的增长机会。这两个方向都要求企业必须重视技术创新、加大研发投入、提高研发管理水平，由此出现了第四代研发管理模式。

1.1.4.2 第四代研发管理模式的特点

第四代研发管理更加注重技术创新带来的竞争优势和经济效益，企业将技术创新作为经营的核心，给予研发更多的资金、资源支持以及自主权。中山大学刘常勇教授将第四代研发管理模式的特点归纳为以下几个方面。

（1）创新管理成为企业经营管理最重要的议题。企业倡导创新文化，重视研发管理和创新投入，能够有效地将创新成果转化为企业的竞争力和经济收益。

（2）技术创新主导企业的经营策略方向。领先创新与发展核心技术能力被视为企业创造价值的最关键部分，企业高层亲自主导与技术有关的策略规划，并以技术策略作为经营策略规划的核心部分。

（3）与技术创新相关的投资被视为策略性的知识资产。企业通过扩大技术创新的投资规模来维持企业成长与竞争的优势地位，并推动这种策略性知识资产大幅增加企业的市场价值。

（4）以破坏性创新改变竞争方式与经营模式。技术创新重视时间与速度的竞争，较多采取攻击者策略，能积极投入前瞻性技术与下一代技术的研发，并以创新来破坏现有产业竞争方式，以掌握未来产业主导权力，赢得市场领导地位。

（5）倡导以策略联盟的形式推动技术创新。

（6）建构全球研发网络。将传统总部实验室的中央控制观念转变为全球研发网络的分散架构，以便更好地利用全球资源进行创新。

从以上的特点来看，全球科技领导厂商几乎都已经不同程度地采取了第四代研发管理的策略。

1.1.4.3 第四代研发管理的具体操作

第四代研发管理从具体操作层面可分为两个不同的方向——针对既有业务的研发效率提升和针对全新技术的孵化和全新市场的开拓。前者是具有可预见性的持续创新，后者是不具有可预见性的断续创新。两者都要求团队具有创新精神，但在执行层面却有很大的差异，前者要求规范性、高效性，更多的是通过规模获益，后者追求灵活性、创新性，寄希望于新的业务、新的市场带来额外的收益。所以，第四代研发管理针对两个不同的方向采取的是策略上的一致性与执行上的差异性。

1. 策略上的一致性

策略上的一致性指将研发创新上升到公司核心战略层面，加大研发投入和高层次人才的招聘，并从文化层面倡导创新，加强沟通交流，营造轻松的环境，塑造公司良好的创新氛围，为创新建立机制、搭建支持平台。

2. 执行层面的差异性表现在模式和要求上

（1）针对断续性创新采取的是专家主导、兴趣驱动、用户参与、灵活操作模式，对成果和时间要求一般不会很具体。比如，苹果公司采取专家领导专家模式，以期实现在专业技术领域的突破；3M给员工15%的时间做自己想做的事情；谷歌X实验室及先进技术与项目（ATAP）部门让那些从其他高科技公司、高校和科研院所挖过来的顶级人才从事自己感兴趣的黑科技的研究；小米建立了生态链平台，为生态链企业在新技术、新业务的孵化方面提供全方位的支持。总之，在断续性创新方面，领先的科技型公司都在不断加大投入，但在具体操作上却类似于第一代研发，没有统一的模式，尚处于探索阶段。

（2）针对持续性创新采取的是专家主导、需求驱动、规范操作的模式，即根据市场需求和业务分层规则，在专家主导下，基于创新流程进行相关技术的研究和新产品开发，这种创新方向比较明确，目标相对清晰，有一定的时间要求。目前绝大部分公司的创新属于此种类型，可以将这种创新认为是第三代研发管理模式的升级，从公司层面的研发管理拓展到对整个开发链的管理，从关注产品上市时间转移到关注管理和研发效率，以实现资源约束条件下的高效研发，其背后存在着比较规范的流程和模式，具有一定的可复制性。

1.2　中国企业研发管理现状及存在的问题

1.2.1　中国企业研发管理水平与发达国家仍有差距

制造业是国家强盛的基础、经济的基石，研发能力是制造业的核心能力之一。近年来，随着经济的发展，中国已经成为制造业大国。2020年中国有133家企业入围《财富》世界500强榜单，2021年有143家企业上榜，2022年有145家企业上榜，这反映了中国经济的快速成长以及中国企业的长足进步，但中国企业与欧美企业之间仍然存在着较大的差距。比如，2020年虽然入围世界500强的美国企业数量没有中国多，但入围企业的总营收却超过中国，其总利润也远超中国企业。就制造业而言差距更大，500强中的36家美国制造业企业的利润总额是中国38家制造业企业利润总额的4.55倍，这反映的是中美制造业在技术层面的差距，中国制造业依靠的超大规模、深度分工带来的成本优势，而美国制造业更多的是依靠创新带来的技术领先优势，除了研发投资的影响外，研发与创新管理能力不足也是造成这种差距的重要因素之一。

1.2.2　中国企业研发管理存在的问题

1.2.2.1　中国企业研发管理存在的十个问题

胡红卫在其2009年出版的《研发困局》一书中，将中国企业研发管理存在的问题总结为十个方面。

（1）未形成系统、正确的研发理念，虽然经常强调市场导向、客户意识、技术创新等理念，但对这些理念缺乏真正的理解，未能综合考虑客户需求，从整体的角度定义产品，在开发过程中缺乏各个团队的高效协作，缺乏有效的流程支持或不能很好地遵循开发流程。

（2）缺乏具有前瞻性、有效性的产品规划，即企业很少能够在战略指导下，结合市场需求和技术发展趋势，前瞻性、系统性地进行业务层面的产品规划和技术规划。

（3）在研发过程中缺乏业务决策评审，阶段性业务决策评审是消除项目风险的有效手段，但由于普遍执行不到位、不规范，往往不能及时发现风险并进行项目止损，从而造成不必要的人力、物力浪费。

（4）职能化特征明显的组织结构阻碍了跨部门的协作，职能化组织结构下存在严重的部门墙，在产品开发过程中缺乏共同的利益目标，导致部门协作困难。

（5）技术开发与产品开发未分离，缺乏技术规则与运作机制，很多企业没有真正理解技术开发与产品开发的区别，要么没有技术开发管理，要么技术开发与产品开发混在一起，给项目造成很大的风险。

（6）项目管理薄弱，大部分企业的研发团队仍缺乏具有项目管理专业知识的人才，项目管理规范性差，在时间、成本、质量、风险等方面的管理未能形成体系，管理效果不佳。

（7）不规范、不一致、接力式/串行的产品开发流程脱离实际需要，可执行性差、效率低、执行过程随意。

（8）缺乏有效的研发绩效管理与激励机制，研发属于知识性、创造性的工作，绩效评价周期长、指标不易确定，很多企业的考核体系科学性、合理性不够，影响员工工作的积极性。

（9）缺乏CBB（Common Building Block，通用构建模块）与经验教训的积累及共享机制，缺乏对业务分层管理的理解，未能有效实现通用化、标准化、模块化设计，开发维护难度高，不利于知识积累和经验传承。

（10）缺乏有效的培训机制，研发人员的职业化素质不足，研发人员普遍存在重技术、轻管理的现象，缺乏客户意识、成本意识、质量意识及项目合作精神。

这是以研发管理比较成熟的大型企业为参考，以IPD流程为标杆，对国内企业存在的研发管理问题进行的较为全面的总结，具有一定的代表性、权威性，对企业的研发管理问题的诊断与改进具有一定的指导意义。这些问题从属性上可归纳为五类：（1）和（2）属于市场管理问题；（3）和（5）属于项目管理问题；（4）和（7）属于流程管理问题；（5）和（9）属于技术管理问题；（8）和（10）属于人力资源管理问题。

其中，项目管理、流程管理是基础，只有解决了项目管理、流程管理问题，企业的新产品开发才有了基本的保证，企业才能够稳定地向市场提供优秀的产品；市场管理、技术管理是企业在竞争日益加剧的市场中稳定立足的必要条件，只有解决市场管理和技术管理问题，企业才能保证技术创新的持续性、领先性，才能够进行产品的合理布局，实现研发与市场的结合；人力资源管理则是合理配置资源、不断提高研发效率的有力保障。

中国科技企业数量众多，但普遍起步较晚，受文化、体制、行业、发展阶段、企业规模、人员素质、管理能力等各方面因素的影响，研发管理水平参差不齐，差别很大。部分一流企业在研发管理方面已经与国际接轨，开始进入第三代、四代研发管理模式；众多科研院所、新兴企业的研发管理仍然停留在依靠个人能力、经验进行管理的无序状态；绝大多数传统行业的科技企业尚处于第二代研发管理模式的中期，即具有了项目管理的基本框架，但尚未达到精益、成熟的项目管理水平，还不能很好地保证项目的成功和产品的优秀。

在四种研发管理模式并存的环境下，虽然上述十个问题具有一定的代表性，但并不是说这些问题在所有的企业都存在，比如研发管理比较成熟的企业已经解决了大部分问题；也不是说所有的问题都需要企业去解决，比如对那些并未对企业研发管理水平进一步提升形成阻碍的问题并不能算问题（对某些产品线单一、项目较少、产品个性化突出的企业而言，缺乏CBB管理就不能算有问题）。

1.2.2.2 中国企业研发管理存在问题的优化改进

针对中国企业的研发管理，一方面要看到问题的共性，用于指引研发管理水平提升的方向；另一方面也要考虑到具体企业研发问题的个性，研发管理的改进需要量身定制、对症下药的过程。企业研发问题的解决，更像中医开药方，不同的表象问题要用不同的药方，相同表象的问题，也不一定能采用相同的药方，因为企业在所处行业、企业文化、管理水平、组织架构、人员配置、流程成熟度等方面的差异，要像中医一样望闻问切，发现相同表现背后的不同原因，对症下药，才能真正解决企业的问题。同时，也并不是越领先的研发管理模式越好，因为领先的研发管理模式往往会对企业整体管理、企业文化、组织结构、工具方法、人员素质、资源投入等方面有更高的要求，企业的研发管理水平不能超过经营水平。

对企业研发管理的优化改进，要避免以下情况的发生。

（1）追热点，谁出名向谁学。以前学丰田、学索尼、学戴尔、学三星，现在学苹果、学华为，不知道为什么学、不知道学什么，最后是什么也没学到。

（2）忽视自身情况，好高骛远。没有意识到企业所处行业的差异、企业规模的差距以及管理基础的薄弱，研发管理改进方案追求高、大、上、全，不仅未解决问题，反而使企业不堪重负，最终不了了之。

（3）改进过程急功近利。在改进方案的推进实施过程中，不尊重客观规律，急于求成。方案制订久拖不决，一旦开始实施，又希望马上看到成绩，强行快速推进，方案不能及时合理优化，造成执行层面的抵触、反抗，严重影响实施效果。

（4）只注重学习别人成功的结果，忽视学习别人成功的过程，找错了学习方向。

第 2 章

阶段不同，问题不同

柏亚天（PRTM）将企业的研发管理发展划分为非正式管理、优秀职能、优秀产品项目、优秀产品组合及优秀产业链五个阶段。企业研发管理的水平会受到组织结构模式的制约，受到企业计划管理、流程管理、组织管理、战略管理及文化管理的水平和管理者能力素质的直接影响，还会受到社会环境、行业特点等因素的间接影响。提升研发管理能力的目的是保证企业经营的竞争力，这就决定了研发管理的水平不能超过企业经营水平，研发管理流程也并不是越全面、越细致、越复杂越好，而是要和企业的发展阶段、规模、经营能力相匹配。

向领先企业学习研发管理，不能只看它成功后是怎么做的，还要看它获得成功的过程中是怎么做的；不能只看它在研发管理方面是怎么做的，还要看它的整体经营管理是怎么做的。总之，处于不同发展阶段的企业，要采取不同的对策来解决研发管理方面的问题。

2.1 研发管理与组织结构的关系

2.1.1 企业组织结构的诞生与本质

企业的出现是近两三百年的事，它是社会生产力发展到一定水平的结果，是商品生产与商品交换的产物。企业的初期形态主要为由资本所有者雇用许多工人，使用一定的生产手段，在分工协作的基础上从事商品的生产和交换。企业这种组织能够较好地应用当时的科学技术，显著提升劳动生产率、大幅降低成本，从而带来高额利润。由于能集中地生产商品，满足日益增长的社会需要，社会生产力也因此获得长足发展，于是企业逐渐成为社会的基本经济单位，而有关组织结构也伴随企业的诞生而诞生。

组织结构的本质是员工的分工协作关系，是实现企业目标的一种手段，是有关职、责、权的一种体系，所以组织结构又可称为权责结构。这个结构体系由很多内容构成，包括部门设置的原则（组织的横向结构）、部门之间的分工、部门之间的协作、人员的配置、责任与权力的配置、汇报关系、层级结构（组织的纵向结构）等。设计组织结构的目的是更有效地、更合理地将企业员工组织形成一个有机整体来创造更多的价值。每个企业都有一套组织结构，构既是组织存在的形式，也是组织内部分工与合作关系的集中体现。

2.1.2 企业组织结构设计的两种主要形式

企业组织结构设计是一个涉及工作专门化、部门化、指挥链、管理跨度、集权和分权、正规化六个关键因素的决策过程，基本的组织设计有两种主要形式。

（1）机械式组织（行政官僚组织）：这是综合使用六个传统设计要素的自然产物，是一种僵化和可实现严密控制的组织结构。机械式组织一般具有高度的专门化、严格的部门化、清晰的指挥链、较窄的管理跨度、集权化和较高程度的正规化等特点。常见的机械式组织结构类型有直线型、职能型、直线职能型及事业部型。

（2）有机式组织（适应性组织）：这是低复杂性、低正规化和分权化的组织结构，是一种松散、灵活、具有高度适应性的组织形式，不具有标准化的工作和规则条例。有机式组织也进行劳动分工，但人们所从事的工作并不是标准化的。有机式组织一般有跨职能、跨层级的团队，信息可在组织内自由流动，具有较宽的管理跨度，分权化、正规化程度较低等特点。常见的有机式组织结构类型有简单结构型、矩阵结构型及有机附加结构型。

2.1.3　企业组织结构的不断调整

企业在不同阶段的规模不同，所处的市场环境也有所不同，这就对企业的战略目标、技术能力提出了不同的要求，而企业的组织结构也不能一成不变，要随着企业的发展不断调整。选择与企业发展阶段及企业战略相匹配的组织结构，才能对企业的发展起到促进作用，否则会阻碍企业的发展。企业的组织结构对研发管理水平起着决定性的作用，如何在企业发展的不同阶段、不同的组织结构下采取正确的策略来不断提升研发管理水平，对于处于需求变化加快、竞争日趋激烈的市场环境中的企业来说十分重要。

联想作为我国第一批走出国门走向世界的国际化企业，已成长为年营业额数千亿元、业务遍及全球一百六十多个国家和地区的世界500强企业，并能一直在PC这一完全开放、充分竞争的业务领域，通过渐进式创新持续保持优势地位。多年来，联想不断开发出极具竞争力的领先产品，体现了企业极强的研发管理能力；在行业利润率很低的情况下可以保持稳定盈利，体现了企业极强的运营管理能力。身处快速变化的IT行业，经常调整组织架构以适应市场的变化，"重组狂魔"的称号体现了联想在组织结构方面的不断探索。

联想经历了初创期、快速发展期、转型期、国际化期等多个发展阶段，曾采用了直线型、直线职能型、事业部型、矩阵型等各种典型的组织结构。其研发管理从最初的无流程可依，逐渐摸索总结，形成了简单的开发流程；随着业务的发展，又借鉴优秀的管理经验，逐渐对流程完善细化，形成了由多个流程构成的研发管理体系；收购IBM的PC业务后，先是将IBM优秀的IPD流程推广到所有业务，后又结合自身业务特点对研发流程重新梳理，构建了具有企业特色的IOD流程；2009年，公司更是邀请了全球领先的研发咨询机构柏亚天（PRTM）对研发流程进行全面梳理，使研发流程更能符合企业当时的实际情况，以支撑企业研发能力的持续提升。联想的研发管理也由最初的非正式管理逐渐实现了优秀职能、优秀产品项目、优秀产品组合，近年来更在为打造优秀的产业链而努力。联想的发展路径可为很多企业提供借鉴，其研发管理发展过程中的经验，可使其他企业在研发方面少走弯路。联想各阶段的发展及研发管理历程如表2-1所示。

表2-1 联想的发展及研发管理进化历程

时间	1984—1987年	1988—1993年	1994—2000年	2001—2004年	2005—2008年	2009—2012年	2013—2016年	2017—
产业背景	IT市场发展潜力巨大，大部分电脑公司从事电脑贸易	PC市场高速发展，市场经济环境繁荣，经济体制改革处于关键期	进口PC等关税降低，跨国公司大举进入中国市场，计算机行业竞争白热化	互联网泡沫破裂，IT行业发展处于高峰期	PC市场需求增长放缓，市场竞争激烈，国际市场潜力巨大	PC需求开始见顶，市场开始萎缩，竞争日趋激烈	PC+时代，PC市场萎缩严重	PC市场日趋稳定，智能化兴起
战略选择	由“战略缺位”过渡到定位IT行业，以“技术+贸易”方式实现“技工贸”一体化	进军海外市场，持续走“技工贸”发展道路	以市场为导向，走“贸工技”的发展道路	以“客户为中心”重组建立五大业务群组，全面实施多元化战略	进行“归核化”和“专注化”战略变革，全面推进全球化战略	“双举”战略	“双举”战略，以客户为中心，向PC+转型，追求效率	“三波”战略，向智能化+云转型
生命周期	创业阶段	聚合阶段	规范化阶段	再发展阶段	新生阶段	成熟阶段	再创业阶段	转型阶段
组织结构	平底快船，简单结构	大船结构，直线职能	舰队结构，事业部制	航母联合舰队，矩阵制	航母联合舰队，多维立体矩阵	超级航母联合舰队，多维立体矩阵，流程型组织	超级航母联合舰队，多维立体矩阵，流程型组织	超级航母联合舰队，多维立体矩阵，流程型组织—柔性组织
组织结构特征	随机分工，简单科层，高度集权，职能交叉重叠	集中指挥，分开协作	事业部+职能管理，以“协调控制下的分权运营模式”运作	每个业务群的客户群统一、领导统一，集团资源有效共享	将纵横交错的部门、事业部划分有机地结合为一体	按品牌、市场建立业务集团，前后端一体化	按产品结构建立业务集团，前后端一体化，后端横向平台化、专业化	按客户端性质建立业务集团，前后端一体化，后端横向平台化、专业化
流程/结构	科层制	科层制	简单流程，科层制	复杂自有流程，平衡矩阵	IPD-IOD流程，强矩阵	IOD升级，强矩阵	IOD+，混合矩阵	PDX流程，混合矩阵
企业文化	初创文化	大船文化	舰队文化，严格文化，亲情文化	创业文化，服务文化	多元化文化	4P文化	5P文化	5P文化
研发水平	非正式管理	非正式管理—职能优秀	职能优秀	产品项目优秀	产品项目优秀	产品项目优秀—产品组合优秀	产品组合优秀—产业链优秀	产品组合优秀—产业链优秀

2.2　直线型组织结构下的非正式管理

2.2.1　直线型组织结构概述

直线型组织结构是一种低复杂度、低正规化、高度集权的组织机构，其特点是组织结构扁平，纵向仅有两三个层次，上下层之间直接纵向联系，不同层次没有交叉关系；同一层次的各部门之间没有横向联系，彼此之间需要配合的工作内容较少。直线型组织结构下的队伍比较松散，岗位职责差异不明显，组织的权力比较集中，组织中的一切管理工作均由领导者直接指挥和管理，上级在其职权范围内具有直接指挥权和决策权，下属必须服从。直线型组织结构以指令型管理方式为基础，保证了权力集中于单一决策者，这时指令的正确性决定了企业的运行效能，也决定了企业的发展命运，当指令错误时，执行越彻底，对企业的伤害越大，“能人”或“强人”也多出现在这个阶段的企业中。

1. 直线型组织结构有其优点

（1）结构简单。

（2）权力集中。

（3）指挥统一。

（4）决策迅速。

2. 直线型组织结构的缺点也很明显

（1）直线指挥与职能管理不分工，管理权限高度集中。

（2）各层领导机构实行综合管理，无专业化分工，不易提高专业管理水平。

（3）在层次较多的情况下，横向信息沟通困难。

（4）容易造成战略问题和运营问题的混淆，领导者可能完全陷于运营问题而无暇顾及战略思考，或者热衷于战略机遇而忽视常规运营，最终拖垮整个组织。

（5）风险性高，因为权力的集中造成组织过分依赖领导者，领导者的任何风险都可能给组织带来致命的破坏；由于没有行政管理层，组织的环境适应性很差。

直线型组织结构只适于处于原始积累和职能培育阶段的小型企业。

2.2.2 我国的初创型企业与直线型组织结构

我国的初创型企业绝大部分是小微型商业企业，主要指便利店、餐饮店、美容店、旅馆、服装店等，这类企业一般不具有研发能力很难向产品技术型企业转型，通常不涉及研发管理水平问题。

另一类初创企业是由技术人员创建的技术服务型企业，这类企业最开始并没有明确的产品技术方向，而是从技术服务做起，从事具有一定技术含量的商业活动，在具有一定的资金积累、技术积累、市场经验积累后开始向产品技术型企业转型。这是我国绝大部分产品技术型企业的发展途径。这条路径也就是备受争议的“贸工技”路径。

还有一些企业因为拥有某项新技术或富有特色的产品而进入市场，这类企业在所有的初创型企业中占比极低但具备很大的投资回报潜力，一般需要风险投资来解决生存和发展所需资金问题，近年来良好的融资市场给此类企业提供了良好的环境。

这两类科技型企业都是通过抓住市场中的某个机会开发出某种产品，满足客户的需求，从而在市场上立足。在初创阶段，企业资金、人才比较匮乏，业务拓展比较吃力，环境比较动荡，具有的优势是更贴近客户、更了解客户、与客户关系更好、服务更全面周到、决策更灵活、反应更迅速，这个阶段企业所有活动的展开都围绕着一个简单的目标——活下去。

这种情况下，企业内部还谈不上什么组织形态设计，更多的是非常简单或随意形成的一些基本结构。该阶段产品项目的成功具有很大的偶然性，因为在简单的组织结构下，不能构建完善的技术体系和行政管理结构，工作行为缺少结构化、规范化，项目的展开、推进以及技术问题的解决都主要依赖少数关键人物的经验和能力。如果这些关键人物的技术水平高、综合能力强，能够很好地把握客户的需求，解决好产品技术、供应商合作等各方面问题，项目的成功率就高；如果新人主导，缺乏项目经验，不能合理应对项目出现的问题，成功的概率就会大大降低。并且，该阶段项目的成功不具有可复制性，一方面是因为不同项目遇到的问题不同，即使是同一团队，上次能够解决的问题，这次也不一定能解决，毕竟小团队的经验和能力都是有限的，时同，处于该阶段的企业也很难找到强有力的外援来协助解决问题；另一方面，处于该阶段的企业还没有形成经验总结、分享、传承的习惯，不具有对经验进行固化的能力，即使是同一个项目、同一团队来再做一次，做事的顺序、方法、职责分工等都会不同，遇到的问题也会不同，上次没有遇到的问题可能会出现。因而，这个阶段企业的研发管理水平只能达到非正式管理这一最低级别。

1984年11月，凭借20万元启动资金，11位科技人员在一间传达室创办了中国科学院计算技术研究所新技术发展公司——联想集团公司的前身。在初创阶段的几年间，公司的组织模式由“提篮小卖”发展到“一叶小舟”的“平底快船”简单结构模式。公司一开始以求生存为主要目的，没有明确的业务方向和经营目标，但不久便找到了技术方向：LX-80联想式汉字系统（这是倪光南在中科院计算所支持下，为个人计算机识别汉字而开发的产品，即汉卡）。拿到该技术方案后，公司很快组织了大规模的生产和销售工作并使汉卡成为公司打开市场的拳头产品。

第一代的汉卡由通过数据线连接的三块电路板构成，十分简陋，后来将三块电路板集成在一个盒子里，作为外置设备通过信号线与个人计算机相连，由个人计算机内置电源驱动，芯片集成密度低，电路设计比较乱。汉卡后续的开发升级工作更多的是依靠个人经验，先是由三块板改为一块板，很快又从“Ⅰ型”升级到“Ⅱ型”。研发和销售团队缺乏配合，刚做完“Ⅱ型”的发布，“Ⅲ型”又出来了，团队无法配合，用户无所适从，对市场影响很大。由于开发速度不可控，测试过程不够规范、严谨，售出产品问题很多，再加上升级过快，旧的问题尚未解决，新产品又带来了新的问题，售后维修压力很大。这一时期公司的组织结构如图2-1所示。

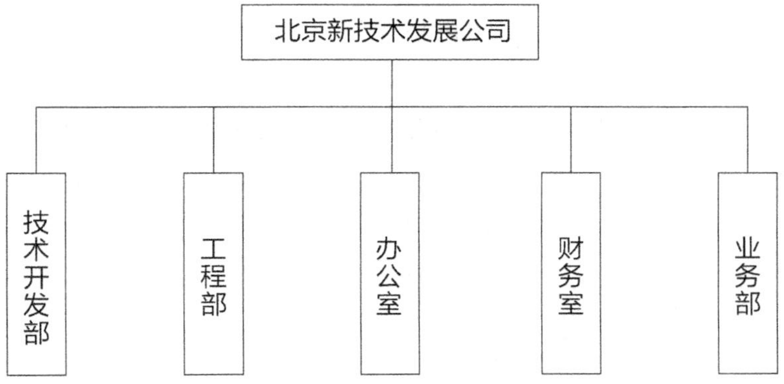

图2-1　直线型组织结构设计

当时汉卡的零件全部依靠进口，因为用量很少，大供应商不愿意配合，小供应商提供的零件质量不稳定，在产品销量很少的时候，可以通过大量测试和后期维修来解决问题，可一旦销售量上规模，质量稳定性问题立刻凸显，服务压力可想而知。

直线型组织结构是我国中小企业普遍采用的组织结构模式。1987年到1991年，处于初创期的华为采用的也是这种组织结构。华为创建初期人员不多，先是代理香港企业的产品，后期才开始自主研发产品。其产品开发开始主要采取跟随战略，随着技术能力的提升和市场规模的扩大逐渐演变为自主开发产品的集中化战略。华为在市场竞争上采取单一产品的持续开发与生产战略。直线型组织结构权力集中但管理灵活的特点能够满足华为初创阶段规模较小、价值创造活动简单情况下管理的需要。

在直线型组织结构下，因为企业技术水平不高，缺乏经验积累和传承，缺乏流程保障，项目成功率很低，且成功不可复制，项目的成功更多依赖于个人；因为缺乏规划，产品开发没有明确的节奏，导致研发与销售脱节，影响市场的拓展；因为缺乏测试经验、缺乏完善的测试流程和方法，对客户应用场景预测不足，造成上市后产品问题频发，一方面企业要花费很大的精力“救火”，另一方面也会影响客户对产品的信心，危害很大。研发项目夭折或上市后产品质量不佳是很多技术型中小企业失败的重要原因。建议处于该阶段的企业从以下几个方面入手进行研发管理能力建设。

（1）制订对关键研发人员的激励政策，调动骨干研发人员工作的积极性，使其能够发挥最高水平，提升项目成功的概率。

（2）注重知识、经验的积累，把知识、经验显性化、文档化，便于积累传承。

（3）注重项目管理意识、能力的培养，使研发人员尤其是骨干研发员工具有项目意识和项目管理的基本能力。

（4）注重研发人员技术能力的培养，通过项目实战、经验传承、外部学习等多种方法提升研发人员技术水平。

（5）搭建研发团队的框架，结合企业研发特点和专业能力需求，确定关键技术岗位，有目的地进行相关岗位人员的招聘、培养。

（6）选择合适的开发模式，结合企业研发能力情况，确定是自主研发还是采取ODM或OEM。

2.3　直线职能型组织结构下分段流程的建立

2.3.1　直线职能型组织结构概述

直线职能型组织结构是现代工业中最常见的一种组织结构形式，在大中型组织中尤为普遍，这种组织结构形式是直线型组织结构和职能型组织结构的有机结合，是直线型组织结构基础上的专业化、职能化。

度过初创阶段后，企业逐渐在市场中站稳脚跟，经营规模不断扩大，原来由一个人负责的某方面的工作，随着工作量的增大需要更多人来分担。为了满足产品开发、质量管理、成本控制、运营管理等工作的需要，职责分工越来越细化，专业化水平要求越来越高。此时主管领导在管理上已经力不从心，由于专业能力的局限性，无法在各个方面都给予明确指导，需要专业人才协助，于是就会设立专业职能部门，并把相应的管理职责和权力交给职能部门，各职能部门在其职能范围内有权指挥下级部门，这便形成了职能型组织结构。这种分工协作式的价值创造方式使企业向前迈进了一大步，其优点是解决了主管领导专业指挥的困难，符合专业化的需要，但是职能部门的多元化，也会造成令出多头、下级部门无所适从的问题。此外，由于职能部门考虑问题往往从本部门的角度出发，缺乏全局观，给出的指令通常不是最优的，经常会出现各职能部门指令冲突的问题，如果授权职能部门权力过大，容易干扰直线指挥命令系统，给企业带来损失。

为了解决职能制存在的问题，企业将组织结构优化为直线职能式，这种组织结构模式吸取直线制和职能制的优点，并将二者结合起来，以直线制为基础，在各级行政负责人之下设置相应的职能部门，分别进行专业管理，作为该领导的参谋，由此形成主管统一指挥与职能部门参谋、指导相结合的组织结构形式。也就是说，直线职能制把整个管理系统分为两大类机构和人员：一类是直线管理人员，对其下属直接发号施令；另一类是参谋人员，其职责是为直线管理人员提供职能支持，发挥业务上的指导、服务作用。同时，企业管理权力高度集中，各二级单位只是职能部门，不具独立法人资格，没有独立的对外经营权，整个企业统负盈亏，二级单位只是成本中心，公司总部才是利润中心和投资中心。直线职能型组织结构使价值创造活动首先在职能单元中进行，提高专业化水平，然后再由不同的职能单元以合作方式共同完成可以满足客户价值需求的产品。相对直线型组织结构而言，直线职能型组织结构价值创造活动更加复杂。为了保障价值创造活动在各职能单元有序进行，职能单元内部形成职位等级，对任职人员提出专业化、标准化的要求，强调人岗匹配。直线职能型组织结构保障了精英团队领导力和专业能力的发挥，有效解决了指挥的统一化和管理的专业化问题，提高了企业整体价值创造能力水平，因此在我国大中企业中被广为应用。

1. 直线职能型组织结构的优势主要体现在以下几个方面

（1）按职能划分部门，职责容易明确规定。

（2）每一个管理人员都固定地归属于一个职能机构，有利于整个组织系统的长期稳定。

（3）部门实行专业分工，有利于提高工作效率，强化专业管理。

（4）管理权力高度集中，便于高层管理者对整个组织的有效控制。

2. 直线职能型组织结构也有与直线型组织结构同类型的缺点

（1）横向协调差，高度分工使各职能部门往往片面强调本部门工作的重要性，容易产生本位主义、分散主义，造成部门之间的摩擦和组织内耗。

（2）企业领导负担重，由于组织高度集权，部门之间的横向沟通协调只有通过企业高层领导才能解决，企业领导难免顾此失彼。

（3）各部门专业分工不利于培养素质全面，能够经营整个企业的管理人才。

企业采用直线职能型组织结构时，要加强部门间的沟通协调，各职能部门要有大局意识，增进相互间的了解，不断强调服务意识，从而确保企业稳定高效运行。按照正常发展规律，企业发展到这个阶段一般会停留很长一段时间。在这个阶段，企业的主要的任务是积累和培养专业能力，形成可以协调问题的集权中心，从而为企业的进一步扩张和发展奠定基础。在这个过程中，除了要有战略思维，不断理解环境的变化并与之保持互动，超越自我的企业家远见，还要重视一些基础能力的建设，包括可复制的能力和可传承的能力，具体如经验的提炼、新员工的选择模式和培养方式、绩效管理、薪酬规范化。同时，随着企业能力的进一步提升，专业化分工的要求也开始细化，组织结构也必须开始朝着更加扁平化的方向发展，以保障信息传递更加顺畅，这样才能应对更加复杂的外部环境变化和更加多样化的内部管理要求。

2.3.2 我国企业与直线职能型组织结构

到1987年年底，联想由初创时的11人发展到近200人，营业额达7000多万元。1988年年初，联想提出了自己的第一个战略目标——建成外向型技工贸一体的产业结构，并开始为达成此目标制订海外发展战略，战略包括“三步曲”和“三个发展策略”。

“三步曲”：

第一步，在海外建立一个贸易公司，进入国际流通领域，目的是了解海外市场，探索商业规律，积累资金，寻找开发外向型产品的突破口。

第二步，建立一个有研究开发中心，有生产基地，有国际经销网点的跨国集团公司，这是外向型事业的重心所在。

第三步，在海外股票市场上市，形成规模经济，努力跻身发达国家计算机产业。

“三个发展策略”：

其一，“盲人背瘸子”的优势互补产业发展策略。

其二，“田忌赛马”的差异化研究开发策略。

其三，“汾酒与二锅头酒”的优质低价产品经营策略。

1988年6月，香港联想电脑有限公司成立；1990年北京联想获得生产计算机许可证，在北京建立自己的第一条电脑生产线，从代理产品向生产自己品牌的产品转变；1992年年底，联想上地生产基地开工，代表联想自有品牌产品彻底在市场上站稳了脚跟；1994年联想在香港交易所上市，表明联想“三步曲”完美收官。

1988年到1993年，联想业务快速发展，销售收入由7千万元迅速提高到5亿元。在业务快速发展的过程中，联想管理层意识到，原有的直线型组织结构、一专多能的人员能力，根本无法满足外向型企业在产品开发、生产和经营方面专业、高效、快速的能力要求。随着业务规模的增大、人员的增加，管理层没有办法面面俱到、及时决策，严重影响了企业运作效率，这体现在管理层经常忙于日常琐碎事务、疲于奔命，员工层面缺乏有效管理、效率低下等方面。

因此，企业需要增设“参谋”部门来实现集中指挥、分工协作，即通过职能部门实现专业管理，分担对基层的管理工作，确保管理层有足够的精力投入到公司级重大事务的决策上，从而有效利用企业资源。这意味着联想的组织结构由“平底快船”的简单组织结构向“大船结构”的直线职能组织结构转变，以获得在竞争激烈的市场海洋中更强的抗击风浪的能力。企业围绕着生产、开发、经营三大主体，分别设置统一的“决策系统”“供货系统”“财务部门”，实行资金、人员的统一调配管理；企业内部实行目标管理和指令性工作方式，统一思想，统一号令。这种管理模式能够做到任务明确、流水作业，从而有利于提高工作效率和质量，有利于调动员工工作积极性。具体实施包括以下几个方面。

其一，建立董事会领导下的总裁室集体决策制，通过集体领导来保证企业决策的正确性，避免在竞争中失利。

其二，按工作性质设立专业部门，通过目标管理和指令性工作方式统一号令、统一步调，组成组织严密、战斗力强的队伍，便于集中力量，形成产业优势。

其三，通过实行经济承包合同制来实现按劳分配，调动员工工作积极性。

其四，通过企业管理制度实现各部门有序衔接，保证企业高速运转。

基于直线职能制的“大船结构”，避免了当时企业普遍采用的直线制带来的重复做事、兵力分散问题，对联想集中资金、人力和进口渠道，确保公司形成拳头产品、快速成长起了重要作用。直线职能型组织结构的另一个作用为形成企业发展的信念和价值观创造了条件，促进了联想企业文化的逐渐形成。

1990年，联想制订了《联想管理大纲》《联想集团干部管理暂行规定》《联想集团员工守则》《内部银行制度》《财务部管理接口制度》等一批公司规章制度。通过建章立制，联想逐步发展出涉及决策权、绩效考核、奖励和惩罚等方面的管理体系，推动公司实现了由简单式有机组织到规范的机械式直线职能组织的转变，支持了联想业务规模扩大后日趋复杂化组织的有序运行，并带动了公司从早期依赖创业者的集权式管理向法理性分权的方向逐步演进。制度化管理使企业不但有了强大的动力机制，同时也建立起一套约束机制，以保证企业高速正常运转，为联想后续的持续稳定发展奠定了基础。这一阶段公司的组织结构如图2-2所示。

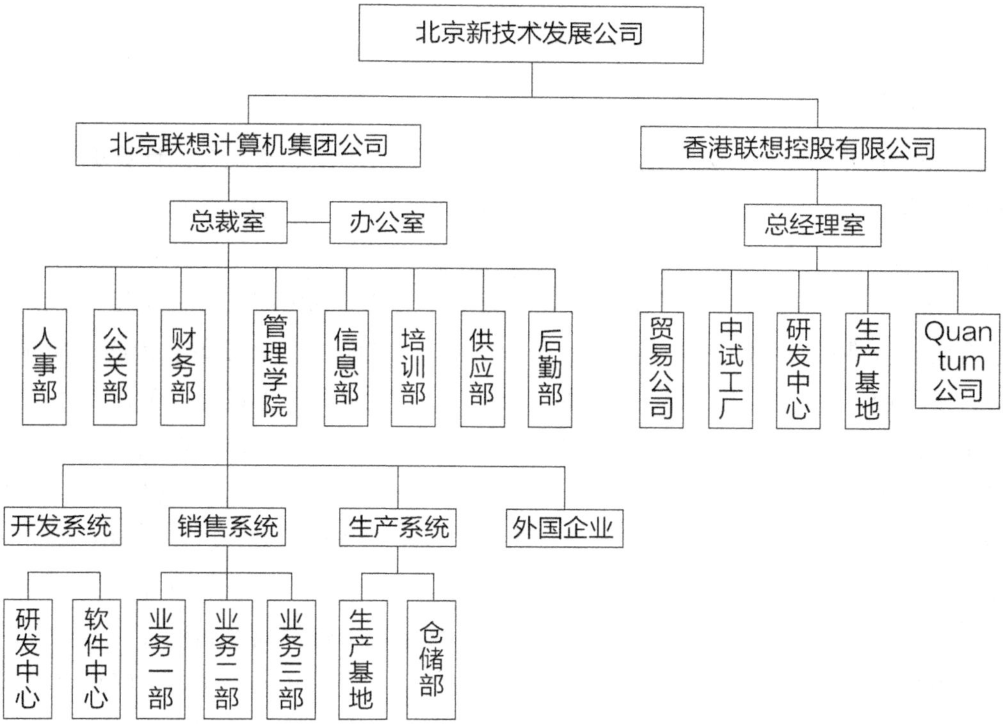

图2-2　直线职能型组织结构设计

通过规章制度让公司进入规范化管理阶段外，联想还对公司成长过程中的观念、信念、价值观、做事风格等进行了总结和升华，构建了以“求实进取”精神为核心的“大船文化”，这对规章制度形成了有效补充。“大船文化”倡导员工既要做“船员”，又要做“船长”，以风雨同舟的精神对待企业，以主人翁作风要求自己；倡导透明的人际关系，强调内部凝聚力，引发向心力，视团结如生命。要求每个“船员”进入自己的岗位，朝着共同的目标，组成步调一致、整齐有序的科技企业队伍。通过让员工、管理人员和骨干“入模子”，让所有联想人凝成联想的理想、信念、情操、制度、规范和礼仪所要求的“形状”，能够通过以岗位责任制为核心的一系列规章制度，包括财务制度、库房制度、部门接口制度、人事制度等，把联想的理想、目标、制订制度的指导思想等一步一步地、一点点地融入联想人的血液中，塑造员工求实诚信、积极进取、以大局为重的做事风格。通过这样的一种文化，联想成功地把企业目标和所有员工的个人追求融合在了一起。这体现了联想“把个人追求融入企业发展目标之中”的文化价值核心。

1988年到1993年，联想的研发工作可以分为两类，第一类是个人计算机主机板和扩展卡的开发，第二类是自主品牌个人计算机的开发，这两类工作因为规模不同、起步时间不同，研发管理水平截然不同。

1988年，中科院计算所新技术公司、香港导远公司和中国技术转让公司三家企业合资在香港成立了联想电脑有限公司，四个月后购入生产板卡的香港Quantum公司，不久倪光南便带着十几位工程师到了香港，开始进行板卡设计。工程师针对接连不断出现的设计问题制订了一套测试标准，并将设计思路与市场接轨，初步形成了成本、质量的概念。但初期的批量生产过程中仍在犯错误，曾在未做严格审查的情况下强行投入批量生产，酿成大错，后续通过狠抓产品质量，加强管理，建立制度，完善样板测试、小批量测试及批量生产的流程，使产品一次合格率很快由30%提升到了95%。在当时全靠人工插装配件、凭经验调节焊锡温度和松香的多寡、人工用电烙铁焊接的条件下，达到这样的良率实属不易。到1991年年底，联想主机板和扩展卡月产量已经达到10万块，销售范围已经覆盖到欧美各个国家和地区，在全球计算机板卡市场占据了一席之地，这在当时的中国简直是个奇迹。

由以上情况可见，当时联想在板卡的研发和生产管理方面已经建立了由经验丰富的人员组成的研发团队，构建了初步的设计、测试、生产和质量控制体系，并由专业人士负责相关工作，初步达到了优秀职能的水平。但在研发项目的总体管理方面还存在很大的无序性，项目的选择、立项、开发都存在较多不规范的地方，对经济方面考虑较少。

联想微型计算机的开发生产则是另一种情况。20世纪90年代初期的国产微机，几乎所有配件都是进口的，只有主机板为联想自主开发、在香港生产基地制作。一台微机的配件来自不同国家，由拥有进出口权的第三方与供货商签订合约，然后转手卖给联想。当时微机的生产销售规模不大，1991年只卖了几千台，并且发生很多质量问题。当时进行质量问题调查时，仅几天内销售的200台微机就发生了由主板和垫片引起的死机，由设计工艺造成的机箱强度不够、标牌脱落、连线脱落，部件选型不严造成的键盘手感不好、硬盘故障等诸多问题。

当时联想在微型计算机系统的研发和生产管理方面还处于十分初级的阶段，尚没有专门的团队负责系统级产品开发，还没有形成产品设计的概念；在产品部件上尚未形成基本的来料检验机制，更谈不上规格定义能力和话语权了，基本上就是来料组装，产品各个部件之间经常出现配合和兼容性问题，缺乏必要的测试手段和质量保证体系。因此，这个阶段的联想微机研发尚处于非正式管理的水平。

从联想主机板和微型计算机研发管理水平的差异可以看出，企业采用直线职能型组织结构，研发管理最高可以达到优秀职能的水平，前提是要有高水平的专业队伍、初步的流程体系，且需要业务规模的支撑。这时团队主要技术人员在关键问题解决方面的作用依然明显，但专业团队的存在让主要技术人员可以从一些琐碎的工作中脱离出来，承担起项目经理的角色，分配协调团队工作，这有助于提升团队专业化水平、缩短项目整体开发周期并加强项目开发的计划性，初步的流程体系提升了项目成功的可重复性及产品的良率。

直线职能型组织结构比较适合中小企业以及产品品种比较单一、生产技术复杂且发展变化较慢、外部环境比较稳定的大型企业。对于比较传统、稳定的行业，这种类型的组织结构在企业会存在很长时间，甚至会伴随企业走向行业龙头地位；对于市场变化比较快的行业，当企业发展到一定规模时，直线职能型组织结构协调性差、反应迟缓的弊端就会显现。

> 1992年到1994年，华为也是采用直线职能型组织结构。1992年，华为销售规模突破亿元大关，员工人数也达到了200人，这一时期的产品策略依然是聚焦于单一产品的持续开发与生产，在销售上采取“农村包围城市”的低价策略。所以，其组织结构也不需要复杂，但权力需要集中，以便能快速统一调配资源参与市场竞争，并对外部环境变化快速反应。快速、灵活、专业、低成本且责权清晰的直线职能型组织结构恰恰能够最好地满足这些需求。

在直线职能型组织结构下，企业已经能够建立分工明确、专业水平较高的研发团队。随着专业分工的细化与职位等级的深化，研发团队可以向纵横两个方向发展，从而实现规模上的突破，让企业有资源和能力在部门职责层面进行流程梳理、技术经验的总结积累及开发工作的标准化，使部门内的开发工作具有传承性与可重复性，保证部门内工作的效率和质量。但在这种纵向分层的组织结构中，各部门之间缺乏横向信息交流和联系，部门协作困难，各部门领导缺乏全局意识，工作中很难考虑上下游的需求，组织中又缺乏人员进行整体设计把握及部门间工作的协调，也就难以保证整个项目的成功，因此研发只能达到职能优秀的水平。

建议企业从以下几个方面入手进行直线职能型组织结构下的研发管理能力建设。

（1）建立完善的激励机制，充分调动不同岗位、不同职级研发人员的工作积极性。

（2）重视项目管理，培养或招聘具有项目管理专业经验和能力的人才负责本部门的项目管理工作，使项目管理走上正轨。

（3）重视技术积累，建立完善的技术标准、规范，通过技术分层管理来实现常用部件的模块化。

（4）重视流程建设，实现本部门所负责开发工作过程的流程化、内容的标准化。

（5）注重研发团队建设，合理设置岗位、职级和团队规模，有目的地进行不同岗位、职级人员的招聘和培养，在保证技术能力的前提下做好梯队建设。

2.4 事业部组织结构下流程的细化与局部贯通

2.4.1 事业部组织结构概述

20世纪20年代初，通用汽车公司合并收购了许多小公司，企业规模迅速扩大，产品种类和经营项目增多，内部管理却很难理顺。当时担任通用汽车公司常务副总经理的斯隆参考杜邦化学公司的经验，以事业部制的形式于1924年完成了对公司原有组织结构的改造，使通用汽车公司获得了很大成功。通用汽车公司成为实行事业部制企业的典型，因而事业部制又称“斯隆模型”，同时也被称为“联邦分权制”。

事业部制是在大型企业中设置分权式的多分支单位（Multidivisional Structure）的组织结构形式，简称M型结构，即在总经理的领导下，按地区、市场或商品设立事业部，各事业部有相对独立的责任和权利。企业战略方针的确定和重大决策集中在总经理层，事业部在总经理的领导下，依据企业的战略方针和决策实行分权化的独立经营。各事业部作为利润中心，实行独立的财务核算，总部一般按事业部的盈利多少决定对事业部的奖惩。但事业部的独立性是相对的，不是独立的法人，只是总部的一个分支机构。事业部的利润是基于公司总部的政策进行计算的，在人事政策、形象设计、价格管理和投资决策方面一般没有大的自主权。

1. 事业部制的优点在于以下几点

（1）各事业部都有自己的经营范围，在此范围内拥有较大的经营自主权，而且对自身业务较熟悉，可以根据实际情况迅速做出反应。

（2）有利于高层领导摆脱日常管理事务，更加关注业务整体发展战略。

（3）事业部总经理负责领导一个自成系统、独立经营的准企业，有利于培养全面发展的企业高级管理人才，为公司总部储备后备人才。

（4）按产品类型划分事业部，便于企业组织专业化生产，形成规模经济，有利于节约经营和生产成本。

2. 事业部制也存在一些缺点

（1）各个事业部都需要设置一套齐备的职能机构，因而人员较多，费用较高，往往出现机构重复设置的情况。

（2）各事业部自主经营、独立核算，因而考虑问题往往从本部门角度出发，忽视整个企业的利益。

（3）对公司总部的管理工作质量要求较高，集权与分权关系比较敏感，一旦处理不当，可能削弱整个组织的协调一致性。

2.4.2 我国企业与事业部组织结构

1993年，我国大幅降低电脑整机关税并取消进口许可证，国外计算机企业深受鼓舞，拓展中国市场的势头空前高涨。DEC、AST、康柏等大型企业相继以独资或合资形式建立公司和生产基地，并通过降价积极拓展中国市场，中国台湾的宏碁、神达、仁宝等厂家不约而同跟进，价格战愈演愈烈，使中国市场成了地道的“买方市场”。中国大陆的计算机生产企业对此措手不及，市场占有率急剧下滑。

这一年，由于管理和市场竞争因素影响，联想微型计算机业务第一次未能完成销售任务，大船模式的管理弊端开始凸显。在大船模式下的联想微型计算机业务，供应部负责配套元器件采购，生产基地负责微机生产计划和管理，业务部负责微机销售。当市场环境良好时，各部门分工协作，轻松盈利，你好我好大家好；当市场竞争激烈时，各部门便都只能顾及自身利益。

在这场竞争中，业务部门销售不佳时，采购部门反应迟缓，依然认为是卖方市场，依然不断大批进货微型计算机，库存越来越大，资金周转困难；销售部门根据管理层决策以亏损状态进行销售时，公司账面依然有很高的毛利率和净利润，使产品定价缺乏市场竞争力，严重影响销量。这种情况是公司的定价机制造成的，供应部、生产基地上报成本，财务部总体核算成本后加价15%作为销售价格，因为是分环节考核业绩，虽然前端已经刺刀见红，后端却依然要或多或少让成本数据保留一定操作空间，使自己的业绩表现比较好看，从而造成定价虚高，缺乏竞争力。这种情况表明，在大船模式下，高度集中的权力决策体系无法满足数量众多的分散业务快速响应的需要，公司领导并不能很好地把握全局，有效消除部门墙造成的隔阂，使公司指令得到很好的贯彻，确保公司意图的达成以及保证公司整体利益。

这时的联想已经拥有数十家分公司、子公司，经营包括计算机、打印设备和通信设备在内的几十种产品，受精力和能力所限，决策层远离业务和市场，无法及时了解各类业务的真实情况并有针对性地进行快速指导和决策。以前市场竞争不充分，现在由卖方市场变为买方市场，产品的更新换代要紧跟国际步伐，节奏变快，企业需要更高效的组织架构来适应市场的变化。

1994年，联想公司年终工作会议总结事业部制试点经验，决定全面实行从“大船结构”向以事业部为基本组织形式的体制，即“舰队结构”体制转变。公司原有经营部门按产品划分为14个事业部，在公司总体战略部署和统一经营计划指导下，事业部对产供销各环节实行统一管理，享有经营决策、财务支配权和人事管理权，“大船里的船舱”变成了“小舰艇”，微机销售模式也开始从直销变为代理分销。公司总部则通过设立销售总监、财务总监，成立审计部，健全人事、财务和审计等方面的制度，对事业部进行“目标管理、过程监控”。事业部制的全面推行，标志着联想在管理上逐渐走向成熟。1995年提出“贸工技”产业发展道路，1996年总结出“建班子、定战略、带队伍”的管理三要素，1997年提出建设“认真、严格、主动、高效”的“严格文化”，都表明联想在不断探索适合自己的管理模式。

微机事业部的成立意味着联想的组织结构从以所有产品的某一个环节为支点的职能制向以某一个产品的整个流程为基础的事业部制的转变，原来产品经营流程上的横向分割问题得以解决。事业部的成立使微机业务由分散管理向集中管理转变，结合精简瘦身，战斗力增强、灵活性提升，业务发展加速。随着队伍的年轻化，一些新的创意开始涌现，联想1994年开始给微机命名，推出了E系列、G系列和P系列，并且当年销量达4.5万台，比上一年增长100%；1995年推出“双秤”“宝瓶”“金牛”“人马”四个型号、15种配置的“联想1+1星座系列家用电脑”，销量超10万台，在国产微机中位列第一，是唯一进入销量前10的中国品牌，排在前面的是康柏、AST、IBM、惠普等国际品牌，但在营收上只占公司的12%，仍然算不上是公司的主营业务。1995年年底，世界贸易组织正式取代“关贸总协定”，中国政府将进口关税降低至30%，涉及6000种进口商品中的4000种。1996年3月15日，联想推出“万元奔腾电脑普及风暴”活动，用多媒体的概念推销家用电脑，带动了PC发展的第一个高潮。这段时间，长城、方正、同方先后进入PC领域，打造了后来国内主要的电脑品牌，在国内企业共同努力下，电脑逐渐飞入寻常百姓家，为后来互联网的普及打下了坚实的基础；联想电脑的销量在“万元奔腾电脑普及风暴”活动带动下增长明显，市场份额达到6.9%。1997年，联想品牌微机销量超过43万台，贡献了公司62%的利润，微机业务终于成为联想的支柱业务。

1994年微机事业部成立时，下设销售部、市场部、技术部、软件部、供应部、综合部六个直属职能部门。其中销售部负责渠道管理和产品销售；市场部负责广告和做行业工作；技术部负责研发采购、售后服务、培训和评测；软件部负责软件开发；供应部负责生产和仓储；综合部负责行政、人事和后勤。如图2-3所示。

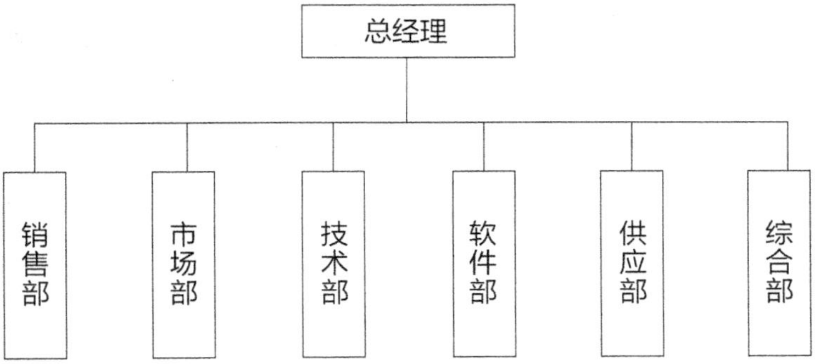

图2-3　1994年联想微机事业部组织结构

1995年后，随着业务扩大，联想又调整了内部组织，主要变化为：其一，增设了独立的负责质量的质控部和管理采购及物流工作的物控部；其二，从销售部门中分离出负责购销结算的商务部，使业务更加专业化。

1996年联想组织体制有了更大的变化：其一，销售部和市场部合并，但为整个微机事业部造势和研究的工作会由公司总经理直接掌管；其二，成立研发部（研发中心）和技术服务中心，研发部承担研究、开发的任务，将培训、维修等任务都交给技术服务中心；其三，供应部更名为制造部；其四，成立专管采购的部门，物控部不再负责采购，只负责购销物流运作；其五，成立产品部，负责产品规划、产品立项和开发指导相关工作；其六，成立信息管理部。

1997年联想管理体制建设的重点为：其一，加强产品部，设立商用机、家用机、笔记本机、服务器四个产品总经理，研发部门和产品部都可以提出产品开发建议，但是由产品部全面抓产品立项和指导开发工作；其二，强化总部对大区销售的领导，大区销售办公室由北京放到地方，以应对各地日益激烈的销售竞争，又能保证在全国范围内的统一协调；其三，成立企管办，统一负责发展规划、客户关系、综合管理、信息管理等间接增值环节的工作。

事业部制是大型企业在组织结构方面自我优化的结果，组织形态并未发生根本的变化，主体结构依然是科层制。事业部集中了那些能够实现价值创造的基本职能部门，因此逐渐成为大型企业组织结构的基本单元。由于事业部获得了充分授权，责任和利益明确，大大促进了经营层的积极性和创造性；事业部更接近市场、接近客户，可灵活满足市场和客户需求，响应更加迅速和准确，有助于业务做大做强。

事业部成立之初，一般只有能够实现价值创造的必要部门，财务、人力资源等支撑工作由公司负责，这时的事业部一般采用直线式组织结构。随着业务的发展和规模的扩大，事业部下属部门越来越多、职责分工越来越细、专业性越来越强、管理越来越复杂，就需要一些专业型的职能部门来支持事业部的运营管理，事业部的组织结构也会演变为直线职能型组织结构。如图2-4所示。

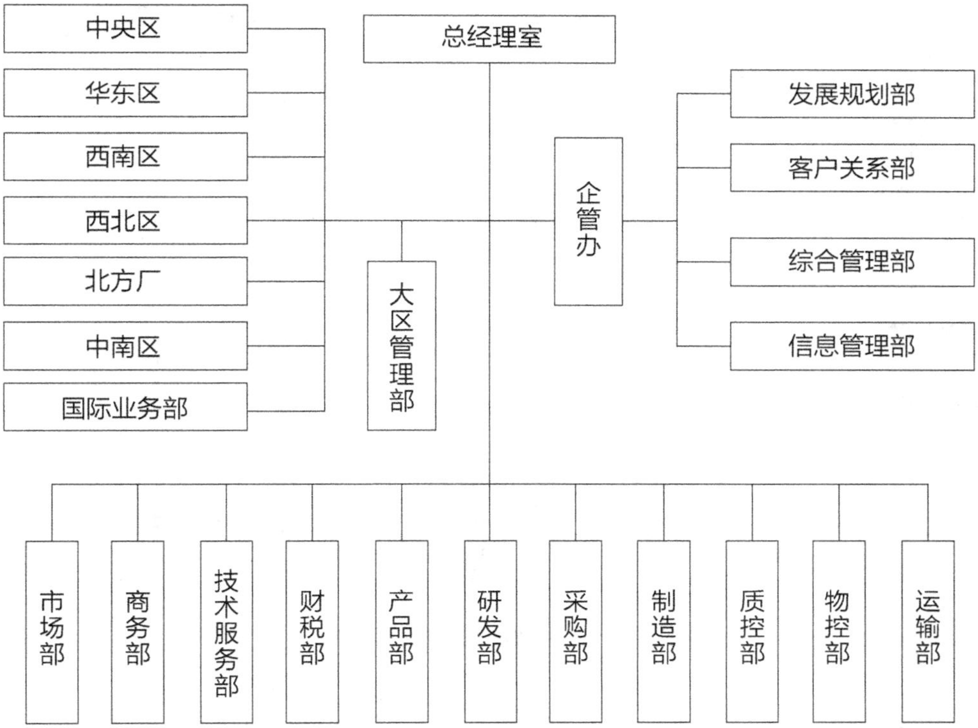

图2-4　1997年联想微机事业部组织结构

1996年，借微处理器价格下降的契机，联想推出“万元奔腾电脑普及风暴”活动，当年销量跃居全国第一。随着业务的发展以及组织结构的不断完善，联想对满足客户需求的价值链有了更深入的认识，将企业业务分为直接增值活动和间接增值活动两部分（如图2-5所示）。直接增值活动包括产品功能给客户带来的使用价值、产品购买的快速性和方便性以及对客户售前/售中/售后的关怀和服务带来的体验增值，包括产品链、供应链及营销服务三类活动；间接增值活动指为实现直接增值活动提供必要支持的活动，包括企划、信息、人力资源、财务四方面的职能活动。1994年至1997年期间，在联想只有微机这一项业务在组织结构上以增值活动的分类设立部门，以职能式组织管理模式开展业务，成立了市场、商务、技术、财税、产品、研发、质量、制造、物控等一系列部门，组织变化主要就是对直接和间接增值环节的细分和完善。

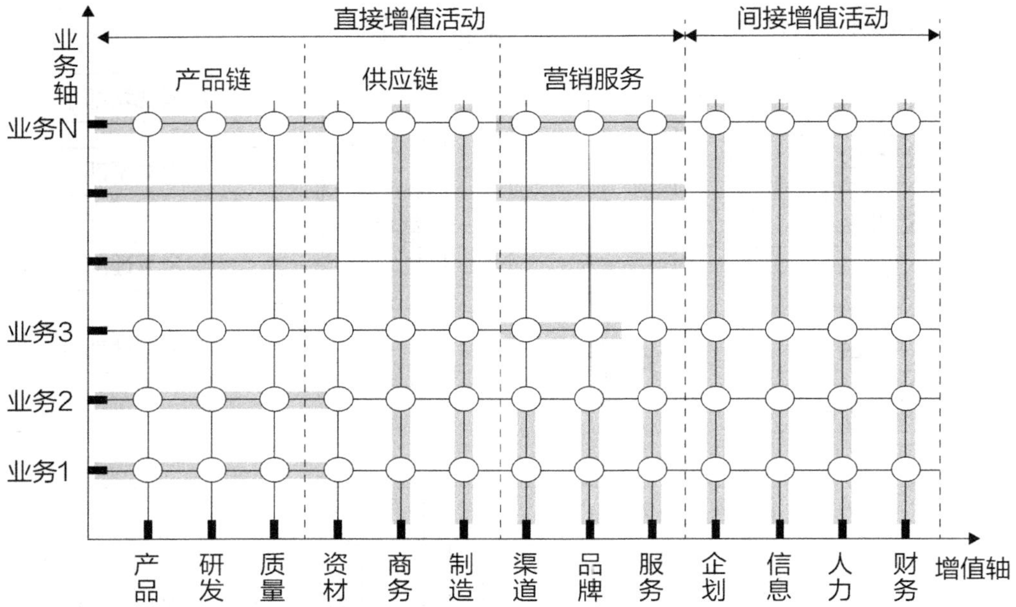

图2-5　业务活动分类及组织设计

在此期间，事业部组织结构下的联想电脑研发能力的发展可分为两个阶段。

第一个阶段是1994年至1995年，在这个阶段，联想PC产品销量大幅度提升，企业开始具有自发的面向客户的产品设计概念。这个时期联想电脑的主要部件虽然依然是从供应商处采购，但已经开始考虑客户家用的需求，通过配置及采购手段来降低产品的价格，通过差异化设计来满足不同客户群的需求，提升产品的市场竞争力，并开始从机箱、外包装箱这些外围部件入手，进行自主设计，以期实现产品成本的最优。这时的产品开发依然是少数几个人的事儿，没有标准流程，产品的竞争力完全依靠个人经验和认知。因此可以认为，此期间联想电脑研发依然处于非正式管理阶段。

第二阶段是1996年至1997年，可以认为是联想电脑研发走向职能优秀的起步阶段。1996年，联想研发部成立，主要工作是对定型的电脑产品进行系统测试，发现问题后再进行修正，解决系统的兼容性、稳定性等方面的问题，确保批量生产质量的一致性。同一年，联想在研发部设立了“工业设计中心”，家用电脑开始具有与商用电脑明显不同的外观风格，在追求实用的同时，外观也成为产品竞争力的重要组成部分。这个时期，电脑在人们眼中依然是奢侈品，在单位要有安装空调的机房，在家里不用的时候要拿一块绒布盖起来。这一方面是因为产品价格相对于人们的收入来讲依然很高；另一方面也是因为操作界面不够友好，大部分人不具有使用能力，对电脑抱有神秘感。联想开发了“幸福之家”软件，使电脑的应用变得简单，让家用电脑成为联想电脑业务的重要分支。此阶段的联想电脑开发，有了专门的研发团队，团队内部有了明确的分工和配合机制，能够实现产品设计与评测验证的密切配合，保证了大规模生产质量的一致性；形成了由产品规划、研发、质量三个部门构成的完整产品链，让企业初步具备了面向市场，推出有竞争力产品的能力，保证了产品开发的成功率。因此可以认为，此期间联想电脑的研发能力迈入了职能优秀水平的门槛。

从直线职能制转变为事业部制只是解决了原来职能部门价值模糊的问题，每个事业部能够独立体现价值，使企业价值中心开始分散，分权提高了企业运作的灵活性，可更好地适应市场需求的变化。但这对研发管理水平并不能产生显著的影响，因为事业部只是被授予了更大的权力，其内部的组织结构形式未变，研发团队、研发流程、技术管理、项目管理等都未发生直接的变化。当然，事业部制也为研发管理水平的提升提供了契机，主要表现在以下几个方面。

（1）产品比较单一，有利于研发人员专业知识的积累和技术能力的提升。

（2）研发人员与客户的接触增多，有助于把握客户需求，培养面向客户的研发意识。

（3）决策链变短，增强了各部门之间的沟通，有利于各个部门的配合协调，能够提高市场反应速度和产品竞争力。

（4）事业部自成系统、独立经营，让高层领导有更多机会端到端管理整个业务，跳出原有职能部门的局限性，拓宽视野，从而能够更好地理解研发管理的系统性。

（5）单一的业务和更高的自主性，让事业部有意愿有能力成为一个优秀的部门，能够不断从价值链层面细化完善流程，发现并解决研发管理中的问题。

总之，在事业部组织结构下，为追求部门优秀，事业部会不断细化价值链中各环节的组织，增强信息横向流动的能力，提高技术水平，完善和细化流程，规范开发过程和工作内容。但由于直线职能制固有的问题，各部门之间的配合程度虽有所提高，但还不能形成真正的项目团队，可已经有机会从整个价值链的角度去梳理开发过程的各个环节，建立端到端的开发流程，为企业演进到矩阵式组织结构做好准备。

建议企业从以下几个方面入手在事业部组织结构下进行研发管理能力建设。

（1）利用众多部门集中在事业部内部的优势，建设贯穿事业部内部各部门的流程，打破事业部内部的部门墙，提升各部门的协作能力。

（2）在条件允许的情况下，建立项目管理办公室，实现项目的总体协调推动。

（3）建立项目经理负责制，由项目经理负责协调项目开发中所有事业部内部承担的工作，通过授权，让平台部门认可项目经理的权威性并能够在项目中给予支持。

（4）借助培训等手段，不断提升项目经理的项目管理专业能力，普及项目管理知识，提升员工的项目意识。

（5）建立由事业部管理层构成的项目管理协调决策团队，通过周期性会议实现对项目的管控、资源的调配、问题的决策，并帮助项目经理树立威信。

（6）积极推动研发管理体系的建设，完善研发管理体系架构，分层次、分阶段逐步完善研发管理体系的流程、标准、模板等内容。

2.5 矩阵式组织结构下端到端流程的构建与完善

2.5.1 矩阵式组织结构概述

在传统管理学理论中，企业的组织架构是基于科层制的组织模式。科层制是按职能以及职能的相似性来划分部门，强调专业化的劳动分工，分工等级严格，形成金字塔形的管理体系。在这样的组织架构下，团队执行力非常强大，职能建立非常明确，企业具有稳定性、准确性、严格性和可靠性的优点，非常有利于企业技术水平的提升，可保证资源利用的灵活性和低成本，有利于高层的管理和战略的执行。但科层制也存在着对客户利益关注不足、项目协调困难、缺乏对项目总体目标的负责主体等问题。

矩阵式组织结构的出现是企业管理水平的一次飞跃，最初的矩阵式组织理论产生于技术项目型企业。与直线式、职能式以及事业部组织结构不同，对矩阵式组织结构基本不能从组织结构图进行判断，其更多体现为企业具体的业务运作管理行为。早期，飞机制造、航天器生产企业以及一些大型跨国公司，为了完成一个项目，需要临时从各部门抽调人员组成项目组，项目组成员既受本项目负责人的管理，又同时接受原来所在部门的管理，这样既充分利用了企业资源，又有利于有关这个项目问题的沟通，进而促进该项目工作的开展，这时的矩阵式组织还只是传统直线职能式组织的补充。

1967年，NASA（美国国家航空航天局）的研究员麦卡锡在《管理更大更复杂项目的一种方法》一文中，首次提到矩阵式组织的概念。20世纪70年代以来，随着超大型企业的不断涌现，企业决策链拉长，横向沟通壁垒重重，部门之间的协调及企业资源的整合困难，严重影响企业的效率和市场响应能力。为了解决这些问题，一些企业将原来分散于各个事业部的财务、人力资源、行政管理等间接增值环节的职能收归总部，在总部成立相应的平台性职能部门，为各个事业部运营提供相应支持和服务；对采购供应、质量管理、市场销售等共用增值环节，成立专门的平台性部门，各个事业部共享专业资源。这种变革通过总部职能部门与各个事业部合作，加强总部对事业部的控制，通过专业分工及资源的合理分配，兼顾专业能力的发展和效率的提升，保证核心业务的竞争优势，实现各个业务部门与公司整体战略方向的一致和整个企业文化的统一。

得益于其灵活性和高效性，矩阵式组织结构在20世纪70到80年代快速得到普及。那段时间，采用矩阵式组织结构的多是制造业企业，比如GE、道氏化学、壳牌石油、德州仪器。这些企业由于业务扩张、组织变大，自然会倾向矩阵组织。横截面的项目团队是对纵向职能组织的补充，但依然以纵向职能组织为主导，这种矩阵结构被定义为1.0版。

到了20世纪90年代，一种新的流程型组织成为时尚。著名的流程再造学者迈克尔·哈默（Michael Hammer）凭借畅销书《企业再造》成名。1994年，美国四分之三的顶尖大公司都展开了再造工程。严格的流程型组织设计包括 “以客户为中心”和“流程精益”两种理念，通过横向集成和组织授权，以端到端的业务线为牵引，从而实现高效、持续的业绩增长。从本质上说，这也是一种矩阵式的组织结构，但和传统矩阵结构的区别在于横向组织的势力增大，纵向的部门变得弱势。所以，这种矩阵结构被定义为2.0版。

1. 矩阵式组织结构的优点

（1）将组织的横向与纵向关系相结合，有利于协作生产和适应环境变化的需要。

（2）针对特定的任务进行人员配置有利于发挥个体优势，集众家之长，提高项目完成的质量，提高劳动生产率。

（3）各部门人员的不定期的组合有利于信息交流，增加互相学习的机会，提高专业管理水平。

2. 矩阵式组织结构的缺点

（1）项目负责人的责任大于权力，没有足够的奖惩制度；员工面对双重管理，容易产生无所适从的混乱感。

（2）由于项目组成人员来自各职能部门，任务完成后仍要回原岗位，因而容易产生临时搭班观念，对工作有一定影响。

（3）员工需要有良好的人际关系能力并接受高强度的训练。

（4）耗费时间，需要频繁开会讨论解决方案。

美国众多大型跨国公司是矩阵式组织结构的最早实践者，这些企业在过去的数十年里不间断地在组织结构方面进行调整，从高度有效的、集权的功能组织结构转向权力下放的事业部制，再重新组建战略业务单元，收回产品事业部的某些权力，最终成立结合产品事业领域部门（大事业部）和地区事业领域为主体的矩阵式组织结构。

联想是国内最早进行矩阵式管理尝试的企业，从1998年起，联想开始推行矩阵式管理，大致经历了矩阵式管理探索期、矩阵式管理完善成熟期、国际化后的多维矩阵架构期等几个阶段。在业务和研发项目管理方面，大致经历了简单管理、平衡矩阵式管理、强矩阵式管理等几个阶段。各个阶段的业务管理、研发管理都有一定的特点和进化轨迹，下面分阶段详细介绍，以加强对组织结构对研发管理水平影响的说明。

2.5.2 “伪”矩阵式组织结构下的流程构建阶段（1998—2000年）

2.5.2.1 矩阵式组织结构管理模式的引入

到1997年，联想已形成了覆盖公司所有产品线的全面的事业部制。然而，由于没有对权力和业务两个维度的集中与分散关系进行合理处理，导致事业部“小而全”情况比较严重，尤其是随着事业部数量的增多，资源不足问题日益突出。一方面是随着事业部的增多，职能管理人员数量快速增加；另一方面是由于职能人员分散，专业能力不足，无法满足业务部门的需要。为解决此问题，联想在1998年开始对前期实行的产品事业部制结构进行了调整，引入矩阵式组织结构管理模式。表2-2为1998年开始联想的组织结构及研发管理演进情况说明。

表2-2　联想组织结构及研发管理演进

时间	组织结构	项目经理	阶段特点	研发能力
1998—2000年	科层制 + 跨部门合作的混合制	• 分段负责 • 临时任命	• 流程建立 • 简单项目管理 • 分段式负责制 • 职能式管理	职能优秀→产品项目优秀
2001—2004年	矩阵式	• 分段负责 • 临时任命	• 流程建设与完善 • 项目管理专业化 • 职能式管理	产品项目优秀
2005—2008年	多维立体矩阵	• 全程负责 • 专职	• IOD 流程 • 项目管理专业化、信息化 • 业务群组级专职项目管理 • 委员会式管理	产品项目优秀
2009—2012年	多维立体矩阵	• 全程负责 • 专职	• IOD 流程 • 事业部级专职项目管理 • 委员会式管理	产品项目优秀、产品组合优秀
2013—	多维立体矩阵	• 全程负责 • 专职	• IOD 流程 • 事业部级专职项目管理 • 整体矩阵制 + 局部项目制 • 委员会式管理	产品组合优秀、产业链优秀

为了实现矩阵式管理，一方面，公司将与业务个性关联紧密的主要增值活动，如产品、研发、质量、资材职能整合到产品事业部内；另一方面，将与增值要素（或某一类客户群的特点）紧密关联但与业务个性关联较弱的增值活动，组成集中设置的专业部门，如技术发展、质量管理、商务、供应链管理、企划、信息、人力资源服务。

1998年，基于业务部门增加、产品线拉宽并细化等情况，联想电脑公司以产品和市场事业部为中心再次调整管理组织体制。整个电脑公司分为四大系统。

（1）产品事业部，有台式机、服务器、笔记本、软件、OEM产品等，各事业部分别设有技术、质量、制造、市场、人事、财务等一系列职能部门，直接开展业务活动，各部门通过电脑公司的职能部门统一对有关产品的研发、产品、资材、质控工作进行管理。

（2）按七个大区和细分市场划分的市场、销售和有关的管理、服务部门。

（3）生产管理部门，负责管理北京和深圳的工厂，工厂按事业部的计划安排生产。

（4）职能部门，包括规划、人力资源、财务、信息、平台管理、品牌、行政后勤等，组成企业管理系统。品牌推广部负责企业品牌的总体管理、广告计划和广告费的管理。日常工作由企管经理负责，但重大决策由高度重视品牌资产的总经理直接负责。

这种调整虽然号称是构建矩阵式组织，但只是业务关系方面的机构设立发生了变化，而不是权力关系方面的变更。在组织结构上重新调整了公司总部与事业部之间的配合关系，即将业务个性关联较弱的增值环节从各事业收归到公司级进行统一管理，形成集中化、专业化的平台，由小而全的事业部独立运营变更为个性化的事业部与公司总部资源平台及区域销售平台之间的协作。这一调整使非直接增值活动的专业化增强，并实现了销售这一具有共性的增值环节的统一管理，从而将事业部内部的流程整合与专业平台搭建相结合，使权力分散化与辅助业务的集中化得以兼容。共性资源的平台化管理，通过规模效应提升了专业化水平，增强了公司内部的合作关系。但这种调整并未明确平台部门和事业部在项目中具体合作的内容与职责分工，也未形成跨部门的管理机制，实现项目团队的双重管理，因此并没有形成真正意义上的矩阵式管理，而只是形成了企业内部跨部门协作的网络化结构与层级制结构并存的混合型形态。如图2-6所示。

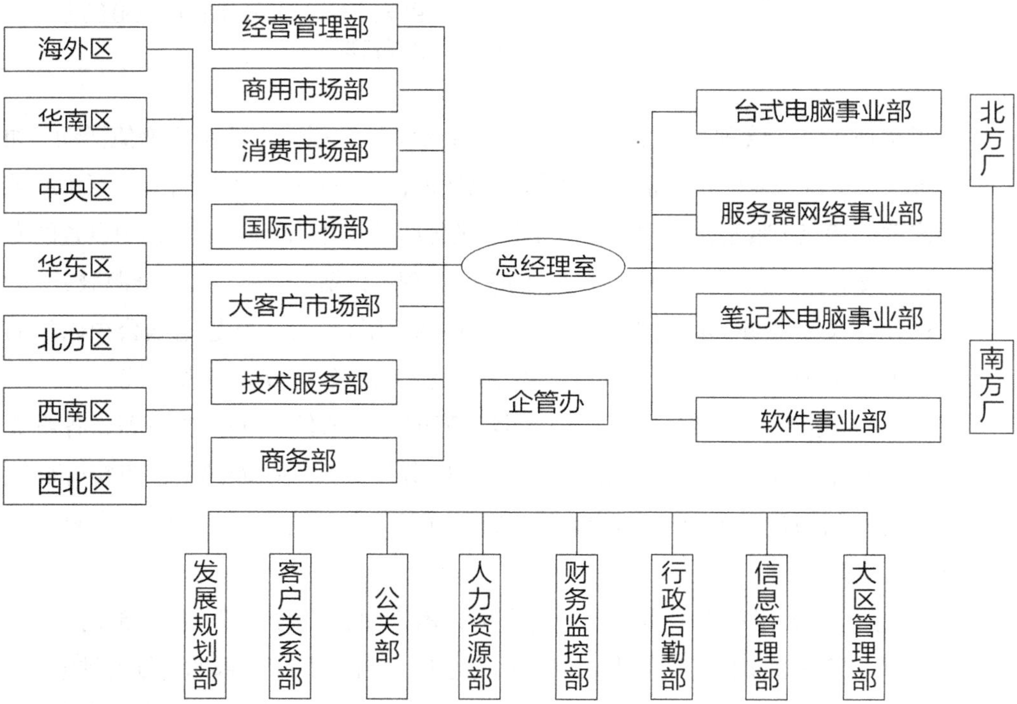

图2-6　1998年联想集团组织结构

以当时在联想业务占比最高的台式机事业部为例，到1999年，事业部共有员工208人，下辖产品部、研发部、资材部、质控部、经营管理部等直属部门（如图2-7所示），制造部虚线向台式机总经理室汇报。在各部之下设有商用产品处、消费产品处、产品推广处、技术研究处、系统设计处、工业设计处、部件开发处、设计工程处，还有采购、运作、物控、质控、客户支持等三级部门来支持事业部的工作。其他公司级职能部门与台式机事业部的关系在推行矩阵制前后没有大的变化。

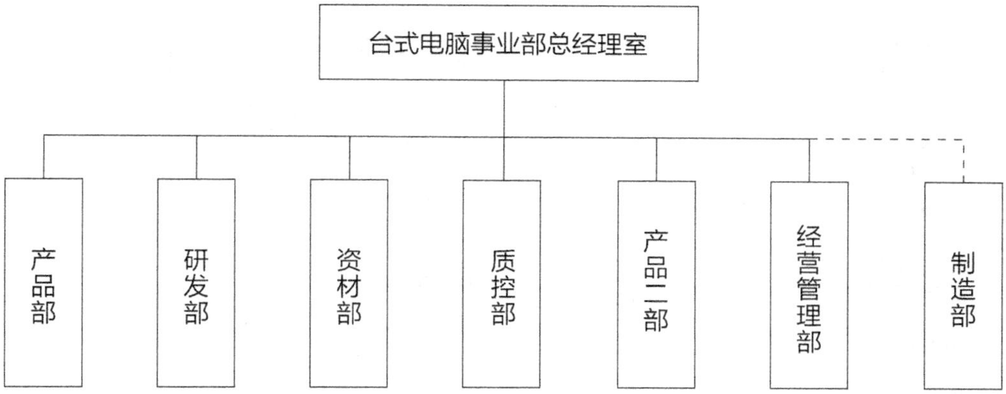

图2-7　1999年联想台式机事业部组织结构

台式机事业部内部对新品开发项目推行矩阵式管理，即对每个新品项目指定项目负责人，由项目负责人牵头成立跨部门的项目团队。一般项目会有两个负责人，分别来自产品部和研发部，前者对产品立项工作负责，后者对开发工作负责。为了实现各部门在项目中的有序配合，事业部制订了《新产品开发控制程序》文件，文件中明确了新产品开发分为全新产品的A类项目及产品升级的B类项目两种类型，对各处的工作职责进行了简单定义，并用流程图的形式明确了项目执行中的关键步骤和负责部门。为了规范各团队的工作，制订了《小批量质量评测控制程序》《技术评测控制程序》《新产品设计输出文件评审表》等控制文档，以及《新产品研制开发方案书》《新产品研制开发评审书》《设计BOM单》等模板文档。这些流程和文件，现在看起来有些简单和粗糙，但在当时处于国内领先水平，代表着联想的研发管理已经步入正轨。联想台式机事业部新产品开发流程如图2-8所示。

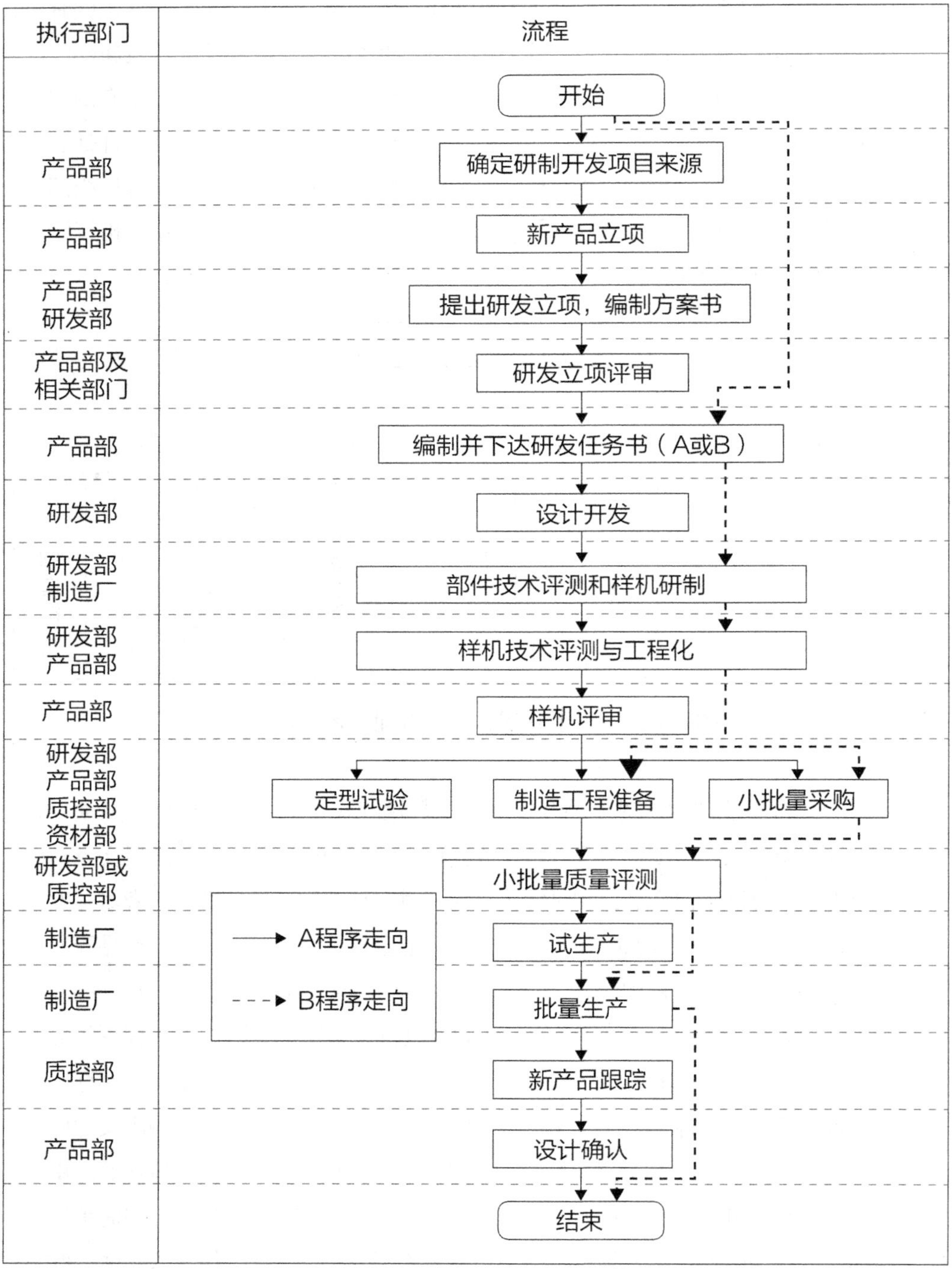

图2-8　联想台式机事业部新产品开发流程

联想该阶段的产品虽然大部分部件都采用基于业内标准的通用部件，但在机箱外观结构、接口配置、应用交互、包装辅材等方面开始体现自己对产品及客户需求的理解，这意味着联想开始进入通过产品技术获得竞争优势的阶段。这个时期的产品的销售绝大部分在中国市场，开始通过产品的系列化及配置的差异化来满足不同客户的需求，因此这个阶段的项目已经是中等复杂度项目。

该阶段的研发管理只覆盖了从产品立项到批量生产的阶段，未在项目管理中考虑产品生命周期管理等工作内容。项目涉及的业务部门基本上都在事业部内部，除制造厂外，并没有更多跨部门的公司级平台职能团队，因此，从研发角度可以认为这是一种短矩阵管理模式。项目团队设置两个负责人，对项目进行分段管理，分别负责产品立项与产品开发，不同阶段的主要工作内容明确，项目流程中的各项任务明确到各二级部门，基本实现了产品开发的过程化、标准化，这有助于各部门专业能力的建设和项目问题的解决，也有助于提高项目的成功率。

在项目执行中，工作的推动通过委托书形式来进行。比如新品项目立项后，产品部要综合各部门评审的意见和领导决策以及对技术方案的修改意见，形成《新产品研制开发任务书》并经总经理审批下发给研发部门，以便研发部门启动项目工作，这说明项目中的各部门并未能围绕项目形成以项目为导向的一体化团队，依然以小团队的利益为重。

1999年年底发布的“天禧”电脑是联想在该阶段的代表性产品，该产品将计算机硬/软件、网络接入、信息服务有机地融为一体，实现了传统电脑与互联网的无缝连接，首次将电脑变成网络门户，成为一款真正的互联网电脑，使用户在开启电脑的同时，也可方便地打开互联网的大门。其贝壳形流畅造型一改以往PC方方正正的呆板设计，时尚外观充分体现品位和个性。因特网键盘与应用的配合，可实现“一键上网”，并可通过“网际飞梭”键轻松进入互联网上的新闻、教育、生活、购物、娱乐、股市等频道，即使是初次接触互联网的人也能毫无困难地上网。“天禧”产品的开发历时近一年，投资逾千万，上百人参与研发，涉及计算机、通信、网络、外设等多个领域，创下了42项专利，在COMDEX（计算机经销商博览会）发布时，赢得了众多国际厂商的高度评价，它们一致认为这是中国企业及其产品第一次站到了国际信息产业的前列，这也表明，联想的研发能力提升到了行业领先水平。

2.5.2.2 阶段性成果

1998年至2000年，联想成功开发了以“天禧”为代表的多款畅销产品，2000年销量超过250万台，这表明联想在产品研发和质量控制方面已经具备了很强的能力。此时的联想以提供台式电脑硬件产品为主，产品比较单一；销售范围集中在中国大陆市场和亚太部分国家和地区市场，产品已经拥有比较高的技术含量，但机型配置并不复杂。通过简单开发流程的建立，联想产品开发项目初步实现了过程化、标准化管理，明确了项目中各部门的职责，这都对团队的专业化能力建设起到了很大的促进作用，也让项目的成功具有了可重复性。这一阶段虽然组织结构形式上开始推行矩阵式管理，但从产品开发层面看，所有的研发工作仍然局限在事业部内部，平台职能部门在产品开发工作中参与度很低，职能式组织结构下的合作模式并未产生实质性变化，跨职能部门合作渠道依然不够通畅，产品开发与产品生命周期管理工作依然被分割在不同的部门。因此该阶段联想电脑的研发能力仍处于稳固的优秀职能阶段，但已经为在组织结构向矩阵式转变、研发能力向项目和产品优秀阶段进化做好了准备。

2.5.3 联想矩阵式组织结构管理模式下流程完善阶段（2001—2004年）

2.5.3.1 将业务划分为五个业务群组

2001年4月，联想向技术和服务转型的三年战略规划出台，制订了到2003财务年度集团营业额要达到600亿元人民币的目标，希望最终打造出“高科技的联想、服务的联想、国际化的联想”。为满足战略需要，基于业务特性及客户群区隔，公司将业务划分为五个业务群组，并对组织结构进行了相应的调整。如图2-9所示。

（1）消费IT业务群组：面向个人、家庭提供家用电脑等家庭信息产品，下设消费电脑和数字家庭两个事业部。

（2）企业IT业务群组：面向中小企业提供商用电脑等商用设备和咨询服务，下设商用台式电脑、笔记本电脑、服务器网络、外部设备和IT 1For1五个事业部。

（3）IT服务业务群组：面向行业、政府和大型企业，提供全套解决方案系统集成等，下设IT系统服务和宽带网络两个事业部。

（4）手持设备业务群组：面向个人用户提供掌上设备、手机等，下设掌上设备和无线通信两个事业部。

（5）信息运营业务群组：为个人、家庭、企业提供ISP接入服务、FM365信息服务，下设信息服务事业部。

以上各个业务群组同时向客户提供产品和服务，以配合联想从产品和服务两个维度构筑其有针对性的多元化业务战略。此外，当时的联想还规划在QDI主板事业部的基础上构筑合同、制造业务群组，实现联想发展更大规模制造业的理想。

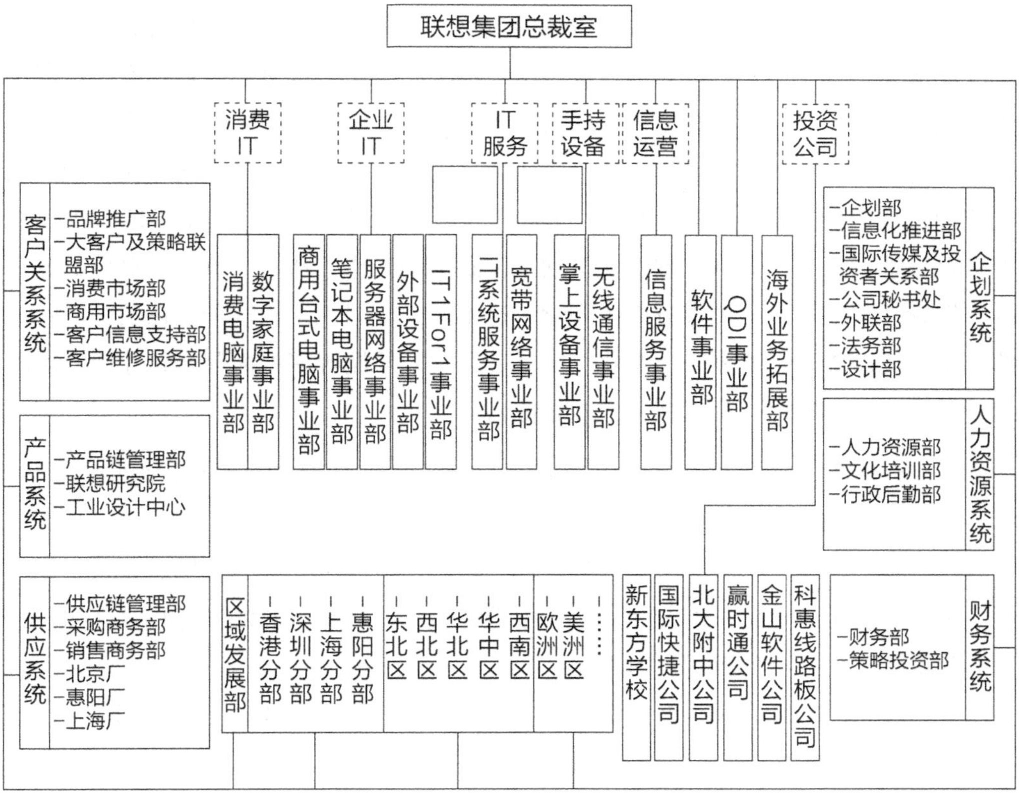

图2-9　2001年联想集团组织结构

2.5.3.2 制订七条战略路线

（1）立足国内市场，积极备战海外。

（2）以客户为中心发展业务并设立组织结构。

（3）以服务促进产品增值、拓宽市场，以产品带动服务成长。

（4）积极采用联盟和投资的方式进行业务拓展。

（5）建立竞争力保障体系，实施矩阵式管理。

（6）建立科学、系统的人力资源体系。

（7）加大研发投入，建设研发体系，提升研发能力。

由“建立竞争力保障体系，实施矩阵式管理”战略路线可以看出，联想自1998年开始推行的矩阵式管理发展很不到位，联想的组织结构实质仍然是事业部制，仍然存在着事业部各自为政、难以形成统一战略，资源共享差、跨部门协调困难、组织设置重复、资源浪费严重等事业部制组织结构的通病，这也在一定程度上证明了矩阵式管理在企业推行的难度。对任何一个企业，从纵向职能制管理模式转到矩阵式管理模式并不是简单地增加一个横向的项目管理机制，而是涉及从产品管理到项目管理、从职位管理到职位+能力二元管理、从单一实线管理到实虚多线管理、从人事合一管理到人事分别管理、从被动工作到主动工作、从对人负责到对事负责、从定性管理到定量管理等多方面的变化，这不仅需要组织结构这种显在的、形式上的调整，还需要从企业愿景、文化、工具、流程、机制等多方面配合，才能使矩阵式管理模式脱离形似，真正做到神形兼备。

柳传志认为矩阵式的组织机构是一种实现难度很大的组织结构，因此特别强调对企业的两点特殊要求。

其一，企业文化基础要扎实。管理团队和员工要有极强的进取心和责任感，如此纵向和横向才都能协调沟通，如果没有良好的企业文化基础，这样的双重领导方式会带来很多实际困难。

其二，企划能力要强，也就是集团总部的协调能力要强。在具体业务的执行过程中，有很多业务实际上可能执行不成甚至绕了弯，这就大大降低了实际效果，所以总部协调的作用在于发生问题后迅速反应并用妥善的方式来解决，这对企划而言是很高的要求。

此外，在矩阵式组织建设中，柳传志提醒企业要特别注意三个问题。

其一，业务负责人和平台负责人都必须对整体战略负责，业务负责人要将工作分解为若干步骤，而且要和平台或节点负责人讨论每个步骤具体业务部门的策略，纵向、横向都要有自己的战略要求。

其二，方案确定以后要确定考核方式，即对执行的过程和最终成果的考核必须结合绩效考核一起进行，以免战略不能执行到底。

其三，明确发生问题后该如何解决。出现问题后，有关业务的负责人对出现的相关问题一定要一查到底；如果他们查不到，企划办一定要查到底。追究的主要目的不仅是问责，更关键的是如何纠错并避免类似错误再次发生。

2.5.3.3 构建以五大业务群组为核心的组织矩阵

在组织结构方面参考IBM和惠普的成功经验，结合联想战略对组织管理模式的要求及在IT相关领域横向发展的特点，推行以职能为主导的矩阵式组织管理模式，构建了以业务群组为核心的组织矩阵，并从多方面入手，切实推动矩阵组织的落地。

1. 从管理角度

系统在集团设置中央企划系统，在业务设置相应的二级企划部门，组成大企划系统。集团企划系统负责集团战略管理，二级企划部门负责承接集团战略，并对相应业务进行再次策划并落实战略。职能系统权限整合，业务设有部分职能（财务、人力资源等），但属于集团职能系统的延伸，由集团职能系统实线管理。部分职能（审计等）在运营平台不再单独设置，由集团职能部门提供统一管理和服务。

2. 从运营角度进行组织全面整合

（1）服务系统全线整合，业务不含服务职能，各业务服务系统签订服务协议，业务制订服务标准，服务系统根据标准为客户提供服务。

（2）市场系统全线整合，业务不含市场职能，各业务根据市场客户需求开发相应的产品，制订产品的价格策略和营销重点，市场系统负责整合营销和销售。

（3）具有共性的运作系统部分整合（采购、制造等），业务根据特性保留部分运作职能（如资财、质控等），运作系统针对各业务保留的运作职能设置中央管理部门（质量管理部等），统一制订各业务的运作职能标准并监督执行。

（4）研发组织实行两级设计，公司设有中央研发系统，负责公司级研发（技术、标准等），业务具有自身的研发部门，着重产品级研发，同时可以根据实际情况共享中央研发系统的资源。

3. 明确实线管理与虚线管理的职责分工

（1）实线管理对节点人员行使直接管理职责，以目标联系整体节点人员，对目标进行评估考核。

（2）虚线管理对节点人员的专业能力负责，对实线管理形式有建议职责，以专业能力联系整体节点人员，对专业能力进行评估考核。

4. 明确公司级矩阵组织管理原则

（1）战略与目标集团统一。

（2）规范与标准集团统一（统一的产品标准、基准标准等）。

（3）关键资源与平台集团统一（采购、商务、客服、IT、政府关系等）。

（4）对外宣传与信息口径集团统一（品牌、战略、文化、业绩等的发布）。

（5）干部管理集团统一（总监级别以上干部任免、管理等）。

（6）内控体系集团统一（战略审计、管理审计、财务审计等）。

以上组织结构及职责划分上的工作，对矩阵式管理的落实起了关键作用。

2.5.3.4 推行企业文化

到2001年，联想已经成长为拥有一万多员工、营业额二百亿元人民币的大型综合性IT企业。小企业管理靠人，中型企业管理靠制度，大型企业管理靠文化。为了落实公司战略，推行矩阵式管理，联想在企业文化与管理方面做了深入研究、总结、发展和落实，为矩阵式管理的成功推行提供了保障。

1. 明确企业使命，将联想的使命概括为“四为”

（1）为客户：联想将提供信息技术、工具和服务，使人们的生活和工作更加简便、高效、丰富多彩。

（2）为社会：服务社会文明进步。

（3）为投资人：回报股东长远利益。

（4）为员工：创造发展空间，提升员工价值，提高工作和生活质量。

2. 明确企业的愿景

高科技的联想、服务的联想、国际化的联想。

3. 提炼企业的核心价值观

服务客户、精准求实、诚信共享、创业创新。

4. 总结联想企业文化与管理思想12345

从联想成立到2001年，其文化发展经历了初创文化、大船文化、舰队文化、严格文化、亲情文化几个阶段，为了配合企业多元化战略，企业开始推行创业文化，通过对以往企业文化的总结及对满足战略需要的文化要求的探索，形成了联想企业文化与管理思想12345。

（1）1：一种文化——联想文化。

其核心内容是“把员工的个人追求融入企业长远发展之中。”它包括三层意思：其一，员工个人的追求只有与企业的长远发展目标相一致（对企业忠诚、为企业发展尽心尽力）才有可能得到实现；其二，企业发展势必会给员工带来更多的发展机会；其三，联想为每位员工都提供了平等的发展机会，不唯学历重能力，不唯资历重业绩，每位联想员工都有相当的舞台，每个人都有成功的机会，员工与企业相互依存，相互促进，共同成功。

（2）2：两种意识——客户意识和经营意识。

客户意识：客户至上，诚信为本；客户永远是第一位的。取信于用户、取信于同人、取信于上级、取信于下级、取信于政府。以用户的利益求公司的利益，宁可损失金钱，决不丧失信誉。

经营意识：开源，节流。要求时刻要有开源节流的意识。做任何事，都是要消耗资源的，具体来说，就是要有钱和精力的投入，要时时问自己这件事情是不是值得做，是不是该这样做，是不是还有更好的方法（省钱省力省时间），不仅是大的经营运作和市场行为上（采购、生产、广告宣传、市场活动等），且在日常办公和生活上。

（3）3：三个三：管理三要素、做事三准则和处理投诉三原则。

管理三要素：建班子，定战略，带队伍。

做事三准则：如果有规定，坚决按规定办；如果规定有不合理处，先按规定办并及时提出修改建议；如果没有规定，在请示的同时按照联想文化的价值标准制订或建议制订相应的规定。

处理投诉三原则：首先处理好与用户的界面，给用户满意的处理结果；找到相关的责任人并分析问题的性质，进行批评和处罚；触类旁通分析问题的根源，制订改进的措施。

后期增加“高效会议三部曲”：会前充分准备，会中简洁明了，会后跟踪落实。

（4）4：四个四：联想精神四个字、联想员工四天条、管理风格四要求和问题沟通四步骤。

联想精神四个字：求实进取。

联想员工四天条：不利用工作之便谋取私利；不收受红包；不从事第二职业；工薪保密。

管理风格四要求：认真、严格、主动、高效。

问题沟通四步骤：找责任岗位人员直接沟通；找该岗位的直接上级沟通；报告自己的上级要求协助沟通；找双方共同上级沟通。

后期增加“沟通方式四直接”：能当面说明白，就直接当面沟通；能用电话直接沟通，就不用邮件；能用邮件直接沟通，就不用纸介；能用纸介直接沟通，尽可能简练在一页之内。

后期增加“时间管理四要诀”：重要且紧迫，立即做——抓住重点，突出效率；重要而不紧急，要多做——培养持续产出价值能力；不重要而紧迫，要少做——加强工作的计划性；不重要不紧急，不要做——减少无谓的消耗。

（5）5：工作思路五个转变。

由被动工作向主动工作的转变：从上级驱动到目标驱动，从被动完成工作到主动体现价值，从对领导负责到对自己负责。

由对人负责向对事负责的转变：从对上级负责到对目标负责，从单向负责到多向负责的转变。

由对一人汇报到多项任务分别向多人汇报的转变。

由封闭管理向开放管理的转变：对下属从发令员和指挥者到指导员和资源提供者的转变。对其他部门从占有资源被动为别人解决问题到主动出击成为部门价值推销员。

由定性管理向定量管理的转变。

联想企业文化与管理思想是联想多年管理经验的提炼和总结，是联想发展的根源和基础，是联想做事的指导准则，很多内容已经成为联想人的文化烙印，对今天的企业管理仍有很强的指导意义。

5. 推行“复盘”方法论

2001年，柳传志在联想提出复盘的概念，让企业不断学习、总结、反思、提炼和持续提高，形成学习型组织。

6. 文化落地整合实践

除了总结、提炼、发展具有自己特色、符合企业发展战略要求的企业文化外，联想在将企业文化落地，使企业文化转变为每一名员工的思维和行动准则方面也做了很多整合和实践工作。

（1）在企业内网开辟“刺儿梅”专栏，公开和批评企业内部的问题，使大家看到自己的不足、改善自己的工作。

（2）坚持新员工“入模子”培训。新入职员定期集中脱岗封闭培训，内容涉及联想的历史、管理文化、管理理念以及相关的专业技能，使新员工能够按照联想的规范和文化做事。

（3）通过“进步信箱”“总裁在线”等形式，加强企业和员工的交流，获取员工的建设性建议并落实，就公司的战略运营为员工答疑解惑，统一思想认知。

（4）推行“称谓无总”，落实亲情文化，消除僵化的等级氛围。这一点对企业的影响极其深远，使部门间横向沟通顺畅，人际关系和谐，问题解决更加高效。

（5）建立管理层与员工的沟通渠道。C-time，每周午休有一个小时的时间，在享用免费咖啡、茶点的同时，员工与企业高级管理者可进行轻松、自由的沟通交流；高管午餐会，员工可申请与高管共进午餐，并就一些话题进行深入交流；文化月，在一年中的某个月，集中展开学习、联欢活动，以丰富员工生活，落实联想文化。

（6）升旗仪式、誓师大会和新年联欢会。每年的4月1日（新财年的第一天）举行升旗仪式，企业高管和部分员工参加，迎接新财年的到来；在新财年年初，召开誓师大会，逐级宣贯公司战略部署；每两年举办一次新年联欢会，员工自导自演精彩节目，配合抽奖环节营造气氛。

（7）文化审计。干部360度评估、客户满意度调查、员工敬业度评估，评估工作态度和绩效，指出不足和改进方向。

以上诸多的行动，有效保证了企业文化的传播和落实，起到了统一员工思想和认知、规范员工行为、激发员工动力、提升团队凝聚力的作用。员工积极主动的工作态度弥补了流程、规章制度的缺失，对矩阵式管理的落地起到了至关重要的作用。

2.5.3.5 ERP上线

ERP上线从IT系统、流程及管理意识层面对矩阵式管理的落地起到了积极的作用。经过多年的发展，企业规模越来越大，联想的信息管理手段已经不能满足业务的需要，主要表现为业务运作与财务系统的脱节（如财务系统与生产计划系统）和业务运作系统内部的脱节（如销售与库存系统），因此公司迫切需要将企业内部系统资源集成。通过两年的调研分析、业务流程设计、系统部署和测试，联想ERP系统终于在2000年年初成功上线。这并不是简单的管理信息系统，而是融合了业界最佳实践经验和业务流程及规范的、集成化的管理体系，它强调整体运作最优并通过信息技术手段予以精准的实现。在ERP项目中，联想共清理、规范和优化了包括采购、库房管理、研发生产、财务、销售多个环节77个业务流程，包括既有流程的清理、规范，缺失流程的建立完善，流程的系统化、集成化和电子化等内容，搭建了符合公司长远发展要求的业务流程及信息化平台，使联想从管理理念到管理模式都上了一个台阶，成功与国际同行接轨，在管理能力上与国际竞争者站在了同一条起跑线上。

2.5.3.6 绩效考核

矩阵式管理的另一个巨大挑战来自绩效考核。职能式管理是单线管理，上级领导既负责员工的能力发展和工作安排，又负责绩效考核，只需要根据自己观察到的员工的实际工作表现，考核员工当前的业绩即可。而矩阵式组织结构下实行的是多头管理，员工既需要参与不同的项目，又需要承担职能部门的一些工作，因此构建领先的目标管理与绩效考核体系是推行矩阵式管理的关键因素。

从传统意义上讲，绩效管理是企业人力资源管理的一部分，但是从20世纪90年代开始，绩效管理已上升成为企业管理的核心。现代企业管理必须建立以目标管理为基础、以绩效管理为核心的企业管理制度，离开绩效管理，其他的管理制度便缺少落实的基础与衡量的标准，绩效管理是贯穿企业所有管理层面的轴心。离开绩效管理，对企业、组织、个人的其他管理要么成为一种形式，要么只能是传统的行政指令式管理，其结果是高层忙于协调控制，基层企业缺乏积极性。

结合企业的具体情况，联想建立了静态职责分解与动态目标分解相结合的岗位责任体系，并与薪酬福利体系、职业生涯管理、升迁异动制度、分权与授权系统相配合，实现对员工的有效激励。并通过对相关过程的标准化、流程化来保证考核与激励的客观化、精准化。

岗位责任体系是通过明确一个岗位在组织与业务流程中所承担的职责，将个人与组织、个人目标与组织目标联系起来，进而提升组织与个人绩效，促进目标达成的一套管理工具和方法。岗位责任体系主要包括三个核心概念：职责、目标、考核。财年之初，公司确定了战略和目标，公司大的组织结构也就相应确定了。组织结构确定后，各部门会按照公司总体的战略和目标来做部门规划，明确各部门的宗旨职责和年度目标，然后将部门的职责和目标分解到下属各单位，再到各岗位。在这一过程中，除了要明确部门职责，还要明确岗位职责，部门职责是公司目标分解的依据，岗位职责是部门职责和目标分解的依据。岗位职责的确定是通过岗位职责描述来进行的。部门和岗位职责确定后，需要通过绩效考核来保障保证部门职责和目标的完成，从而实现公司的战略和目标。岗位责任体系框架图中有部门绩效考核和岗位绩效考核，就是通过这样的评估体系，来逐层保障公司目标的实现。

岗位责任体系对公司的管理十分关键，如图2-10所示。

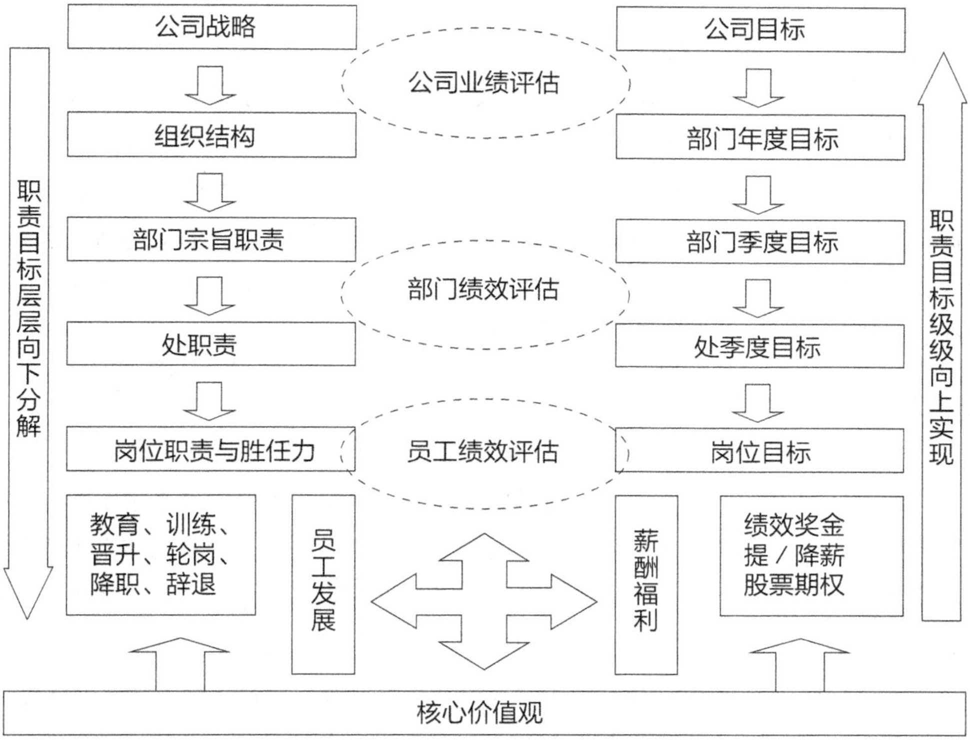

图2-10　岗位责任及绩效考核体系

（1）从公司看：岗位责任体系为公司管理工作提供基础性支持，用来回答关于公司生存和发展极为重要的三个问题：做什么、做到什么程度、用什么来保障。

（2）从管理者看：帮助管理者明确自己和员工的岗位职责，更好地为自己与员工制订计划，设定目标，并合理分配资源，实现人岗匹配。

（3）从员工看：员工知道自己的岗位职责是什么，也知道有什么样的手段或方法发现自己的优劣势，从而可扬长避短，取得较好的绩效。

在工作目标管理方面，企业会基于公司战略、岗位职责以及客户要求，按照标准的流程步骤来设定员工工作目标，并会遵循以下原则。

（1）根据不同的业务设置不同的考核指标。

（2）尽可能定量。

（3）指标的界定一定十分清楚，描述也要让员工看得明白。

（4）设置指标时一定要和员工沟通。

在绩效考核方面，公司定期对业务部门和个人进行考核。部门遵循引导并推动部门沿着公司的战略轨道前进为出发点，激励部门工作，体现部门价值的指导思想，以及结果导向，体现团队精神，打破大锅饭，体现部门核心竞争力的设计原则，从经营情况、业务情况、客户满意度等方面进行考核。个人绩效方面是考核工作业绩、工作表现以及工作能力，并以业绩考核为主。工作业绩的考核依据是岗位职责和工作计划，工作表现的考核依据是企业文化要求。每个人的最终绩效是部门绩效和个人绩效的乘积，这就让员工在日常工作中既要考虑个人表现又要兼顾部门的利益，从而在工作中有效实现个人表现与团队合作的统一。

2.5.3.7 阶段性成果

在此阶段，联想营业额稳定在200亿港元左右，企业发展进入了平台期。但随着企业知名度的提升，越来越多的高级人才加入了联想，企业管理水平不断提升，开始由粗放式管理向精细化管理转型。在岗位设置上，增加了专职的体系工程师、信息管理工程师、项目管理工程师，推动了研发管理流程的体系化、IT化、专业化。在产品开发和客户需求及质量改进方面，细化为A、B、C、D、E五个骨干流程，如图2-11至2-15所示，分别用于指导全新产品开发、产品升级、技术研究、定制产品开发、客户需求及质量改进。对于最为复杂且具有代表性的A流程，明确了流程框架：由立项阶段、设计阶段、开发与工程化阶段和上市推广阶段组成，建立了十分详细的新产品开发评审指引，明确了全新产品开发需要经过的多个关键决策点，并对每个决策点规定了详细的检查项和评分标准，确保了流程的细化和落地。围绕部门研发工作，以五个流程为依托，构建了由近200个文档构成的研发管理体系，确保了研发管理能力与业务规模、市场发展及客户需求的匹配。

在此阶段，企业人员素质不断提高，组织结构不断优化，岗位设置不断细分，工作内容不断细化和深入。在企业文化、绩效考核等手段的配合下，矩阵式管理日渐被员工接受，部门间的合作阻碍日渐减弱，项目合作意识不断增强，再加上产品规划、产品研发以及质量管理等流程的不断完善，企业已经能够实现新产品开发过程端到端的高效管理以及产品生命周期的高效运作，从而让企业在研发能力上步入了产品项目优秀阶段，为后续IPD流程的顺利导入奠定了基础。

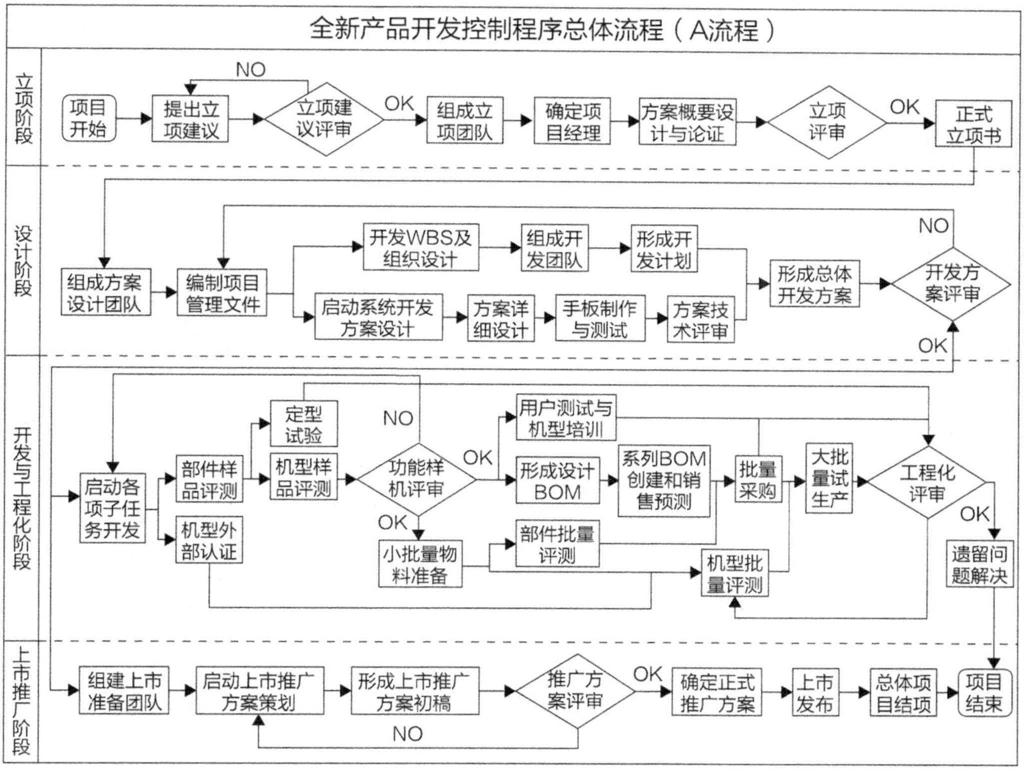

图2-11　全新产品开发流程

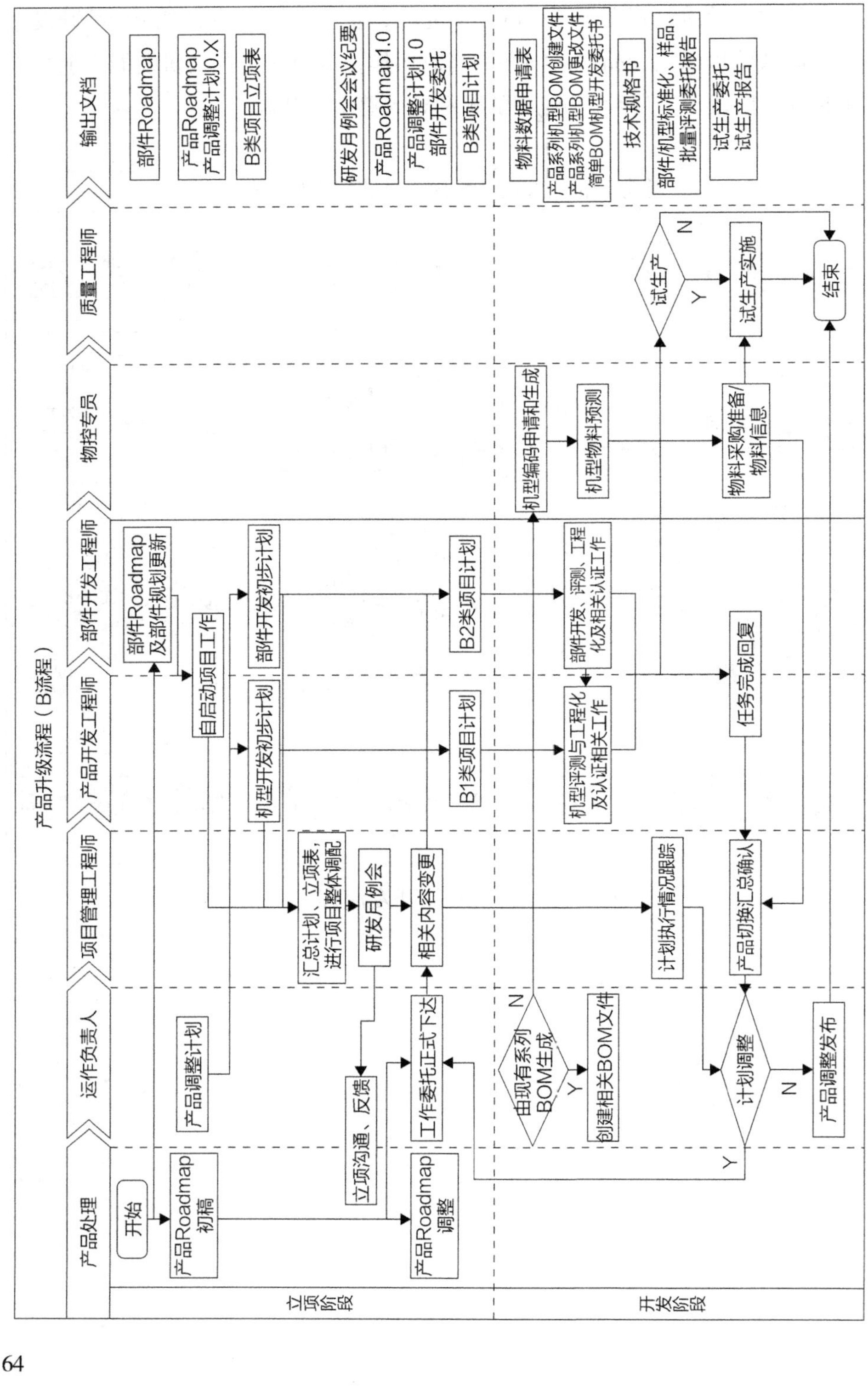
产品升级流程（B流程）
产品处理
运作负责人
项目管理工程师
产品开发工程师
部件开发工程师
物控专员
质量工程师
输出文档
立项阶段
开发阶段
开始
产品Roadmap初稿
产品调整计划
部件Roadmap及部件规划更新
自启动项目工作
机型开发初步计划
部件开发初步计划
立项沟通、反馈
汇总计划、立项表，进行项目整体调配
研发月例会
产品Roadmap调整
工作委托正式下达
相关内容变更
B1类项目计划
B2类项目计划
由现有系列BOM生成
Y
N
创建相关BOM文件
机型编码申请和生成
机型物料预测
机型评测与工程化及认证相关工作
部件开发、评测、工程化及相关认证工作
计划执行情况跟踪
任务完成回复
物料采购准备/物料信息
计划调整
Y
N
产品调整发布
产品切换汇总确认
试生产
Y
N
试生产实施
结束
部件Roadmap
产品Roadmap
产品调整计划0.X
B类项目立项表
研发月例会会议纪要
产品Roadmap1.0
产品调整计划1.0
部件开发委托
B类项目计划
物料数据申请表
产品系列机型BOM创建文件
产品系列机型BOM更改文件
简单BOM机型开发委托书
技术规格书
部件/机型标准化、样品、批量评测委托报告
试生产委托
试生产报告

图2-12 产品升级流程

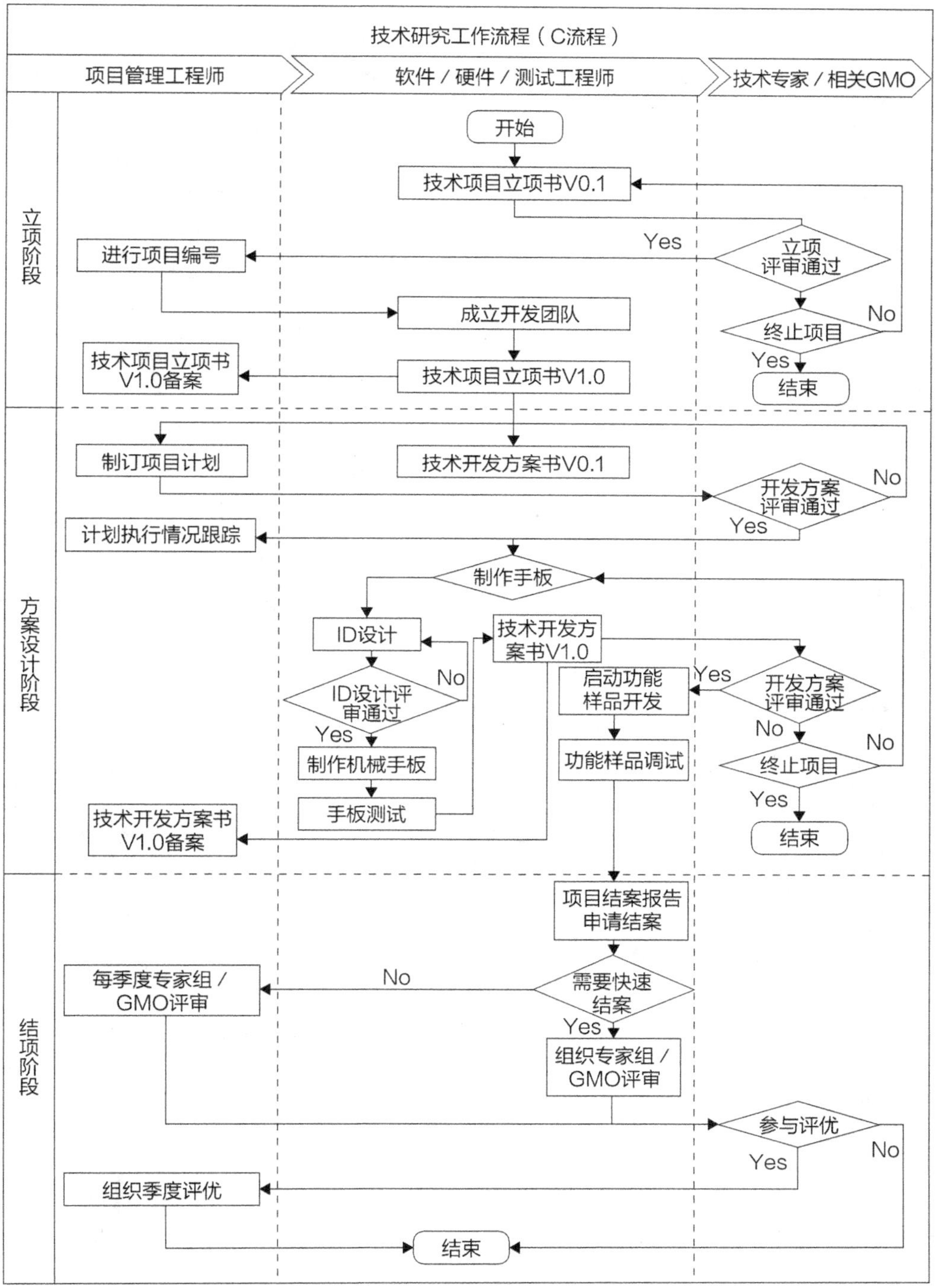
技术研究工作流程（C流程）
项目管理工程师
软件 / 硬件 / 测试工程师
技术专家 / 相关GMO
立项阶段
方案设计阶段
结项阶段
开始
技术项目立项书V0.1
立项评审通过
Yes
No
进行项目编号
成立开发团队
终止项目
Yes
结束
技术项目立项书V1.0备案
技术项目立项书V1.0
制订项目计划
技术开发方案书V0.1
开发方案评审通过
No
Yes
计划执行情况跟踪
制作手板
ID设计
技术开发方案书V1.0
ID设计评审通过
No
Yes
启动功能样品开发
开发方案评审通过
Yes
No
制作机械手板
功能样品调试
终止项目
No
Yes
手板测试
技术开发方案书V1.0备案
结束
项目结案报告申请结案
需要快速结案
No
Yes
每季度专家组 / GMO评审
组织专家组 / GMO评审
参与评优
Yes
No
组织季度评优
结束
图2-13　技术研究流程

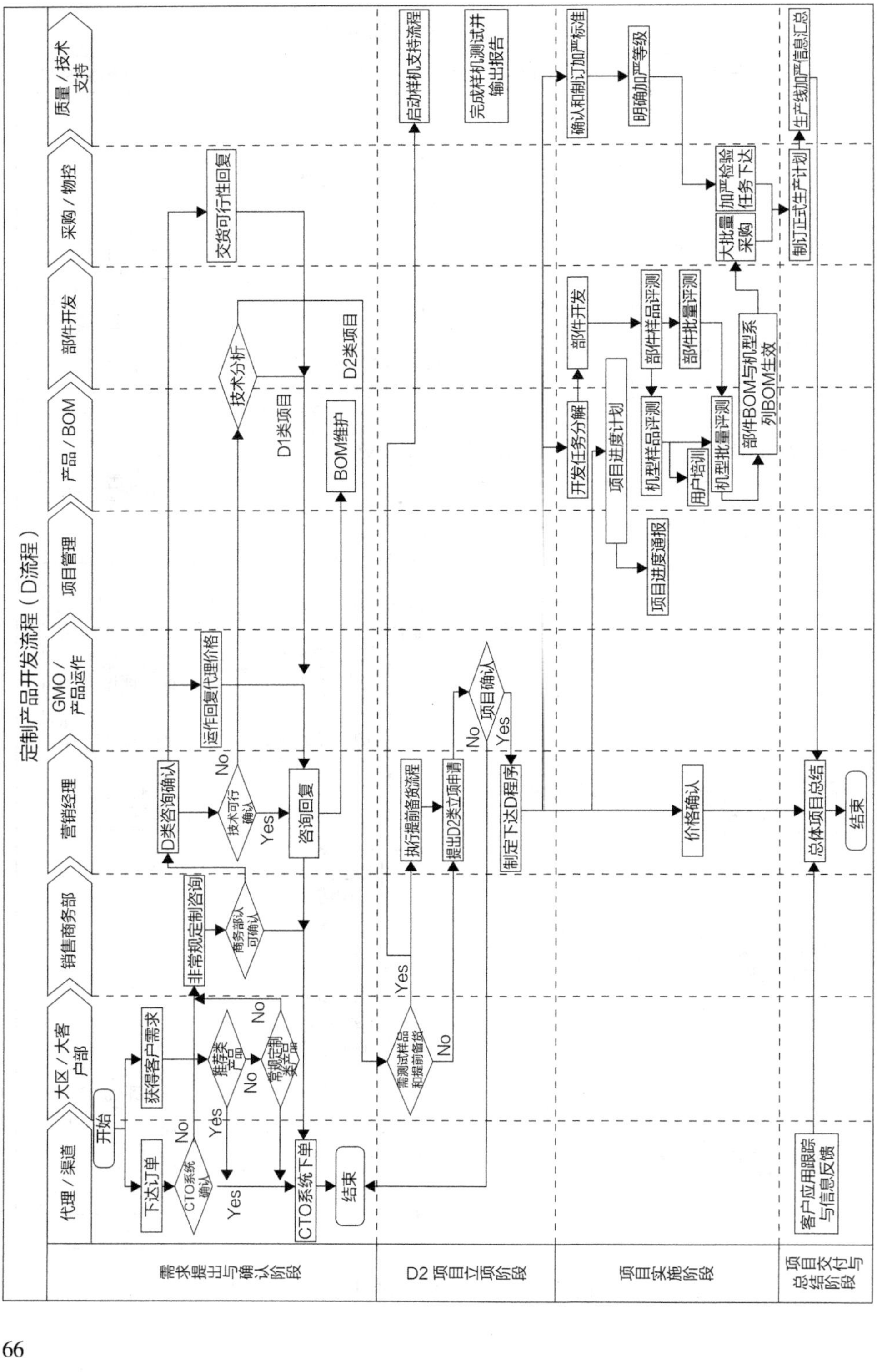

图2-14　定制产品开发流程

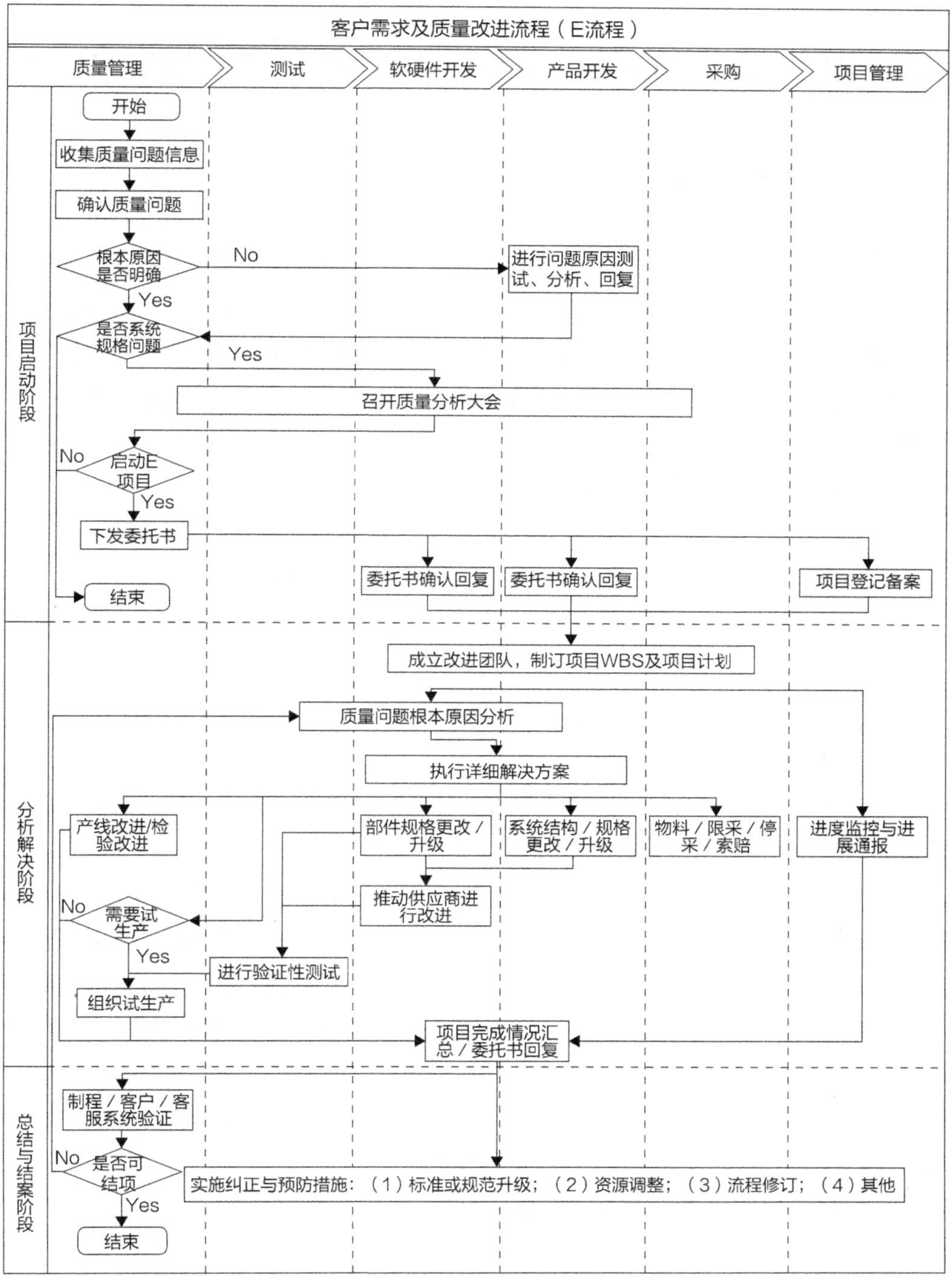

图2-15　客户需求及质量改进流程

2.5.4 联想多维立体矩阵式组织结构管理模式下流程与国际接轨阶段（2005—2009年）

2.5.4.1 多维立体矩阵式组织结构

多维立体矩阵式组织结构是由美国道-科宁化学工业公司（Dow Corning）于1967年首先建立的，它是矩阵式和事业部制组织形式的综合发展，又称多维组织结构。这种组织结构是在矩阵式结构（二维平面结构）基础上构建产品利润中心、地区利润中心和专业成本中心的三维立体结构。虽然它的细分结构比较复杂，但每个结构层面仍然是二维制结构，而且多维制结构未改变矩阵制结构的基本特征——多重领导和各部门配合，只是增加了组织系统的多重性，因而其基础结构形式仍然是矩阵制，或者说它只是矩阵制结构的扩展形式。

1. 这种结构由包括两个利润中心和一个成本中心的管理系统组成

（1）按产品（项目或服务）划分的部门，是产品利润中心。

（2）按职能（市场研究、生产、技术、质量管理等）划分的部门，是专业成本中心。

（3）按地区划分的管理机构，是区域利润中心。

2. 这种组织结构的优点

（1）产品利润中心、专业成本中心、区域利润中心三方面的机构协调一致，紧密配合，为实现组织的总目标服务。

（2）采用委员会制度，使产品事业部、地区事业部、专业职能部门三方面都能从整个组织全局考虑问题，减少部门间的摩擦，互通信息，集思广益，共同决策。

（3）能适应不确定性环境的变化，满足进行复杂决策的需要，即区域利润中心、产品利润中心和专业智能参谋部门协调合作，使整个企业的组织结构模式能够适应内外界环境的不断变化，对面临重大问题需要立即做出决策有重要推进作用。

（4）适用于多种产品开发、跨地区经营的企业，可以为这些企业对不同产品、在不同地区增强市场竞争力提供组织保证。

3. 这种组织结构同样有很明显的缺点

（1）员工面临三重职权关系，容易产生无所适从的情况。

（2）员工需要接受高强度的训练，具有良好人际关系和多种专业技能。

（3）部门之间的横向协调困难，必须付出很大努力实现权力的平衡。

（4）需要频繁召开会议协调关系，讨论解决有冲突的方案，会增加管理成本，影响决策效率。

2.5.4.2 收购IBM PC业务后的流程再造

2004年3月26日，联想与国际奥委会签约，成为“奥林匹克全球合作伙伴”；2004年12月8日，联想与美国IBM公司正式签约，宣布将以总计12.5亿美元收购IBM的台式电脑、笔记本电脑及其研发、采购业务，这标志着联想正式走出国门，在更高层次上参与到国际市场及全球化浪潮中。

联想业务与IBM PC业务具有很强的互补性。收购之前的联想，年产值30亿美元，员工1万多人，业务主要集中在国内，因此在国内市场拥有完善的市场销售体系，但在国际市场上品牌知名度不高；在业务方面，联想的优势产品是台式机，收购前的联想在全球市场份额2.3%，排名第六，其中只有约3%的收入来自国外，且主要是东南亚市场。IBM PC的业务产值96亿美元，员工9500人，业务范围遍布全球，优势产品为笔记本电脑，全球市场份额5.8%，排名第三。IBM的PC产品，在全球市场拥有很高的品牌知名度和影响力，其庞大的销售和服务网络覆盖全球大部分国家和地区IBM在PC领域耕耘多年，因此拥有很多核心技术和自主知识产权，在研发能力方面也处于行业领先地位。

在收购IBM PC业务之前，联想经过二十多年的发展，基于企业业务发展需要，已经建立了适应企业要求的组织架构、决策机制及管理流程，收购之后，业务规模变大，业务范围由国内为主变为国际、国内同步发展。基于IBM PC业务三倍于原联想的业务规模、完善且领先的研发体系、先进的国际化管理经验和市场运作能力，以及联想国际化战略的需要，在原联想业务与IBM PC业务整合过程中，联想更多的是借鉴IBM PC当时的组织架构和管理体系，将IBM的管理机制搬过来，组织架构相应调整，岗位设置、岗位职责基本上也是照搬。虽然联想是收购方，但在整合过程中原IBM的高管依然拥有很高的话语权，甚至在业务方面处于主导地位，这有效保证了原IBM部分业务的稳定性，也保证了联想向国际化企业的转变。

新联想在融合之前的过渡期，着眼于维护团队和业务的稳定。在13个席位的集团管理层中，联想将来自原IBM PC事业部的6人分别选任为CEO、全球首席运营官、首席市场官，以及全球销售、产品开发、人力资源系统的负责人。

联想在2005年2月宣布了新公司的业务结构。

第一类核心业务包括PC（台式机）及相关产品（笔记本、服务器、外部设备等）；第二类重点发展的业务为移动通信业务；第三类重点发展业务包括IT服务、网络产品和软件外包。

同时明确了新联想第一年工作的重点，包括四个方面。

其一，尽快明确清晰的公司治理并建立运营支持职能，从而更好地为联想中国和联想国际业务提供支持和指导。其二，新联想的五个研发中心将继续联想、ThinkPad、ThinkCentre品牌的创新技术，持续扩展产品线。其三，力争尽早实现在采购以及供应链和产品线扩展上的协同效应，为股东带来更好的回报。其四，联想中国业务和联想国际业务（原IBM的PC业务）将保持相对独立的运营，从而保证为客户继续提供最佳服务和支持，并保证业务的稳定和顺利的过渡，给用户“业务如常”的感觉。

新联想采取稳扎稳打、分步整合的策略，分两个阶段对业务进行整合。

第一阶段为初步职能整合。从2005年5月1日开始展开，这一阶段以保留客户、员工和渠道，保持业务的健康运营为工作重点，在PC业务方面构建联想国际业务与联想中国业务“双运营中心”的结构，允许两个运营中心沿用各自的管理制度；在人员配备上，外部管理以外方为主，内部管理以中方为主（主要负责集团内部及原联想具有优势能力领域的管理，如财务、采购、供应链）。与此同时，开始整合部分容易整合的且具有协同效应的职能部门，如财务、人力资源、法务、沟通和采购部门，并进行集团总部职能的建设。

第二阶段为全球业务整合。由于前期的顺利整合以及业务的健康发展，2005年9月29日开始进入全球业务整合阶段。这一阶段的工作着眼于调整全球组织架构，将过去双方各自的产品运作、供应链和销售体系在全球范围内整合，形成统一的组织架构，以加强联想在行业领先的创新能力，进一步提升客户满意度。具体的全球整合措施包括四个部分。其一为业务整合：将在全球市场的产品及产品营销业务整合为一个新的全球产品集团，向全球用户提供包括联想品牌、Think品牌和IBM-Think品牌在内的创新产品。全球产品集团由来自美国的高管领导，负责资源投入决策、产品开发和损益管理等。其下设立台式电脑国际业务群组、笔记本电脑国际业务群组、数码业务部，以及客户服务和质量控制部门。其二为供应链整合：把原有的供应链中各个环节（包括采购、物流、销售支持、供应链战略规划及生产制造等）合并为新的全球供应链系统，以提高运营效率。其三为研发整合：把设在中国北京（原联想中国）、日本大和与美国罗利（原联想国际）的研发中心整合到一起，形成统一的全球研发架构。其四为区域总部整合：为捕获新兴市场的发展潜力，寻求新的机遇，联想将区域总部由3个扩展到5个。美国和EMEA这两个区域总部的组织架构保持不变；亚太的区域总部主要负责日本、韩国、澳大利亚、新西兰和东盟等主要市场；Think品牌和联想品牌的业务将合为一体，成立联想中国区——全球第四个区域总部；在业务发展最快的国家——印度设立第五个区域总部。由区域总部分管各区域的产品销售和客户服务。另外，原联想中国各职能系统与全球总部对应的职能部门也进行了合并整合。

在收购之初，联想制订了“坦诚、尊重、妥协”的策略，以迎接文化融合，加速双方的“化学反应”。收购后联想聘任多名原戴尔公司的高管，新联想成了集联想、IBM和戴尔三家企业文化为一体的“混合部队”。联想的亲情文化、IBM尊重个性的蓝色文化与戴尔的狼性文化三者之间存在巨大的冲突，企业文化对大企业的运行影响巨大，文化磨合的问题占据了联想收购案成败的重要位置。

在企业文化冲突的背后，更深层次的则是中西方文化的冲突，为此，联想在很多细节上下足了功夫，保证了中西方文化、多种企业文化在联想的有机融合。比如外籍员工更愿意表达，再加上工作语言为英文，很多中国员工英文并不好，因此在很多会议上，外籍员工轮流讲话、沟通、讨论，却少有中国员工的声音。针对这种情况，企业制订了明确的规则：外籍员工发言时语速要降到平时的一半，并要经常与大家确定是否能理解和跟上节奏，同时给中国员工的发言时间提高一倍，让中国员工有机会慢慢表达观点。再比如，对于决策会，在方案讲完后，西方文化倾向于明确表态，当场决策，而中国文化在有反对意见时往往表现为沉默并倾向于会后沟通解决，于是就出现了这种情况：外籍员工认为你没说不同意就是认可了会议上的提案，而中国员工则认为，我没有明确说同意，那就是不同意，于是经常出现不必要的争执。针对这种问题，企业规定参会人员都要当场明确表态，现场决策，以减少争执，提高效率。文化的冲突还有更多的细节表现，如果不能很好解决，始终是企业有效融合的绊脚石。联想正是从一些细节入手，不断吸收中西方不同企业文化中的精华，最终融合为一种全新的、适合企业特点的“赢文化”，为业务整合的成功奠定了基础。此外，为了保证业务的有效整合及联想本土高管的快速成长，在很多关键岗位采取了“Two in one box”（双人共岗）模式，这种模式既让外籍高管对自己的岗位放心，又让中外双方的经验得以有效推广，还能让中方高管在国际市场业务中边学边练，为中方高管走向国际打下了基础。

IBM在PC领域具有深厚的技术积累和底蕴，1992年，郭士纳领导的IBM基于PRTM公司的PACE总结出一套行之有效的产品开发流程IPD（Integrated Product Development，集成产品开发），该流程通过系统性解决研发管理问题实现了企业再造，并让IBM的业务迈上了新的台阶。IPD流程具有清晰的框架、严谨的结构，更能够适应大型企业面向全球客户的复杂产品的研发管理，因此，新联想业务整合的过程，也是IPD流程在原联想业务基础上贯彻执行的过程。

联想的这次整合，在流程方面对IBM PC业务影响比较小，其流程框架和主要内容基本未变，管理团队依然是原IBM的高管团队，但对原联想业务部门尤其是台式机研发部门却产生了巨大的冲击。产品集团的成立及消费PC业务的国际化趋势，从管理和业务需要两个层面给流程的统一提出了要求，对从美国罗利转移到中国北京的部分业务必须依照IPD流程框架进行管理；对原联想的商用台式机、消费台式机以及笔记本电脑业务，需要逐步过渡到IPD所需的组织结构、开发管理模式。因此，这次整合对原联想团队及业务是一个流程再造的过程，但从操作层面又不同于一般企业的业务流程再造。

第一，从战略层面，公司只认为是业务的整合，并未考虑业务整合给原联想业务和团队带来的流程再造工作，因此并未安排系统的流程梳理和培训。

第二，从目的来看，一般企业的流程再造是为了打破企业按职能设置部门的管理方式，以客户中心和业务模式为依据，重新设计企业管理过程，从整体上确认企业的作业流程，从而实现流程的全局最优的过程，而对原联想业务的流程再造更多是将已有成熟流程在新团队伴随新业务导入的过程，是业内最佳实践推广的过程。

第三，从驱动力来看面，一般企业的流程再造是主动求变的过程，而对原联想业务的流程再造是被动接受，是为了统一管理和适应业务国际化需求，在企业内进行流程统一，以便实现各业务环节的有序配合。

第四，从时间来看，一般企业的流程再造往往是基于业务战略，按规划的节奏统一推进，联想伴随着业务整合而来的流程再造并没有完整的计划，而是根据各业务的需要逐步推进的。从罗利转移到北京的台式机国际业务项目继续延续IPD流程，原联想的台式机业务则伴随着产品线的整合逐步过渡到IPD流程，原联想的笔记本业务则是通过向台式机业务的学习，后续逐步导入IPD流程，整个过程持续了两年多的时间。

第五，从执行来看，联想的流程再造更多是在项目中学习，逐步导入的过程，是一个比着葫芦画瓢的过程，缺乏系统的设计过程和宣贯过程，员工接受难度更大，花费的时间更长。

第六，从范围来看，联想流程再造的第一步涉及范围并不是整个业务流程，而是其中的一些环节，因为在业务转移的过程中，市场营销、产品规划、项目管理等工作仍由原IBM团队的人员负责，后续才逐渐由原联想团队的人员承接。

同时，对原联想业务来讲，业务整合又具有流程再造的很多特点。

第一，在国际化的过程中，产品和客户群都发生了变化，新的产品线面向的是全球用户，范围更广，项目更复杂，需要全新流程的支持。

第二，对组织结构与岗位设置进行了调整，以实现与原IBM组织结构的对接，也是为了适应流程的要求。比如将商用台式机与消费台式机的研发进行合并，研发团队不再隶属于事业部，实现了研发团队平台化；整合供应链，并将电源、存储、线缆等通用部件的开发管理纳入供应链管理，打造公司级的供应链平台。

第三，在流程方面，新流程并不是僵化的照搬照抄，而是综合了IPD流程清晰的框架及原联想具有互补性的一些细节，形成了一个结合具体业务进行流程设计的过程，从而使企业的资源得到优化组合，资源的利用效率和效益得以提高，最大限度消除浪费。

第四，在推进方面，有一个由点到面，逐步推进的过程，先是在商用台式机转移过来的业务上运行，后续逐渐拓展整个台式机业务、笔记本业务，并由研发管理环节拓展到整个业务链的各个环节。

在业务转移过程中采用了在项目开发过程中边实践学习的方式，即针对需要转移的项目，北京团队安排对应岗位人员到罗利轮岗，现场向美国团队学习如何管理开发项目，并制订了详细的交接计划。

第一阶段：罗利团队全面负责项目开发，北京团队作为学习者了解项目背景，了解流程及项目操作相关知识。

第二阶段：罗利团队主导项目开发，北京团队作为第二负责人参与项目开发，边学习边实践。

第三阶段：北京团队主导项目开发，罗利团队作为第二负责人参与项目，在必要的时候给予指导。

第四阶段：北京团队全面主导项目开发，罗利团队不再作为项目成员参与项目，但仍会根据需要提供必要的支持，并会根据需要安排专题分享。

第五阶段：北京团队全面主导项目开发，独立完成所有开发相关工作。

以上措施为业务的顺利交接提供了保障，也为后续为原联想业务逐步导入IPD流程打下了基础。

在业务整合、组织调整过程中，通过设置对产品开发整个过程负责的项目管理部门、成立跨部门的管理委员会，使企业从平衡矩阵组织演变为强矩阵组织，让矩阵式管理从被企业广为接受到成为企业的习惯。由隶属于产品集团的项目管理团队统一管理所有项目，增强了资源整合、协调能力。通过研发团队的平台化、规模化，团队的专业分工更加细化，专业能力进一步提升，新产品开发和技术创新管理能力得以加强。通过IPD流程的导入，第一次借助系统框架从全局角度来描述公司战略管理及业务单元开发管理工作内容，使战略与研发、市场营销管理与产品开发的关系也更加密切、明确。借助IPD这一结构化流程，实现了流程的分层描述，在框架统一的前提下给各业务部门以自主优化的权力，从而使流程能够在一定程度上适应业务的具体情况。

该阶段的研发管理也存在一些问题。

第一，IBM PC主要面向企业客户，通过渠道进行销售，其研发合作伙伴比较固定，开发过程更严谨，产品继承性更强，更倾向于通过花费更多的时间来获得更好的质量，这些特点无法满足日益增长的消费市场追求灵活、快速及更高的创新性的需求。

第二，业务集团级的项目管理虽然拥有更高的权威性，能够更有效地协调资源，但管理僵化、效率低下的弊端也很明显。比如一个典型的投资决策会，涉及ThinkPad业务、台式机业务、联想品牌笔记本业务，需要几十个总监级别以上的高级管理人员参加并逐个进行相关项目的汇报决策，每个决策都要得到参会人员的认可，会议冗长，效率很低。

第三，在业务整合过程中，两个企业的业务虽然具有很强的互补性，但也存在一定的冲突，比如Think品牌笔记本、台式机业务与联想品牌笔记本、台式机业务的冲突，在整合期间，为了保证业务顺利过渡，企业将大部分精力、资源都投入到了商用机业务中，忽视了消费业务，造成了消费业务发展不理想。此期间的消费台式机业务，表现出产品线不够丰富、高端产品市场占有率下降等问题。这些问题主要是产品战略不清晰造成的。

第四，由于大家对IPD的理解不到位以及缺乏统一的宣贯和基于业务的详细梳理，在实际运用中存在执行不到位、某些流程环节不能满足业务需要的情况。

总之，基于IPD的流程再造，使新联想能够在企业规模大、组织结构复杂的情况下，有效实现市场驱动下的多部门协作，使企业具有面向全球客户的复杂产品开发能力，但在产品战略管理、技术创新管理、流程效率方面还有很大的提升空间，所以此阶段企业研发管理水平仍处于产品和项目优秀阶段。

2.5.5 联想多维立体矩阵模式下的流程优化（2010—2012年）

2008年的国际金融危机给联想带来沉重的打击，一方面是因为全球各大企业为应对国际金融危机削减开支而导致的商用PC市场的快速萎缩；另一方面是因为收购IBM PC业务后的联想将更多的精力放在稳定的商用PC市场上，影响了对消费PC业务的关注和投入，消费PC业务虽快速成长却依然无法成为企业的支柱业务。这两方面因素的叠加，让联想处于十分危险的境况，必须求变以摆脱危机。员工层面对当时的形势感受不深，管理层却普遍产生了深深的危机感。

经过四年的调整，到2009年，联想的国际业务已经比较稳定，原联想管理团队也成长迅速，能够在全球业务中独当一面。危机的出现也逼迫联想调整自己的战略，于是联想在收购IBM PC业务四年后进行第一次大调整，柳传志和杨元庆重新形成“杨柳配”，实现由中国团队对新联想业务的主导。在搭班子方面，组建由中外籍高管组成的联想执行委员会（Lenovo Executive Committee，LEC），实现对业务的集体领导，充分发挥中外高管各自的优势。在战略方面，通过深入研究联想“双模式”，结合新联想业务和市场的特点，提出了对联想以后快速发展起到至关重要作用的“双拳”战略。即将前端市场按成熟度划分为成熟市场和新兴市场两个区域，将客户分为商用客户和消费客户两类，在组织结构上将后端的产品开发运营分为Think和Idea两大产品集团，以Think产品集团为“左拳”，主攻成熟市场和商用大客户，以Idea产品集团为“右拳”，主攻新兴市场和消费类客户。前者打保卫战，在巩固市场时更关注营利能力，保证利润最大化；后者打进攻战，前期不以营利为目的，重点是占领市场份额、获取市场认知度。

2005年到2008年，联想的工作重心是搭建国际化团队，整合、消化、稳定IBM PC

原有业务，并将原联想“双模式”经验进行复制，逐步将消费业务推向全球。在此期间，原联想业务部门也逐步进行了IPD流程的导入、优化，对商用业务的稳定和消费业务走向全球起到了至关重要的作用。随着业务的调整，联想已经可以有更多的精力来关注消费市场、新兴市场，更期望通过这两个方向的突破让企业获得新的活力，因为个人消费者代表着PC的未来。IBM彭盛名表达过类似的看法，他认为：“当我们展望电脑技术会朝什么方向发展时，我们认为它会变得越来越商业化，主要指其市场更多偏向消费者，而不是企业。我们发现个人终端设备，无论是手机、平板，还是电脑，它们的趋势都是更加根据客户需求来发展，而不是根据企业需求来发展。”

消费业务面临着需求快速增长、快速全球化、快速响应、新的业务模式以及不断加速的全球竞争对手等诸多问题，出生于原IBM、面向商用客户、技术驱动为主、主打客户定制及渠道销售的IPD流程，在面向个体客户、需求驱动为主、营销拉动、卖场销售、需求多样的消费业务时逐渐表现得有些力不从心。随着面向新兴市场和消费类业务的Idea集团的成立，企业迫切需要进行流程优化、再造，以适应业务和市场变化的需要。

> 流程中存在的产品规划不到位、对市场不敏感等问题在上网本业务上有明显的表现。2007年10月，华硕在市场上推出了上网本，由于其便于携带、价格低廉、有WIFI功能、性能够用，在笔记本电脑价格较高的情况下，符合人们对第二台、第三台电脑的需求，因此很快得到了客户的认可并迅速引爆市场。而联想一直到2008年8月才推出自己的第一款上网本，对市场热点反应不够迅速。在消费台式机领域，联想高端产品在一二三线城市市场占有率只有16%，远远低于其总体近30%的市场份额，说明联想消费台式机高端产品规划有些不到位。

针对消费业务存在的问题，在2009年年底，Idea集团邀请了业内知名咨询公司柏亚天（PRTM）对业务流程进行再造。柏亚天在研发管理咨询领域具有很高的知名度和影响力，其提出的产品及周期优化法（Product And Cycle-time Excellence，PACE）概念曾对IBM IPD的构建起到了至关重要的作用。联想的这次流程梳理和优化相对于以前新产品开发流程的主要变化体现在以下几个方面。

（1）进一步细分和明确了管理与执行团队在流程中的角色和职责。

（2）强调了ODM战略及管理在新产品开发过程中的重要地位。

（3）强调了产品规划与业务单元战略间的关系。

（4）针对全新产品开发，增加了概念前阶段，以便实现日常产品规划与技术研究工作和项目工作的更好衔接。

（5）重新定义了从概念前阶段到产品生命周期结束阶段的三级流程。

（6）根据合作伙伴在新产品开发中介入程度的不同，对运作模式进行了细分，以便更好地确定资源投入和开发周期，确保项目高效执行。

（7）对产品交付团队结构进行了优化，以便在开发步骤层面更好地实现责任匹配。

（8）进一步明确了生命周期管理团队的职责和成员构成，以解决从产品发布到产品生命周期结束期间的职责混乱问题。

（9）强调了工程变更管理的重要性，重新梳理和定义了工程变更流程及其覆盖范围，从而使工程变更管理更有效。

（10）在平台支撑方面，除了子流程、工具外，更强调了以下内容。

1）数据管理：随着计算机和现代信息技术的发展，企业的信息化建设进入了数据处理阶段，企业要基于统一的数据库平台、数据管理体系和信息管理平台，实现财务、市场、客户、产品、技术以及运作等各方面数据的管理和使用的统一，推动各部门、各系统基本实现资源整合、信息共享，从而将业务工作中的基本状况，通过翔实的数据直观地展现出来，并通过适当的分析，明确经营基本状况，发现业务工作中的不足之处，为管理者提供准确的决策依据，促进管理层进行有针对性的改进和有效的决策。

2）跨企业的IT系统：对现代企业管理，IT系统已经成为促进企业管理规范化和提升企业管理效率的必备工具。随着技术更新速度的加快，产品寿命周期不断缩短，售后服务不断改进，企业越来越倾向于通过合作来开发产品或市场，以便分担风险、共享利益，获取整体优势，这就要求企业的管理从企业本身逐渐向合作伙伴延伸，跨企业的IT系统就是实现信息共享管理延伸的基础。

3）跨企业的产品生命周期绩效管理：产品是企业合作的纽带，跨企业的产品生命周期绩效管理是企业管理延伸的重要手段，也是规范供应链管理、进一步加强与供应商合作关系的必要工具。

4）端到端绩效管理：联想作为面向客户的产品提供商，其产品开发和运作管理都需要众多供应商的支持，仅做好企业内部环节的绩效管理是无法在质量、效率等方面满足客户需求的，因此需要把管理延伸到供应商甚至二级供应商，打破企业间的隔阂，实现端到端的绩效管理，如此才能保证整个供应链中各环节的企业能够为共同的目标而努力。

重新梳理后的业务单元级集成产品交付流程，是基于联想业务特点、产业发展趋势、产业环境变化而对原IPD流程的升级和完善成果，它对联想业务良性发展直至实现全球PC销量第一都起到了至关重要的作用。由于新流程所考虑的消费业务特点、产品开发周期缩短的趋势、跨企业的合作不断深入的趋势等内容具有很强的普适性，所以新流程对众多企业的流程优化也具有很大的参考和指导意义。

这是一次对产品生命周期管理流程端到端的全面梳理，解决了原流程在产品组合及平台管理、产品定义、产品发布、产品退出等环节的诸多痛点问题，强调了工程变更、数据管理以及供应商管理的重要性，进一步明确了治理和执行团队的构成及职责，优化、细化了各环节的工作内容，清晰定义了项目类型/复杂度和流程裁剪的对应关系，使流程在执行层面更具有弹性，操作上更灵活，反应上更迅速，从而在保证创新的情况下能够让产品更早、更快上市。这次流程梳理，是在认真评估流程现实情况、听取各业务部门领导和骨干员工意见基础上的改进，并且，改进结果在新流程中得以实现，通过宣贯让员工了解流程的变化，通过样板项目的监控来推动新流程的实施，从而保证了新流程的落地。这次流程梳理，实现了产品战略和产品开发的密切衔接、技术和产品之间的协同以及公司范围内跨部门资源的高效协调，使企业能够更好地把握客户需求并快速响应，从而使消费业务的研发管理跨入了产品组合优秀阶段。

2.5.6 联想混合矩阵模式下的流程优化（2013年—）

到2013年，联想已经成长为年营业额300多亿美元的大型企业，相对于2009年基本已经翻番，联想在全球PC市场的份额稳步提升，最终在第二季度超越惠普，首次实现全球个人电脑销量第一。在业务拓展上，联想已经成功进军消费个人电脑和移动互联等新业务领域。随着业务规模的不断扩大，管理跨度和复杂度都在增大，但为了满足市场竞争需要，企业必须进一步提升效率效能，因此联想再次进行了业务重组，建立了两个新的端到端的业务集团。

Lenovo业务集团（Lenovo Business Group，LBG），致力于推进主流的消费和商用台式电脑、笔记本电脑和平板电脑业务。此外，LBG将继续推进在移动互联和数字家庭产品组合方向上全方位的高速增长，特别是智能手机业务在中国市场的持续增长和全球拓展，以及在智能电视等新领域的投资。

Think业务集团（Think Business Group，TBG），致力于推进高端的商用和消费业务，一方面继续巩固核心的全球商用业务（尤其是关系型业务）的领导地位，另一方面在台式电脑和笔记本电脑等领域打造高端的消费品牌，要让Think在消费领域的品牌形象与其在商用领域一样备受推崇。企业级业务和工作站团队也划入这个业务集团。

这两个业务集团承担端到端的业务模式设计和各领域竞争力建设的任务，Lenovo产品将以最高的效率满足主流需求，Think产品将以最高的品质和创新打造高端领域的竞争力。

实际上从2012年开始，联想便进入了组织结构的动荡期，由原来的“每年小调整，三年大调整”变为每年都会进行公司级的组织结构调整。究其原因，一方面是从跟随型企业成为头部企业后的战略迷茫，原来企业处于PC领域的第二梯队，前面始终有追赶的对象，比较容易制订战略，企业进入第一梯队后想再前进一步，已经没有可追赶、可模仿的对象，企业不得不在迷途中摸索前进，探寻适合企业的发展路径，在这个过程中要不断探索和试错；另一方面，从2012年起，全球PC市场不断萎缩，市场竞争加剧，企业需要不断调整以适应市场竞争的需要；此外，智能手机和平板电脑的兴起推动了移动互联网的快速发展，除了给传统PC市场以直接的冲击，还使信息传播变得快速化，信息变得透明化、去中心化，在用户为王的时代，体验早已不局限在UI层面，产品、服务，甚至商业等层面都面临从客户/用户视角的创新甚至重构，让传统PC产业从客户需求端出发倒逼上游流程实现变革。

2008年开始，联想后端研发组织结构调整的总体方向是横向平台化、职能专业化。与IBM PC合并之初，联想进行了商用台式机研发与消费台式机研发的整合，后续是基于业务集团进行研发的整合，比如在Idea集团内将消费台式机与联想品牌笔记本的研发团队整合。然后是跨业务集团的研发整合以及研发团队基于职能的平台化整合，就是将公司的Think笔记本研发、Idea笔记本研发、台式机研发团队整合为一个大的研发平台，这些调整的目的是更好地实现资源整合共享、提高团队间的协同能力和资源利用效率。在研发团队平台化的同时，各业务单元在产品和运作上存在差异性，因而在分工上又各有侧重，以确保业务的个性化和经验的传承。研发团队在组织结构上一直采用按专业进行部门划分的模式，将同一个专业方向的员工划分在一个部门，便于团队的专业化发展，并且，随着企业业务规模的增大，专业划分越来越细，对专业知识的要求越来越高。比如早期的研发部门中部件开发是一个小团队负责，但随着业务规模的扩大和技术的发展，后来演变为每一个部件都由一个小团队负责；再比如测试，最早的测试就是由负责开发的工程师来完成的，随着业务发展，测试工作量越来越大、专业性越来越高，测试开始以独立职能的形式出现，甚至到后来测试成为研发最大的团队，并需要散热、噪音、电磁辐射、可靠性等多个专业实验室来支持。逐渐细化的专业划分可使企业对技术的掌握更加深入，有利于产品的创新和质量保证。

2013年起，联想认为产业已经进入PC+时代，行业变化之大、速度之快超出想象。个人电脑市场增速放缓，同时智能手机和平板电脑市场开始飞速增长，企业将面对全新的、更具有创新精神、堪称伟大的对手。联想开始有意识地进行转型，在原来4P文化的基础上增加了第五个P：Pioneer——敢为天下先。在经营观念上不再只考虑如何在既有市场抢占更多份额，而是要通过快速响应来保持既有市场，并通过差异化来开拓新的市场，这就要求企业在研发效率和技术创新两个方面下功夫。

在研发效率方面要调整组织结构、优化流程，以缩短开发周期，确保产品快速上市，并且还要确保市场推广、产品供应与销售节奏的一致性。从产品技术的角度来看，经过多年的发展，PC产业已经形成了十分完善且相对固定的产业链，产品的标准化、模块化十分成熟，尤其是对追求延续性、稳定性的企业客户，产品代际差异不大，创新度不高。基于以上原因，针对主流产品，在研发组织结构上打破矩阵制结构，将某些产品线的主要研发人员，包括项目经理、系统设计、结构、电子等专业人员组织在一起，形成针对具体产品线的项目型团队，全面负责该产品线的新品开发、产品升级维护等工作。因为工作范围的稳定性，确保了这些人对产品涉及的技术和供应商都十分熟悉，对产品存在的问题、技术难点、新产品开发关注点都了如指掌。此外，由于这些项目的主要研发人员都在一个小团队中，有共同的上级，很多项目问题能够及时沟通，并能在研发项目团队范围内能得到有效解决。因此，针对延续性比较强、产品变化不大的产品线，采用这种整体矩阵式、局部项目式的混合矩阵模式能够提高新产品开发及日常维护工作的响应速度，缩短工作周期，提升产品质量。这种组织结构的局限性也很明显，比如会影响团队的专业性及与其他团队的协作性，因此针对那些创新度较高的全新产品、客户需求变化较快且差异较大的消费产品、技术复杂度很高的服务器、工作站产品，还是会采用矩阵式组织模式。

在流程方面，联想收购IBM PC后，自2005年起开始进行业务实质性整合，IPD流程也逐步在原联想的商用台式机、消费台式机、笔记本电脑及服务器业务导入。经过多年执行，各业务单元都结合自己业务的实际情况对流程进行了优化和升级，形成了适合自己的业务层面的流程。但同时，多次的业务、组织架构与人员调整造成了人员流失，流程管理方面出现了较多问题，各个业务单元的实际流程并没有文档化，各个业务单元流程差异性无人知晓，流程撰写和描述采用了不同的术语，各个业务单元之间缺乏最佳实践的分享，流程过于复杂和过于关注细节，流程整体不够精益，流程管理责任也不够明确，这些问题造成公司ISO的外部审核存在一定风险。

2012年下半年，由公司质量平台负责流程体系的部门牵头，各业务单元参与，对公司流程进行了统一的梳理和升级。为了兼顾流程框架的统一性和执行层面的差异性、流程宣贯培训的需要和业务执行的需要，将流程分为了管理层、流程层和操作层三个层次。管理层包括流程概述、术语和框架培训材料等内容；流程层则主要是基于业务单元的流程描述，包括口袋卡、检查点流程、产品交付检查表、各种评审的定义与操作、产品变更管理流程等内容；操作层主要是基于业务单元或职能的各种表格以及工作指引等内容。这次流程的梳理，明确了管理层的内容统一管理，确保了框架的统一性；流程层和操作层内容的管理由各个业务单元负责，可结合业务需要，在框架范围内自行定义、升级流程，确保流程符合业务的需要。由此可以看出，IPD流程框架具有一定的普适性，各企业都可以参考使用，但在操作层面，还需要结合企业的具体情况量身调整，确保流程对业务的支持和指导作用，不要期望将其他企业的流程拿来直接使用就能取得良好的效果。联想的经验告诉我们，即使在同一企业，因业务的不同，在流程的具体操作层面也存在很大的差异，企业在流程导入方面要有一个量身定做—僵化—优化—固化的过程。

在技术创新方面，各业务部门纷纷成立专门的创新团队，负责产品级创新管理，制订创新激励机制，确定技术创新路线图，定期与合作伙伴进行交流，了解业内技术最新趋势，分享自己在创新方面的需求，整合内部资源进行创新技术研究，通过联合的方式积极参与上游厂商的创新研发和引导下游厂商参与创新项目，从而形成以原创技术为驱动、客户需求为拉动的产业链创新模式。

业务模式上在全球PC市场占有率第一后也做了调整，从销售导向转为产品/市场导向，并在品牌上强化市场和客户群的差异性。供应链重回双轨制，即在Lenovo和Think品牌下，将采购供应、研发、生产制造和物流等环节按品牌进行划分，接单和交付环节划归市场，以提高供应链效率。在创新方面，开始利用自己了解客户需求、市场占有率高的优势来引领产业的创新，在此阶段推出的可360度翻转的Yoga系列笔记本电脑、家庭桌面娱乐产品Table PC、与英特尔合作的5.5英寸屏手机K900等创新性产品，都是企业突破既有产品框架、整合产业链资源进行创新的成果。因此，在此阶段，联想的研发管理开始由产品组合优秀开始向产业链优秀过渡。

2.5.7 总结

由以上可见，从职能式组织结构到矩阵式组织结构是企业在发展过程中里程碑式的转变，这是涉及企业文化、组织结构、业务运营等诸多因素的全面变革，让企业从职位管理、产品管理向职位/角色与能力管理、项目/流程管理转变，从产品导向、目标导向转变为项目导向、客户/市场导向，从封闭式组织转变为开放性组织，并让企业具备了建立端到端业务流程的基础，这是企业做大做强的必经之路。在矩阵式组织结构下，企业打通了各职能部门之间的业务壁垒，从而让企业能够高效、高质量地进行产品开发和项目管理，但是能否打造优秀的产品组合以及优秀的产业链，更多取决于企业的业务规模、技术能力、管理能力等因素。

在矩阵式组织结构下，企业研发管理能力水平跨度较大，从产品项目优秀到价值链优秀，是一个递进的过程，很难一步到位。

建议企业从以下几个方面入手对企业研发管理能力进行建设。

（1）注重企业文化建设及综合管理能力的提升，打破部门墙，构建真正的矩阵式组织。

（2）基于企业的具体情况，构建优秀高效的端到端的新产品开发流程体系。

（3）建立跨部门的治理团队，以便为新产品开发及产品生命周期管理提供及时准确的决策及资源的合理配置。

（4）加强市场管理，实现产品组合的合理配置及需求的合理分配，有效实现产品开发的市场导向。

（5）加强技术规划及CBB的管理，积极推动异步开发模式的落实，通过业务分层管理来有效解决技术创新的不可控性及产品开发的时效性之间的冲突。

（6）设置专门的项目管理团队并赋予其相应的权力，不断提升项目经理的权威性，以便更有效地对项目进行管理。

（7）明确项目团队的结构，便于项目团队的组建及项目执行过程中的有效沟通管理。

（8）将研发管理上升到战略层面，在公司级战略中明确研发及创新管理的主要内容和方向，并给予资源、策略上的支持。

第 3 章

战略是研发管理的起点

在经济全球化和社会信息化背景下，行业竞争不断加剧，产品技术的迭代越来越快，研发与营销、生产的配合越来越密切，研发活动已经成为企业经营策略的重要组成部分，甚至在有些企业已经成为经营策略的核心。

这就要求企业从战略视角，在综合分析内部条件和外部环境的基础上，对企业营销、研发创新所需资源进行统一的分配和调整，以保证企业在激烈的市场竞争中立于不败之地。企业战略决定了其服务对象及服务模式，也就决定了研发的方向、研发的投入和研发管理的策略，因此可以说，战略是企业研发工作的起点。

企业如果想做好研发管理，必须要有一套科学的方法，指导企业进行顶层战略设计，为企业的研发管理确定规则、指明方向。

3.1 顶层战略设计闭环流程

顶层战略设计是企业在市场经济条件下，根据内外部环境及可获取资源的情况，为求得生存和长期稳定发展，对企业发展目标、达成目标的途径和手段的总体谋划，是企业经营思想的集中体现，是一系列战略决策的结果，同时又是制订企业年度规划和日常工作计划的基础。企业的顶层战略设计之所以重要，是因为它界定了企业的经营方向、远景目标，明确了企业的经营策略和行动路径，在企业的运营和管理活动中起着决定性的支配作用。正如彼得·德鲁克所说："每当你看到一个伟大的企业，必定有人做出过远大的决策。"张瑞敏曾强调："一个企业没有发展战略，就是没有发展思路，没有思路就没有出路。"

柳传志曾对企业发展不理想的原因进行总结，并将其分为五类。

（1）没有战略目标。

（2）战略目标太高、不切实际。

（3）战略目标不坚实，经常变更。

（4）不会分解成战术步骤实施。

（5）实施过程中，遇难就退。

埃森哲的调研结果也表明，战略规划与管理能力是制约中国企业成为具有国际竞争力的企业的一大障碍，这与柳传志的总结基本一致。由此可见，对于中国大多数本土企业而言，缺乏有效的战略管理方法流程已经成为企业发展的最大瓶颈之一。

任何一个优秀的企业，都有一套独具特色的战略设计指导思想和流程方法。走过弯路、碰过壁、吃过苦，联想在吸取咨询公司的建议和自己的经验教训的基础上，总结出企业顶层战略设计的总指导思想。

（1）循序渐进：不仅要看准河对岸的目标，还要想渡河的方法，一步一步来做。

（2）外延式发展：少用"点式"来开展新的业务，而是在做了某个业务以后，在相近的业务领域慢慢伸腿，一步一步地往前走。

（3）说到做到：制订战略的时候目标要留有余地，说了一定要做到。

（4）制订战略前反复分析和小范围试验，制订战略后坚决执行，义无反顾，就是在路况不明确，看不清楚前面是草地、泥潭还是坚实的黄土路的时候，要小心地踩上10步20步，分析路况，看准了以后，才撒开腿跑，跑的时候不要犹豫。

用一句话总结联想战略制订指导思想就是“吃着碗里的，看着锅里的，还要想着田里的”，这句话又有两层含义。

首先，关于制订战略，企业的规模不同做法就不同，但有一点是共通的，就是不管规模大小，企业要先考虑怎么把碗里的饭吃到嘴里。把碗里的饭吃到嘴里的意思是，要把自己的行业、自己的业务分析得非常透彻，保障自己能够依靠现有业务生存下去。

其次，企业达到一定规模的时，也就是把碗里的饭吃到嘴里以后，如何进行下一步谋划也非常重要。因为在这个时候，有诸多因素影响企业能不能活命，姑且不说如何更好地发展，大环境变化会使企业遇到麻烦，如果完全不动，现在做什么，明天还做什么，结果就是“温水煮青蛙——慢慢地死”，因此，企业必须提前一步考虑，做好战略管理工作。

对任何一个追求“基业长青”的企业来讲，战略都是十分重要的，它决定着企业的发展方向。战略管理并不是暂时的、一次性的工作，战略的制订也不是一蹴而就的，而是需要一个过程，需要广泛调动资源进行讨论，推动核心领导层进行决策。想要高效执行战略，还需要一个对战略分解落实的过程，并需要对执行结果进行监控。由于战略的重要性及战略管理工作的重复性，所以需要严谨高效的流程来为战略设计过程提供保证，保证战略制订过程相关人员能够及时参与，各方面的信息能够被全面搜集，公司高层能够就战略内容达成共识，公司员工能够理解并认可公司战略。联想经过多年实践，最终形成了如图3-1所示的，包括战略方向（企业愿景）、战略目标、战略制订、战略沟通、战略实施以及战略复盘六个环节的顶层战略设计闭环管理流程。这个闭环流程并不是静态的，而是滚动式循环的，每一个循环从确定战略方向开始，以战略复盘结束，复盘结果又会成为下一个循环的输入。

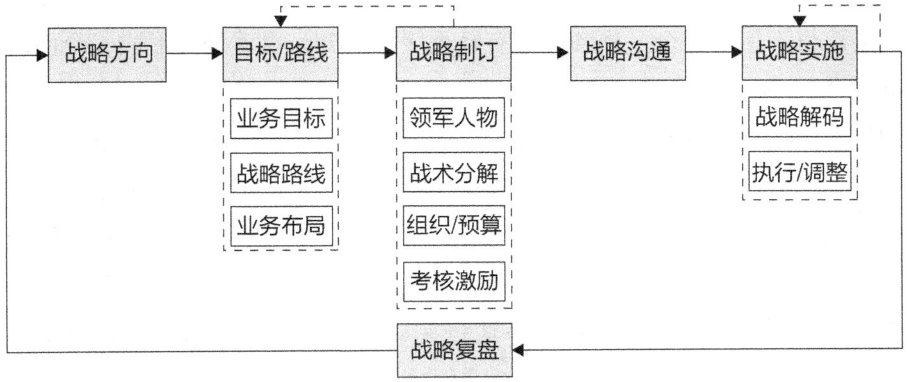

图3-1　顶层战略设计闭环流程

3.2 顶层战略设计闭环流程的展开

3.2.1 确定战略方向（企业愿景）

当今的市场充满了机会，企业不可能抓住所有的机会，资源的有限性也决定了企业不可能在每个方向都做投入，企业必须在一定原则的指导下，对产品和市场做出综合选择，选择原则的依据就是企业的愿景、使命和事业定位。不同的企业愿景、使命和事业定位，对产业发展和技术发展有不同的影响，从而就会产生不同的战略方向。企业的战略方向为一个企业特有而不是为各企业共有，它是企业决定投资、重组、研发、信息化、人才策略和组织结构的方向性依据，也是制订经营计划的指导原则。确定战略方向需要从以下三个方面入手进行市场洞察。

（1）进行市场趋势分析：要扫描科技发展趋势，分析各趋势带来的长短期市场影响，评估市场变化对企业业务的影响。

（2）进行竞争对手分析：要通过竞争格局和商业模式分析，洞察各厂商的战略定位，评估潜在的市场机会和切入点。

（3）定义企业的战略意图：要评估企业战略实施的进展情况，结合新的市场动态和竞争格局分析，定义业务布局。

总体来讲，确定战略方向是战略管理的起点，就是从宏观层面入手，通过一系列的内外环境分析，清晰地说明未来一段时间内企业应在哪些领域展开业务，这些业务的层次也不能是完全一样的，要有轻重缓急之分，也就是要形成一个面向未来的有机组合。

柳传志认为战略方向就是企业愿景，他曾这样描述企业愿景的重要性："对于一家公司的战略而言，第一位的是要确认愿景，很多企业不太注意愿景，实际愿景很重要，关键是你是否真心相信你的愿景，真的往这方面去做。真心想要做未必做得成，但是有做得成的可能，如果不真心看中愿景，肯定做不成。"

企业愿景需要在价值观的指导下通过完成使命来达成，因此，企业想达成愿景，首先要明确自己的使命，并建立企业的价值观。

使命是企业在社会进步和社会经济发展中所应担当的角色和责任，从根本上回答“我们的业务是什么？”这个问题，是企业存在的理由与所追求的价值。德鲁克曾经说过：“一个企业不是由它的名字、章程和公司条例来定义，而是由它的任务来定义的。企业只有具备了明确的任务和目的，才可能制订明确和现实的企业目标。”

2001年联想的使命概括为“四为”：为客户、为社会、为股东、为员工。

为客户：提供信息技术、工具和服务，使人们的生活和工作更加简便、高效、丰富多彩，概括来说就是，让科技走近大众，服务于我们每一个人的生活和工作。

为社会：服务社会文明进步，联想将一如既往地严格遵守中国的和其他与联想开展业务的国家和地区的法律，做好公民，为社会贡献越来越多的税收，提供先进科技产品，为社会的进步做出自己的贡献。

为股东：回报股东长远利益，联想要成为百年老店，为股东创造长远的价值，不为一时短期利益而损害长期发展。

为员工：创造发展空间，提升员工价值，提高工作生活质量。

2001年联想的愿景：未来的联想应该是高科技的联想、服务的联想、国际化的联想。并将此愿景实现的路径具体如下。

竞争地域：中国市场为主。

业务发展：深化客户导向，产品与服务双轮驱动，借助外部资源加快发展。

能力建设：建立竞争力保障体系，加强人力资源与文化建设，加强研发投入。

针对“高科技的联想”这一企业愿景，联想逐步提高研发人员的占比，提升产品中自主创新技术的应用，研发领域不断加宽、加深，逐渐从产品技术、应用技术向核心技术领域渗透。2001年发布了“全三维品质”的开天、扬天、启天系列电脑，2002年发布了国内第一台万亿次超级计算机，都是在“高科技的联想”这一愿景指导下的具体工作的展开。

基于“服务的联想”这一企业愿景，联想在2001年成立了IT服务业务群组，面向行业、政府和大型企业提供全套解决方案系统集成等产品，下设IT系统服务、宽带网络两个事业部；2002年3月，联想入股汉普，正式加入管理咨询业；2002年4月，联想和广州智软宣布成立合资公司，切入保险IT服务业；2002年5月，联想成立基础平台和信息安全事业部，推出基础平台建设服务；

2002年10月，联想合并中望商业机器有限公司，以此进军电信IT服务领域。在短短的一年多的时间里，联想IT服务便依赖强大的资本运作能力，形成了覆盖金融、电信、政府、制造四大领域，涉及管理咨询、运营外包和信息安全服务三大业务板块的“三横四纵”的业务布局。

企业核心价值观是员工普遍认同的、指导企业运营和员工行为的根本原则，它集中反映了企业管理者为有效经营企业大力倡导并身体力行的主要思想理念。

2001年联想的核心价值观：服务客户、精准求实、诚信共享、创业创新。

使命、愿景与核心价值观也不是一成不变的，随着企业的发展、社会的进步以及经营环境的变化，尤其是企业本身条件的变化，企业需要对使命、愿景和核心价值观进行调整，以实现它们对企业未来发展的指引作用。

2004年，联想收购了IBM PC业务，一跃成为全球排名前三的PC供应商，实现了企业的国际化，并拥有了PC系统厂商领先的技术，“高科技的联想”“国际化的联想”的愿景已基本实现。随着众多外籍员工的加入，企业开始出现东西方文化差异造成的问题。国际金融危机后的2009年，联想中国高管重新接手企业管理，为了企业的长期发展，结合当时的情况，重新定义了联想的愿景、使命和核心价值观。

愿景：成为一家世界级、卓尔不群、基业长青的科技公司，致力于创造人们期待拥有的科技产品；创造人们渴望融入的企业文化；创造人们诚心信任的恒久事业。

使命：通过专注于三个领域，在五年内成为全球领先的科技企业。企业文化——成为一家最优秀、最值得信赖和最受人尊敬的公司，人们愿意为之工作、与之合作、对之投资。计算设备——成为世界一流的个人科技产品和云服务设备公司，超越市场增长，持续发展核心业务，高速增长新的市场。信息融合——以创新的产品、优化的服务与应用，使人们和其关心的社区和信息紧密连接。

核心价值观：联想之道——说到做到，尽心尽力。提出以下口号。

We PLAN before we pledge. 想清楚再承诺。

We PERFORM as we promise. 承诺就要兑现。

We PRIORITIZE company first. 公司利益至上。

We PRACTICE improving every day. 每一天我们都在进步。

We PIONEER new ideas. 敢为天下先。（2012年增加）

新的愿景、使命与核心价值观扎根在联想员工心中，支持联想全球战略的实施，并为联想的持续发展提供了动力，引领和推动联想实现全球PC销量第一。

使命、愿景与核心价值观构成了企业文化的核心，是企业战略的总纲，从宏观上明确了企业的战略方向，即公司要进入哪些业务，不进入哪些业务，按照什么样的规则展开业务。愿景是企业领导者对企业前景和未来发展方向的一种高度概括，是一个企业创始人、缔造者或核心管理团队用以统一企业员工思想和行动、促使组织力量最大限度发挥的重要纲领。愿景一般由组织内部的主要成员提出，由核心团队成员共同讨论，获得组织内部一致认同，从而凝聚成所有组织成员愿意为之共同努力的方向。

很多企业在战略方向确定上存在如下几个误区。

误区一：将产业方向作为自己的战略方向，而不能明确自己特定的战略方向。这势必导致企业在发展中趋于同向化、同层化，那么在以后的经营中必然进行同质化竞争。许多产业行业中出现价格大战，都是产品或服务同质化造成的，这在根本上是把产业方向当作战略方向的错误所致。

误区二：把技术发展方向当作战略方向，围绕某种技术的开发制订自己的战略规划。技术发展的多样性最终受市场需求和运行的制约，竞争对手的竞争作用也会使企业对技术的利用受到阻碍或遇到陷阱。IT产业中常常可以看到拥有先进技术但并不能占据制高点，占据了制高点也并不一定成功的例子，这也反映出战略方向不等同于技术发展方向。

误区三：没有明确的战略方向或把口号当作战略方向。这些企业随机地根据市场行情变化确定自己的运行方向，使企业运行有较大的灵活性，但造成企业的不稳定，企业今天的生存无法解决明天的生存问题，从而导致企业的失败。

3.2.2 确定企业目标，制订战略路线

3.2.2.1 确定企业目标

企业目标是对企业战略经营活动预期取得的主要成果的期望值，是企业在既定的战略经营领域展开战略经营活动所要达到的水平的具体规定。

德鲁克将企业目标划分为战略性目标、策略性目标和方案、任务三个层面，它们分别由不同层级的企业管理人员来负责制订和实施。其中，战略性目标由组织中的高层管理人员设定，涉及的是一些对组织成功具有关键意义的问题。就企业整体而言，战略性目标关乎全局，不仅可以明确企业高层人员的管理任务，明晰企业组织的资源投入重点，而且可以使企业中低层的员工了解组织成功的意义，鼓舞和激励士气。

在制定目标之前，要基于企业愿景和市场状况从宏观层面来明确方向。向外要扫描社会宏观趋势、产业趋势、客户需求，市场竞争情况等。比如扫描市场和技术的趋势，分析各趋势长短期的影响，评估市场变化对业务的影响，明确哪些是企业的竞争对手，其商业模式和战略定位如何，整个市场的竞争格局如何。对内要进行复盘，评估企业的状况，了解自己的优劣势。还要基于分析寻找市场潜在的机会点以及企业进入市场的切入点，制订自己的战略组合，即明确企业要做哪些事儿。

制定目标就是要明确企业在业务领域内什么时间做到什么程度，目标要简洁易懂可测量，确定后的目标应该成为组织一切资源与努力的中心。

制定目标要遵循两个规则。

一是要反复修正、尽量科学。也就是从一开始制订企业目标时，就要考虑到企业的业务布局、组织架构、资源匹配，要在逻辑上一层层反复推演，考虑目标的科学性，以保证目标能够依照既定计划得以达成。

二是制定目标后，要说到做到。“说到做到”不仅是企业管理者的态度问题，还是管理团队的能力问题。柳传志特别强调，如果不是有突发事件干扰，企业的目标是绝对不能轻易修改的。万一达不成目标，一定要查责任，深挖执行失败的内在原因。

联想2001年的远景目标：在10年内成为全球领先的高科技公司；到2003年实现600亿元人民币的年销售额；力求进入参与业务领域的市场前三名。

3.2.2.2 制订战略路线

确定战略目标后，为实现目标决定做什么、不做什么、用什么方法做，就是制订战略路线。制订战略路线是战略管理过程中最重要的一个环节。柳传志认为：“路线实际上就是公司要怎样达到设定的那个目标，目标还没有实现，大家冲着这个方向去的时候，你到底做什么，不做什么，这个非常重要。”

战略路线是关系到企业战略能不能取胜的关键。企业的战略路线不只有一条，也不是只有一层，而是总路线下面有子路线，大路线下面有小路线，因此各部门的负责人、做每件事的人，都得有自己的计划，负责人要把这个想透彻，得非常清楚要沿着什么路线走。并且这个路线也是会调整的，一边做一边调整，慢慢才能形成。

联想1996年至2000年的发展路线是在信息产业领域进行多元化发展，而同一个联想，2001年至2004年的发展路线则是在其有资源优势的领域进行多元化发展。发展路线虽然有调整变化但都遵循把联想做大、给股东回报的原则，同时也是根据联想的实际情况来制订的。

前些年，华为力求成为通信行业领导者，其发展路线是聚焦主航道，有所为有所不为，只做自己最擅长的事，只进入最高附加值的领域。任正非认为，别人难以替代，又可以大量拷贝使用的就叫主航道，世界上每个东西都有正态分布，华为只做正态分布中间那一段，别的地方赚钱也不做，要避免多条线作战，减少疲于奔命的问题。近几年受大环境的影响，华为的经营变得困难，企业战略也变为“求生存”，其发展路线相应转变为全球化、多元化，业务开始进入多个跨界领域。

企业在制订战略路线时要进行周密的分析，企业的资源、企业的优劣势、企业所处的外界环境和其发展趋势等是制订发展路线时需要考虑的重要因素。

1. 对客观因素的调查分析

也就是针对企业所要进入的行业的整体情况进行系统分析。企业要根据自身的情况客观分析企业要进入或者已经身处其中的行业和产业到底值不值得做、该做什么，行业和产业的现状和发展趋势，竞争对手的情况。

2. 对主观因素的分析

也就是针对企业自身优劣势、核心竞争能力的分析。这方面的分析主要包括两个层面——行为层和理念层。

（1）行为层：自己会干什么？自己特别会干什么？行为层的核心竞争力特别指品牌、市场导向的产品开发和高效运作能力、渠道建设和管理能力。

（2）理念层：需要在研究透自身的核心竞争力以后，研究自身所在的行业和领域未来还有多大的发展空间，如果空间不够，就要主动研究布局进入新的领域。

3. 考虑宏观形势

要考虑宏观形势到底如何，企业未来的发展方向是否和这个大的趋势相匹配。企业壮大到一定程度时，必然要考虑与国际、国内的政治、经济形势的关系。

3.2.2.3 路线和目标的关系

路线和目标的关系就像人们经常争论的先有鸡还是先有蛋的问题，很难说清楚到底是先有鸡还是先有蛋，企业也很难说清楚是先有路线还是先有目标。总体上来讲，刚开始的时候路线和目标会反复交错一段时间，之后还是先有一个路线，明确做什么和不做什么，最后再确定企业的具体目标。

1996年联想制订了五条向2000年发展的路线：在IT领域内多元化发展；业务发展以国内市场为主；走贸工技路线；积极发展产品技术，以此为基础逼近核心技术；充分运用股市集资作为实现2000年中期目标的主要融资手段。

2001年联想制订的发展路线：在国内做相关多元化。

2003年联想制订的战略路线：专业化和国际化。

战略路线的核心作用就是对企业有限资源的投入明确分配原则，业务布局是明确公司对自身既有能力、资源和核心竞争力的总体配置。在对业务进行布局的过程中，有两个重要原则：一方面，要考虑把核心竞争力用在承重业务上，也就是将自身最擅长的能力和资源，配置到对公司既有利润贡献最大的业务上；另一方面，也要进一步考虑，在既有的重点业务之外，如何能将自身核心竞争力用足用透。

业务布局给出了方向和资源配置原则，具体的落实则要通过详细的评估。比如业务布局要求企业把自身擅长的能力和优势资源配置到利润贡献最大的既有业务上，又要求成长业务快速形成规模和种子业务迅速成长，这就势必出现资源紧张的情况，要做到合理配置资源，确保公司利益最大化，就要用科学的方法进行评估，一般可选用GE矩阵法。

GE矩阵法又称通用电气公司法、麦肯锡矩阵法、业务评估矩阵法，是麦肯锡在指导美国通用电气公司（GE）的部件和材料部门时开发出来一个经营分析工具，对企业进行业务选择和定位具有重要的价值和意义。GE矩阵可以用来根据战略经营单位在市场上的经营优势和所在市场的吸引力对这些单位进行评估，也可以描述一个公司的战略经营单位组合，判断其强项和弱点。GE矩阵从行业吸引力和企业竞争力两个维度评估现有业务（或战略经营单位），每个维度分三个等级，共以九个格表示两个维度上不同级别的组合（如图3-2所示）。

行业吸引力取决于外部环境因素，也就是与各项业务有关的不可控的外部因素，如市场容量、市场增长率、行业竞争结构、进入壁垒、行业盈利能力，它通常分为高、中、低三个等级。由于外部环境因素众多，企业往往需要识别哪些是关键因素，并以此来评价行业吸引力。

企业竞争力取决于企业内部的各项可控因素，如市场占有率、制造和营销能力、研究与开发能力、财力、质量和管理素质，它通常分为强、中、弱三个等级。由于内部因素众多，企业同样需要识别哪些是关键因素，并以此与主要竞争对手相比较，以评价企业的实力。

行业吸引力的三个等级和企业竞争力的三个等级构成一个有九个象限的矩阵，企业中的每个经营单位都可放置于矩阵中的一个位置。总体而言，企业内所有经营单位可归纳为三类：扩张类、维持类和回收类，对不同类型的经营单位应采取不同的战略。

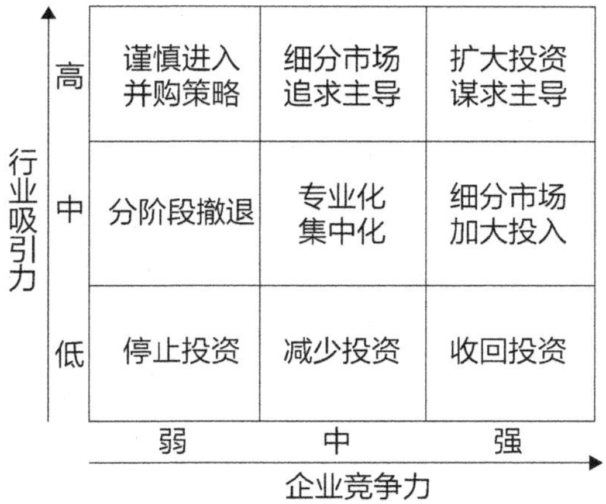

图3-2　GE矩阵

2003年联想的业务布局。

核心业务（碗里的）：主要追求利润，不再关注市场份额（台式机业务）。

成长业务（锅里的）：既要利润，又要营业额（服务器、手机、笔记本电脑等）。

种子业务（田里的）：保持投入，快速成长（高性能机、安全性产品、系统集成等）。

2011年联想的业务布局。

核心业务：这类业务是企业的立足之本，是涉及公司生死存亡的业务，包括联想的PC业务、手机业务等，这类业务要以利润增长为首要目标，并以此带动其他业务的增长，同时保证领先市场的份额。

相邻（附属型）业务：这类业务与企业的核心业务有很好的协同关系，但又很难脱离核心业务在公司内独立存在。包括PC产品的选件业务、工作站业务等。它们并不会对公司的生存产生决定性的影响，其业务表现和核心业务有很大的相关性，如果核心业务做不好，相邻业务也很难做好。它们能够帮助企业增加现金流、利润或客户黏性等，是核心业务的有益补充。一般来讲，这类业务不会获得大的投入，但必须有较好的回报，可以是营业额方面，也可以是利润方面，还可以是客户满意度方面等。

机会型（种子型）业务：对这些业务，企业看好它们的未来，但目前企业尚未在该业务领域获得优势地位，也无法在短期内投入更多的资源来改变竞争格局，因此只能对该业务方向进行持续跟踪或保持有限的投入，等待一个能够改变竞争态势的机会出现，如智能电视业务。

支撑型（基础型）业务：这类业务与核心业务密切相关，能够为核心业务提供基础支撑，企业虽然并不期望从这类业务中获得更多的利益，但不做或做不好这类业务会动摇核心业务的根基，如联想的云服务业务，其定位就是为联想的硬件产品提供增值，更好地带动硬件产品的销售。

2016年联想的业务布局。

第一（碗里的）：个人电脑业务，保持业务全球领先地位和良好的盈利能力。

第二（锅里的）：移动业务和数据中心业务，要扎实打造核心竞争力，把它们逐步建设成新的增长引擎和利润引擎。

第三（田里的）：新型的智能设备和“设备+云”的模式，“押注”自然语言交互和人工智能，让联想的硬件设备更智能，联想要从设备战略转移到基于人工智能的“设备+云”战略，这是联想集团未来的重点。

进行业务布局并不意味着有些业务先做，有些业务后做，而是要齐头并进，既要吃好碗里的，又要做好锅里的，还要种着田里的。

业务布局确定后，还需要在明确的时间框架下，为各业务定义战略目标。目标定位需要考虑三个方面。

（1）市场定位：如针对核心业务，明确客户群是哪些，在未来几年市场规模要做到多大、在市场上排第几等。

（2）技术定位：即创新定位，指企业要明确在创新战略方面的定位是领先型还是跟随型，在领先型战略方面采用突破式创新还是渐进性创新等。

（3）品牌定位：明确品牌在市场中的位置，在消费者心中的位置。

制订战略目标、确定战略路线及业务布局，都属于企业层面对全局的中长期规划，目的是明确中长期资源分配的方向和重点。这里面既包括方向性、原则性的内容，又包括未来一段时间的营业额、利润、市场占有率、行业地位、投资回报等若干细化到业务的指标，要做到定性内容与定量内容的结合。从目标到路线再到业务布局，是个反复的过程，开始先定目标、然后决定路线、再决定业务布局，后续还要再次衡量目标，经过多次反复，才能保证目标的科学性以及路线和业务布局的合理性。

对具体的业务，一定要基于企业愿景制订长期目标，但最关键的是结合企业的战略制订年度目标，因为只有保证每个年度目标达成才能最终实现长期目标。制定目标首先要根据战略要求明确部门的宗旨和职责；其次在详细分析市场环境的基础上得出全年的目标，并在“能量化的量化，不能量化的细化”的原则指导下，按部门和时间进度，分解落实为具体的成本、利润、销量、时间、满意度等指标。所谓细化，就是对不能量化的指标进行定性，在定性上可以考虑从时间、质量标准、数字等多个方面来衡量。业务模式、业务类型不同，企业对指标的关注度不同，对于种子业务类，企业一般没有盈利指标、市场份额等要求，其重要评价指标是对市场的验证以及成功率的评估等；对于成长型业务，这是企业市场增长和扩张机会的来源，其重要指标是利润率、市场份额与收入增长等；对于核心业务，这是当下企业的现金流业务，其重要指标是利润、投资回报率、生产效率等。

3.2.3 具体战略制订

通过第一环节、第二环节的工作，企业已经明确了中长期目标，确定了达成目标需要遵循的路线，也明确了开展哪些业务和具体业务的目标。为了保证整体目标的达成，首先要确保各具体业务的目标是能够实现的，这就需要制订具体的策略。为了支撑具体的策略，保证其可行性，还需要确定领军人物，并由领军人物进行详细的战术分解，确定组织结构和预算，制订考核激励方案。

3.2.3.1 选择领军人物

领军人物指企业的一把手或某一重要职能部门的负责人，他们应具备责任心、上进心和事业心，能够审时度势制订战略并带领团队将战略付诸实践，能够独当一面。柳传志曾这样描述领军人物的重要性："领军人物对于企业组织之所以尤为重要，是因为他就像阿拉伯有效数字中的'1'，领军人物所率领的团队，则是后面的'0'。假如没有前面的'1'，'0'再多也没有价值。"俗话"兵熊熊一个，将熊熊一窝"，说的也是这个道理。柳传志在他的管理思想中，把人放在了核心位置，这样的理念得到了众多企业家的认可。"搭班子"被排在"管理三要素"中的第一位，而搭班子的关键就在于找到领军人物，再由领军人物组建班子。

领军人物的确定对业务的发展，尤其是新业务的发展至关重要。俗话说得好：千军易得，一将难求，企业如果想重点发展某个业务，就需要安排熟悉业务、懂管理、善决策、会用人的德才兼备的一流人才来负责。联想人力资源高级总监郑青对领导者曾这样描述："一流的领导者能招来一流的人才，二流的领导者只能招来三流的人才。"只有一流的领导者才能搭建一流的班子，才能为业务的成功提供保障。对不同阶段的业务要安排不同风格的领军人物，比如，对成熟的核心业务要安排守业类型的领军人物，保证业务的平稳运行及利润的获得；对成长型的新业务，要安排具有改革精神、创业精神的领军人物，以打破各种约束，开拓、推进新业务快速成长；对机会型种子业务，要安排方向感强、格局大、有远见卓识、有韧性的领军人物，在坚守中等待机会，一旦有机会就能抓住，推进种子业务快速孵化。

领军人物之所以重要，也是因为战略方向及战略路线贯彻、战略目标的达成都离不开人，企业对具体业务的管理更是需要通过人来实现，再好的规划如果没有合适的牵头人来实施也只是一张空头支票。所以，企业在考虑战略路线、业务布局的时候必须考虑是否有合适的领军人物，因为找不到人而凑合是非常危险的。

联想重视领军人物，是从经验教训中总结出来的。联想2001年开始实施多元化战略，2003年公司高层对多元化战略的复盘结果认为，出现诸多问题主要原因是领军人物的资源有限。这次多元化，除了电脑领域外，公司在其他领域的业务方面根本就没有领军人物，没有能够带领不同集团军攻城略地的将帅。后来联想控股进行非相关多元化时，特别注重了领军人物的选拔，从而成就了联想控股。其他企业也有很多例子，比如华为的手机业务，小米的生态链，都是凭借领军人物的作用获得了成功。

3.2.3.2 进行战术分解

战术分解指将战略分解为针对具体业务的个别情况采取的行动，是实现战略的具体步骤。没有有效的战术支撑，战略就是空中楼阁。领军人物作为具体业务的负责人，要带领团队针对具体业务进行差距分析，明确现状和目标的差距，了解支撑目标实现所需的能力；对资源进行分析，盘点现有资源，明确支撑目标达成所需的资源投入；确定投入方式，在对业务投资需求汇总和资源盘点的基础上，确定各业务是选择内延式增长还是外延式增长，对内延式增长，是通过量入而出实现还是通过额外投入实现，对外延式增长，是采用并购方式还是合资方式……并且，需要针对企业的中长期目标和路线，制订阶段性目标，中长期目标比较遥远，很难一步实现，也很难为企业的运营安排提供直接的指导。将中长期目标分解为阶段性目标后，领军人物就可以基于阶段性目标进行资源、人才、业务方面的安排。这种安排有一个多次讨论、反复推演的过程，确定在预定的资源、路线约束下，是否能够达成既定的目标，如果推演不出结果，就说明战略路线是有问题的，需要重新对战略路线、业务布局进行思考。

企业的规模不同、行业不同，认知的中长期的时间跨度是不同的。大企业、传统行业认定的时间跨度比较大，经常以五年为中长期；中小型企业或变化比较快的行业，认定的时间跨度比较小，比如对IT行业而言，三年就已经是中长期。对中长期时间跨度的认知，决定了企业阶段性目标的时间跨度，比如，联想会将三年的中长期规划目标拆解为年度目标，各领军人物制定每年的阶段性目标，并对下一年的阶段性目标进行详细的策划和推演。

2001年，联想给出了未来三年的发展目标：年收入增长大于50%，息前税后经营利润年增长大于40%，到2003年实现600亿元人民币的销售额，力求进入参与业务领域市场前3名，并对利润、现金流、员工人数提出了具体要求。该业务目标被分解到消费IT、企业IT、手持设备、IT服务、信息运营等群组，各群组每年都有量化的年增长率及营业额要求，并要制订年度规划，详细说明在未来一年要做什么工作，以保证阶段性目标的达成。

3.2.3.3 确定组织结构及预算

企业的组织结构指决策权的划分体系及各部门的分工协作体系，战略的实施需要组织结构来保障。预算是一种系统的分配企业的财务、实物及人力等资源的方法，能够将战略计划转换为内容详尽的经营计划，并为后续的经营调整提供依据。

通过GE矩阵初步分析后，还要结合企业具体情况再次分析企业要做什么、不做什么、怎么做。对新的业务领域，要分析需不需要进入、以什么方式进入，比如是以种子业务形式小规模团队去做还是采取并购的形式大规模进入。对已有业务，要分析哪些需要继续加大投入或提高业务管理等级，比如对发展好的种子业务是否需要单独设立事业部进行管理，或将发展比较好且具有战略意义的成长型业务提升到公司直属层面进行管理；有重合的业务是否需要整合，形成新的事业部或业务集团……总之，确定做什么、不做什么、怎么做的过程就是组织结构设计的过程。

组织结构的功能在于分工和协调，通过组织结构，可将企业的目标和战略转化成一定的体系或制度，融合进企业的日常生产经营活动中，发挥指导和协调的作用，以保证企业战略目标的达成。美国企业管理史学家钱德勒教授对通用汽车、杜邦等美国70家大型公司进行了研究，发现各公司在处理经营战略与组织结构的关系上有一个共同的特点，即企业在选择一种新的战略以后，由于管理人员在现行组织结构中拥有既得利益，或不了解经营管理以外的情况，或对改变组织结构的必要性缺乏认识，使现行组织结构未能立即为适应新的战略做出调整，直到行政管理出现问题，企业效益下降，企业才将改变组织结构纳入议事日程。组织结构改变以后，保证了战略的实施，企业的盈利能力才会大幅度提高。由此，钱德勒得出一个著名的结论：组织结构服从战略。因此，为了避免出现组织结构影响战略执行的情况，企业战略落实的第一步往往就是进行组织结构的调整。

联想的组织结构基本上是一年一小变，三年一大变。柳传志对组织结构管理有深刻的洞察，他认为，组织架构、管理模式、具体业务战略、专项职能支持等要素是制订战略时必须要考虑的执行关键要素。一个公司的组织架构，也被称作管理模式或者运行模式，指的是一个企业用什么样的组织结构安排来执行路线，以进行合理的业务布局，实现既定战略目标，这对于战略的执行和落实是非常关键的。柳传志认为，组织架构的一般设计原则是：一个公司内部的业务群组越是彼此相关，就越要进行密切整合，以提升运营效率；业务板块间的差异越大，就越要采用松散的组织架构。联想曾经多次进行大范围的组织结构变更，其主要目的是适配公司整体业务发展和战略目标的实现，便于实现企业管理目标。

联想自成立起，在不同发展阶段，为配合战略需要，多次进行了组织结构的调整。

1984年至1987年，公司初创阶段，唯一的目标就是活下去，经营策略是“小步快跑”，组织结构采用的是简单结构的平底快船模式，总经理直接指挥，权力高度集中，没有层级，能保证组织的灵活性和快速决策。设立总裁室，实行集体领导、集中指挥、统一协调，各业务部门，即各“船舱”实行经济承包合同制。集中调配使用资金、人力和进口渠道，对确保公司形成“拳头”、快速成长起了重要作用。

1988年至1993年，公司处于成长期，制订了“以国际化带动产业化、以国内电脑市场的培养带动企业成长”的目标，确立“贸工技”路线。组织结构采用的是直线职能制的大船结构模式。建立了董事会领导下的总裁室集体决策制，通过集体领导来保证企业决策的正确性；按工作性质设立专业部门，提升专业力量，形成产业优势；通过承包制实现按劳分配，调动员工积极性；实现管理的制度化，保证企业的高效运营。

1994年至1996年，业务调整阶段，联想组织模式采用的是被称为舰队结构的事业部制。关税降低，国外大公司进入中国市场，加剧了市场竞争，大船模式下各部门配合不畅，企业需要更高效的组织架构来适应市场的变化，于是公司形成由各事业部构成的舰队模式。

1996年至2000年，业务规范阶段，由于未解决事业部制带来的资源分散问题，推行“矩阵管理模式”。一方面，将与业务个性关联紧密的主要增值活动，包括产品、研发、质量、资材等职能组合在产品事业部内；另一方面，将与增值要素（或某一类客户群的特点）紧密关联但与业务个性关联较弱的增值活动，组成集中设置的专业部门，包括技术发展、质量管理、商务、供应链管理、企划、信息、人力资源服务等。特点是事业部+职能管理。

2001年，联想宣布了新世纪第一个三年规划，将战略确立为以互联网为核心，以全面客户导向为原则，以满足消费类和商用类客户的需求为目标。组织机构也随之调整，按业务划分，成立了6大业务平台：消费IT、手持设备、信息服务、企业IT、IT服务和部件/合同制造，各业务平台有各自的销售渠道和运营系统。

2004年，联想决定回归PC业务，走专业化、国际化路线，联想集团进行重组，核心业务被确认为PC及相关产品（笔记本电脑、服务器、外部设备等），此外重点发展的业务包括移动通信设备业务、IT服务、网络产品、软件外包等。

2005年收购IBM PC业务后，联想开始推行全球化的多维矩阵架构。

2009年，联想制订了意义重大的“保卫+进攻”的双拳战略，并为配合战略的落实进行了组织调整，宣布成立成熟市场与新兴市场两大业务集团，取代原本以地理位置划分的全球三大区。联想集团还按照产品结构成立新的Think产品集团及Idea产品集团。这时联想采用的是二元多维矩阵组织结构，充分发挥中外高管的优势。2009年起，随着流程的完善成熟，企业开始由矩阵型组织向流程型组织转变，所有业务以项目形式基于IOD流程展开，组织重组对业务的影响变小。

2012年，联想战略调整为：在中国市场，从个人电脑领域的领导者，变成PC+领域的领导者；在中国以外地区的市场，要把业务从商用领域扩展到消费领域，这一步完成之后，努力成为PC+领域的领导者。基于新的战略部署，公司组织架构不再按成熟市场和新兴市场分类，而是将联想集团全球业务划分为四个大区，分别是中国市场、北美区、EMEA市场和亚太—拉美市场。

2013年，联想的战略重点是提高利润，成立了两大业务集团：Lenovo业务集团和Think业务集团，前者占据主流和消费市场，后者继续向中高端、商用、国际市场上发展，弥补联想在国外市场相对弱势的缺口。

2014年1月，联想收购了摩托罗拉手机业务及IBM x86服务业务，提出了优势叠加的战略路线：个人电脑+智能平板电脑+企业级设备+云服务，将Lenovo

和Think两大品牌改为以产品划分集团，分别为PC业务集团、移动业务集团、企业级业务集团、云服务业务集团四大相对独立的业务群组。

2015年，联想宣布重组移动部门，将联想与摩托罗拉两个销售团队及销售体系合并，希望通过更好地利用联想和摩托罗拉的互补优势推动营收快速增长。

2016年，将业务重新组合，划分新的四大业务集团：数据中心业务集团，移动业务集团，个人电脑与智能设备集团和创投集团，以期加速从以产品为中心的业务模式向以用户为中心的业务模式彻底转变，实现国际市场与中国市场手机业务的双线突破，推动面向未来的“设备+云”战略落地。

自2012年，联想组织结构频繁调整，一方面是PC市场整体下滑对业务产生的冲击要求企业通过变化求发展，企业希望通过组织的调整来提高效率，并对一些新的业务方向进行尝试；另一方面也反映出企业急于求成、缺乏耐心，缺乏长远战略造成短期战略摇摆不定，缺乏领军人物造成新业务拓展不力，这些问题在手机业务上表现尤为明显。收购摩托罗拉后，联想的手机业务在双品牌和单品牌之间摇摆不定，市场快速萎缩，频繁更换领导也效果不佳。此外，联想的管理理念也是造成组织结构调整频繁的原因，因为联想更倾向于在业务状况尚好的情况下主动进行组织调整，给业务消化组织调整带来的影响保留一定的空间，否则业务将面临组织调整和业务下滑双重压力，回旋余地较小，很容易失败。

很多企业的组织调整往往是在业务难以为继的情况下进行的，是被动的调整，虽然调整阻力较小，但往往效果不佳，因为企业要同时应付组织调整和业务上的挑战，难度是非常大的。联想一般会在业务运行状态较好的情况下进行组织调整，给各方面留出足够的腾挪空间。

很多大企业新业务拓展效果不佳，往往就是因为把新业务放在了已有的组织架构中。处于起步阶段的新业务基础较弱，本应特别支持，但由于其规模较小，根本不受重视，无法从平台部门获得足够的资源；规模较小的新业务本应发挥自己灵活的优势，但在大平台流程的限制下效率全无。组织结构对企业中的主流业务影响不大，因为任何一个企业的组织结构都是以对主流业务最有利的形式存在的。企业不能墨守成规，需要根据外界环境的变化来调整组织结构，以提高组织的柔性和效率，更好地适应环境变化和市场竞争的需要。

在很多大企业都在为新业务拓展感到迷茫的时候，小米却通过生态链这一创新型的组织结构，依托小米的电商平台，成功进行了一百多家企业的不同类型的产品孵化。生态链秉持投资不控股、帮忙不添乱的机制，让具有创业能力和创业心态的人主导企业的发展，采用先有方向再有团队、先有供应链再有方案、先有渠道再有产品、先有资本路径再有项目的反向孵化模式，通过从0到1、从1到n、从n到n+三个层次的孵化，帮助企业补齐短板，快速成长，实现了保持小米的品牌热度、提供销售流水的支撑、加大小米的想象空间的目标。小米PC业务是生态链的代表佳作，小米最初尝试做PC业务时也和其他厂家一样，在传统组织架构下，以新业务拓展的模式展开，结果不了了之，2016年，小米以生态链企业模式重新启动PC业务，成长迅速，在2018年小米上市之前升级为小米直属业务。

企业预算是一种覆盖未来一定期间所有营运活动过程的计划，它是企业最高管理者为整个企业及各部门预先设定的目标、策略及方案的正式表达。预算也是企业经营的抓手，是一种资源分配，是对计划投入产出内容、数量，以及投入产出时间安排的详细说明。预算使决策目标具体化、系统化和定量化，企业的战略和战略规划为年度预算提供了基础和起点，年度预算要反映企业战略、愿景、使命和总体目标。在编制预算的过程中，除了企业的战略，也要考虑特定期间企业的外部经济环境、行业特点等因素，对相关外部因素进行合理分析和预测。拟定预算不是领导班子或财务部门拍脑袋想出来的，而是需要各部门的参与，尤其是前台收入部门必须参与进来，仔细测算，这样拟定的预算才是可行的。

在联想，预算是以年度为单位展开的。首先是在公司战略指导下，各相关部门基于业务目标进行预算目标的协调，比如业务单元、采购、大区等部门要基于战略举措要求彼此协调，确认各自的预算目标是否合理、是否需要调整等。第二步是进行预算承诺，一方面各大区、业务单元、采购部门及战略举措负责人就关键活动进行沟通，确认为履行预算承诺而需要采取的行动，明确各行动的负责人及季度衡量指标；另一方面要对预算进行部署，即将预算目标具体分解到各部门，包括各大区、业务部门等。

3.2.3.4 制订考核和激励方案

考核和激励指考核主体对照工作目标和绩效标准，采用科学的考核方式，评定考核对象的工作任务完成情况、工作职责履行程度和发展情况，并且将评定结果反馈给考核对象的过程。考核工作的目的首先是有效分解、传递战略目标，指出各部门、各岗位的工作方向，明确工作重点和薄弱环节，促使员工更好地履行自己的职责，确保各项工作的顺利完成以及工作绩效的提高；其次是公正、客观地评价部门和员工的工作绩效，为客观奖惩和公司人事安排提供重要的决策参考依据。激励就是通过设计适当的奖酬形式和惩罚性措施，来激发、引导、保持和规范组织及个人的行为，以有效地实现组织及个人目标。

考核和激励是制订战略的重要组成部分，打了胜仗要激励，不管是物质的还是精神的，没有配套激励措施的战略是纸上谈兵。一个战略目标必须配合一套打法，一套打法必须配合一批领军人物，一个战略必须配套一个激励计划。企业注重文化引领的同时，必须要重视物质激励，不建立在物质激励基础上的精神激励是空中楼阁。因此，在战略制订环节需要明确各部门的考核指标有哪些，量化的标准是什么，如何进行考核等内容。

在制订考核和激励方案时，要考虑具体业务在战略中的位置以及目标的激进性等因素。对于在战略中处于重要位置的业务，要有特别的激励措施来保证业务目标的达成；对于目标比较激进的业务，目标达成的风险很高，要有相匹配的激励，让部门愿意承担风险、付出努力来达成目标。在进行考核和激励时要严格按照既定方案执行，标准并不是绝对的业绩，而是相对于给定目标的达成情况，业务亏损不代表业绩差，业务盈利不代表业绩好。比如，对处于市场开拓期的业务，在制订考核和激励方案时，要更关注其市场份额的增长、是不是按时达成了里程碑，而不要过分关注其盈利情况；对处于成熟期的业务，市场份额已经比较大且比较稳定，这时应更多关注现金流和盈利情况。联想就曾出现过有趣的情况，某业务持续盈利且利润率很高，另一业务是亏损的，但亏损业务的员工的奖金系数比盈利业务的员工更高，同级别员工拿的奖金更多，体现的就是对不同定位的业务的激励方案的差异性。

3.2.4 战略沟通

战略沟通贯穿于战略管理的整个过程，在战略规划阶段，包括从战略调研、环境分析、企业现状的了解分析到战略规划的形成等；在战略执行阶段，包括战略的细化、方案的制订、重点举措的形成等；在战略评价调整阶段，包括战略回顾、战略评价、战略修正等。沟通的形式包括会议、座谈、文件、邮件、电话等。按沟通对象的不同，可分为高管之间促进战略规划形成、战略方案细化、战略实施推进的沟通；高管和员工之间推进战略规划共识、战略方案理解的沟通；不同业务单元之间战略方案细化、战略实施协同的沟通等。

如果说战略是大脑，那么沟通就是连接大脑和四肢的神经系统，大脑想得再好，如果不能通过神经系统将想法传递到四肢，也无法落实为行动；行动的状态如果不能实时通过神经系统反馈给大脑，也就无法及时进行监控和修正，保证行动方向的准确性。大部分企业的战略制订一般很少有问题，但执行很差，沟通不到位是关键的影响因素之一，尤其是高管和员工沟通不到位。战略是企业高层管理人员对未来业务方向和策略的共识，没有进行充分宣贯的战略最终只能存在于纸面和高层的头脑里。员工对企业的战略没有深入的认知、了解，没有对企业、业务单元、部门的目标、计划、职责形成共识，也就无法把个人岗位的目标、职责与企业、单元、部门统一起来，充分发挥积极性、主动性、创造性。如此企业在运营过程中就如同一盘散沙，无法形成凝聚力，更谈不上战略目标的达成。

对战略沟通，柳传志认为“要听多数人的意见、和少数人商量、最后核心领导拍板说了算”“要把嘴皮子磨热了再做”。“把嘴皮子磨热”就是一个讨论沟通达成共识的过程。联想会通过多种渠道进行战略沟通和宣贯。CEO向全体员工宣贯，每个财年开始时，在各地区召开誓师大会，CEO亲自向员工宣讲公司的战略重点；各部门逐级沟通和宣贯，每位领导都要对自己部门的高潜力员工，详细介绍公司战略的内涵及其对部门工作的指导意义，明确业务部门应如何在公司战略指导下展开工作，各项重点工作承接了哪些公司战略，这是公司覆盖面最广的战略沟通，确保了战略沟通无死角；对新员工的沟通和宣贯，公司会统一安排每月一次的新员工战略宣讲，向新员工讲述战略制订的市场背景、行业背景、战略意图和战略内涵，加深新员工对战略的理解；在日常工作中，各级管理者还会通过圆桌会议、员工访谈等形式了解员工对战略的理解情况，消除他们对战略的误解，并且会让员工参考公司战略来制订工作计划，真正实现战略对一线员工的指导作用。

3.2.5 战略实施

企业一旦确定了合适的战略方案，战略管理的重点就转向了战略实施。杨元庆曾这样强调战略实施的重要性："对于企业来讲，制订正确的战略固然重要，但更重要的是战略的执行。能够将既定战略执行到位是企业成败的关键。"因此一个战略是否能够成功，和战略的制订及战略的实施都有密切的关系（如表3-1所示）。

表3-1　战略制订、战略实施与战略成功的关系

	战略制订	
战略实施	适宜的	不适宜的
优异	成功 实现增长和市场占有率目标，并能获利	拯救或毁灭 好的实施可挽救一个不好的战略，也可能加速其失败的过程
很差	麻烦 很差的实施妨碍一个好的战略发挥作用，而管理者可能认为是战略不适合企业	失败 尽管失败的原因很难分析，但糟糕的战略加之没有能力实施，肯定会导致失败

战略实施指将组织的战略计划转变为行动，最终实现战略目标的过程，这是一个动态决策的过程。战略实施又包括战略解码、战略执行与调整两个环节。

3.2.5.1 战略解码

吕守升认为，战略解码是通过管理团队集体共创的方式，对企业战略进行澄清诠释，帮助企业明晰路径、明确硬仗、分解任务，将企业的战略规划转化为一线员工能够理解的语言和行动指南，并落实为绩效产出，最终帮助企业实现上下同欲、左右协同、力出一孔、使命必达的局面，它是化战略为行动的方法，是企业跨越战略与执行之间鸿沟的桥梁。

在联想，杨元庆及其团队提出了战略解码"执行六要素"模型（如图3-3所示），这是以平衡积分卡为参考，结合企业具体情况的战略解码方法。

"执行六要素"模型，以业务的战略目标、战略意图为引导，以企业文化为基础，将战略解码需要考虑的内容分解为流程/模式、组织、人员、目标、考核、激

励六个方面，业务负责人只有把这六方面的内容都讲清楚，才能算真正完成了该业务的战略解码。这是一个根据公司整体的战略方向和目标，明确各业务、各地区的战略意图和目标并进行优先级排序的过程，需要制订行动方案以及具体的实施方法，确定组织结构设计与人员布局，明确财务目标、业绩考核与激励方案，并且要考虑其他的风险先与依赖因素。使用“执行六要素”模型进行战略解码，才能够把战略落实到细节，才能够保证战略的成功实施。杨元庆认为，六要素都有了，那么未来就是确定的。

在战略实施规划环节要“死抠细节”是联想吸取经验教训总结出来的。外籍高管执掌联想期间，战略顾问往往是拿一张图表向高管解释战略，但缺少执行的细节，很少有人能真正理解这些图表，这种图表治理模式让企业深陷不确定性泥潭。当把战略实施细化为“执行六要素”后，业务面对的是确定的压力，就知道问题出在哪里，应该开什么药方。

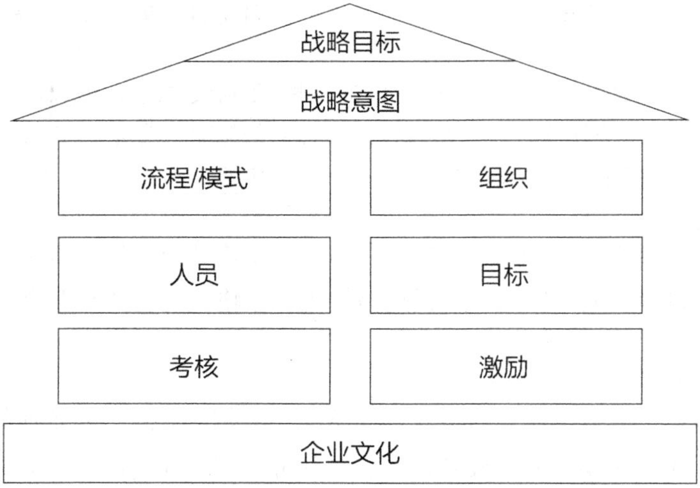

图3-3　“执行六要素”模型

1. 业务流程/模式

业务流程/模式是联想独特的提法，其内容就是业务流程（企业内部流程价值链如图3-4所示），主要是要说明具体业务的市场定位、产品和客户群、销售渠道等内容。联想将业务分为关系型与交易型两大模式，每种模式对应不同的业务流程，制订战略实施方案的很重要的一项内容就是确定业务的流程/模式，一个组织只有把它的战略与治理流程及运营流程相连接，才能保证持续的发展。在确定是关系型模式还是交易型模式后，相应的业务流程也就确定了，这时就需要对业务流程及各关键环节进行分析，确定为满足战略要求需要对哪些业务流程或业务流程中的哪些关键环节进行变革，并确保资源分配与战略方向一致。比如公司战略要求控制业务成本，业务部门在战略执行方案策划时便可考虑设立成本作战室，详细梳理流程中影响成本的各环节的工作，寻找优化成本的机会；公司战略强调缩短量产时间及提高完美订单交付率，业务部门在战略执行方案策划时便要考虑优化产品开发和交付流程，通过开发工作前移、开拓新的交付渠道等手段来提高流程的效率。

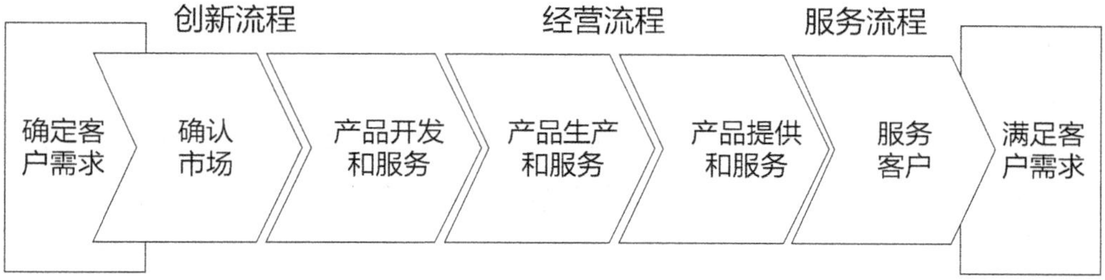

图3-4　企业内部流程价值链

双模式是联想基于战略需要，在与戴尔的直销模式竞争过程中摸索出来的，就是在同一个企业内部，按客户不同，划分关系型和交易型两种业务模式。

关系型模式面向的是企业、教育、政府等大客户，特点是客户的购买行为是经常性的，一般对产品有独特的要求，要求厂商与客户有长期的关系。关系型模式的前端需要销售团队拜访客户，保持并发展关系。重要的是销售拉动而不是市场营销的推动。后端的供应链是小批量按需生产，极少或零库存。

交易型模式面向的是消费者、中小企业等小客户，客户的购买行为是一次性的，一般对产品没有独特的要求，厂商与客户只是一次性的交易关系。交易型模式的前端要求有渠道或者电话销售与网上销售。重要的是市场营销推动而不是销售拉动。后端的供应链是大批量生产，要有一定的库存。

2. 组织

组织在执行六要素中指领军人物对自己负责的业务进行具体的组织结构设计。企业要想达成业务目标，就需要一个组织来承担目标达成过程中的工作任务，在基于业务的战略目标、战略意图，确定了业务采用的流程后，下一步就需要基于业务的流程/模式来确定组织结构。组织结构的确定需要考虑在竞争日益激烈的市场中，产业技术发展趋势是怎样的，主要竞争者在做怎样的战略调整，对资源及利益相关者如何进行更高效的协同，业务的成长处于哪个阶段，员工组织和组织文化如何等诸多因素，以满足部门的职责定位要求，实现部门的战略意图，最终达成提升客户满意度的目的。组织结构设计要基于业务流程的要求，确定需要设置哪些岗位，哪些岗位放在一起有助于提升专业能力且便于管理，领军人物直属的部门有哪些，直属各部门的职责是什么，各部门下属的二级部门有哪些，组织中的汇报关系是怎样的等内容。总之，最后确定的组织结构，一定是领军人物基于对各方面因素的平衡后确定的对业务目标达成最有利的设计。

3. 人员

人员涉及搭班子和带队伍两个方面。为了保证业务目标的达成，领军人物要搭建自己的领导班子，即为自己的直属部门选拔合适的负责人，为自己的核心团队确定最终的人选，要成立自己的队伍。搭班子是为了保证一项业务有统一的领导核心，是在紧密配合和协调下，既充分发挥“一把手”对企业的决定性和关键性作用，又对“一把手”的短板和不足进行弥补，并对“一把手”有所制约，同时，其他班子成员的作用也能得到有效发挥，各司其职又密切协作，搭好了班子才能为带好队伍提供基础。

带队伍要求业务部门在团队的规模控制、人才招聘、人才培养等方面都要给出计划。当公司层面的战略确定后，针对具体业务，公司会通过预算来体现战略意图，具体的团队管理，更多的是体现管理层的思考。比如针对新业务，在预算的约束下，要明确是追求团队的少而精还是追求团队规模、人员的梯队如何设计等。再比如针对已有业务，当业务预算增加时，负责人可以考虑在控制人员规模的情况下给员工加薪，也可以考虑招聘更多的人才；当业务预算减少时，负责人要考虑是减薪还是裁员等，领导者要依靠自己的智慧给出人员控制方案，一方面要满足预算要求，另一方面也要保证业务的良性发展。在人才招聘方面，企业要结合自己的具体情况，尽可能招聘留得住的优秀人才，联想人力资源高级总监郑青认为：“花大气力招聘到一流人才，比在员工的培养开发上投入重要很多。因为一流人才的特质是自我激励、自我认知、自我学习和成长…… 他们能看到身边的各种资源，有能力获取、充分利用，并快速成长。而二、三流人才，即使你提供了有价值的培训，他们也会找到各种理由不去参加，还抱怨公司没有培训。”此外，企业还要对现有人员进行盘点，识别高潜力员工，制订相应的培养计划，给员工成长提供良好的环境。

4. 目标

目标在执行六要素中指业务部门基于公司战略要求，分解到具体执行团队的业务指标。要有明确的销量和增长率的目标，为了保证总体目标的达成，可将目标分解到不同的市场，比如成熟市场的销量和增长率目标、新兴市场的销量和增长率目标、区域大客户的销量和增长率目标等。

目标的作用是给业务引航，是业务存在的理由，也是业务运作的核心动力与决策的依据。在制定目标时，领导者（目标承担者）必须参加，核心成员要积极参与，必要的情况下甚至全体成员都要参与，目标要对团队有吸引力，让团队感觉这就是他们想要的。目标既不能太高也不能太低，目标太低会让员工对企业未来发展信心不足，导致工作懈怠；目标过于激进，会受制于资源、能力及市场竞争而无法达成，会打击员工的积极性。只有科学、合理、客观的战略目标体系才能真正带给员工信心，使员工能够坚定不移地为目标而努力。目标还必须清晰有效，不能模糊，不够清晰明确且无法判断是否达成的目标就不是目标。目标的数量要有限，经营型目标是把东西创造出来并提供价值，需要投入大量的物力和精力，只有聚焦才能把事情做好。目标要有明确的时间要求且要有实现目标的方法和步骤。

联想在具体目标设定流程上采取由上到下地分解，然后再由下到上地汇总的方式。在具体设定原则上，有个通俗的说法叫“踮踮脚，够得着”，“踮踮脚”就是说这个目标一定不能以自身能力为导向，必须团结全体员工，经过艰苦努力才能达成；“够得着”则是说这个目标不能是好高骛远、高不可即的，而是有可能完成的。采取这样的方式设定目标，既能调动目标执行人的能动性，使目标的合理性和可能性都得到保证，同时又能让目标执行人在任务执行上坚决果断，避免因为执行力度不够造成最终目标无法实现。

5. 考核

考核在执行六要素中指对业务部门的不同岗位制订考核方案，内容包括工作要项、绩效标准、评估等内容，比如针对某岗位，要说明属于哪类人员考核（销售类、非销售类）、考核的项目有哪些、考核的具体内容有哪些、具体的指标要求是多少等。

联想考核方案的设计是基于职责分解和目标分解，将目标和职责相结合来实现的，包括以下几个步骤。

第一步，根据使命愿景，确定部门职责，即确定部门应履行的工作责任和应承担的工作项目，它明确了部门在公司增值流程中的工作范围和职责边界。职责不是具体的工作事项，而是同类工作的归总。

第二步，基于部门职责和业务流程，制订岗位职责，即明确一个标准岗位应承担的职责、岗位素质要求、工作条件、岗位考核等具体规定，这是对部门职责的细化和工作流程的分解。

第三步，将职责这条横线与时间、目标这条纵线进行有机整合，即将个人工作与公司或业绩单元/区域/公司职能的战略目标紧密联系，设定个人的业绩期望和工作优先级，列举重要的、可衡量的工作目标，清楚说明绩效评估的内容。

在具体考核方面，联想采用了个人+团队的双指标考核体系，即个人业绩是由个人业绩考核系数（Q）及部门业绩考核系数（P）共同决定的，个人业绩系数=P×Q。这种方式可强调团队的协作，弥补部门目标无法细化到个人的问题，也能够使员工认识到干好自己的工作不算好，只有整个团队达成目标才会拿到更高的奖励。在考核方面强调功劳，不强调苦劳，因为苦劳每个人都可以讲出一大堆，但是公司没有效益一切都没有。

总之，制订考核方案要尽可能做到全面考虑，即要根据业务和岗位设置不同的考核指标。尽可能定量，指标的界定一定要清楚，描述要能够让相关人员看明白，设定指标时一定要和相关人员进行沟通并获得认可。

6. 激励

激励在执行六要素中指部门激励体系方案的制订。激励是鼓舞、指引和维持个体努力指向目标行为的驱动力，它对行为起着激发、加强和推动的作用。激励的目的是调动积极性，其实质就是通过目标导向，使员工产生有利于组织目标的优势动机并按组织所需要的方向行动。法朗西斯说过，你可以买到一个人的时间，可以雇一个人到固定的工作岗位，你可以买到按时或按日计算的技术操作，但你买不到热情，你买不到创造性，你买不到全身心的投入，你不得不设法争取这些，而方法就是激励。

联想的考核激励框架由核心激励、特殊激励和奖励三部分构成。核心激励主要是奖金激励，按销售岗和非销售岗设定不同的激励方案；特殊激励指为特殊需要设立的激励方案，如促销激励基金；奖励是集团及各级组织设立的定期或即时奖项，比如公司级的年度杰出团队奖；对个人的联想奖、联想风范奖；集团级的年度优秀团队、最佳微创新项目团队；各职能部门的即时奖励、微创新建议奖。总体来讲，人员激励可分为两类：评价组织成员在组织倡导的能力建设方面的表现的组织激励与鼓励组织成员在重大战略举措中的贡献的战略导向激励。

在制订激励方案时，核心激励是需要重点考虑的内容，要基于目标的激进程度进行相匹配的设计，激进的目标要有激进的激励，才能激发员工的斗志，促进目标的达成。公司级奖励部分相对比较固定，每年不会有大的变化。部门奖励需要结合业务特点进行设置，预留奖金预算以满足业务发展的需要。比如某部门在年度规划中准备重点塑造全员创新氛围，就可以设立创新项目奖、创新点子奖、专利奖等，以调动员工创新的积极性。

总之，“执行六要素”模型就是期望通过让各业务的管理团队回答以下六个问题来保证战略实施方案的可行性。

（1）什么样的流程和业务模式有助于我们达成业务目标？

（2）我们应该设什么样的考核指标？

（3）什么组织对业务负责？组织设计是否可支持我们的战略？

（4）如何将目标分解成尽可能小的单元，并衡量它们的贡献和成功？

（5）合适的人选到位了吗？

（6）是否有激励机制来驱动正确的行为？

联想对战略实施方案制订提出的“执行六要素”模型，使各部门都能够按照标准格式进行实施方案的细化，并保证实施方案能够全面考虑各方面的因素，确保方案是可执行的，并能够对战略目标的达成起到支撑作用。要特别注意的是，一些关键业绩指标必须符合SMART原则，关键的策略要通过各级战略项目进行管理，从而为执行过程的监控提供基础。

3.2.5.2 战略的执行与调整

战略实施方案的规划不可能面面俱到，周边环境在不断变化中，个人能力及不可控因素干扰，都可能造成执行结果偏离目标。为了保证战略目标的达成，需要定期对战略规划的执行情况进行检查和考核，及时发现偏差，分析产生偏差的原因，进行目标的微调或给出纠正措施。考核可分为项目考核与人员考核。

在制订战略方案时，一些重要的举措都是通过战略项目落实的，这就需要建立战略项目管理机制以实现常规管理，并提供模板进行规范化。比如，通过双周会议进行项目进度状态更新；每季度进行详细沟通，审查项目目标达成情况，解决存在的问题；项目遇到重要难题时要及时召开紧急会议，对方向、政策类问题进行决策，协调资源问题等。

对人员的考核，在制定目标后就应启动。上级应跟进目标执行，定期与员工进行回顾，帮助员工分析解决执行中的问题。考核周期末，根据目标达成情况，结合业绩、行为进行综合评估。考核结果确定后，直接上级要与每位员工进行绩效反馈面谈；隔级上级要与考核结果为“优秀”和“尚待改进”的员工进行面谈。考核结果要与奖金、薪资调整、评优、绩效改进、职务升降、岗位调整、学习发展挂钩。

战略的执行不能只关注结果，更要关注过程，没有优秀的执行过程就没有完美的结果，需要进行多次的执行—监控—调整的迭代，最终才能达成预期的战略目标。

3.2.6 战略复盘

企业的战略管理并不是一次性的活动，而是循环往复、螺旋式上升的过程。企业每隔三五年就要重新进行中长期战略规划，每年都要进行年度战略规划，在战略执行过程中，要定期进行战略执行情况的检查回顾，以便进行战略战术的调整。在这些规划和调整过程中，如果企业想有所进步，就要从过去的工作中吸取经验教训，为新的规划和实施的改进提升提供基础。也就是说，企业需要进行经营战略复盘，小事及时复盘，大事阶段性复盘，事后全面复盘。战略管理对企业来讲是大事，要求企业采用阶段性复盘和事后全面复盘相结合的方法。

在联想，战略复盘分为季度业务复盘、年度战略规划复盘、中长期战略阶段性复盘，以及中长期战略复盘几种类型。

季度业务复盘主要是在业务部门层级展开，主要是对重要项目、业务的进展状态以及上一季度业务关键事件进行回顾、研讨，了解业务指标的达成情况，确认各项业务指标是否处于合理范围之内，是否有异常之处。对异常的指标要深入进行根本原因分析，确认指标异常是最初的设定不合理还是执行过程不到位造成的；如果是考虑不周或环境突变造成的指标不合理，则需要及时进行指标的调整；如果是执行问题，则要及时给出整改补救方案。季度业务复盘的主要目的是检验和校正目标，看到问题、找到差距、剖析到根、形成行动方案进行改进，以保证年度战略目标的达成。

年度战略规划复盘是在每个财务年度末进行的公司级战略目标达成情况的总结及过程回顾，会从各业务部门及整个公司两个层面展开。首先是各业务部门基于年初分解的战略目标和计划，对执行情况进行回顾，对发现的重要问题进行研讨，总结经验教训，更新对市场变化的洞察；第二步是基于各部门的复盘结果，对照年初的战略目标和计划，从整个公司层面对上一年的策略执行情况进行回顾，分析公司财务及关键业绩指标的达成情况，发现问题并寻找原因及可能的解决方案。这不是简单的年度总结，而是对年度战略规划执行过程及目标达成情况的全面回顾及过程细节的推演，重点在于深化认识和总结规律，为下一个财年规划提供输入。

中长期战略阶段性复盘是在中长期战略执行过程中定期进行的战略执行情况的回顾，主要由公司级高管参与，它以中长期战略的阶段性目标为基准，以年度战略规划复盘结果为输入，分析阶段性目标的达成情况，寻找差距，探究失败的根本原因及成功的关键因素，重新审视市场和竞争动态，最终形成结论，确定是否要对中长期战略进行微调，并为公司下一个年度的战略规划提供指导。

中长期战略复盘指企业完成一个中长期战略周期后，以年度战略规划复盘和中长期战略阶段性复盘的成果为基础，对中长期战略执行情况进行全面回顾，主要由公司级高管参与，经常会邀请外脑协助。在此过程中，一方面要总结战略执行过程中的亮点和不足，对关键节点的决策进行其他可能性推演，从中寻找规律性的经验教训；另一方面要对外部环境、客户、竞争对手、合作伙伴等的相关变化进行回顾和更新，并反思分析在战略规划中有哪些疏忽和遗漏，发现其中趋势性、规律性的内容，为下一个中长期战略的制订提供参考。

战略复盘在所有复盘中难度最大，因为涉及企业经营管理的方方面面，参与人众多，问题也可能很棘手、复杂，很难通过一两次会议得到明确的结论。战略复盘一般由一把手亲自主导推动，因为一把手是企业战略的责任人、决策者，也是最应该从战略复盘中吸取经验教训的人。在执行上，由企划办或公司战略部门组织，公司级领导、各部门负责人参加，通过务虚会的形式展开，在一段时间内多次进行研讨，有时可召开两三天的闭门会议，参会人员对自己过去经历的复盘、关键决策点的重新推演、对环境的分析等，都是研讨的重要内容，目的在于寻找战略制订与执行更好的可能性。

在战略管理流程中，通过引入复盘这一环节，形成了“规划—执行—复盘—优化”的管理闭环。复盘是连接新旧战略的纽带，在战略迭代过程中，不断的学习和复盘，可帮助企业实现战略管理能力的螺旋式提升。

需要注意的是，战略管理闭环虽然从形式上表现为环环相扣，前后衔接，但在执行上却存在重叠、反复的情况。比如，战略目标会为业务部门的战略制订提供指导，但在业务部门战略制订过程中，由于考虑的因素更多、更具体，就有可能发现战略目标不合理的地方，从而引起战略目标的微调。流程中各环节的具体工作内容之间虽然有一定的顺序，但彼此之间也存在着相互的影响，需要多次重复，比如目标的制订，一开始定目标，然后决定路线，决定业务布局，后续还要再衡量目标，要反复几次，这个目标才能做得比较有吸引力；再比如战略实施环节，也需要不断进行“实施—检查—调整”的循环。需要注意的是，战略方向和战略目标确定后，如果不是有突发事件干扰，是绝对不能轻易修改的；万一达不成目标，一定要查责任、深挖执行失败的内在原因。

3.3 基于“双拳”战略的研发管理

2008财年，联想营业收入149亿美元，同比下滑8.9%，亏损2.26亿美元，而上年同期为盈利4.8亿美元，这是联想自成立以来最大亏损年，也是近10年首次全年亏损。在总结亏损原因时，柳传志认为“一方面是由于经济不景气，更重要的是联想自己在管理方面的问题”。

2008年的经济形势，迫使众多企业压缩支出，减少非必要设备的采购，这对商用PC业务造成了很大冲击，同时价格低廉的上网本满足了消费者的需求，推动了消费PC业务的快速增长，于是出现了商用PC和消费PC业务冰火两重天的情况。此时的联想仍以原IBM的商用PC业务为主，职业经理人的薪酬与当期业绩挂钩，也就决定了主导公司业务的外籍高管不太希望在符合公司长远利益的消费PC方向进入投入，从而错失了消费PC业务（尤其是上网本）快速增长的机会，也忽视了制订清晰的长期与短期平衡的战略，缺乏着眼于长远可持续发展的竞争力建设。在这危急时刻，联想重新组建“杨柳配”的领导核心，并逐一与原高管进行详细沟通，确定其去留，搭建了公司新的领导班子。

在外籍高管主导期间，联想的战略主线并不清晰，战略规划因缺乏细节造成了可执行性较差。杨元庆重新担任CEO后，便召集领导班子对公司情况和市场环境进行深入的研讨，得出如下结论。

（1）此时的联想业务遍布全球一百多个国家和地区，各市场情况差别很大，有些地区市场规模很大，规范程度很高，但市场规模很稳定，没有更大的发展潜力；有些地区市场规模比较小，规范化程度低，但发展速度快，发展潜力大。

（2）此时的联想同时拥有Think品牌和Idea品牌的产品，前者来自原IBM，主要面向商用客户，品牌知名度高，但成本也比较高；后者是由原联想产品衍生的品牌，产品设计新颖，成本也很具竞争力。

（3）联想在中国区市场探索出的双模式，在全球市场具有很强的可复制性。

（4）联想未来的发力点应该在消费市场和新兴市场。

在此基础上，经过多次研讨，最终形成了著名的“双拳”战略，并很快在新财年进行宣贯推行，成为公司发展的指导，该战略框架如图3-5所示，包括保卫和进攻两大策略以及建立企业在业务模式、成本结构和创新方面的优势。

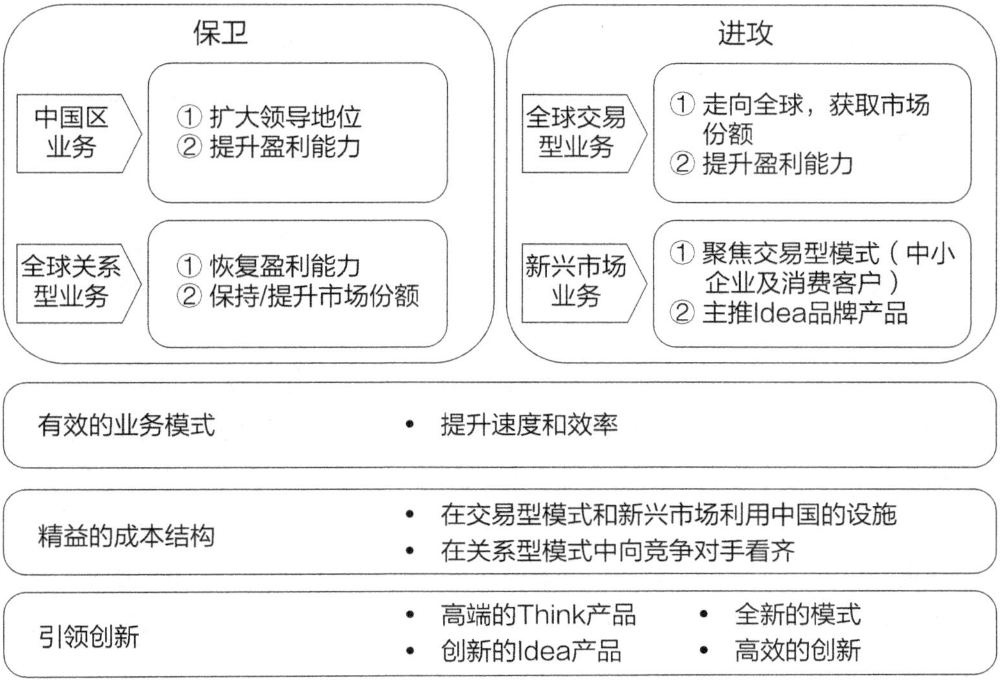

图3-5　联想“双拳”战略

该战略可以用一句话总结：以有效的业务模式、精益的成本结构和引领创新等企业优势为基础，保卫企业的核心业务，进攻新的增长机会。联想期望通过该战略提升短期的营业额和利润，并为长期的竞争力提升提供战略资源保障。

战略内容可展开为以下六个方面。

（1）成熟市场（保卫）：保护关系型业务，借助Think产品，在高端和主流细分市场恢复盈利。

（2）成熟市场（进攻）：进攻高端交易型商用客户（Think产品），影响主流和入门级客户（Idea产品）。

（3）新兴市场（保卫）：在优势市场区域，保护高端商用业务。

（4）新兴市场（进攻）：借助中国区及Idea产品组合及最佳实践，实现交易型业务的高速增长。

（5）中国区（保卫）：利用所有的Think及Idea产品，保护和增强在交易型客户和关系型客户中的领导地位。

（6）中国区（进攻）：进攻交易型商用领域，借鉴成功经验，探索其在其他市场复制的机会。

针对如何将三大企业优势转化为竞争优势，需要采取如下行动。

（1）业务模式：将双模式拓展到所有的国家和地区市场，完善系统和基础设施以支持公司战略。

（2）成本结构：将成本优势转化为全球核心能力。

（3）引领创新：对产品、流程及业务模式创新的坚定承诺。

以上内容构成了完整的“双拳”战略，是企业未来三年的经营规划的指导。

“双拳”战略是完全按照联想的战略管理流程制订的。

（1）目标/路线：在制订“双拳”战略的同时，为了保证战略的落地，从企业经营的角度明确了逐年的市场份额、企业利润等具体目标，以便对战略执行情况进行考核。“双拳”战略中的战略路线也十分清晰，就是通过保卫中国区业务和全球关系型业务、进攻全球交易型业务和新兴市场，来保证业务目标的达成。从业务布局角度将前端划分为新兴市场和成熟市场，在业务模式上划分为关系型业务和交易型业务，在后端构建Think和Idea两个品牌的产品，由Think品牌支撑成熟市场和关系型业务，由Idea品牌支撑新兴市场和交易型业务。

（2）战略制订：为了保证战略的贯彻落实，联想对组织结构进行了大幅度的调整，将前端多个大区整合为新兴市场集团（覆盖中国、印度、东欧各国、俄罗斯等重要国家和地区的客户）和成熟市场集团（覆盖澳大利亚、新西兰、加拿大、以色列、日本、美国、西欧各国等大客户）；在后端将原来的产品集团拆分为Think集团和Idea集团，这将使企业在产品设计、定价、分销、推广和人员配置等各方面都能做到快速、高效。联想还选定了各集团的领军人物，他们都有多年的业务部门和市场部门的管理经验，熟悉消费产品开发和交易型业务的管理工作，都曾独当一面，为公司的发展做出很大的贡献。

这时的联想依然是产品型公司，所以其战略都和产品有关，为各业务部门产品开发战略的制订界定了范围、指明了方向。比如Idea产品集团就基于公司战略制订了如下的部门战略和举措。

（1）提供成功的全线产品组合。

（2）通过有计划的全球活动抓住机会。

（3）建立ID和技术创新平台。

（4）建立精益高效的业务模式。

这些策略和举措，是结合业务部门的职责定位，对公司战略的承接。比如，提供成功的全线产品组合，有助于在联想中国区加强市场领导地位、提升盈利能力战略的落实，也为新兴市场聚焦交易型模式、主推Idea品牌产品战略的执行提供了基础；建立精益高效的业务模式是对公司战略中有效的业务模式和精益的成本结构的承接；建立ID和技术创新平台是对引领创新战略的落实。

依照产品组合战略举措，Idea集团下属的笔记本电脑业务和台式机业务，对产品线进行了全新的布局梳理，形成了覆盖消费客户和中小企业的全线产品。比如，对消费台式机业务，开始创新性地进行一体式台式机的布局，并将其由现有市场中的高端定位拓展到覆盖高端、主流和入门级全线客户群，在后续几年中，陆续发布了A系列、B系列、C系列的一体机产品，并使其成为台式机业务的支柱产品。公司在2009年共发布了包括笔记本电脑、台式机在内的近50款消费PC产品，实现了对高中低端市场的全覆盖。

依照全球活动战略举措，结合PC产品销售的季节性特点，确定了产品开发的节奏。比如在国外市场，PC主要销售时间节点包括返校季、圣诞节等，在国内市场包括“五一”“十一”、元旦、春节等，各业务部门需要明确各时间节点需要发布哪些产品，并以此倒推新产品开发的时间节奏，提前进行资源的协调安排。

依照创新平台战略举措，确定技术研发的方向。针对未来PC产品时尚化、娱乐化、轻薄化的趋势及令客户厌烦的单一产品形态，确定了外观设计、轻薄设计、用户体验、续航能力等技术方向，组建团队进行相关技术的持续研究，为产品的创新引领积蓄力量。

依照业务模式战略，对缩短开发周期、探索不同开发模式提出了明确的要求，比如对高端产品的开发周期由原来的10个月到12个月缩短为9个月，该战略直接促成了研发流程全面的梳理，推动研发管理水平实现跨越式提升。强调通过简化流程来降低成本，但并没有对研发成本和产品成本提出缩减要求，以便为产品创新提供空间。

由以上可见，战略为企业进行资源协调、开发核心竞争力、获取竞争优势提供了指引，也为研发管理指明了方向、界定了范围，因此可以说战略是研发管理的起点，是研发管理的顶层设计。

第 4 章

研发视角的战略解码

德鲁克认为，企业的基本职能是市场营销和创新。企业战略是一定时期内对企业发展方向、发展速度与质量、发展点及发展能力的重大选择、规划及策略，最终要通过一系列的市场营销和创新活动来实现。

市场营销与创新最本质、最核心、最关键的工作就是产品创新，而新产品开发及管理是企业创新工作的重中之重。因此，企业战略需要通过产品战略来支撑并最终通过各业务的产品和技术规划来体现。

IPD流程中的市场管理流程提供了一个框架，可帮助企业实现从企业战略到产品和技术规划过程任务的分解，并能够帮助开发团队了解客户、市场和业务，最终实现面向市场的产品开发。

4.1　从企业战略到业务战略

在流程上，联想把战略管理分为三个层次，中长期规划/夏季规划（Summer Plan）、年度规划/冬季规划（Winter Plan）、战略项目及运营管理。如图4-1所示。

中长期规划确定的是公司战略性目标，由公司的高层管理人员设定，涉及的是一些对企业组织成功具有关键意义的问题。就企业整体而言，中长期规划关乎全局，不仅可以明确企业高层人员的管理任务，明晰企业组织的资源投入重点，而且可以使企业中的基层员工了解企业组织成功的意义，获得鼓舞和激励。年度规划确定的是策略性目标，有高低层次和复杂程度的不同，高层级的策略目标主要由核心管理团队参与制订，中低层级的策略目标分别由中层管理人员和基层工作人员制订。年度规划的制订，是在中长期规划指导下完成的，承接的是中长期规划中的阶段性任务，对中长期战略目标的实现有着重要作用。战略项目及运营管理，主要是战略项目的日常执行管理、业务单元的运营管理和绩效管理，该层次的作用是战略的执行与考核，这与联想关于战略管理包括执行与考核的理念是一致的。

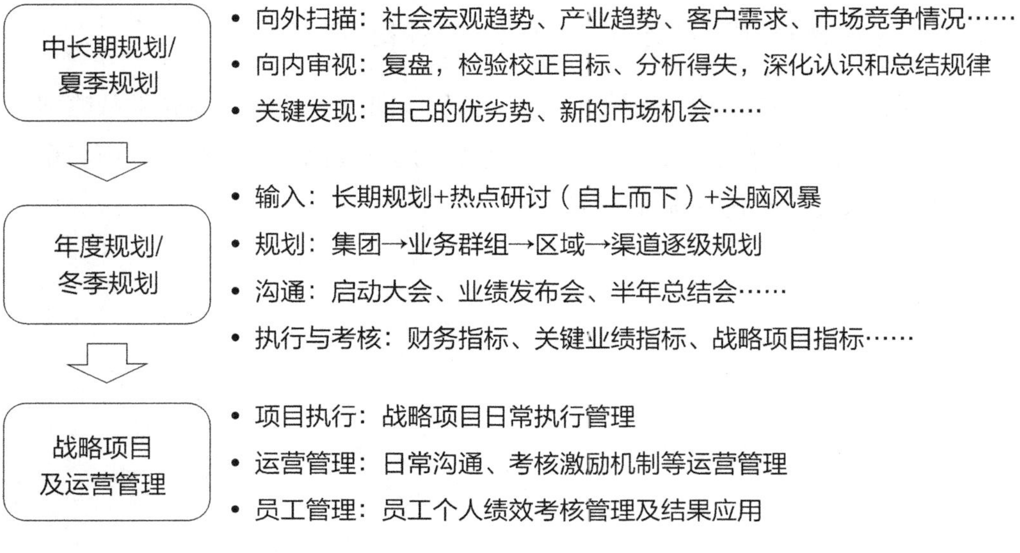

图4-1　战略管理的三个层次

中长期规划一般是三年，最长不超过五年；年度规划周期为一年，每年滚动（如图4-2所示）。联想所处的IT行业变化比较快，企业处于产业链的后端，基于企业的管理水平，三年的战略目标还有一定的指导意义；五年时间太长，环境技术条件与制定目标时相比变化太大，目标很难达成，因此不具有实用性。

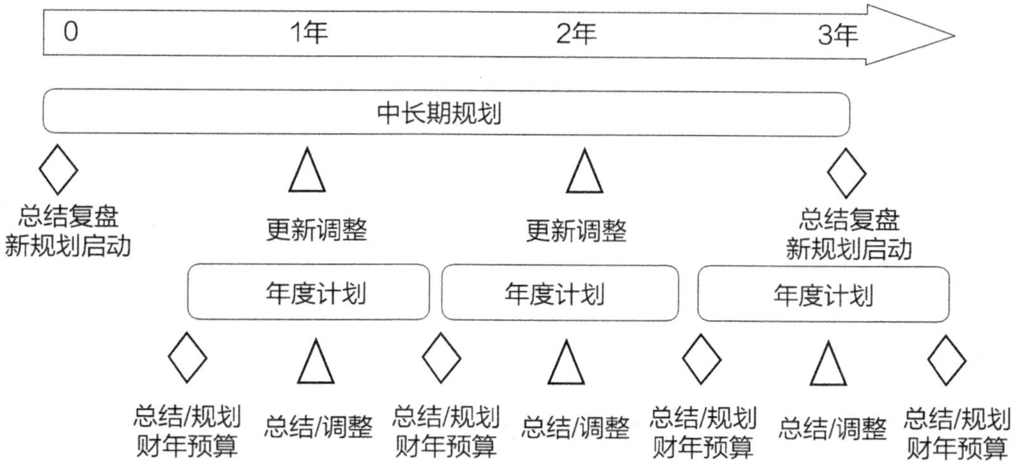

图4-2　战略规划的滚动管理

在联想，中长期规划又称夏季计划，每年4月到6月制订，内容偏向宏观、务虚，由公司高层主导，在战略、财务、市场、战略合作伙伴支持下完成。年度计划又称冬季计划，每年1月到3月制订（如涉及部门整合或部门领导调整，可能会有延迟），内容偏向具体、务实，按层次由相应层级的主管领导主导，在上级部门指导、相关职能部门的支持下完成。公司级年度规划分为两个阶段制订，第一阶段为“从下到上”，主要是听取业务部门、职能部门的建议，以之作为年度规划的输入，确保年度规划能反映具体业务需求；第二阶段为“从上到下”，主要是年度规划的逐级宣贯，确保各级领导和基层员工都能够了解年度规划的要求，统一认知，确保公司年度规划在各职能、业务单元直到基层员工的工作中得以体现。中长期规划是年度规划的指导，年度规划是中长期规划的里程碑分解和支撑，二者对照如表4-1所示。

表4-1　中长期战略规划与年度战略规划对照

	中长期战略规划	年度战略规划
指导思想	• 向外扫描：宏观、产业、客户、竞争…… • 向内审视：战略复盘、业务复盘…… • 关键发现：优劣势、新的市场机会……	• 输入：中长期规划 + 热点研讨 • 规划：公司战略→各业务群组战略→区域 / 部门战略…… • 例行沟通：启动大会、业绩发布、半年总结、渠道会……
公司级	• 公司价值观、使命、愿景、目标和总体战略 • 未来三年的业务发展方向，关键的市场和产品 / 技术突破点 • 各个业务单元和功能部门的长期协同 • 公司级产品和技术方案、产品和技术研发项目、运营支撑项目	• 上一年度规划执行情况 • 市场和竞争动态 • 财务目标和战略意图 • 新年度规划：组织 / 业务布局、目标 / 关键业绩指标、风险及关键需求
业务单元	• 业务单元使命、愿景、目标和总体战略，必须对上一级形成支撑 • 业务单元未来三年内的业务发展方向，关键的市场和产品 / 技术突破 • 业务单元跨年度的产品和技术研发项目	• 上一年度规划执行情况 • 市场和竞争动态 • 财务目标和战略意图 • 新年度规划：组织 / 流程 / 业务模式、重点方向 / 关键技术项目
具体部门	• 部门使命、愿景、目标和总体战略，必须支撑公司级和业务单元级战略 • 部门所负责的三年内的总体发展方向和规划，关键突破点。 • 部门要完成的跨年度重点项目	• 上一年度规划执行情况 • 新年度规划：组织 / 流程、部门重点项目

从企业战略到具体落实有一个过程，是一个从企业战略到细分市场，再由业务战略到产品/技术规划，最终通过产品开发和技术研究来落实战略的过程，由以下两个层次构成。

第一层次：公司级战略到业务组合的转化，是企业基于对全球市场、社会环境及技术趋势的分析做出的业务层面的投资决策，通过组织结构和预算进行承接和落实。即通过公司级战略管理，确定要进入哪些市场，如何进入，需要达成什么目标等。这一步就是要实现公司业务布局和投入的合理性，确保公司利益最大化。如图4-3所示。

2009年联想制订了“保卫+进攻”的“双拳”战略，将公司业务划分为Lenovo和Think两大业务集团，以便在品牌层面进行战略推行。对作为进攻方的Lenovo集团，公司加大了投入，要求业务部门强调高端产品的引领作用，加快产品推出的速度。对有些属于未来趋势的和联想业务方向关系密切的关键技术，如人工智能、深度学习、自适应语音、多媒体多模式人机交互等，会在公司级研究平台设立相应机构进行深入研究；对和联想业务相关性不大的未来趋势的关键技术，如物联网、边缘计算、大数据等，则通过孵化、投资等方式布局。这部分内容就是公司的产品创新和技术战略，描述了公司的总体产品开发活动的目标，包括新产品如何和公司的整体目标相结合，如何通过市场、技术、产品类别和优先性来体现战略的重点领域，如何通过预算对资金、人员、设备等资源进行配置，以及为了取得成功如何进入每个市场区域等内容。

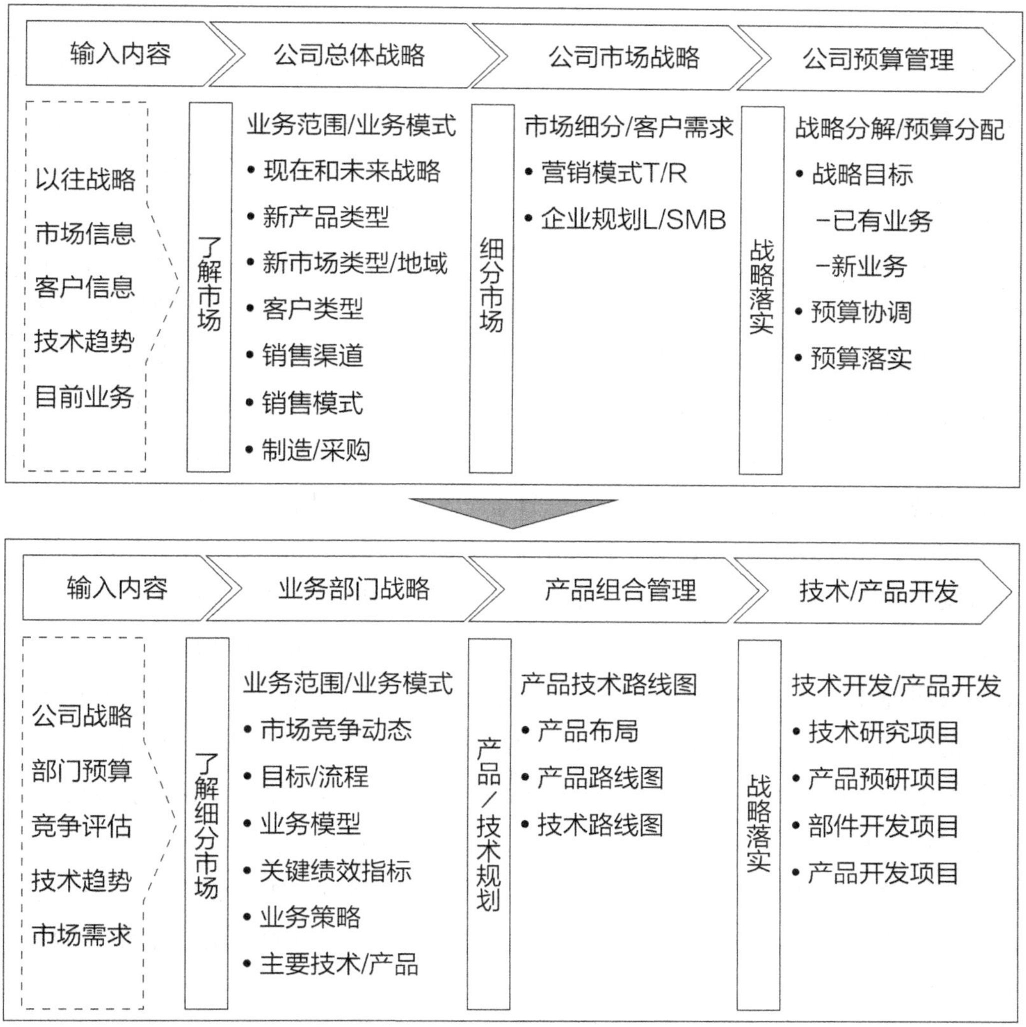

图4-3　从公司战略到业务战略

但很多公司在这个层面的管理不够好。比如网络安全领域的某独角兽企业，2014年成立后通过并购快速发展，到2019年，公司直属大大小小几十个事业部，彼此独立运营，业务交错严重。大企业战略让公司规模迅速扩张，资源越来越多，市场占有率越来越高，但公司并未对业务进行梳理整合，未能打破各事业部原有建制和业务范围，从公司层面进行团队重组和业务重新划分。虽然每年都制订战略，但无法将目标分解到各个部门，基本上是战略制订和执行两张皮，战略只能停留在文件层面，形同虚设。公司在运营过程中经常出现重大事件临时决策、临时抓人组建团队进行产品开发的情况，把大企业当作游击队运作，未能充分发挥各业务部门的协同作用及企业的规模优势。

第二层次：由业务战略到产品战略、平台战略、产品线战略，这是业务部门基于公司战略、技术趋势、细分市场需求做出的技术、平台和产品层面的决策，通过产品路线图、技术路线图进行承接和落实，并基于部门策略、预算、资源约束，以项目的形式落实产品开发和技术研究工作。

在IPD流程中，业务部门级别的战略与产品开发管理工作是在市场管理流程指导下展开的。与上一代流程相比，IPD流程最大的突破在于将市场营销战略规划与产品开发及生命周期管理的有机融合，构建了涵盖客户需求、业务战略、产品规划、产品开发、生产、销售、服务各环节的流程，能够帮助企业从传统的生产产品、销售产品的产销模式向选择价值、提供价值、沟通价值的价值链营销模式转变，实现战略、战术管理的统一。在IPD流程体系中，市场营销战略规划被称为市场管理流程（Market Management，MM），是一套面向市场的战略规划及管理的系统方法，是广义营销管理体系的一部分。市场管理流程可帮助企业解决普遍存在的公司层面的战略方向和选择相对明确清晰，但业务层面（如产品线层面）的战略规划不够明确和具体、针对性不强的问题。市场管理流程的构建，为企业内所有业务单元的产品战略管理、产品组合管理及业务评价提供了一致的方法，有助于企业把对市场的深入认识和分析、对客户的清晰洞察的行动结合起来，使企业能够切实满足最终用户的需求，并在增加业务价值方面获得广泛的认同。

市场管理流程由组合投资决策团队负责管理，该流程上承企业战略，下接新产品开发，其核心内容是进行产品战略规划，可为企业战略的解码及实现面向市场的开发提供保障。如图4-4所示。

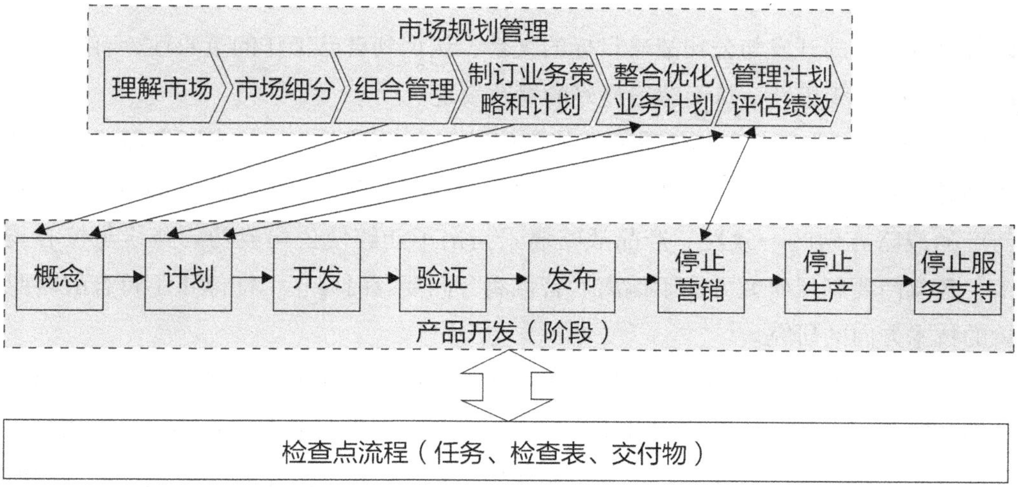

图4-4　IPD流程中的市场规划管理与新产品开发

4.2　产品战略规划

产品战略规划是企业对其所生产与经营的产品进行的全局性谋划，是基于战略高度对产品机遇的前瞻性认知，是连接公司总体经营战略与产品开发的纽带。在IPD流程中，产品战略规划要基于流程规范展开，包括产品战略愿景、产品平台战略、产品线战略和新产品开发战略四个层次，每个层次各具特色，产品战略的运作方向是从上到下，从宏观到具体。如图4-5所示。

产品战略愿景向上是对公司愿景、目标、路线/业务布局和业务战略的承接；向下是向员工清晰地描述公司的目标、实现目标的途径以及公司所具备的优势条件，它可对下一层次——产品平台战略的性质、时间安排和竞争定位进行指导。

产品战略愿景的作用可以总结为以下几个方面。

（1）确保大家为共同的目标而努力，让大家明白哪些可以做，哪些不可以做，并以此为指引，凝聚大家的力量，确保“力出一孔，利出一孔”。

（2）为产品平台战略的制订提供基础，产品平台战略的制订必须在产品战略愿景的约束条件下展开。产品战略愿景可明确产品平台战略的性质、定位、作用及关键里程碑，确保产品平台的定义符合战略愿景的宏观要求。

（3）指导具体的产品开发活动，清晰的产品战略愿景可以让新产品开发者明确所负责产品的开发与公司战略目标的关系，认识到自己工作的重要性，有助于调动员工工作的积极性，从而获得良好的绩效表现。

（4）为技术开发和其他重要职能部门的配合指明方向。技术开发需要在产品战略愿景的指导下展开，需要在多个部门的合作下展开，并要保持各部门工作内容与产品战略方向的一致性。产品战略愿景指出了能够使公司成功的路线与核心技术，各部门要确保研究方向不偏离。若偏离方向要及时修正，即停止不符合战略愿景的技术方向的研究。

（5）为利益相关者建立期望。明确的战略愿景可以让利益相关者了解公司发展的方向和规划的路径，比如可使员工在面对各种困难时能有所坚持，持续依循明确的方向、步骤与路径前进；借助产品战略愿景，还可有效培育与鼓舞组织内部所有成员提升能力，激发个人潜能，促使成员竭尽全力提升工作效率，从而使最终产品能够更好地满足客户的需求，更好地支持公司战略目标的达成。

好的产品战略愿景需要回答三个问题：业务的具体目标是什么？怎样实现该目标？为什么它会成功？

产品战略愿景是和具体业务密切相关的，由业务负责人和跨部门的管理团队共同制订出来的，要在公司战略指导下，综合考虑具体业务市场环境、技术趋势、资源约束等因素。

产品平台是一组可供不同产品共享的设计和制造的共用资源，是共同技术要素的集合。产品平台决定了成本结构、能力及后续产品的差异。平台战略是根据企业产品战略愿景、市场需求变化趋势和核心技术发展趋势所确定的产品平台演进模式、节奏和发展目标。产品平台战略是企业产品战略的重点，是公司成长与成功的关键，产品平台战略最好以整体产品平台规划的形式来表现。

产品线也被称为产品大类、产品系列，指一群相关的产品，这类产品可能功能相似，销售给同一顾客群，经过相同的销售途径，或者在同一价格范围内。产品线战略要求企业针对具体业务，确定要设哪些产品线，针对每条产品线还要确定产品线的长度和深度，即对该产品线覆盖的高中低市场，是全面进入还是选择某个区间进入，用多少产品项目覆盖该区间，每个产品项目有多少个具体的型号和配置，针对现有产品线的深度，是采用延伸策略还是收缩策略等。此外，还需要根据市场需要、资源情况等约束条件，为产品线中各产品项目的开发确定先后顺序及具体的时间节点。

产品开发战略是在产品线战略指导下，实施的具体新产品开发工作。业务分层管理是产品开发战略实施的理论基础。

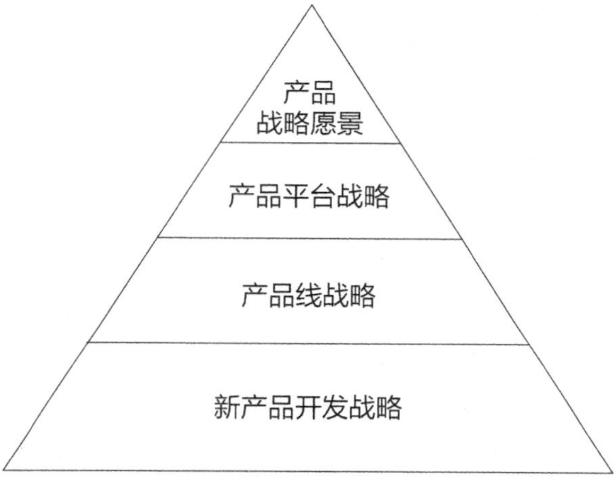

图4-5　产品战略流程结构

4.3　产品平台战略

4.3.1　产品平台战略概述

产品平台是具有系列产品所采用的共同要素，特别是基本的决定性技术的集合，包括可共用的系统架构、子系统、模块/组件、关键零件、核心技术、基本技术等。产品平台以产品模块和技术为支撑，是产品战略的核心，是异步开发的关键环节，是具体产品开发的技术基础。模块/技术层面太具体、太分散，模块/技术层面都做好了，也只意味着各模块/技术的成熟，各模块/ 技术的配合问题并没有被发现和解决，依然是产品开发中的隐患。比如接收和发送信号的无线模块和天线，即使无线模块确定了，但因为相配合的天线选择及具体的走线布置吞吐量产生很大影响，因此还需要配合具体的结构进行天线选择和走线优化。产品平台是一组产品或一条产品线构成技术的最低共同标准，能够体现系列产品的成本结构、能力和差异，通过产品平台的定义和开发，能够解决新产品开发中大部分的技术难题，为项目的成功扫清障碍。

产品平台战略是根据企业产品战略愿景、客户需求变化趋势及核心技术发展趋势确定的产品平台的演进模式、节奏和发展目标。产品平台定义和新技术研究是下一代产品开发的基础和创新点所在，产品平台战略会基于企业市场战略及产品战略愿景来确定，并会直接影响产品线战略。

4.3.1.1 领先型战略和跟随型战略

产品平台战略有多种分类角度，从竞争态势可分为领先型战略和跟随型战略，这也是最常用的分类方式。

领先型战略又被称作竖长指战略，即企业不断强化自己的优势能力，保持绝对的领先地位，该战略比较适用于行业的头部企业。领先型战略要求企业努力追求产品平台技术水平和最终用途的新颖性，保持技术上的持续优势和市场竞争中的领先地位。超强的研究与开发能力、雄厚的资源是实施领先型战略的基础。领先型产品平台战略的实施，还要求企业具有前瞻性的产品平台规划能力，进行持续性研究与开发，投资建设高新技术基地；通过流程优化不断提升研发效率，缩短开发周期；以顾客需求为导向，追求超越客户期望的技术，提供让客户惊艳的功能；高度重视研究与开发投资，以领先技术为基础创造出差异化的新的产品平台。

苹果公司是实施领先型战略的典型企业，依靠雄厚的技术和资金实力，确保每代iPhone产品平台都能够采用某个绝对领先的技术，并以此为基础塑造了一代又一代的顶级产品。

初代iPhone的电容屏+多点式触控屏的设计，使人眼前一亮，这款iPhone彻底改变了手机的物理按键模式。

iPhone 3G/3GS，除了某些功能的升级外，更突破性地引入了应用商店（APP Store），将用户需求与应用软件的潜在供应结合起来，促成了智能手机软件的爆炸式增长，也使手机从有简单功能的通信设备变成了拥有丰富功能的终端，也为苹果生态系统的建立奠定了基础。

iPhone 4，采用了双面玻璃+金属中框的时尚超薄设计，强大的硬件配置、全新的操作系统、语音助手……让苹果更快地享誉全球市场。

iPhone 5，64位技术首次运用到手机CPU中，实现了性能和功耗的平衡，进一步强化拍照功能。

iPhone 6，“量子点”屏幕技术+3D触摸功能，配合强大的硬件平台，给用户以截然不同的体验感受。

iPhone 7，彻底重新打造的摄像头，无论在白天还是在夜晚，都能拍出令人赞不绝口的照片和视频，全新的立体声扬声器系统带来富有沉浸感的迷人音效，音量提升至前代的两倍。取消耳机接口变为Lightning，同时推出Air Pods。

Phone 8/X，全新的玻璃和铝金属机身设计、视网膜高清显示屏，加入了无线充电功能，用人脸识别技术替代指纹识别。

跟随型战略又称补短板战略，企业对自己在能力上的不足，采取有针对性的措施进行改进，确保能够跟上竞争企业的步伐，该战略适用于缺乏明显技术优势的跟随型企业或者在某产品平台或技术方向上落后于竞争对手的企业，也是很多中小型企业或处于起步阶段的企业会经常采用的战略。这种战略并不要求企业具有领先的核心技术和市场洞察力，企业不做新产品平台的抢先定义和研究，而是当市场上出现较好的产品时，对该类产品的优缺点进行分析，在此基础上定义自己的产品平台，并快速跟进新产品开发，迅速占领市场，也可以对某个落后于竞争对手的具体产品平台和方向进行快速仿制，避免差距进一步拉大。这种战略要求企业具有较强的对竞争对手的动态跟踪能力和市场信息搜集能力，具有快速的技术消化、吸收与创新能力，能够利用自己响应迅速的优势消除时间差带来的劣势。这种策略仅适用于产品技术层面产品平台，需要长时间积累、大量资金投入的核心技术支撑的产品平台无法应用该策略。

2007年1月，乔布斯在Macworld大会上隆重推出iPhone，并且在6个月后正式开始销售，iPhone对手机产业产生了颠覆性影响，也彻底改变了手机产业格局。2009年9月苹果公司推出iPhone 3GS，2010年4月三星第一代Galaxy S上市，其外观和交互界面与iPhone 3GS非常相似，也由此引发了两家公司纠缠了多年的专利纠纷案。Galaxy的上市在一定程度上打击了iPhone的销售，并为后续的研发提供了参考，三星以此为基础，不断提升软硬件技术水平，打造出具有企业特色的产品系列，推出了比苹果手机更大的显示屏、更好的显示效果、更快的处理器，满足了客户的需求，逐步建立起企业在智能手机领域的优势地位。

21世纪初，宏碁PC业务曾采用跟随型战略，企业不做第一个吃螃蟹的人，而是在竞争对手产品上市后，选取销量较好的几款产品进行深入分析，获取客户购买、应用信息反馈，总结各款产品成功的要素，在此基础上形成自己的产品平台定义，并快速跟进，迅速占领市场。宏碁采用此策略让自己在PC业内的排名逐年上升，直至2010年左右成为全球第二大PC厂商，其制胜之道就在于速度，在于决策速度、设计速度、生产供应速度。

领先型战略和跟随型战略既可以是产品平台层面的，也可以是产品层面和市场层面的，在技术、产品和市场层面，这两种战略各有优劣势，具体对比如表4-2所示。

表4-2　领先型战略和跟随型战略对比

	领先型战略	跟随型战略
正面影响	领先占领市场，取得垄断利润	投资较小，风险较小
负面影响	投资大，风险大	处于竞争被动地位
开发模式	自主开发为主	合作开发或外部引入为主
技术重点	核心技术	产品技术
竞争优势	产品性能	性价比
投资重点	技术开发，市场开发	生产，销售
能力优势	研究，开发	生产，渠道
竞争态度	高风险	低风险
对风险的态度	偏好风险	偏好利润
领先持久性	持续开发，保持领先	紧紧跟随，伺机超越

4.3.1.2 自由研发战略、合作研发战略和引进再创新战略

从技术来源的角度，产品平台战略可分为自主研发战略、合作研发战略和引进再创新战略。

自主开发战略指企业基于自身的技术实力，对产品平台进行自主定义及核心技术的开发，这种模式有助于企业建立产品、技术优势，成功收益大，但对企业技术能力要求高，代价高、风险高，适合具有领先市场和技术实力的企业采用。

合作开发是被广泛应用的战略，在这种模式下，企业通过研发联盟、战略联盟形式与合作伙伴共同定义产品平台，分别负责相应技术和产品模块的开发，企业进行最终的集成和功能验证。这种模式有助于企业充分借助产业链资源，降低产品平台的开发难度和风险。在这种情况下，企业要注意知识产权保护、信息保密及项目

执行的细节问题。合作之前要仔细选择合作伙伴，合作之初要通过合理的规划明确各自的权力和义务，保证合作各方资源的投入及执行过程中的问题解决。

引进再创新战略是企业在进入一个全新的行业时，由于缺乏必要的技术储备，可直接引入产品平台，边学习边研究，在消化吸收的基础上进行具有企业特色的产品开发。该战略要求企业在引进前做好相应的准备工作，对相关的技术知识进行系统学习；在引进过程中，通过向供给方学习，力求掌握核心要领；引进后则要做好消化吸收工作，并以此为基础进行自主创新。

在产品平台战略方面，除了从竞争态势角度划分的领先型战略和跟随型战略以及从技术来源角度划分的自主研发战略、合作研发战略和引进再创新战略，还有从其他角度、维度划分的战略，企业一定要以企业自身拥有的独特资源和所在的经营环境为基础来制订平台战略，并随着某些要素的变化做出适当的调整，这样才能使企业保持竞争优势。

产品平台战略的最终体现是企业产品平台路线图或技术路线图，用于指导企业的技术研究和CBB管理工作。

4.3.2 技术管理

任何产品平台都离不开技术的支撑，可以说，产品是由技术搭建而成的，不断将新技术融入CBB和产品平台是企业创新的主要模式。企业的市场竞争过程就是一个技术的选择过程，技术选择和企业战略的有机结合是企业竞争优势的源泉，因此，企业要想获得长久的、持续的竞争优势，就必须对技术进行管理，制订合理的技术战略，指导企业为技术的获得、维持、执行、放弃进行合理的资源配置。

4.3.2.1 技术的定义及技术分类

要想吃到猪肉，首先要知道什么是猪；要想做好技术管理与技术战略，首先要了解什么是技术。我们可以找到数十种关于技术的定义，比较权威的是世界知识产权组织在1977年版的《供发展中国家使用的许可证贸易手册》中给技术下的定义："技术是制造一种产品的系统知识、所采用的一种工艺或提供的一项服务，不论这种知识是否反映在一项发明、一项外形设计、一项实用新型或者一种植物新品种，或者反映在技术情报或技能中，或者反映在专家为设计、安装、开办或维修一个工厂或为管理一个工商业企业或其活动而提供的服务或协助等方面。”一般情况下，技术的简单定义为：制造某种产品、采用某种工艺或提供某种服务所需的系统知识。这与IPD流程对技术的定义“技术是实现构建模块或系统产品预期改进、竞争优势的工艺、方法”是一致的。从不同的维度可将技术分为不同的子类。

从产品构成的角度，技术可分为产品方案设计技术、子系统设计技术、部件/组件技术等。

从专业的角度，技术可分为外观设计、电子工程、存储、机械结构、软件、测试、工艺等。

从技术与最终客户的距离角度，技术可分为产品技术、功能技术、核心技术。产品技术是基于对市场的了解，通过成熟技术的集成，形成某种客户可直接感知、产生用户体验的功能或特性，以满足客户某方面的需求，iPhone基于多点触控的应用、联想天禧电脑的“一键上网”和天骄电脑的“双模式”等都属于产品技术。

4.3.2.2 基于与客户距离技术分类的管理对策

1. 做好产品技术和功能技术

在信息发达、产品同质化严重的今天，产品技术是很好满足客户需求、打开买方市场大门的有力武器。功能技术是通过产品技术实现产品某项不直接和用户打交道的功能以为客户服务的技术，如PC中为解决夏天雷击对电脑的损坏而开发的防浪涌技术、主板技术、存储技术、电源技术。核心技术是功能技术中最重要的部分，是决定产业发展和突破的技术，如PC的CPU技术、操作系统技术、闪存技术。这几种技术的联系和各自的管理策略分别如图4-6和表4-3所示。

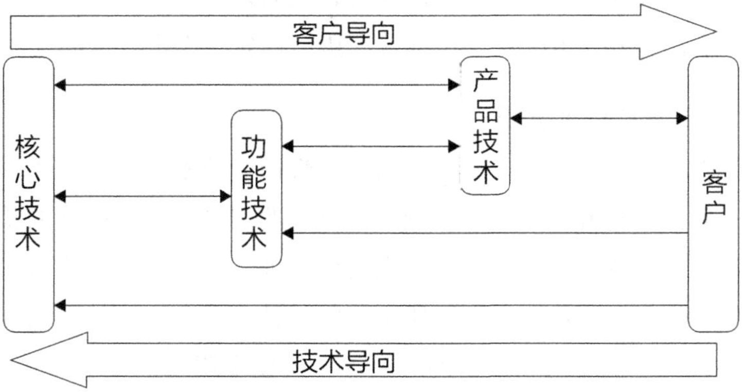

图4-6　基于客户分类的几种技术之间的关系

表4-3　基于客户视角分类的技术的管理策略

	产品技术	功能技术	核心技术
客户影响	直接影响客户，产生用户体验	通过产品技术影响客户	通过产品技术影响客户
产品影响	直接实现产品功能	实现产品定义中的各项功能和性能指标	实现产品定义中的各项功能和性能指标
利润载体	品牌	品牌	技术本身
获利方式	影响品牌	将功能技术卖给产品厂商或与产品技术结合推出自有品牌产品	与产品技术结合推出自有品牌产品或将核心技术卖给产品厂商
发展策略	在对市场需求、消费者需求的洞察基础上进行技术集成	深入研究、自主开发、合作开发	深入研究、自主开发

在社会化分工越来越细的今天，很少有业务能覆盖价值链所有环节的企业，因此在进入某个业务领域时，一般要先从产品技术做起，即通过分析市场、了解客户需求，利用成熟技术的集成实现产品差异化，通过产品技术影响客户，获得竞争优势，塑造产品品牌。

小米手机业务，在上市之前基于Android系统深度优化、定制、开发的MIUI，给国内客户带来更为贴心的智能手机体验，并通过客户的深度参与提升凝聚力，打造粉丝经济；在入市之初大幅拉低智能机价格，塑造一种高性价比的品牌形象，到现在，提起小米，很多人第一时间想起的就是性价比。再结合饥饿营销等手段，小米手机的销售量大幅提升。

用户行为和环境会对产品技术的发展起到直接引领、指导的作用。支付宝和微信都有移动支付功能，随着其应用的普及，逐渐推广到早餐店、菜市场等场所，由于这些场所客流量比较大，也没有规范的管理，业主经常无法及时确认客户是否真正付款，因为一个客户付款时，业主经常是正在接待另外的客户。针对这种情况，微信和支付宝相继开发了收款语音播报功能，业主可随时了解收款情况且不影响其他工作。可见，用户对产品技术的引领是通过对产品的使用，发现其功能、操作层面的不足来实现的，它给产品技术的发展完善提供了依据。

随着企业的发展及品牌的塑造，企业应逐步向研发功能技术进军，逐步把一些对产品技术起关键作用的功能技术掌握在自己手中，进一步巩固品牌优势，扩大企业的盈利空间。

联想电脑业务在起步之初，其电脑设计和“攒机”没有大的区别，只是有限的几个人基于对市场的理解，购买电脑部件进行组装和测试，定型后批量购入部件进行生产。随着业务发展，企业迫切需要将自己的品牌与竞争对手区别开来，这时单纯的产品技术已经不能满足要求。因为产品技术的实现往往需要众多功能技术的支撑，比如一个新的外观设计，要有全新的结构、散热、噪音、主板、电测兼容设计支持，甚至需要全新的生产制造工艺的支持，企业必须在相关的专业技术方向投入资源进行深入研究，由原来的一人多能向专人专岗甚至专业团队的方向发展，并且需要专业的设计实验环境、实验设备支持。市场细分、用户行为会影响企业关键功能技术的选择和发展方向，比如笔记本电脑的轻薄化设计对企业在结构设计、主板设计等功能技术方面的能力提出了很高的要求。

2. 成熟产业中企业进军核心技术的思路和方法

在核心技术方面，对产业链成熟的行业，企业应注重通过与龙头企业密切合作把握发展趋势和节奏，并通过自己对用户的深度了解来影响核心技术的发展。进军核心技术领域，要充分准备循序渐进，因为核心技术意味着高利润和产业引领与主导地位，一般情况下也意味着高技术门槛、高投入、高风险。

（1）在PC产业，联想、惠普、戴尔等龙头企业都未曾跨入核心技术领域——中央处理器（CPU）和操作系统，这是因为PC产业的核心技术领域垄断性很强，技术壁垒、资金壁垒都特别高。操作系统方面，微软自1995年推出Windows95，便在PC操作系统领域占据了绝对的主导优势，即使是大名鼎鼎的苹果MAC OS也只能偏安一隅，而Linux操作系统虽然获得了政府等对安全要求比较高的机构的青睐，但仍然无法获得较高的市场占有率。究其根本原因，一方面是Windows系统的易用性和先发优势培养了用户的使用习惯，另一方面是基于Windows的庞大生态系统构成了其他操作系统普及的天然壁垒。CPU方面，符合摩尔定律，全美达（Transmeta）、赛瑞克斯（Cyrix）、威盛（VIA）等企业逐渐退出PC通用CPU的领域，美国超威半导体公司（AMD）在英特尔（Intel）的重压之下苦苦支撑，只有15%左右的市场占有率，并且卖掉了晶圆厂，开始专心做CPU的研发设计，直到近几年摩尔定律面临瓶颈，AMD才获得新的机会。晶圆厂动辄上百亿美元的建设费用让众多企业望而却步，需要不断升级的制造工艺让很多企业技术上难以支撑，即使技术和建设费用没问题，是否能够吸引足够多的客户和订单来保证晶圆厂的滚动发展也是很大的问题。

（2）在手机领域，华为是从产品技术起步，循序渐进，最终进入核心技术领域的成功案例。1995年，因为业务需要，华为开始研发程控交换机、基站配套的芯片；2003年7月手机业务部成立；2004年成立全资子公司海思半导体，开始更加系统地进行芯片研发；2009年，首款手机应用处理器K3V1问世，因性能落后失败；2008年，开始基带处理器的研究；2009年年底手机应用处理器业务转到终端公司，直接配套华为手机；2012年，K3V2处理器问世，性能落后；2014年6月，应用处理器与自研基带集成的麒麟920芯片问世，并在荣耀6手机中使用，搭载了麒麟925的Mate7手机6个月后发布并一炮打响，华为芯片技术开始进入第一梯队；2017年华为手机荣登全国销量榜首，2019年全球销量排名第二。华为手机业务成绩背后，核心技术芯片的作用功不可没。

（3）在空调领域，格力是一个从产品技术起步，最终掌握核心技术的案例。1987年格力空调建厂，1996年国内市场占有率第一。在此阶段，格力在产品技术层面颇有建树，比如更冷、更静空调设计技术，针对家庭空间有限推出大功率壁挂机、分体吊顶式空调、四面出风分体式天井空调等。2004年，珠海格力电器股份有限公司正式全资控股珠海凌达压缩机有限公司、珠海格力电工有限公司、格力新元电子有限公司，并导入格力卓越绩效管理模式，全面提升管理及研发水平。2006年3月，格力收购了珠海凯邦电机制造有限公司，并充分借鉴、引进格力电器先进的管理模式，提升了企业管理水平，建立和完善了质量管理体系。这两个事件标志着格力开始向核心技术进军，在压缩机、电机、控制器等关键部件上实现了产业链纵向一体化的深度布局。接下来，格力在空调变频控制、双级压缩、智能除霜等核心技术方面获得很大突破，进一步强化了技术能力，塑造了在空调行业掌握核心技术的企业形象，提升了产品竞争力和企业盈利能力。

第一种模式：经过多年发展，产业格局十分清晰，产业链十分成熟稳定，核心技术领域壁垒重重条件下的发展模式。这种情况下企业应尽量避免盲目向核心技术领域冲击，而应该把精力放在聚焦客户、提升产品技术能力以及非核心功能技术能力方面，通过深入把握客户需求、不断扩大市场份额来提升自己在行业内的话语权，并时刻关注相关领域技术发展趋势，伺机寻找新的业务机会。前期倒下的那些巨头惨痛的教训让企业意识到，在产业链成熟、核心技术壁垒森严且发展迅速的情况下，处于产业链下游的厂家，无论是在技术上还是在资金上都很难为其向核心技术领域的冲击提供足够的支持。

第二种模式：产业链成熟但产业格局处于动荡期条件下的发展模式。企业在相关技术方面有一定的积累，企业业务规模够大，利润丰厚，能够为企业向核心技术领域的冲击提供资金和技术方面的支持，或者企业面临技术卡脖子的风险，这时企业可在周密布局的基础上循序渐进地向核心技术领域冲击。前者意味着企业具备向核心技术领域冲击的条件，后者意味着企业可以获得一线生机。

第三种模式：产业格局稳定，产业链十分成熟，核心技术发展比较平缓条件下的发展模式。企业可以在自身产品技术具有一定竞争力并且市场规模够大的情况下，通过并购方式进入核心技术领域，提升企业业务整合能力和利润空间。企业通过并购获得基本核心技术后，有足够的时间来整合消化并保证核心技术不过时，并可通过后续的努力，逐步向一流核心技术水平逼近。

对产业链成熟的行业，无论哪种向核心技术领域进军的模式，都要求企业首先要做好产品技术，把碗里的饭吃好，并在非核心的功能技术方面有所建树，在市场上站住脚且形成一定的规模，在此基础上企业可以结合自己的具体情况选择合适的进军路线。

3. 新兴行业进军核心技术时的注意事项

对新兴行业，核心技术发展可以不遵循以上规则，在具有一定技术优势且获得充足资金支持的情况下可直接选择从核心技术领域突破，但在行动前一定要做好充分评估和准备工作。

（1）要做技术成熟度评估。由高德纳咨询公司（Gartner）每年发布的技术成熟度曲线可以看出，一个新的技术从出现到在市场上站住脚，要经历萌芽期、期望膨胀期（泡沫期）、泡沫破裂期、复苏期、成熟期五个阶段，企业需要选择合适的时间切入业务。介入过早，意味着长期的等待和巨大的投入，介入过晚意味市场的丢失，复苏期的早期应该是一个比较理想的介入点，关键在于如何找到并把握好这个点。一般来讲，处于复苏期的技术有几个特点：代表新技术优势的功能参数快速发展并逐渐稳定；市场销量逐渐增加；新技术的应用领域不断扩大。一旦出现这些迹象，企业要快速跟进，利用企业快速灵活的优势，快速推出产品，快速迭代，从而促进技术成熟和培育自己的市场。

（2）要重视客户需求。在技术开发之初，要想清楚自己的客户是谁，不要为了做技术而做技术，要避免单纯追求技术的领先性。

苹果的Lisa电脑是一个典型的忽视客户需求、过分追求技术而失败的例子。1983年推出的Lisa电脑，具有全球首款与鼠标结合的图形用户界面，它用形象的图标、方便的下拉菜单和重叠的窗口替代了此前一贯使用的输入文字命令模式，并提供协作式多任务、内存保护、内置屏保、可扩充插槽等功能，但超前的技术、高昂的价格还是让Lisa以失败告终。

（3）要重视营销和业务模式设计。在业务启动之初就要考虑清楚业务模式究竟是基于技术开发自有品牌产品还是将技术卖给做产品开发的企业；选择开发自有品牌产品应如何布局，选择将技术卖给其他企业应该采取何种营销模式等。企业最终的目的是盈利，技术只有通过产品才能盈利，没有营销思路的企业是很难生存的，很多企业的倒下并不是因为技术不过关，而是缺乏将技术转化为利润的能力，这样的例子很多，特别是一些由技术专家主导的企业。

DEC曾开发出架构和性能领先的CPU（Alpha），但企业认为“一款优秀的产品能够自动被卖出去”，忽视了营销模式的影响、忽视了与产品开发公司的合作，再加上价格策略、配套技术路线等方面的问题，导致了企业最终被收购的命运。

（4）要做好风险评估、资源投入评估工作，尽可能多地获得资源支持。从技术到产品、从产品到利润有很长的路要走，需要大量的资源投入。技术从萌芽期、成长期再到成熟期有一个过程，在获得经济效益之前有一个长期的投入过程，用时髦的说法叫“烧钱”的过程（如图4-7所示）。很多创新企业就是在成功之前因资金链断裂而倒下。资金链的断裂是原因，是导致企业和技术失败的原因，也是结果，更深层次的原因是风险评估不足，包括技术路线风险、人员合作风险、竞争风险等。

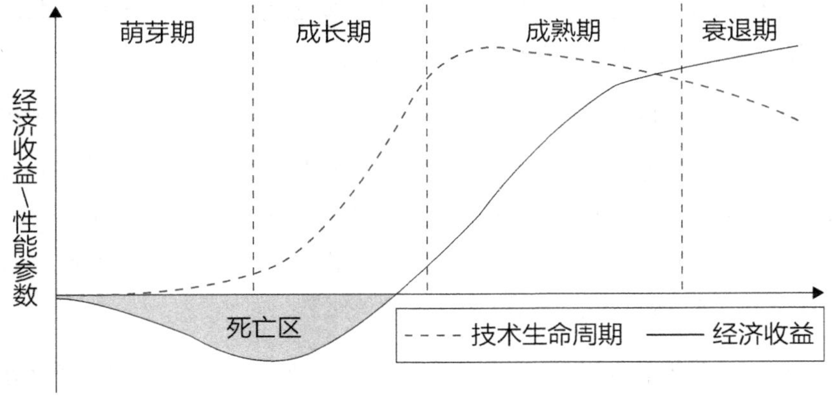

图4-7　技术生命周期/经济收益关系图

一个比较著名的因技术风险而失败的例子是摩托罗拉的“铱星计划”。从技术创新的角度来看，铱星计划无疑是移动通信领域一次巨大的技术创新行动，但即使像摩托罗拉这种大型跨国公司，在高技术风险、市场风险面前也显得那样无能为力。

另一个比较出名的资金链断裂的例子是HealthSpot的步入式远程医疗亭。作为一家颠覆式创新公司，步入式远程医疗亭在2013年CES大会上首次亮相，因其创新的产品设计引发轰动。在线问诊服务公司Teladoc、克利夫兰诊所和梅奥诊所都与HealthSpot进行合作尝试。这个远程医疗亭被TechCrunch称为“厢式医院”，是一个胶囊型小屋，可为病人提供有私密性的远程医疗服务。患者通过高清视频与医生实时沟通，有必要时可获得医生开的电子处方。它的重中之重则是远程诊断工具。HealthSpot希望通过将设备卖给药品零售店，以收取维护费和诊疗佣金分成的方式获利，但高昂的硬件和维护成本限制了快速大规模安装，也就限制了其与其他出诊服务方式争夺用户。有限的自助功能机器与相对复杂的诊断功能配置，提高了使用场景的条件限制；对目标客户销售难度估计不足，使其短时间内很难在销量方面获得突破。在前期融资消耗殆尽后，因销量始终未能有所突破，进一步融资无望，企业经营负债累累，在巨额的债务压迫下再无回旋的余地，企业只能在2016年宣布破产。

按技术与最终客户的距离进行分类，是联想在业务发展过程中总结出来的分类方法，并不十分严谨，但对企业实操具有很强的可借鉴性。

4.3.2.3 基于对企业和产品影响技术分类的管理对策

从技术对企业和产品影响的角度，可以分为核心技术、关键技术、一般技术和通用技术。这种分类模式下，特定技术有随时间右移的特性，即技术刚出现时对企业来讲是核心技术，随着时间的推移，其他竞争对手会逐渐掌握该技术，这时该技术会转化为关键技术或一般技术；随着该技术应用的普及，被众多企业接受的标准化设计出现，这时该技术又会转化为通用技术。如表4-4所示。

表4-4　基于影响视角的技术分类管理策略

技术分类	定义	策略
核心技术	一定时间内领先于竞争对手的独有技术，包括在开发中占据重要地位的关键技术，可以是平台层级的，也可以是子系统或组件 / 部件层级的	基于自主知识产权进行开发
关键技术	在产品开发中占据关键地位或在关键路径上的技术，是不可缺少的，但不一定是独有或领先的	战略合作或自主开发
一般技术	即普通技术，有多重替换路径，可以是子系统层级的，也可以是组件 / 部件层级的	自主开发或外包生产
通用技术	已经形成使用标准的一般技术，一般是组件 / 部件层级的	外包生产或市场采购

在产品开发过程中，要注重关键技术/核心技术的选择，企业要从战略层面进行思考和决策，因为这个选择往往会对业务产生致命的影响。

在智能手机发展初期，诺基亚的塞班、苹果的iOS、谷歌的安卓系统、微软的Windows Mobile群雄混战。诺基亚在放弃塞班后又与Intel合作开发MeeGo，在基于MeeGo的N9发布不到一周内，诺基亚又放弃MeeGo，把重心完全放在Win phone的开发上。这一系列在关键技术选择上的失误，让诺基亚智能手机业务一步一步滑向了深渊。

核心技术是企业在一段时间内领先于竞争对手的独有技术，此处的核心技术可以是产品技术也可以是功能技术，但核心技术一定是可以提升品牌美誉度的技术。

多点触控技术是苹果于2005年通过收购FingerWorks公司获得的，并将该技术应用于iPhone，这是该技术在手机上的首次应用。多点触控本身是一种产品技术，苹果对该技术不断改进，通过提高灵敏度、优化手势、引入3D触控等措施来提供超越竞争对手的操作体验，从而使其成为战胜竞争对手的核心技术。

联想Yoga3电脑优良的系统设计，让其成为当时最薄的笔记本电脑；采用的表带式不锈钢铰链设计，让其具有360°旋转和180°平放功能，从而拉开了与竞争对手的差距，这也是产品技术层面的核心优势。

为了强化旗下手机的相机拍摄效果，小米成立了相机部门团队，以此让未来推出的小米手机能有更好的拍摄效果。

华为基于ARM公版架构进行自有手机芯片的设计，使业务站在了产业链的顶端。

这些都是功能层面的核心技术。

无论哪种核心技术，企业都要争取掌握在自己手中，拥有自主知识产权才能构建基于技术的核心竞争力。

4.3.3 CBB管理

对研发团队来说，推行CBB管理可以缩短开发周期和上市时间、推动产品快速上市、减少产品的复杂性、减少开发层次的相互依赖、提升产品质量、节省开发资源。CBB/产品平台的提前开发，可降低新品项目中新开发内容的占比，减少项目中的不可控因素。对生产制造团队来说，CBB管理可降低库存，减少废料、呆料，提升生产制造效率，降低生产制造成本，提升供应的连续性。对采购团队来说，CBB管理带来的标准化可减少部件的数量，使各部件的采购规模增大，从而可提升企业的议价能力，减少采购次数，并可减少采购周期长、采购数量少且货源少的部件的数量，有助于提高预测准确度，降低采购供应风险。

CBB是实现异步开发的基础和手段，CBB管理可固化企业异步开发能力，因此，CBB的定义和管理对企业的异步开发管理十分关键。

CBB可以分为以下几类。

（1）业内通用部件类CBB，指在产业发展过程中，因技术管理、业务管理需要而形成的具有通用标准的部件，这类部件在分类规格上已经有明确的标准，企业在进行产品设计时，相关接口、规格的预留必须满足标准要求。这些通用件，需要按技术方向分类管理，确保企业能够及时了解技术最新进展并反映在企业产品设计规范中。当销量达到一定规模时，可在标准要求范围内进行定制开发，以满足企业在成本、个性化等方面的需求。PC产品中的硬盘、内存、光驱、显示屏、电源等都可以归为通用部件类的CBB。

（2）企业自定义CBB，指企业在产品开发、验证、生产制造、维修服务等过程中，在对系列产品进行深入分析的基础上，为满足业务需要而形成的能够实现一定功能，具有明确的接口参数、性能要求及规格定义的实体单元，它可以是完全自主定义的部件或组合，也可以是通用部件的组合或企业自定义部分加通用部件二者的组合。这类CBB管理要特别慎重，需要专门的团队来管理申请、审批和推行工作。这类CBB在定义时，一方面要从技术的角度考虑物理、逻辑、功能上的兼容性，另一方面还要考虑成本、采购供应以及质量等方面的问题。企业自定义CBB时，经常会用到合并原理，即将空间上同类的物体或预定要相邻操作的物体进行合并，形成组件级或子系统级的CBB，从而降低系统构成的复杂度。比如对台式机，最初的散热片和风扇是作为两个BB/CBB来管理的，后来发现，散热片和风扇是成对组合出现的，并且和CPU类型有密切关系，于是形成了散热片和风扇组合的散热器类CBB。

CBB成熟度管理是异步开发管理的重要内容，业务分层可以让不同的职能团队根据技术发展、技术规划随时启动职责范围内的CBB的开发，但要开发到什么程度才能满足要求，一方面要以启动立项时确定的目标为依据，另一方面要有一个统一的标准来对CBB成熟度进行衡量。按照业内通常的做法，一般可以分为以下几个层次：原理样机、工程样机、小批量生产、正式量产。

4.3.4 产品平台管理

平台化开发是IPD的核心思想之一。通过产品平台的定义，可识别关键技术、核心技术，引导专业团队有目的地针对相应的模块进行开发，并通过系统的整合发现各模块之间的配合问题或系统功能问题，确保新一代的产品平台比上一代在性能上有所提升、在功能上有所突破。产品平台的定义和开发由技术创新团队负责，在产品平台战略指导、相关流程支持、专业部门参与下，以技术路线图为指引有序展开工作。

4.3.4.1. 产品平台的定义需要考虑的几个重要因素

1. 技术趋势

这是产品平台定义的最重要的依据。任何企业都有特定的业务领域，有特定的技术支撑，任何技术都有特定的发展规律和方向，即技术趋势。技术趋势在产业链中的反映就是掌握关键技术的上游企业的产品技术路线图。比如在PC领域，联想属于产业链下游的企业，进行产品平台的定义时一定要参考Intel、微软、AMD的技术路线图，并且要了解其他相关技术的趋势，确保产品性能不落伍。在手机芯片领域，三星、苹果、华为、高通都进行手机芯片的开发，在手机产业链中处于上游，但从芯片产业链的角度看，这些企业手机芯片的开发都要基于ARM平台，需要相关的技术支持，因此，它们在进行手机芯片这一层级的产品平台定义时，一样也要参考上游企业ARM的技术路线图。对于ARM这样的顶端公司，其产品平台的定义则要参考客户需求、技术进化趋势以及产业相关规律。客户对芯片的要求就是计算能力越来越强，技术进化趋势则是尺寸越来越小、功耗越来越低等，从产业规律来讲则要遵循摩尔定律。

2. 客户需求

客户群不同，需求便不同，通过对客户群的深入分析，挖掘出潜在的、未来的需求，进行合理的分类组合，在技术规划过程中可形成产品平台。比如PC产品，商用客户对外观不敏感，但对产品的可靠性、技术的持续性要求比较高，希望产品能长时间稳定工作不出问题，能够在严酷条件下保证系统和数据的安全，要求产品平台不要经常变更，可保持对企业应用的兼容性，并且希望供应商提供更长周期的售后服务等。对于此类客户，产品平台的系统结构要能保持稳定，平台的构成要素要多，因而就要有意识地选择稳定性高、生命周期长的BB/CBB。比如ThinkPad是商用产品的典型，带有防滚架、硬盘防震功能和小红帽的产品平台就是专门为了满足商用客户需要而设计的，要长期保持稳定。PC消费类客户的需求则有很大差异，这类客户对价格、外观比较敏感，追求时尚，对交互、性能要求较高。这时的产品设计需要随时尚元素、新功能技术的变化而变化，产品平台更新要快，平台的构成要素要尽可能精简，让产品有更多灵活配置，这样可满足客户多样化的需求，同时也有利于产品的成本控制。比如现在的手机产品中的套娃机，就是利用同一平台，通过外观和配置的差异来形成不同的产品。

3. 已有产品

基于对现有产品的分析，抽取其共用部分可形成平台。还是以PC为例，一体式台式机出现初期，形态各异，随着用户的选择，逐渐集中在相框式和显示器式两种模式，其结构就是在显示屏背后安装一个主机，最初的一体机设计基本上一个机型一个方案，灵活性很差。为了改变这种情况，生产商对系统布局和模块设计进行了标准化，并以最小空间作为布局设计约束，从此各关键模块可独立开发，产品平台可与多款显示屏任意配合，形成系列产品。

4.3.4.2 产品平台管理注意事项

在产品平台管理中，有以下几个方面要注意。

（1）基于CBB/产品平台的设计，在成本上并不是最低的，结构上不是最紧凑、最简单的，CBB/平台化设计需要增加很多接口。比如手机，现在的手机绝大部分采用的是内置式电池，以前大部分手机采用的是模块化电池，对满足模块化设计要求，电池需要外封装、有导电接口，手机上需要导电接口和电池支撑结构，成本和内置一体式电池设计相比，成本是要增加的；再比如PC产品，内存的模块化设计需要在内存模块增加金手指，在主板上预留插槽，与直接安装在主板上相比，金手指和插槽都是为了模块化而增加的成本。

（2）CBB/产品平台的规格定义及管理十分重要，规格定义不合理会降低CBB/产品平台的适用范围，管理混乱、相应技术规范的制订、宣贯、执行不到位则会产生很大的不良影响。

（3）CBB/产品平台对企业的贡献在于可缩短产品开发周期，提高效率，成本上的优势是通过重用性和销量实现的，对销量不大、生命周期很短或重用性差的组件/部件不建议进行标准化模块设计。比如在消费笔记本电脑上，键盘和ID设计、屏幕尺寸密切相关，虽然属于笔记本电脑的固定模组，但系列之间、同一系列的不同代之间都有差异，因此在尺寸结构、外观布局等方面不应进行标准化设计管理。

（4）CBB/产品平台策略需要结合行业趋势、产品特点来确定，并不是所有产品的CBB都会越来越多，也不是模块化越彻底、覆盖的范围越大越好。

谷歌的Project Ara模块化手机项目是产品平台管理典型的失败案例，以此为基础的MOTO Z3手机项目也不是特别成功。

2016年9月3日，谷歌母公司Alphabet正式宣布停止模块化手机（Project

Ara）项目。该项目希望通过开源硬件开发一款可高度模组化的智能手机，消费者可自由选择、替换甚至移除手机任何零组件，包括处理器、屏幕、键盘、电池等。这样轻松替换掉一个有故障或过时的零组件，可减少电子垃圾，并延长手机的生命周期。

摩托罗拉的先进科技与计划（ATAP）团队（该团队以两年制雇用研究人员，他们要在两年内拿出可商业化的方案）从2012年秋天起秘密进行此类设备的研发，期望通过定制的模块化部件来减少用户频繁更换手机的烦恼。

2013年10月28日，摩托罗拉正式对外公布了Project Ara，并期望这一开放式硬件系统能够惠及全球用户。

2014年4月，ATAP放出了Project Ara的MDK。两个月后，第三方开发者可以为Ara研发应用了。随后，Ara团队大扩军，谷歌准备将这一项目变成现实。

2014年10月29日，谷歌放出了Ara原型机的宣传视频。随后，因为两年工作期限的原因，开发团队骨干成员相继离开，在2016年4月，团队负责人离开谷歌后，项目便处于群龙无首状态，受关注程度急剧下降，直到该项目被叫停。

该项目的失败可归结为以下几个方面的原因。

其一，远离客户，ATAP是为了追求不同而模块化，并没有对客户的需求进行深入的分析和研究。

其二，忽视了产业的发展趋势，智能手机产业的趋势是高集成化、轻薄化，轻薄化也是众多用户的期望，而组件的标准化、模块化使产品无法做到轻薄化。

其三，设计范围太大，整机模块化设计涵盖耳机、扬声器、天线、相机、电池、处理器等多个技术方向，需要众多厂家的支持，已经超出了项目团队的控制范围。

其四，团队不够稳定，两年的工作期限让骨干人员在关键时刻离开，一直到最后项目负责人离开，导致了项目的最终失败。

4.3.4.3 平台的开发模式

平台的开发是从专业技术和职能角度展开的异步开发工作，针对产品系统层面，经常会提到滚动式开发模式，即“销售一代，开发一代，预研一代”。销售一代，指在市场上，企业可为客户提供基于特定产品平台开发的系列产品，包括基于该平台的升级产品，这一步主要是把产品转化为收益；开发一代，指企业根据产品规划，以和在售产品具有明显区隔和优势的新一代产品平台为基础，为满足细分市场客户需求而启动的新产品开发项目，这一步的作用是把技术转化为产品；预研一代，是根据客户需求、技术趋势，进行新一代产品平台的定义、研究、开发的过程，是通过企业在人力物力方面的投入，把资金转化为技术，构建新一代的平台，为企业的持续发展提供保证。预研一代的工作，意味着企业的工作关注点由市场、开发进一步前移，是企业工作的前瞻性和规划能力提升的体现。

4.4　产品线战略

产品线战略涉及两方面的内容：市场细分下的产品组合规划及产品线设计。

4.4.1　市场细分下的产品组合规划

第二次世界大战结束后，美国众多产品市场由卖方市场转化为买方市场，市场细分的概念这一新的市场形势下企业营销思想和营销战略的新发展，更是企业贯彻以消费者为中心的现代市场营销观念的必然产物。市场细分指通过市场调研，依据消费者的需要和欲望、购买行为和购买习惯等方面的差异，把某一产品的市场整体划分为若干消费者群的市场分类的过程。为了满足不同细分市场顾客的差异化需求，企业需要用不同产品来覆盖选定的目标市场，在一定时期内就需要生产经营不同的产品项目，这些产品项目的集合就是产品组合。产品组合可以包括处于生命周期不同阶段的现有产品，也可以包括规划中的产品；可以是单个产品或产品线，也可以是多个产品或产品线。企业针对选定的细分市场确定要提供的产品的过程就叫产品组合规划。

每一个消费者群就是一个细分市场，每一个细分市场都是具有类似需求倾向的消费者构成的群体。市场细分有利于选择目标市场和制订市场营销策略，有利于发掘市场机会，开拓新市场，帮助企业集中人力物力到确定的目标市场并取得优势，有利于提高企业的经济效益。具体到产品方面，细分市场可以保证在产品的开发设计上有较强的针对性，开发成功率将增加，产品成本也可随之降低，因为可通过缩小需求覆盖范围来削减冗繁的功能，并用专业化功能部分取代弹性功能，降低产品的复杂性与成本。细分市场并不是一蹴而就、一步到位、一成不变的，往往是随着技术的演进、市场竞争的加剧而逐步细化的过程。细分市场可以从不同的维度展开，由此得到不同的细分业务或细分产品线。

PC产业发展及细分市场。

1981年8月，IBM完成了IBM 5150的研发，IBM将其命名为Personal Computer（PC，个人电脑）。这时的PC产品面向的主要是商用客户。

1985年，东芝推出T1000，IBM开发了PC Convertible，笔记本电脑的概念及相关的各种新技术、新产品纷纷出现，市场开始全面快速发展。这是开发商第一次从应用场景的角度进行市场细分。

1992年，联想提出家用电脑的概念，“联想1+1”品牌出现在了中国市场。“家用电脑”概念的提出，将电脑分为“家用”“商用”。这是对个人电脑第一次从客户群层面进行的市场细分。

2001年，联想商用台式电脑同时发布了开天、启天、扬天三个子品牌，分别面向大型企业、教育行业和中小企业客户，这是对个人电脑从商用客户群层面进行的再次市场细分。

2007年，华硕推出了Eee PC并引爆了上网本的概念，这是一种低配置但非常小巧轻便的便携式计算机，具备上网、收发邮件及即时信息（IM）等功能，并可以流畅播放流媒体和音乐。这种产品价格比标准笔记本电脑便宜近一半，虽然性能比较低，但够用的功能及精致便携的设计对经常出差在外的人士具有很强的吸引力。这种产品在价格、性能、应用场景三个维度约束下确定了一个特定时间段的细分市场。

2009年，联想推出了一体式台式机，这是一款将主机和显示器集成在一起的台式机产品，具有外观时尚、占用空间小、安装简单的特点。这是从产品形态角度进行的市场细分。

2010年年初，苹果发布了iPad平板电脑，该产品采用ARM架构，通体只有五个按键，通过多点触摸进行操作，提供浏览互联网、收发电子邮件、观看电子书、播放音频或视频等功能，屏幕尺寸介于苹果的智能手机iPhone和笔记本电脑产品之间，定位于家中的第二台电脑、日常管家和娱乐中心。这是对家用电脑客户群在家庭应用场景下的再次市场细分。近几年，iPad作为生产力工具，进军更加细分的领域市场，包括医疗、仓储、运输、教育等，这就需要对手持设备的细分领域进行更为细致的管理。

无论是技术驱动下的细分市场还是营销驱动下的细分市场，其目的都是更好地满足客户的需求、提升企业的效益。在细分业务市场时，首先要注意细分市场的动态性，即细分市场的标准和参数不是固定不变的，要树立动态观念，适时进行调整；其次要注意细分市场的适用性，影响细分市场的因素很多，各企业的实际情况又各异，不同企业在细分市场时采用的标准和参数不一定相同，应视具体情况加以确定，切忌生搬硬套和盲目模仿；最后要注意细分市场的组合性，需要有层次或交错地运用各种因素的组合来确定目标市场。由于资源的有限性，企业基于细分市场做好产品组合规划，把握好节奏，才能保证企业合理配置资源，保证企业的利益最大化。

4.4.2 产品线设计

产品线设计主要是产品线长度管理，即决策产品线中产品项目的数量，以支撑业务战略目标的达成。产品线策略可分为延伸策略和收缩策略两种，产品线延伸策略指增加原有产品线上的产品种数，增加某种产品的规格、档次等，用同种产品满足不同用户的需要，扩大市场覆盖面；产品线收缩策略指减少原产品线上的产品种数，根据企业的专长集中生产某种规格、档次的产品，这是一种放弃某些市场面集中满足某些市场需要，形成局部优势的策略。

2008年，联想消费台式机业务在高端市场表现不佳，市场占有率远低于公司均值，于是开始进行创新机型的探索。通过市场调研分析，联想认为客户已经开始对分体式台式机呆板的外观厌烦，并经常受到安装时复杂连线的困扰，一体式台式机耳目一新的外观、插电即用的安装模式才是未来的发展趋势，于是启动了高端一体机型A6系列产品的开发工作。产品于2009年年初上市后很快便获得了客户广泛的认可，迅速扭转了联想消费台式机业务在高端市场的颓势。联想在进一步进行细分市场分析时发现，市场上所有一体机产品都集中在高端，低端市场处于空白状态，于是进行了低端C系列一体机的布局和开发工作。在解决了散热噪音问题后，又推出了基于台式机平台的B系列高性能一体机产品。至此，联想在一体式台式机业务领域，构建了覆盖高中低端市场的产品线，并由此延伸出由A7、A5、A3构成的高端系列，由B5、B3构成的高性能系列以及由C3、C2、C1构成的入门级系列的产品家族，从而奠定了联想在消费台式一体机业务上的绝对优势地位。

4.4.3 产品线策略与产品平台战略

有一点我们要注意，虽然产品线策略受产品平台战略的影响很大，但二者并不是简单的前后承接关系，而是相互依赖、相互影响、彼此支撑的关系。一方面，产品线的组合规划与产品路线图需要以产品平台和技术路线图作为输入和参考依据，确保新产品开发的节奏与产品平台的研发节奏能够匹配，保证企业的最新研究成果能够在新产品中得以应用和体现，产品平台通过这种方式影响所有具有共性技术需求的项目；另一方面，产品平台和技术路线图的制订要以细分市场的客户需求为指引，需要在汇总分析的基础上抽取各细分市场客户的共性需求，作为产品平台定义与技术研究规划的基础。

4.5 产品组合及产品组合生命周期管理

4.5.1 产品组合

从业务单元的角度来看，产品组合是业务单元经营的产品线、产品项目的组合方式，是业务单元向目标市场提供的产品和服务的汇总，最多可以包括不同类别的产品、不同产品线、具体的产品三个层次。产品组合管理是整个业务战略中最关键的要素之一，它可以帮助企业实现总体业务目标并相应地计划未来的产品线，通过分析哪些项目与业务的总体战略和目标完全吻合、哪些将成为“摇钱树”、哪些是不相关的项目并应从组合中删除，来合理分配使用业务单元的资源，保证业务的运营处于市场领先地位。产品组合管理是财务规划的重要工具，是在IPD中实现把新产品开发当作投资行为进行管理的基础。

4.5.1.1 产品组合参数

产品组合包括四个参数：宽度、长度、深度和关联度。

（1）宽度：指企业的产品线总数，产品组合的宽度表明了一个企业经营的产品种类的多少及经营范围的大小。

（2）长度：指一个企业的产品项目总数。产品项目指列入企业产品线中具有不同规格、型号、式样或价格的最基本产品单位。通常，每一产品线中包括多个产品项目，企业各产品线的产品项目总数就是企业产品组合的长度。

（3）深度：指产品线中每一产品有多少品种。产品组合的长度和深度反映了企业满足不同细分子市场的程度。增加产品项目，增加产品的规格、型号、式样、花色可以迎合不同细分市场消费者的不同需要和爱好，吸引更多顾客。

（4）关联性：指一个企业的各产品线在最终用途方面、生产技术方面、销售方面及其他方面的相关联程度。较高的产品关联性能带来企业的规模效益和企业的范围效益，提高企业在某一地区、行业的声誉。

4.5.1.2 产品组合策略

产品组合策略指基于对现有产品组合的分析评价，针对市场的变化，调整现有产品结构从而保持产品结构的最优化。常见的产品组合策略有以下几种。

（1）扩大策略，包括拓展产品组合的宽度和增加产品组合的深度。拓展产品组合的宽度指在原产品组合中增加一个或几个产品线，扩大产品的覆盖范围。比如做空调的企业拓展到做冰箱、洗衣机，这是产品类别、产品线的增加；增加产品组合的深度指在原有产品大类中增加新的产品项目，比如对笔记本电脑业务在现有产品的基础上增加高端旗舰产品。

（2）缩减策略，指从产品组合中剔除不符合业务战略方向的、获利很小甚至不获利的产品线或产品项目，从而保证业务盈利或业务战略调整的有效实施。

（3）延伸策略，指针对特定的产品线，部分或全部改变原有的市场定位，这种策略包括向下延伸、向上延伸、双向延伸三种具体措施。向下延伸是在原有产品线中增加功能性能较低、价格较低的产品，比如华硕在2007年推出的Eee PC上网本就是笔记本电脑产品的向下延伸；向上延伸是在原有产品线内增加高品质、高性能、高价格的产品项目，比如联想在2008年1月推出的天骄i668水晶珍藏版；双向延伸则是针对原业务只有中档产品，在站稳市场后，同时向上向下扩大产品市场阵地的策略。

以上几种策略方向不同，适用情况也不同，企业需要结合业务的具体情况，选择一种或多种产品组合策略来提升业务的竞争力，适时增加应开发的新产品和淘汰应退出的衰退产品，使企业能通过动态平衡维持最大利润的产品组合。

在IPD流程中，产品组合的动态平衡是通过产品组合规划团队基于产品组合规划流程来实现的，其目的是将最好的产品组合推向市场。产品组合规划的结果会以产品路线图的形式呈现。产品组合管理是业务管理的关键环节，对上要承接业务战略，对下要输出产品路线图用于指导方案交付团队（ODT）的开发工作。

4.5.2 产品组合生命周期管理

4.5.2.1 产品组合生命周期管理的两个环节

产品组合生命周期管理涵盖了产品组合规划和产品方案开发两个环节，是产品战略落地的关键步骤。产品组合生命周期管理是业务运营的重中之重，必须要有完善的管理体系和流程来指导和保证。

4.5.2.2 产品组合生命周期管理涉及的三个团队

产品组合生命周期管理体系涉及三个团队（如图4–8所示）。

（1）产品组合投资决策团队（PIDT）是业务管理的最高决策团队，负责产品组合规划的批准、项目开发过程关键节点决策、重大项目决策及新产品开发过程中重大问题决策等。

（2）产品组合规划团队（OPP）的工作主要是管理产品路线图并定期更新；基于对多方面信息的汇总分析，确定投资策略，对项目优先级进行排序，定义新的产品概念并提请PIDT进行决策。

（3）产品方案交付团队（ODT）的主要职责是新产品开发管理，包括产品方案定义、范围/计划/成本的制订与确认，监控新产品开发过程，在关键节点组织开发团队向PIDT进行汇报并获取决策指导，定期汇报项目进展并获取指导意见。

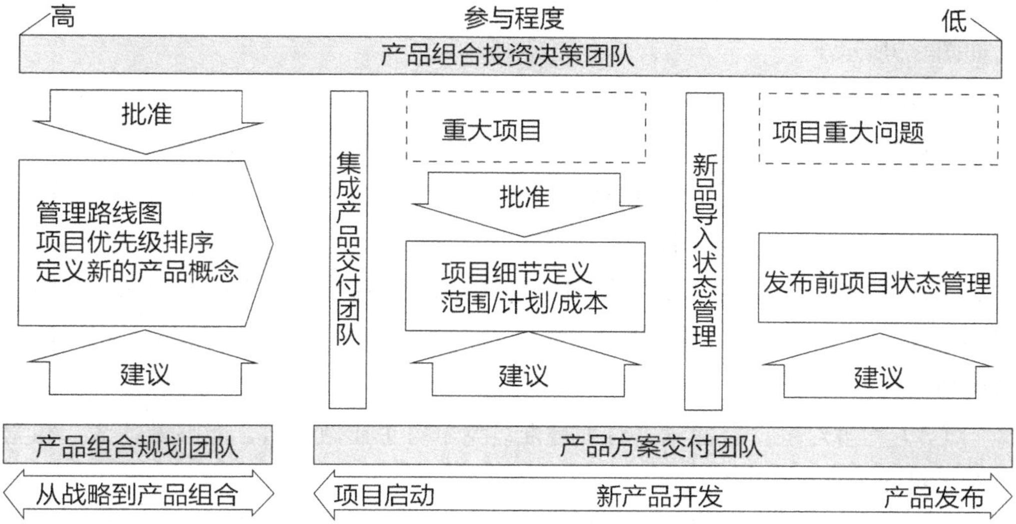

图4-8　产品组合生命周期管理涉及的团队和职责

4.5.2.3 产品组合生命周期管理流程

产品组合生命周期管理流程（如图4-9所示）是产品战略管理流程中一个十分关键的子流程，是企业产品战略落地的重要一步。很多企业有战略却无法贯彻执行，往往是因为产品组合生命周期管理的职能缺失或流程缺失而无法很好地实现公司战略、市场战略、产品战略和公司运营的无缝衔接，公司目标无法通过以产品方案为载体的业务运营达成，从而使战略规划成为空中楼阁。

职能缺失指在企业内没有人负责此事，或者是由管理者负责此事。企业在这种情况下只有产品开发而没有规划，开发什么产品，什么时间开发，全靠领导一句话，这种情况在一些新兴企业或中小企业中十分普遍。具体又可分为两种情况，一种是管理者根本没有产品组合生命周期管理的概念，认为企业业务运营就是靠被动的一个个产品开发来维持的；另一种则是管理者认为市场变化太快，进行产品组合生命周期管理没有意义。

流程缺失指在企业内虽然有人对产品组合生命周期管理负责，但没有明确执行流程。产品组合生命周期管理需要做哪些事、需要哪些人参与、各阶段的输入信息是什么、输出结果是什么、要达到什么样的标准，一概没有定义，工作做得好与坏，更多是基于个人对工作内容的理解和个人能力，状态十分不稳定。

联想在多年管理经验的基础上，摸索并总结出了产品组合生命周期管理三步法（如图4–9所示）。

1. 第一步——分析

主要是产品组合规划所需的信息收集、分析，一般包括以下内容。

（1）公司战略：回顾公司的战略是什么，了解当下业务符合公司战略的哪一方面，当下业务模式是怎么样的，是自主开发还是合作开发。

（2）业务客户：客户对产品有什么样的想法和需求，对以前的产品有哪些抱怨和建议。这方面的数据可以通过销售店面、呼叫中心、销售渠道获得，也可以通过网络大数据获得。

（3）竞争对手：目标竞争对手是谁，竞争对手在做什么、能够做什么，和竞争对手对标产品找到机会。

（4）技术路线图：有什么样的技术能力，哪些技术、在什么时间可能被用于产品。

（5）研究项目：有多大的可能性应用于新产品，长期展望是什么样的。

（6）运营中心/大区：从业务运营历史和未来发展的角度对产品规划有何需求，前端各大区对产品规划有什么样的需求，包括产品定位、产品功能、上市时间等方面的要求。

2. 第二步——规划

在对各方面输入信息分析的基础上，确定差距，形成投资战略并进行排序，提请投资决策委员会审批，这一步的主要工作内容可以分为两部分。

（1）配合年度规划，对二至四年的产品组合规划进行竞争能力、财务情况方面的检查，给出改进建议并输出相关文档，使其能够更好地承接公司战略，指导未来业务的发展方向，并协调与各大区的工作。

（2）对输入信息进行定期分析评估，定期召开产品组合规划会议，对资金、资源问题进行分析并达成共识，更新产品组合路线图中的产品发布、关键日期、资金需求等信息，用于指导新产品开发工作。

这一环节的主要工作就是利用风险收益矩阵，对项目优先级进行排序，以便确定业务有限的资源、资金优先投入到哪些项目中。

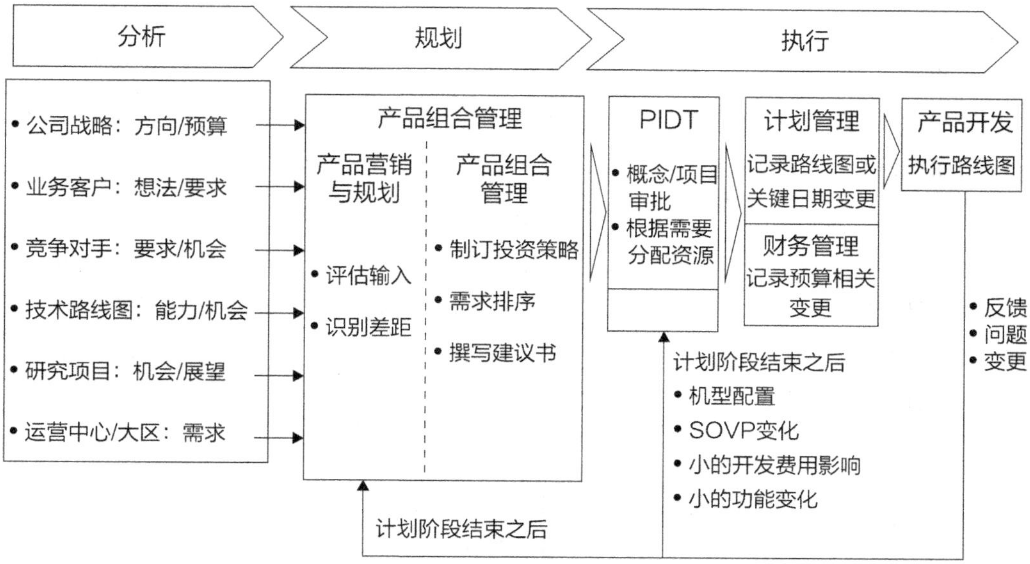

图4-9　产品组合生命周期管理流程

风险收益矩阵按项目对财务近期的贡献和项目风险的高低将项目分为四种类型（如图4-10所示）。

A区，低风险、高收益区。处于这个区域的是已经占领市场且颇具规模，对企业利润贡献较大的产品，处于此区域的产品项目市场处于稳定期且规模够大，要保证投入，确保项目持续性，为企业提供稳定的利润来源。

B区，低风险、低收益区。处于这个区域的是已经占领市场，但市场规模不断缩小、竞争不断加剧、成本不断下降的产品项目。处于此区间的产品项目市场处于衰退期，技术门槛较低且产品同质化严重，由于低端企业的加入，在市场激烈的价格战中，对企业的利润贡献十分有限，企业应减少投入或找准时机撤退，将有限的资金和资源投入其他产品项目。

C区，高风险、低收益区。处于这个区域的一般是潜在市场，产品项目技术领先但还不够成熟，市场还不明确，企业在此区域要进行必要的探索，等待时机的来临。并且，企业要考虑在此区域探索有助于树立企业形象，提升品牌美誉度，因此应启动对此区间产品项目的投入或适当增加投入，确保企业对此区间产品项目市场的密切跟踪、卡位，及能力企业带来的非直接增值。

D区，高风险、高收益区。处于这个区域的一般是市场明确，但技术尚不够成熟的产品项目，这是企业的明星业务，是公司的未来。企业要大量投入，保证产品项目的进度和覆盖面，以便快速占领市场，使之尽快成为企业的主要利润来源。

以上给出的只是产品组合排序的基本规则，简单考虑了产品组合对收益的贡献及风险，在实际应用中，还需要结合企业具体情况考虑更多的因素，包括市场增长潜力、对企业品牌的贡献等。目的不是简单排序，而是要基于开发预算、资源等诸多约束，在各项目之间进行平衡，确保产品组合规划能够达成战略目标要求。

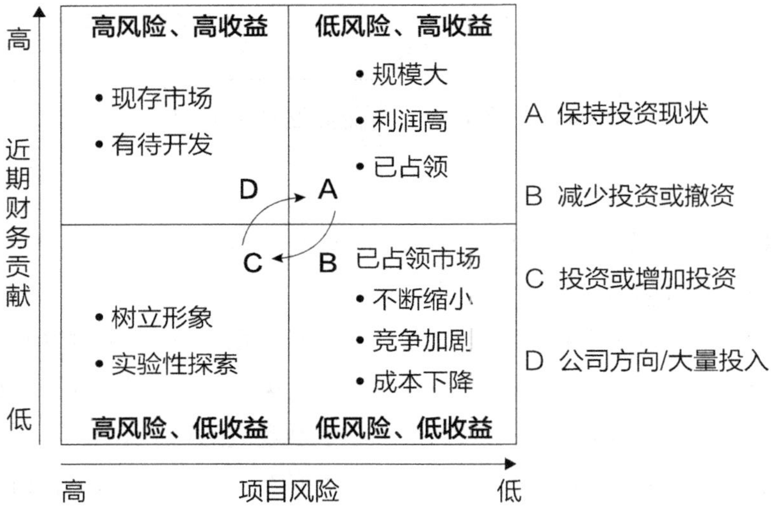

图4-10 风险收益矩阵

通过产品平台研究和细分市场，企业确定了产品的定位和基本架构，通过产品组合优先级排序，确定了业务有限资源的分配规则，但仅凭这些还不能直接指导新产品的开发工作，还需要明确各新产品开发在时间上的先后顺序以及各新产品开发项目持续的时间，以便企业合理进行资源配置。

企业的业务不同，对时间节点的要求不同，有些产品对上市时间不敏感。如日用品没有明显的淡季和旺季，企业只需要根据自己的节奏有条不紊地进行新产品开发及新老产品切换即可。有些产品则有明确的时间节点要求，如电子产品，在欧美返校季、圣诞节是销售高峰，在我国“十一”、春节是销售高峰，错过时间节点会严重影响产品销量。对这类新产品开发在时间上要合理安排，既要通过错峰保证资源的平衡使用，又要通过进度控制确保各新产品在时间节点前上市。这种时间安排要覆盖所有产品，贯穿各产品平台和产品线的生命周期，并根据市场情况、竞争情况、资源情况、项目执行情况进行合理调整，确保企业效益的最大化。这种包括业务细分信息、产品信息、时间周期、项目事件、里程碑节点的文档就是产品组合路线图，它向上承接公司战略、市场战略、产品平台战略和产品线战略，是业务相关方信息共享与沟通的平台，统一了各方的利益，增强了大家对战略目标达成的信心；向下为产品的开发指明方向和提出具体要求，指导相关方为新产品开发提前做好工作安排，并可为产品开发团队项目计划制订提供指导。

图4-11是联想消费台式机产品某时间段的产品路线图。该图指明了各产品系列需要开发的具体产品型号及配置、项目启动时间、产品的关键变化、产品线之间的切换等信息，可对新产品开发和运营管理起到有效的指导。该产品路线图以两年为周期进行滚动，每月进行更新评审并发布，以确保业务变化的影响及时在产品路线图中得以体现。

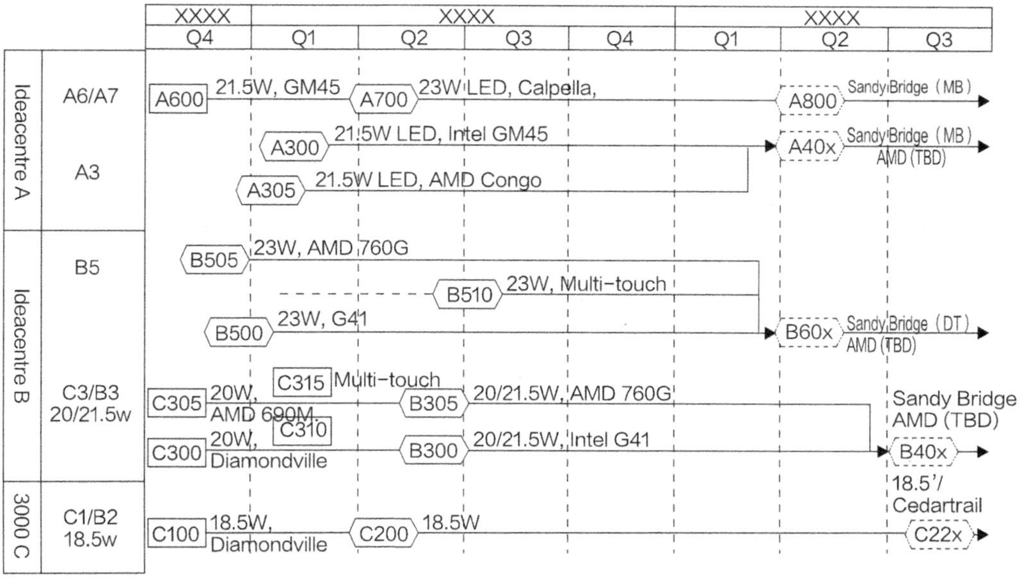

图4-11　联想消费台式机产品组合路线图示例

3. 第三步——执行

执行产品组合规划，按照给定的产品路线图启动新产品开发工作，监控新产品开发中的问题，确保新产品开发工作的有序展开和成功完成，主要工作内容包括以下内容。

（1）PIDT对项目的启动及检查点进行决策，确定项目是否可进入下一步。

（2）根据项目的要求协调资源，确保项目顺利展开。

（3）计划团队要跟踪路线图和关键日期的变化。

（4）财务团队要跟踪预算的变化，确保预算不超标。

（5）产品方案交付团队，按产品组合路线图指导展开项目开发工作，并及时对产品开发中遇到的问题进行反馈，在计划阶段结束前将相关问题反馈给产品营销团队，在计划阶段结束后，以产品变更的形式提交给PIDT进行决策。

总之，产品生命周期管理流程可帮助企业有效实现对产品的未来发展的清晰明确的认识，了解产品方向与公司战略是否相符；便于统筹资源、协调资源，有利于财务预算控制；可让研发团队对做什么、不做什么、如何做有明确的认知，有利于团队凝聚，统一思想，达成共识，使每个人都能往同一个方向用力，提升研发效率。

第 5 章

IPD是什么

IPD是第三代研发管理的集大成者，是企业研发管理最佳实践的总结。它在第二代研发管理的基础上，以各种工具为支撑，集成了战略管理、市场管理、组织管理、团队管理、财务管理、技术管理等诸多内容，打通了从战略到落地过程的各个环节，实现了从客户需求到客户满意过程的高效交付，解决了研发与市场脱节的问题。

IPD包括市场管理、新产品开发及生命周期管理和技术创新管理三条主线，通过诸多要素的集成消除浪费、提高效率，在研发管理中体现了精益思想。

IPD使研发工作能够在市场导向及明确的目的和策略支撑下展开，加强了研发与其他部门的合作关系；通过业务分层管理实现了产品开发与技术开发的分离，利用产品开发的生命周期概念及团队成员的早期参与，保证研发工作能够获得足够的资金和资源支持。

产品开发将更加以客户为中心，并以减少返工和浪费的精益理念保证目标的达成，从而提升企业技术创新能力、研发效率及项目成功率，使企业能够在市场竞争日益激烈、技术革新愈发快速及客户需求日趋多样化、个性化的环境中获得竞争优势地位。

5.1 IPD概述

5.1.1 IPD的理念及产生背景

最早的集成产品开发（Integrated Product Development，IPD）概念是从有关系统的定义与系统工程的实践中演变而来的，指将与产品开发有关的内容进行集成并通过多学科的小组来实现，以生产出满足客户需求的产品的过程。这里的集成不是简单的叠加，而是对产品开发具有增值作用的过程的集成，即新系统必须具有原先各子系统所不具有的新功能，各子系统在功能上互补、在运行时相互配合，从而达到提升质量、降低成本并保证客户满意的目的。美国空军的研究机构把集成产品开发定义为“一种系统地运用多学科小组来集成和并行地实施新产品开发所有必要的过程来生产满足顾客需求的有效产品的理念”，集成的概念主要体现在产品开发战略、人员、过程、技术和市场几个层次。

20世纪80年代，世界范围内企业竞争越来越激烈、越来越全球化，全球贸易的迅速增长给企业带来了机遇与挑战，新产品开发成为一个组织的全球经营战略的一部分。消费者的消费态度和生活方式变化越来越快，顾客的需求越来越复杂化，市场越来越细分化，企业注重创造新技术，许多企业成为高技术型、高增长型企业。技术变革的加快促进了产品的不断更新，使产品生命周期越来越短，同时技术变革的加快也改变了企业的竞争方式，一个企业不进行创新或停滞不前，就意味着落后，就将面临被淘汰的危险。这种竞争形势使企业新产品开发的重要性越来越被管理人员所认知，企业要在激烈的竞争中立于不败之地，就必须持续创新，不断开发设计出新产品，以满足顾客的需求。然而，新产品开发往往具有失败率高、成本高等特点，同时，随着产品生命周期的日益缩短，新技术、新产品开发的风险日益加大。在传统的开发模式下，新产品的开发时间、产品质量与产品成本是三个需要权衡的要素，时间战略、质量战略与成本战略难以同时实现，这都迫使企业不断探索新的研发管理方法和手段。

20世纪80年代也是管理学界新思想和新观点最为活跃的时期，包括TQM（全面质量管理）、JIT（准时生产）、PM（项目管理）、ABC（基于作业成本分析法）、Work Flow（工作流管理）、Work Team（团队管理）以及标杆管理等一系列管理理论与实践，在欧美经济界获得全面应用并取得了一定的成功。在企业组织理论创新方面，欧美企业界、学术界对扁平化的组织机构创新以及流程化的组织机构研究取得了很大的进步，对企业内部的专业分工细化、组织多级分层制进行了猛烈的批评，认为这种企业组织机构“僵化、官僚主义”，并且吹响了大张旗鼓革命的号角。

1987年8月，美国总统里根签署了《马尔科姆·波多里奇国家质量改进法》。依据该法案，美国设立了波多里奇国家质量奖，帮助美国企业开展TQM活动，提高产品质量、劳动生产率和市场竞争力。该奖项的评奖标准提供了一个设计、实施、评估管理整体业务运营流程的框架，包括领导、战略规划、聚焦客户和市场、测量分析及信息管理、聚焦人力资源和流程管理几个方面。奖项评审给杰出企业提供了一个共享成功战略的平台，期望通过定点超越，帮助企业实现顾客导向及卓越绩效。

在流程管理方面，1990年，麻省理工学院的迈克·哈默教授提出了管理流程再造的概念，即对企业的业务流程进行根本性的再思考和彻底的再设计，去除非增值工作，从而使企业在成本、质量、服务和速度等方面获得进一步的改善，这与精益领域里采取的“以流动为导向”的丰田精益原则完全一致。流程再造理论给面对顾客、竞争与变化三重挑战的企业提供了恢复竞争力的途径，截至1993年，65%的《财富》500强企业启动了流程再造或做好了计划准备。1991年，美国生产力与质量中心（APQC）开发设计了一个通用的公司业务流程模型——流程分类框架（Process Classification Framework，PCF）。作为一种开放的标准，它跨越行业和职能，可让企业高层管理人员从流程角度通览企业，从水平流程视角来理解各项业务和管理，为企业的流程梳理、管理和优化工作提供了极大的便利，它还能使企业通过流程管理和基准测试来促进流程的改善，为企业由职能管理转向流程管理提供了便利工具。

现代信息技术和企业管理的发展以及竞争环境恶化推动着企业在新技术、新产品开发中不断集成各种管理手段、开发活动及职能团队，形成集成产品开发的概念。在这个时期，尼桑、丰田、本田、富士施乐、AT&T、贝尔、阿尔卡特、宝马、劳斯莱斯、福特、惠普等知名企业都开始尝试采用集成产品开发的模式。集成产品开发模式下的研发流程，都提倡并行工程，强调在产品前期各领域组成跨部门团队，项目启动后同步充分介入，各司其职开展本领域工作，把各种问题在早期就识别出来并尽早解决，共同为产品成功上市负责。

5.1.2 IBM IPD的诞生

5.1.2.1 IBM的企业环境

IBM公司在20世纪80年代二度蓬勃发展，到1984年时实际上已达到了顶峰，此后销售额虽逐年增加但利润连年下降，1991年更是突然出现大幅亏损。冰冻三尺，非一日之寒，IBM的大幅亏损是多方面因素影响下“大企业病”长期积累后的爆发。

IBM“大企业病”的出现，涉及多方面的影响因素。

（1）多年的反垄断调查使IBM处处小心，生怕被认定有垄断行为，因此在市场竞争、宣传、科研等方面都动作缓慢，需要各部门、各层级的审批，更谈不上进行前瞻性的战略规划。

（2）官僚文化下的高层管理者远离市场，不能及时跟踪市场的变化，不承认客户需求的差异性，经常出现巨大的错误判断。比如有些高层管理者曾迫使中国团队接受他们认为在美国效果很好的广告，却忽视了中美之间文化背景和消费水平的差异。

（3）技术上多年的领先地位，令企业在研发方面忽视客户、骄傲自大；在技术上追求卓越、完美，经常出现提供的技术或方案偏离市场需求的情况。

（4）IBM“尊重个人”文化变成了人们可以为所欲为而不必承担责任的借口，造成了企业执行力很差，效率低下。

作为当时全球最具创新能力的产品型企业，技术上的领先却没有给IBM带来很好的投资回报，主要原因是企业研发管理较差，“大企业病”影响下的研发周期太长、研发费用太高。在郭士纳上任之前，IBM的研发投入占总收入的12%，而业界最佳水平为6%，这并不是说研发费用越低越好，问题是IBM的研发费用高但是效率却很低。在产品开发周期上，1993年的IBM，27%项目的上市时间是业界最佳水平的两倍，36%的项目是业界最佳水平的5倍，还有6%的项目是业界最佳水平的25倍。IBM的研发损失是25%，而业界的平均水平和最佳水平分别为12.2%和3.3%。从这些数字可以看出，IBM的研发浪费是非常巨大的，远远低于业界平均水平，与业内最佳水平更是差距巨大。

5.1.2.2 IBM的IPD流程

1. IBM的IPD流程建立

1991年，IBM借鉴PACE等企业最佳实践成果，开始建立自己的集成产品开发流程——WWDS（World Wide Development Strategy，全球开发战略）。1993年郭士纳上任后更是进行了全面的流程再造，即从客户需要出发，进行性价比分析，打破、调整、重组或者新建相关流程。IBM的流程再造涉及11个领域，其中6个与对外服务有关，分别是硬件开发、软件开发、执行、整体供应链、客户关系管理以及服务；其余5个与内部管理有关，分别是人力资源、采购、财务、不动产以及信息技术。郭士纳认为产品设计流程是IBM的关键因素，它决定了IBM生产什么产品、生产具备何种特性的产品、以什么样的成本进行生产以及在什么时间把产品推向市场。这是一个世界一流的产品设计流程，耗费了数百万美元的资金、数千小时的时间，最终改变了数万名IBM员工的工作方式。这便是后来广为人知的IBM的IPD流程（如图5-1所示）。

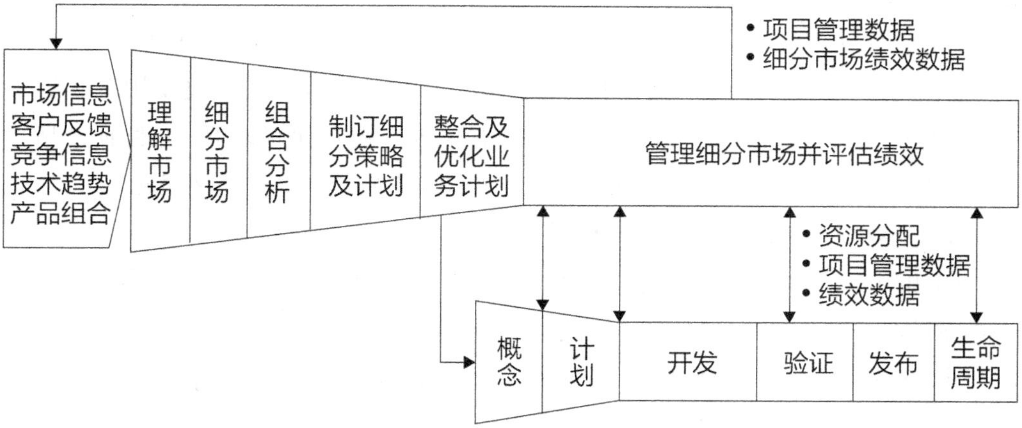

图5-1　IBM的IPD流程框架图

2. IBM的IPD流程特点

IBM的IPD流程框架是企业结合自己的具体情况，在借鉴PACE理念精髓的基础上，将市场管理与产品开发管理进行有机结合形成的一个系统的产品开发流程，它将战略管理、销售、营销、研发、生产、物流、采购交付等岗位的工作内容纳入流程中，基于事实进行决策，确保在解决方案上市之前，在检查点流程和整个生命周期中考虑到开发方案的所有因素，从而为市场带来满足客户需求的解决方案，并使结果更可预测和有利可图，其特点体现在以下几个方面。

（1）将产品开发管理与市场战略管理、产品战略管理进行整合，将研发管理提升到了战略层面，打通了从战略规划到产品开发过程中的各个环节。

（2）市场管理与研发管理的结合使新产品开发具有更清晰的市场导向和客户导向。

（3）通过部件共用，大大减少了部件和供应商的数量，降低了新产品开发成本、开发风险和产品的复杂度。

（4）通过市场营销引导，有效实现了各部门之间的协作，使很多问题在产品开发之初便能得到考虑。

（5）强调组合管理，以便进行品牌和资源的整合，确保资金和资源能够投入到优先级最高的项目中。

（6）引入决策检查点的概念，项目管理团队可根据项目进展情况及时决策，消除风险，停掉预期较差的项目，及时止损。

IPD流程的实施给IBM带来丰厚的回报，与1995年相比，IBM2000年产品开发的支出节省了50%，硬件产品开发时间缩短了67%，零部件的重复使用率达到了34%，供应商数量减少了一半，废弃项目费用从20%减少到2%以下，最终使产品开发成本达到行业最低水平，IBM从1995年到2000年节省成本高达16亿美元。

3. 企业导入IPD时应注意的问题

IBM的IPD流程再造显然是成功的，对很多企业具有很好的借鉴指导意义，但企业在学习或导入IPD时要注意以下几个方面的问题。

（1）企业文化的重要作用。企业文化是企业的灵魂，是推动企业发展的不竭动力，是企业价值观的体现。有什么样的领导就有什么样的企业文化，有什么样的企业文化就会造就什么样的企业。企业流程与企业文化的关系更为密切，流程的背后实际是文化理念在起作用。郭士纳在上任不久就提出了八个管理原则，并成为IBM新文化的核心支柱，对IPD的成功起到了至关重要的作用。

郭士纳的八个管理原则。

第一，市场是我们一切行动的原动力。

第二，从本质上说，我们是一家科技公司，一家追求高品质的科技公司。

第三，我们最重要的成功标准，就是客户满意和实现股东价值。

第四，我们是一家具有创新精神的公司，我们要尽量减少官僚习气，并永远关注生产力。

第五，绝不要忽视我们的战略性远景规划。

第六，我们的思想和行动要有一种紧迫感。

第七，杰出的和有献身精神的员工将无所不能，特别是当他们团结在一起作为一个团队开展工作时更是如此。

第八，我们将关注所有员工的需要以及我们的业务得以开展的所有的社区的需要。

（2）IBM的IPD是为自己量身定做的适用于大企业的流程，不可僵化地套用。正如劝说郭士纳加盟IBM的伯克和墨菲所说："IBM并不缺乏能人和天才，公司最大的问题是人而不是技术性的问题，公司的文件柜内藏着五花八门的制胜策略。"具有近百年历史、拥有数十万员工、在技术创新领域多年保持领先地位的IBM，各种制度、体系、流程是十分成熟和完善的，IPD的成功实施是以这些制度、流程、体系为基础的，绝大多数企业是不具备这样的条件的。忽视企业的规模、忽视企业流程制度体系的完善性而僵化地采用别人现有的流程，是很多企业导入IPD失败的根本原因之一。

（3）组织结构变革对IPD的成功实施是至关重要的。IPD是在原来纵向职能式组织结构上增加了横向项目领导系统，并实现了市场管理与产品开发管理的整合，要求企业必须从原来的金字塔式职能组织变为矩阵型组织结构，从而使庞大的组织在保持柔性和行动的一致性的前提下实现产品开发的市场导向。郭士纳上任后对组织结构进行了大规模整顿，将组织层次由九层压缩为四层，实现了组织结构的扁平化，大大提高了组织运作的效率；推行矩阵式变革，构建了立体多维矩阵组织结构，保证了IPD的落地。

（4）IPD导入是一项长期的工作。IBM从1991年启动WWDS，1994年更名为IPD，1996年左右定型，1998年左右才在整个企业全面实施，这里面固然有摸索、发展、完善的时间，但也说明对大型企业进行流程再造需要由点及面、循序渐进。把IPD流程当作灵丹妙药，期望快速导入，马上见效是不现实的。

5.2 对IPD的不同理解

随着中国的发展和中国企业的崛起，IPD的概念广为流传并被众多企业接受和应用实施，由于企业情况不同，大家对IPD的理解和应用实施也不同，大致可分为四个层次。

（1）以IPD中的检查点流程管理新产品开发过程。中小企业的产品业务比较单一，有限的几款产品代表了整个企业的业务，企业每年或每几年进行有限的产品迭代或新产品开发。这些企业借助IPD的理念，能够把产品定义清楚，并在各阶段做好把关，从而保证项目的成功，项目的成功就意味着企业的成功。因此这些企业只需要关注单个产品的开发过程，这是IPD的最小应用，即图5-2中①所含部分。

（2）以IPD流程管理新产品规划和开发。在大中型企业中，产品业务比较复杂，多个产品系列可实现对细分市场的覆盖，各产品线之间既有明显的区隔，又有一定的交叉。这种情况下，企业借助IPD理念，对市场进行管理，确定市场细分；对需求进行管理，确定需求的分配；对产品进行规划，确定产品的承载及开发优先级，从而实现比较全面的新产品管理，这是大部分人认知的IPD，即图5-2中②所含部分。

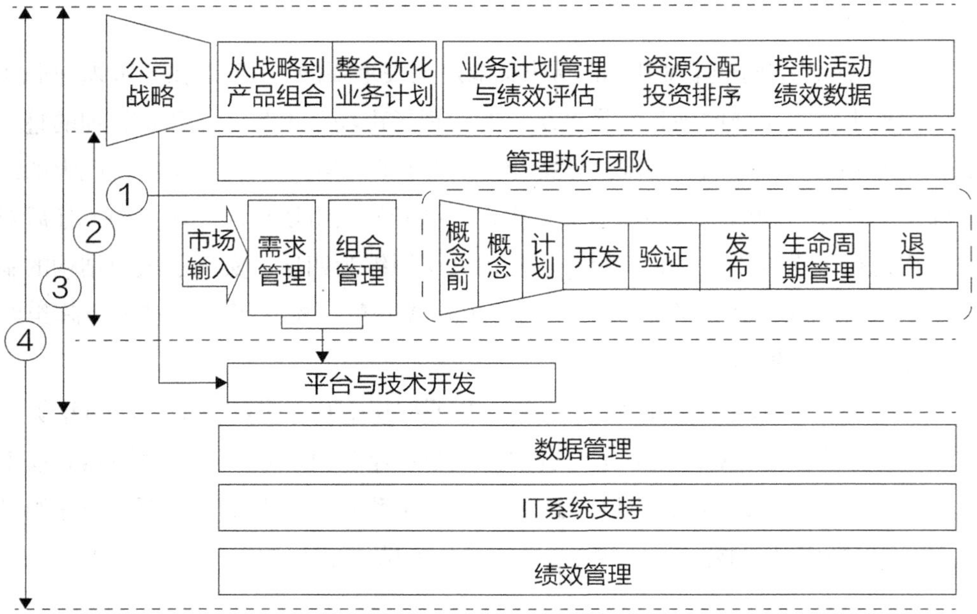

图5-2　IPD在企业实施的四个层次

（3）以IPD流程管理业务的研发活动。在某些大中型企业中，研发管理体系比较成熟，除了能够做好新产品开发管理工作，还能够前瞻性地开展技术预研活动。企业能够借助IPD理念，以市场为导向，全面展开产品规划、平台/技术规划，实现技术开发与产品开发分离，并通过部件级技术的模块化、产品级技术的平台化来提升开发效率，引入分层决策管理机制，从而实现对整个研发管理体系的优化，提升企业的产品竞争力。达到这个高度的企业已经比较少，研发管理已经达到行业领先水平，是很多企业追求的目标，即图5-2中③所含部分。

（4）以IPD思想体系指导整个企业的研发活动。一些国际化大型企或高水平的区域型企业，能够通过IPD的实施，构建流程型组织，实现以IPD流程为核心的业务管理活动。在公司层面，通过市场管理来实现业务细分及组织结构的搭建，并通过预算贯彻公司的战略。在业务单元管理层面，横向引入数据管理、IT系统支持、端到端绩效管理等来实现业务的整合管理，向下构建分层决策体系来降低风险，通过管道管理来实现资源的均衡及合理利用。在业务层面，基于市场需求、业务竞争情况以及技术趋势，运用市场管理的方法进行业务单元整体战略制订、投资组合规划以及技术/平台规划。在实施层面，对新产品可通过需求管理，明确各产品市场需求并落实到产品开发文档中，通过跨部门的团队来保证开发过程的专业性、高效性，通过分阶段决策来降低风险；对上市产品，通过市场营销、产品交付、售后服务、产品推出来实现生命周期管理；对技术/平台，通过分层（部件、子系统、平台、产品）管理来实现异步开发。借助IPD体系的实施，实现了企业战略的层层分解和落实，技术、产品及客户需求的有机融合以及业务的端到端高效运行和有效监控，大幅提高了企业的整体竞争力。这是众多企业长期努力的方向。

5.3　IPD的理论基础

IPD的构成要素有原理、框架和工具基础。在原理方面包括结构化的流程、基于团队的管理、业务分层管理和异步开发四个方面。IPD的框架指将整个开发过程划分为多个阶段，比如联想划分为概念、计划、开发、验证、发布和生命周期管理几个阶段。工具基础则指为了保证IPD流程的应用效果而采用的各种工具方法，不再单独介绍。下面重点介绍业务分层管理、异步开发和流程结构化。

5.3.1 业务分层管理

企业存在的价值在于它能不断提供合适的产品和服务，有效满足客户的需要。为了满足业务管理需要，IPD对企业产品和服务按照业务类别、价值链环节进行了层次和类别的划分，即业务分层。不同企业的业务类型、细分市场、技术复杂度不同，业务层次的划分也不相同。比如有的企业分为技术、零件、组件、部件、子系统、系统几个层次；有的分为器件、组件、部件、单机、整机、子系统、系统几个层次。此处基于联想IPD给出的模型，将业务分为组件/部件层、子系统层、产品平台层和产品方案层，每层均能够作为具备竞争力、面向客户的业务实体独立运营，并均能够同时对内对外提供产品（如图5-3所示）。

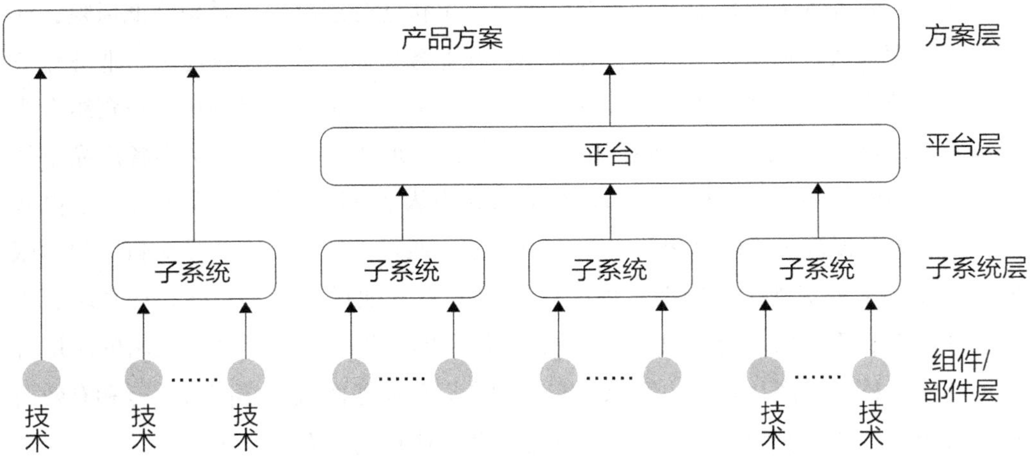

图5-3　业务分层结构

业务分层是连接客户需求和企业技术能力的桥梁，是企业进行组织分工的参考，是企业进行CBB管理体系构建及产品战略制订的理论基础，是实现并行开发的关键依据。业务分层管理要求企业关注每一层的业务模型，决定在哪些层进入市场。每一层都由自己的商业模式驱动，并由技术创新的速度和及时提供有竞争力的产品来平衡。因此企业需要结合自己的实际情况，探索适合企业具体情况的业务分层管理方法，这有助于企业提高研发效率，提升业务的柔性，从而更快、更好地满足客户需求。

业务分层模型中涉及的几个概念和术语有如下定义。

1. 组件/部件（Component）

组件/部件指软件中不单独销售而作为一个或多个产品方案的一组必要代码或硬件中如芯片和电阻一类的电子部件，这是最低层次的硬件要素，可使用唯一的部件号（如机架、连接器、电阻、内存模块、印刷电路板等）对其进行标识，是业务分层中的一层。

2. 构建模块（Building Block，BB）

构建模块是系统中一组能实现特定功能的，具备接口要素、性能及规格的实体单元。它们的协同使用能够生成完整的、用于销售的产品。一般情况下，构建模块可以提供明确的功能以吸引客户。各种硬件和软件构建模块可使用一套功能、物理属性进行描述。构建模块类型是以技术类型为特征，有着相同属性的构建模块的集合，包括硬文件、软文件、处理器、内存和高速缓存等。有时，构建模块类型的生成也可基于一组共同属性，如平面、机械和管线。 产品（设备/类型）由构建模块组成，产品家族则由构建模块类型组成。从体系结构上看，构建模块有下列特点。

（1）通常可作为单独实体进行测试，有时构建模块（如机械模块）需要与其他模块一起进行测试，以验证其功能属性和规格。

（2）通常具有相对独立的需求和设计规格。

（3）具备用于输入和输出的结构化硬件、软件接口。

3. 通用构建模块（Common Building Block，CBB）

通用构建模块指在共同遵循一套属性或体系结构的不同产品、系统之间共用的零部件、模块、技术和其他相关的设计成果，是建立产品和技术共享平台的基础。CBB的数据形式为产品图文档、代码等，内容涉及电子元器件、标准件、部件、组件、单机、整机、子系统、系统等。通过CBB可以对多个业务领域的通用硬件技术组件、构建模块和子系统进行管理，优化其共享开发、采购和使用。CBB管理的关键要素包括通用构建模块数据库的建立和维护、统一采购及通过相应强制机制来鼓励和推动通用构建模块的优化使用。通用构建模块具有以下特点。

（1）通常代表某一类共同需求，适合重用，这是和BB区别的唯一特点。CBB一定是BB，但BB不一定是CBB，只有具有跨平台重用性的BB才是CBB。

（2）具有明确的接口。可以通过接口与其他构件装配在一起。

（3）高内聚，松耦合，模块内部紧密结合，外部接口简洁明了。

在PC产品中，硬盘、光驱、内存、键盘、鼠标等都是具有业内通用标准的CBB。还有一些模块虽不具有业内通用标准，但企业基于业务需要对之进行了详细的规格定义，使其具有跨产品的通用性，比如某些机箱、电源等。CBB可以是组件/部件，也可以是子系统。

4. 子系统（Subsystem）

子系统是集成的一套组件/部件，包括硬件、工程软件、系统软件和应用，这些集成的组件/部件使子系统具备了特定客户或市场所需功能，拥有结构化、可通过设计认证和决定性测试的接口，是四个业务层的一层。子系统是实现更高级实体，如系统平台的特定功能的所有软硬件要素（或部件）的逻辑表述，个人电脑的主板、显卡、电源、存储、通用软件模组等都是子系统。子系统具有明确的架构和接口规格，可摆脱特定平台来实现设计和验证。

5. 产品平台（Platform）

产品平台是具有系列产品所采用的共同要素，特别是基本的决定性技术的集合，包括共用的系统架构、子系统、模块/组件、关键零件、核心技术、基本技术等。产品平台为产品提供通用基础能力，平台为多产品配套，为多产品共享。通常，一种平台是一组产品或一条产品线相关技术的最低共同标准，它定义了这些系列产品的成本结构、能力和差异。

Intel在2006年为解决散热问题推出的BTX结构就是一种产品平台。ThinkPad X1 Carbon系列产品采用的相同的键盘、触摸板、屏幕等，是同一个平台开发的不同产品。在汽车行业，产品平台概念的应用更为广泛，如大众的PQ35平台、MBQ平台，雷诺的CMF平台，都可使相应系列产品的生产变得快捷、简单、经济、灵活。

6. 技术（Technology）

IPD对技术的定义是实现构建模块或系统产品预期改进、竞争优势的工艺、方法。技术可以是系统层面的、子系统层面的，也可以是组件/部件层面的，比如对PC的散热来讲，从不同层面看有系统散热技术、散热模组技术、风扇技术等。技术的分类在很大程度上决定了职能团队的组织结构、专业方向。和BB/CBB/产品平台不同，技术是知识，是无形的，BB/CBB/产品平台是有形的，无形的知识必须以有形部件、产品为载体来体现价值，因此技术可以作为研究方向但不能成为交付物。

7. 产品方案（Integrated Offering）

产品方案是针对特定业务机会（如行业解决方案）的硬件、软件、应用程序、服务条款和条件的任意组合，是为了满足某一个或一类客户的需求而提供的解决方案，可以是在商店销售的某一个具体产品，也可以是为某大客户定制的产品或服务。

业务分层和企业的战略、组织架构、技术领域和业务策略有密切的关系。业务分层有助于深入了解企业业务，促进企业业务优化，发现新的市场机会；有利于科学合理优化业务板块及组织结构，包括系统部划分、产品线/产品族划分、产品相关岗位设置、平台部门/专业技术部门划分等，可推动企业的战略规划和技术规划，有效实现异步开发，提升企业的设计能力和研发效率。

5.3.2 异步开发

每一个新产品的开发都是一个项目，具有临时性、独特性、渐进性和制约性的特征，这就要求项目团队在时间、成本、质量、技术、人力、信息、资源、法规等约束条件下，不断解决项目中遇到的各种问题，消除不确定因素，保证项目目标的达成。项目管理中很重要的一个部分就是风险管理，新产品项目最大的不确定性来自新开发部分，新开发部分占比越高，项目风险越高，项目风险超越了项目团队在约束条件下的处理能力就意味着项目失控了，项目目标无法达成。企业不断发展，其客户群覆盖面越来越广，客户需求的差异越来越明显，同时市场竞争加剧，产品同质化越来越严重，留给企业的开发时间越来越短，企业的成本压力越来越大，这都要求企业必须加快开发速度、严格控制成本，通过创新来摆脱同质化。如此就产生了个性化需求、新技术需求与研发时间限制、成本限制及大规模生产之间的矛盾，这一矛盾的解决方法就是通过业务分层、异步开发、CBB管理和产品平台规划来做好技术储备。降低新产品项目风险的最好办法就是减少新开发部分的占比。

异步开发模式的基础是并行工程，这是一种对产品及其相关过程（包括制造过程和支持过程）进行并行、集成化处理的系统方法和综合技术。它要求产品开发人员从一开始就考虑到产品全生命周期（从概念形成到产品报废）内各阶段的因素（如功能、制造、装配、作业调度、质量、成本、维护与用户需求），并强调各部门的协同工作，通过建立各决策者之间有效的信息交流与通信机制，综合考虑各相关因素的影响，使后续环节中可能出现的问题在设计的早期阶段就被发现并得到解决，从而使产品在设计阶段便具有良好的可制造性、可装配性、可维护性及与回收再生等方面的特性，最大限度地减少设计反复，缩短设计、生产准备和制造时间。在IPD中，异步开发的作用就是基于业务分层，不同层次工作由不同的团队并行、独立展开，从而减少下层业务对上层工作的制约，减弱各开发层次间的依赖关系，最终实现CBB/产品平台开发与产品开发的分离，解决产品开发时效性与技术开发的创新性、不确定性之间的矛盾。推行基于CBB/平台的产品开发，产品的质量、进度和成本会得到很好的控制和保证，同时降低产品的复杂度，产品开发的技术风险也将大为降低。如图5-4所示。

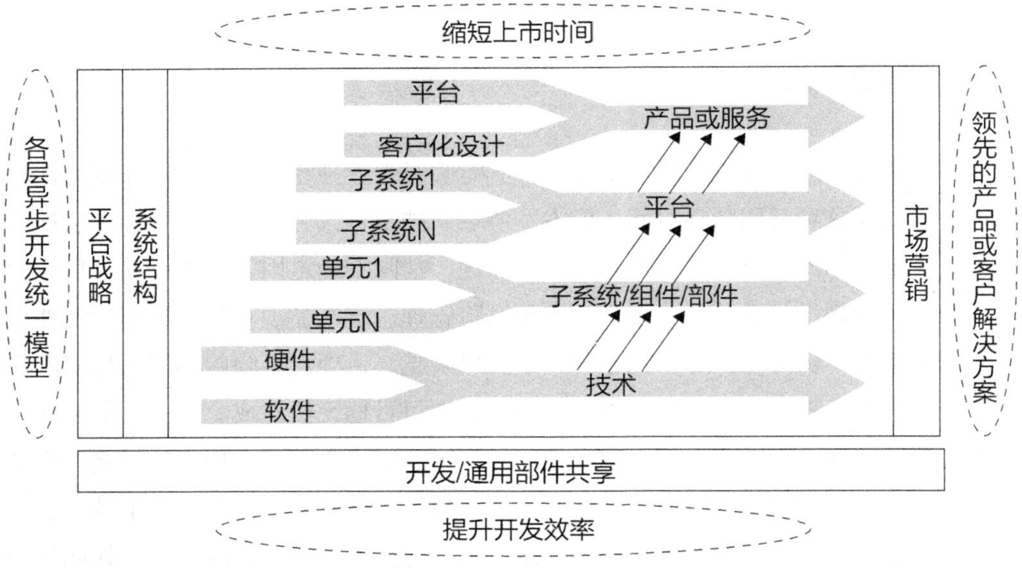

图5-4　异步开发及业务分层管理

A系列是联想一体式台式机产品线的高端系列，性能和外观都有很高水平，很多新技术也在该系列产品上首先应用。由于一体机产品的外观设计的独特性，给产品开发带来了很多挑战。

A6系列是联想消费台式机业务在2009年年初推出的第一款面向高端市场的一体机产品，采用了上下式设计，上端为显示器部分，采用了无边屏设计方案，下端为主机部分，二者通过曲线过渡来实现整机的一体化，机身底部通过转轴与底座连接，从而使整机具有一定范围的角度调节能力。由于机身底部通过轴承与底座连接，机身中心远离支撑点，在被触碰时会引起机身的前后摆动，稳定所需时间很长，影响客户的使用感受。由于该设计方案的独特性，以前没有遇到过类似的问题，项目组联合公司工业设计中心、实验室及供应商的多位专家进行攻关，花费了两个月的时间进行问题分析、设计修改及模具修改，产品发布时间也延迟了两个月，对业务造成了比较大的影响。

A300是联想消费台式机业务在2009年年底推出的一款面向高端细分市场的一体机产品，它的极薄显示屏和底座，非对称设计让人眼前一亮。但正是这种非对称设计给后期工作带来了诸多问题。该产品的显示屏部分要通过底座（主机）上的立柱来支撑，并通过铰链与立柱连接，铰链位于显示屏侧面（立柱上方），偏离显示屏的重心，从而让立柱始终受到显示屏的力矩作用并传递给底座。为了保证整机的稳定性以及给显示屏提供足够的支撑力，底座（主机）采用了一体式的铝合金材料，并在设计中采用显示屏左侧具有向上倾角的方案，以应对后期使用过程中的形变积累。但在产品后期测试中发现，在使用一段时间后显示屏仍然会出现左侧下垂问题，经过深入分析才发现，这是铝合金的蠕变特性造成的，于是只能更换材料，修改模具。该问题不仅影响了项目的进度，还造成了产品成本的增加。

5.3.3　流程结构化

经过多年的发展，IPD已经不再是简单的新产品开发流程，而成为复杂的研发管理体系，内容涉及企业战略、市场营销、产品规划、产品生命周期管理、技术开发管理、跨部门团队、绩效管理等多个方面，由众多的子流程、支撑流程构成。

为了便于管理，参考PACE阶段、步骤、任务、活动分层模型，将IPD流程分为五个层级进行描述（如图5-5所示）。

（1）流程概览：提供IPD流程的整体架构描述，以便对IPD流程宏观、全面了解。

（2）PLM流程/支撑流程：产品生命周期管理流程的阶段及支撑流程描述

（3）流程步骤：产品开发流程各阶段工作步骤描述，有助于对工作流进行详细了解，明确各岗位的职责。

（4）流程任务/活动：对产品开发过程中各阶段需要完成的任务、每个任务包括的具体活动进行详细描述。

（5）模板/工作指引：模板可为各阶段工作的总结汇报决策提供支持，工作指引可帮助各个岗位明确自己的职责。

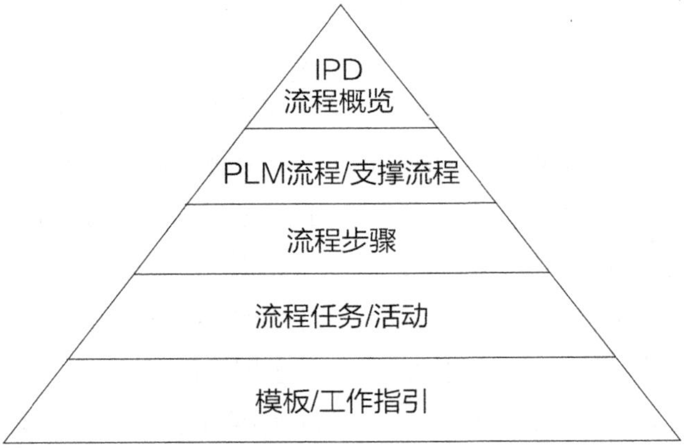

图5-5　IPD流程的结构化层次划分

一般企业IPD流程的导入有一个从上到下逐步展开的过程，最终的落地需要流程任务/活动、模板/工作指引的支持。从流程概览到流程步骤，通过流程梳理，可在短时间内完成相关工作。流程任务/活动、模板/工作指引涉及工作流程的详细展开、工作职责的分工、任务活动、交付物的时间周期等诸多细节性内容，需要长时间的积累、摸索，是企业实现卓越项目管理的基础，其重要性不言而喻，很多企业在进行流程梳理时，往往会忽视这部分的内容重要性，使IPD流程在企业中成为空中楼阁。

5.4　IPD的内容结构

IBM推行IPD是为了解决组织的官僚化及战略无法有效执行问题，实现研发的市场导向，提高研发效率和研发项目的成功率，降低研发费用投入，缩短项目周期，提升公司的竞争力。IPD流程在对以往研发项目管理流程优化的基础上，集成了战略管理、营销管理、技术管理、团队组织管理等内容，强化了项目启动之前的需求管理，项目进行中的技术评审、业务决策，以及项目后期上市推广的规范化管理，理顺了产品开发与技术创新研究之间的关系，形成了一套系统化、规范化的产品开发模式、理念和思想。

从本质上看，IPD是保证企业战略执行和商业目的实现的工具，它通过将研发过程与市场营销的结合来保证创新的市场导向，通过产品开发过程的结构化、标准化来保证效率，通过分阶段决策来控制风险，从而保证产出的最大化。从结构上看，IPD流程有三大主线，即市场管理线、产品开发与生命周期管理线和技术与创新管理线。

著名学者德鲁克在其1954年所著的《管理的实践》中提出：企业只有两种基本的功能——创新和营销，其他的都是成本。大部分企业属于非颠覆式创新的企业，营销在企业中的位置显得更加重要，因此，一个好的研发流程一定要与营销紧密配合，兼顾企业的创新管理，需要以市场需求为导向进行研发，并通过强有力的营销来让产品变成销售额和利润，IPD就是这样的流程，能够帮助企业实现其基本功能。

5.4.1 市场管理线

5.4.1.1 企业战略是市场管理的起点

一家企业，如果想在激烈竞争的市场中生存并谋求发展，都必须制订长期战略以适应本行业不断变化的环境，营销在企业战略规划中占有重要地位。公司层面的战略规划始于公司使命和目标的确定，并通过业务单元、产品和市场层面的营销计划和其他职能战略来落实。

企业制订战略规划的步骤如图5-6所示，其中使命指公司在宏观营销环境中需要完成什么任务；设定目标是将使命分解为各层面的具体的支持性目标，以便推动管理者为目标的实现而努力；业务组合是构成公司的业务和产品的集合，制订战略规划最主要的活动是进行当前业务组合分析，管理部门借此评估公司当前的各种业务和产品，以指导公司把最强的资源投入到盈利最多的业务中，并减少对弱势业务的投资。制订战略规划还需要考虑公司未来增长的业务和产品。对不能盈利或不再适合总体战略的业务，必须谨慎地调整、收缩或者剥离。

图5-6　企业制订战略规划的步骤

5.4.1.2 市场营销与市场管理的关系

从顾客价值链的角度看，营销是一个关乎顾客价值的企业流程，是企业理解顾客价值、创造顾客价值、传播顾客价值和交付顾客价值的完整过程；从企业经营角度看，营销不仅是一项职能，还指导企业如何分配稀缺资源、和顾客构建怎样的关系、如何塑造品牌、如何盈利；从企业流程的角度看，营销开始于激发市场需求，终止于顾客忠诚，是一个环环相扣、高度严密的执行流程，是一个从发现销售线索到企业回款的端到端流程。

“现代营销学之父”科特勒教授将市场营销过程总结为包括五个步骤的简单模型，在前四个步骤中，公司努力理解顾客，创造顾客价值，并稳固顾客关系，在最后一步，公司因为创造卓越的顾客价值而得到回报。这五个步骤代表了营销的全流程，也可表达为R→STP→4P→I→C（如图5-7所示）。

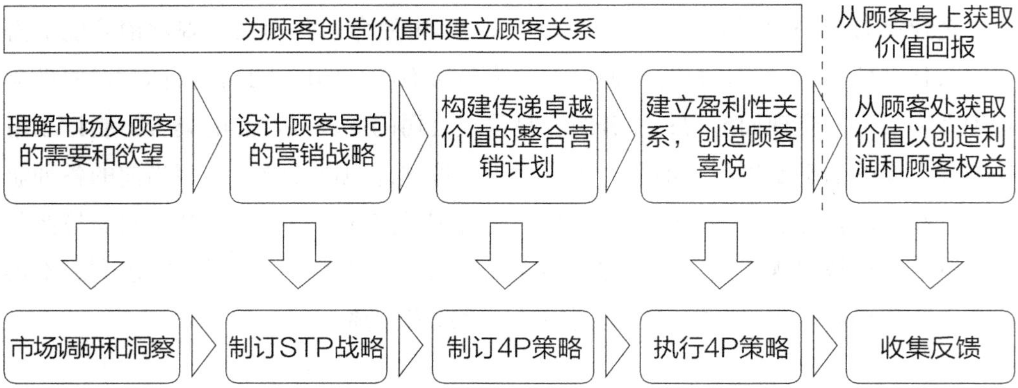

图5-7　科特勒五步营销模型

（1）市场营销始于R（Research，调研），即对市场的调研和洞察。要调查消费者和市场，理解市场营销信息和客户数据，识别企业的顾客，明确企业的商业模式和盈利模式。

（2）要根据市场研究结果制订STP战略，在S（Market Segmentation，市场细分）环节，要通过市场调研，根据消费者的需要和欲望、购买行为和购买习惯等方面的差异，把某一产品的市场整体划分为若干消费者群的市场分类；在T（Market Targeting，目标市场）环节，企业要在评估各细分市场吸引力的基础上选择并确定应该追求和服务哪个消费者群体；在P（Market Positioning，市场定位）环节，企业要根据目标市场上同类产品的竞争状况，针对顾客对该类产品某些特征或属性的重视程度，为本企业产品塑造强有力的、与众不同的鲜明个性，并将其形象生动地传递给顾客，求得顾客认同。

（3）为每个选定的细分市场制订4P营销策略。第一个P（Product，产品）指企业向目标市场提供的“物品与服务”的组合，产品策略是市场营销战略的核心，主要是为目标市场开发合适的产品或产品组合，解决的是卖什么、向谁卖的问题。第二个P（Price，价格）指消费者为获得产品而必须支付的货币数量，企业根据产品不同的市场定位、不同的产品生命周期阶段，制订不同的价格策略，以实现企业利润最大化。第三个P（Promotion，推广）指企业利用各种信息载体与目标市场进行沟通的传播活动。第四个P（Place，渠道）指在商品从生产企业流转到消费者手上的全过程中所经历的各个环节和推动力量之和，主要指企业如何合理地选择分销渠道和组织商品实体流通来实现其营销目标。总之，营销4P策略涵盖了企业创造和交付顾客价值的主要内容。

（4）执行实施（Implement）4P策略，通过执行既定的整合营销策略，与所选择顾客建立持久的关系，与营销伙伴建立稳固的关系，通过为顾客创造价值来实现愉悦顾客的目的。

（5）收集反馈与控制（Control）以改进4P策略。前面四步可为顾客创造价值，企业的最终目的是从顾客那里获得价值，从稳固的顾客关系中收获回报，在这个过程中，顾客总会对企业的营销过程提出意见和建议，企业需要不断收集这些反馈来控制和优化营销活动。

市场管理是市场营销的一部分，包含了市场营销过程中（1）（2）（3）（5）四部分内容，是一套面向市场的战略规划及管理的系统方法，用于对广泛的机会进行选择收缩，制订一套以市场为中心的、能够带来最佳业务成果的战略与计划，并对执行结果进行评估。

总之，营销始于洞察，谋于STP，落于4P，行于实施，再循环于反馈。

5.4.1.3 市场管理流程

不同企业的市场管理流程框架相似，但在细节上会有一定的差异。IBM的IPD中市场管理流程分为六个步骤：理解市场、细分市场、产品组合分析、制订细分市场战略与计划、业务计划的跨部门整合与优化、细分市场管理与绩效评估。联想的市场管理流程六个步骤的内容为：评估市场、定义市场细分、预算管理、产品组合分析、整合优化业务计划、业务计划管理与绩效评估。下面就基于联想的市场管理流程进行展开介绍。

IPD中的市场管理线（如图5-8所示），在企业层面，第一步是通过调研分析，在对市场评估的基础上制订企业层面的业务战略；第二步要在企业战略指导下，基于市场细分制订企业级市场营销战略；第三步要基于企业级市场营销战略，确定各业务部门的预算。在业务部门层面，要制订营销和其他职能的战略，营销承担着完成公司总体战略目标的角色，第一步要进行产品组合分析，第二步要整合优化业务计划，第三步是管理业务计划并评估绩效。

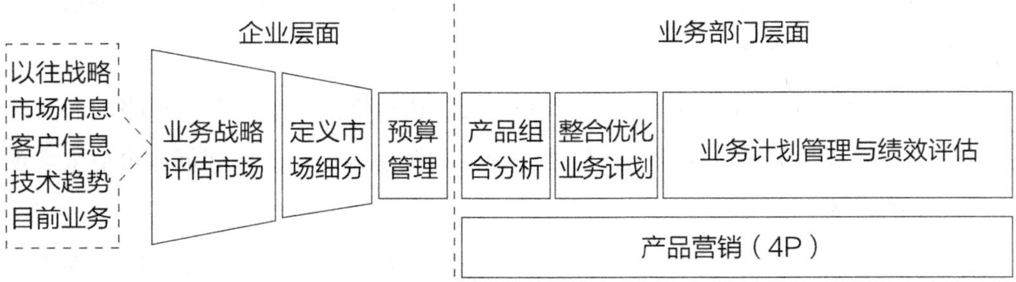

图5-8　IPD中的市场管理线

（1）评估市场是通过对技术、市场、顾客、企业自身等方面信息的收集和分析，洞察企业面临的市场环境，发现企业的机会，确定业务的方向，即明确企业应在哪些领域开展业务以及如何开展。这是战略性的决策，是大方向的决策，联想早期大力发展消费PC业务，后来向智能物联网和云服务转型，都属于这个层面的决策。

（2）定义市场细分是企业基于市场调研，根据消费者的需要和欲望、购买行为和购买习惯等方面的差异，把某一产品的市场整体划分为若干消费者群的市场分类过程，如根据顾客交易模式的不同，将之分为关系型和交易型。

（3）预算管理是以业务部门为单位，从企业角度确定各业务部门的年度预算的过程，它以企业战略为指引，基于业务规模、利润情况、费用情况、成长情况等因素，给当前各业务部门或未来的业务匹配资源。

（4）产品组合指一个企业提供给市场的全部产品线和产品项目，产品组合分析是企业面向市场，对所生产经营的多种产品进行最佳组合的分析，目的是使产品组合的广度、深度及关联性处于最佳结构，以提高企业竞争能力和取得最好的经济效益。2009年，联想开始进行一体式台式电脑的开发，一开始只有高端产品，后陆续补充了低端产品、中端产品，对传统的分体式台式机形成全面替代，为台式电脑业务寻找到了新的增长点。

（5）整合业务计划是指通过与其他业务部门及销售团队的合作，对各产品线内部或跨产品线的业务计划进行统一审查，在达成共同目标过程中，通过部门间的协同来实现公司资源的最有效利用。比如企业有多个新产品需要开发，但开发费用和人力资源有限，这时就需要考虑部分项目完全自主开发，部分项目通过ODM模式开发，或者把重要度低的项目延期，以确保在预算和资源范围内支撑所有新品开发工作及业务目标的达成。

（6）业务计划管理与绩效评估指对业务团队前期制订的业务战略和计划，通过一个个具体项目的执行来落实，并在执行过程中不断评估业务计划和流程的效果，及时纠偏，确保项目目标以及业务目标的实现。比如对开发中的项目进行变更管理、进度推进，对已上市产品的销售情况进行评估等。

总之，市场管理线使IPD流程能够对市场机会进行选择性收缩，实现战略逐层分解、以市场环境和客户需求为导向的新产品开发及以4P为基础的市场营销的统一管理，从而保证企业能够根据业务需要合理分配资源，制订可行的业务计划，并通过对业务计划的管理、执行、评估来达到落实业务计划的目的，保证企业的投资收益，实现企业利益的最大化。

5.4.2 产品开发与生命周期管理线

产品开发与生命周期管理线不仅是新产品开发与生命周期管理流程，更是连接市场、研发、制造、质量、采购供应、售后服务、财务等各部门工作的纽带。它以产品开发立项启动到产品终止服务期间的工作流为主线，将工作内容和涉及的角色进行关联，借助项目管理工具，以项目团队的形式进行管理，实现团队成员的高效协作，以保证产品开发计划及生命周期管理工作的落实。

产品开发与生命周期管理线实现了管理决策的集中、任务活动的集中、人员的集中及目标的统一。它以部门战略和产品组合规划为指导，实现了对企业战略的承接和落实；通过需求管理，实现了产品和细分市场客户群的对接；通过对新产品开发工作的过程化、标准化以及分阶段决策来提高效率、降低风险；通过新产品导入状态管理会议来实现所有开发项目的管道管理；通过统一工程变更管理来保证项目范围可控。如图5-9所示。

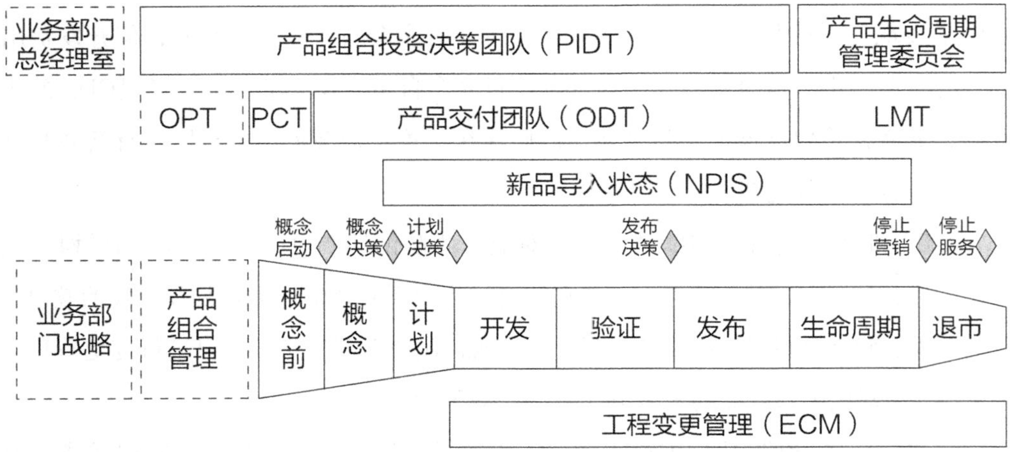

图5-9　IPD中的产品开发与生命周期管理线

（1）管理决策的集中。针对产品组合规划、新产品开发管理及生命周期管理，建立跨部门的产品组合投资决策团队、产品生命周期管理委员会。产品组合投资决策团队由业务部门总经理领导，其成员为代表业务管理、开发、营销、财务、客户服务和支持、全球供应链及其他职能领域的高级主管；产品生命周期管理委员会是以产品组合投资决策团队为基础，基于管理需要进行简化。他们共同为业务部门战略的落地和执行负责，进行产品组合管理、新产品开发管理、产品生命周期管理，激励团队并及时解决项目中的问题，保证业务部门绩效和项目的盈利。跨部门团队的存在能够使业务决策更加专业化，也为项目管理中的跨部门资源分配、项目中各种问题解决提供了平台。

（2）任务活动的集中。改变了职能模式下工作任务分布在各部门的情况，以工作流为主线，将所有的产品开发、设计活动与制造、营销等其他业务活动集成到一个流程中，在设计之初就能综合考虑后续各项活动的需要，为后续工作扫清障碍，以使产品在时间、成本和质量方面更好地满足市场需求。比如在设计阶段就能综合考虑测试、制造、服务等方面的需求，使后续工作能够更加便利快捷。

（3）人员的集中。根据不同项目阶段，将相关人员组织在一起，形成一个临时团队为项目的阶段目标共同努力。新产品的开发涉及多个职能部门的沟通和协调，需要大量不同专业的人员来协同工作以达到预期的成本和功能水平。在基于职能的工作模式下，各职能部门缺乏良好的沟通合作渠道，信息无法及时充分传递，有些与其他部门密切相关的工作未能在项目早期展开，甚至有些跨职能部门的工作根本没有做，从而导致浪费时间和成本的重新设计、更长的开发周期以及产品竞争优势的丧失。比如一个好的产品构想需要市场营销部门和工程设计部门密切合作才能实现，在职能模式下，营销部门的输出模糊、滞后，造成工程设计部门理解不到位，其设计方案不能很好地满足客户的需求，甚至有些重要特性都未能体现，因此只能重新设计。而在IPD流程中，在项目每个阶段都会组建相应的团队，形成正式、非正式的多种沟通渠道，保证信息的通畅，在多部门密切合作模式下，项目问题会得到综合考虑，后端部门（如测试、制造、服务）会前瞻性地参与到前期设计中并提出自己的需求，避免了不必要的返工带来的时间和成本的浪费。

（4）新品导入状态管理集中。通过新品导入状态管理会议可集中监控管理所有新品项目。这是一种周期性的会议，由产品组合投资决策团队授权安排，其主要成员参加，定期检查已启动项目的进展状态，并决策解决项目中出现的问题。在此会议上，所有已经启动项目的项目经理（ODTL）要对项目的总体状态进行汇报，产品开发团队核心成员详细汇报本职能部门所负责工作存在的具体问题以及需要管理层提供的支持或决策。新品导入状态管理会议是企业实现管道管理的有效手段，它能够帮助业务部门平衡管道中的项目分布和项目的资源需求。

（5）目标的统一。在IPD流程中，职能部门摆脱了各自为政的工作模式，基于流程要求来承担各自的工作，因此在项目中也就不存在各职能部门的目标，取而代之的是整个项目的目标。这就迫使各职能部门摆脱“屁股决定脑袋”的思维模式，学会从项目全局的角度思考问题，其工作目的也从满足本部门利益转移到满足整体项目的利益，各团队成员也就能够密切合作，从而提升工作质量和效率。比如工程师在进行结构设计时，不再只考虑如何在满足设计标准的情况尽可能短时间、低工作量完成任务，而会综合考虑如何进行结构设计才能使项目的时间、成本和质量达到最优，并有利于后续的制造和服务。

（6）工程变更管理的统一。工程变更管理这一IPD流程中的子流程可实现了对项目信息（如材料清单、产品规格、设计文件）变更的统一管理，涵盖了信息变更的请求、评估、设计、许可、执行和关闭等诸多环节，有助于在保证质量的前提下，将变更所需的时间和成本降到最低。大部分企业在项目变更管理方面比较混乱，因为变更的种类较多，来自不同部门，影响范围也不相同。对变更管理混乱造成的严重后果认识不够往往是项目失败的重要原因之一。

（7）流程的统一。IPD结构化、标准化的流程设计具有通用性，可以让企业所有产品开发在宏观层面都遵循同样的流程（如所有产品管理都可划分为概念、计划、开发、验证、发布及生命周期管理几个阶段），而在执行细节方面又允许各业务、项目灵活操作。

> 联想的IPD流程为了满足管理的精细化要求，针对复杂新产品增加了概念前阶段，并对此阶段设立产品核心团队（Product Core Team，PCT）来承担相应的工作，产品交付团队和生命周期管理团队分别负责新产品的开发及产品上市后的生命周期管理工作。

总之，产品开发及生命周期管理线，以新产品开发检查点流程及生命周期管理的工作流为主线，从管理和执行团队、操作流程及保证支持等方面构建了一个完整体系，对承接企业战略及保证市场目标的达成起到关键的作用。

5.4.3 技术与创新管理线

如果说新产品开发支撑的是企业的现在，那么技术和创新管理支撑的就是企业的未来。企业的产品运营和新产品开发以产品规划和检查点流程为支撑，要求具有持续性、稳定性，但技术创新有断续性和不可控的特点。随着经济的不断发展和市场竞争的日益加剧，客户需求越来越趋向于个性化，产品与技术的更新周期越来越短，从而使产品运营越来越复杂，对技术创新的要求也越来越高。企业如果想实现产品开发与技术创新的有机结合，缩短新产品的开发周期，保证产品的稳定性、多样性，还要保证有足够的新技术支撑，就要求企业将业务分层管理与技术/平台开发流程的有机结合。

业务分层是基于业务和产品技术开发管理的需要，将产品开发分为多个业务层，每层均能够作为具备竞争力、面向客户的业务实体进行独立运营，并能够对内或对外提供产品，从而使具有不同技术专长的部门或团队能够并行完成不同技术层次的工作，有计划地、合理地利用企业技术力量和资源，把最新的科技成果尽快地转化为现实的生产力，以推动企业技术进步和经济效益的实现。业务分层是企业实现并行开发、通用构建模块管理以及企业专业技术能力培养的基础。

业务分层管理，由后向前是由专业技术能力转化为技术创新的过程，直接面对细分市场，满足选定客户群的需求；由前向后是需求引领下的专业化过程，将客户需求进行分解并通过专业技术进行落实，而专业技术的研究工作会分配到具体的专业团队，引导团队的专业技术研究和团队能力建设方向，实现市场需求和组织管理之间的连接。通过业务分层，将新产品开发工作分解为不同层次的工作，各业务层的工作可独立并行展开，从而实现了产品开发和技术开发的分离。

技术开发流程是在借鉴产品开发主流程的基础上，基于技术或产品预研与产品开发在要求和目的方面的差异性，通过对产品开发流程进行适当的裁剪和修改而形成的结构化、标准化的流程，一般包括概念、计划、开发和验收四个阶段和多个检查点。其适用对象包括技术预研、技术开发、产品预研三种项目，其输出会作为新产品开发项目在概念阶段的方案选择对象及计划阶段的技术支撑。如图5-10所示。

总之，业务分层管理为技术/平台规划从原理层面提供了必要的依据和支撑，技术开发流程则为技术/平台的实现提供了保障，实现了从战略到技术的过程解码，也为新产品开发提供了必要的输入支持。

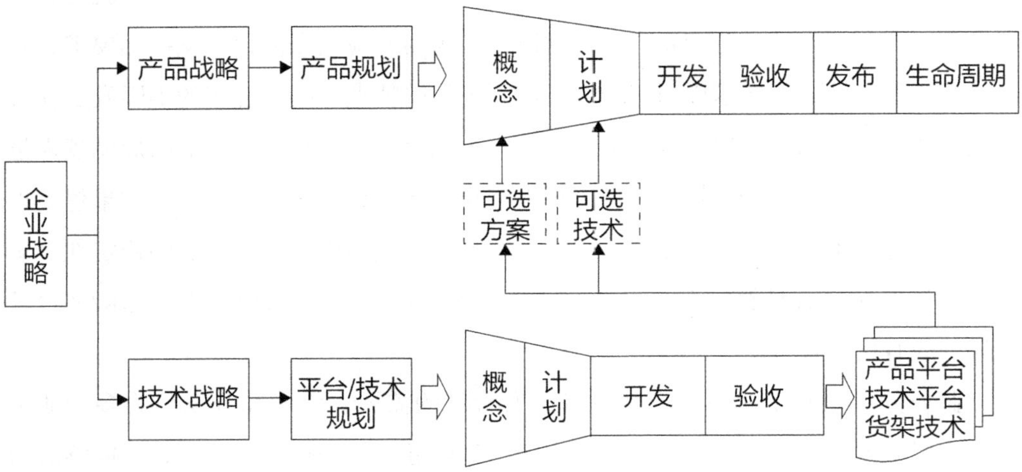

图5-10　技术开发流程与产品开发流程的关系

第 6 章

IPD的组织基础和团队

IPD作为端到端的研发流程，其管理范围涵盖了企业价值链的所有环节，期望企业各部门能够通过流程牵引明确共同的努力方向，通过密切高效的合作，最终达到商业成功的目的。

IPD的推行就是企业根据IPD的要求进行矩阵式组织结构设计的过程，这就需要企业在规划、预算、IT系统、标准、人才选拔培养、绩效管理、企业文化等方面进行调整，以满足矩阵式组织结构的管理要求。IPD成功的基础是各部门能够围绕研发管理，各司其职、密切合作，这就要求企业必须综合考虑企业规模、行业特点、技术特点等因素，分层次、分项目阶段进行跨部门团队的设置，这是IPD治理的核心。

总体上来讲，跨部门的团队可分为管理决策团队、规划团队及执行团队。各企业因在业务上的具体情况不同，跨部门团队的设置也会略有差异。跨部门团队的合理设置是IPD推行成功的必要条件之一。

6.1 矩阵式组织及跨部门团队

IPD是面向客户的、高效的横向研发管理系统，它在第二代研发管理的基础上引入了市场管理，打通了从战略到产品开发及生命周期管理的各个环节，是多部门、多维度协同机制的载体，成熟的矩阵式组织结构是IPD推行的基础条件之一。因此，企业在推行IPD之前，需要通过变革，逐步建立矩阵式组织结构。跨部门协同是IPD的核心理念，需要跨部门团队的支持，因此，在企业中推行IPD一定要明确跨部门团队的组建和管理原则。矩阵式组织及跨部门团队二者构成了IPD实施的组织基础。

6.1.1 矩阵式组织结构

6.1.1.1 科层制的局限性

在科层制组织结构下，所有的决策都由管理层做出，执行工作也是在管理团队的管辖范围层层分解到各部门、各岗位，虽然路径很长，但自上而下的管理链的存在能够保证业务顺利展开，但层层烦琐冗长的行政指挥链和等级森严的职级导致了部门墙的存在，弱化了员工之间的协作和资源整合。

科层制下的部门墙在企业中具体体现为各部门在企业中形成一个个独立系统，部门各自画地为牢，部门利益高于企业利益；员工之间缺乏交流、互不信任、思想不能及时跟上企业的发展步伐。

部门墙的存在让很多工作任务在团队内部执行时有流程保障且效率较高，但需要进行跨部门合作时往往由于部门间对权益的争夺而在工作衔接过程中出现抱怨、配合不到位、相互扯皮推诿甚至故意设置障碍从而影响工作展开等问题，整个团队工作效率很低（如图6-1所示）。

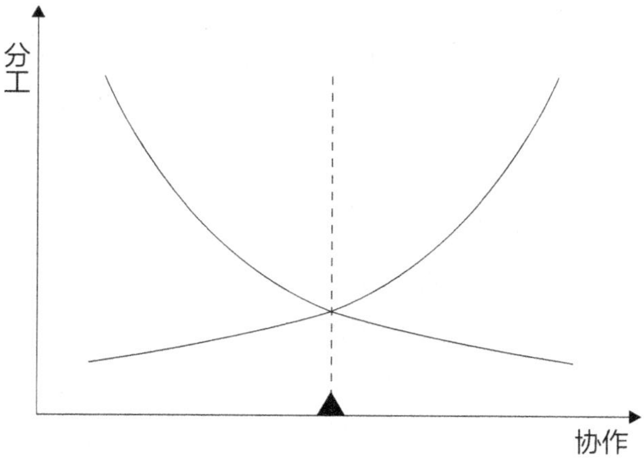

图6-1　分工协作二律背反原则

> 某供应商的组织结构就是典型的职能制，与客户以职能团队的形式合作，在一个副总裁下设置结构、电子、测试等不同部门，各职能团队直接面对客户。这些职能团队之间的协作很差，比如在新产品项目中经常出现负责结构的部门和负责电子的部门为产品设计冲突扯皮的问题，甚至会出现两个部门的总监在与客户进行的项目沟通会上吵来吵去、互不让步。很多问题在执行层面无法很好解决，往往隔一段时间就需要邀请主管副总裁进行内部协调甚至召开项目沟通会来协调、解决，工作效率实在成问题，给客户留下了很不好的印象，无法持续合作。

科层制从企业高层到基层，均把承担相同职能的管理业务及其人员组合在一起，设置相应的管理部门和管理职务的组织结构，其最大的特点在于分工，虽然通过分工促进了企业专业化水平的提高，但分工使各部门形成了天然的隔阂，始终无法实现各部门的密切协作。组织形态管理专家杨少杰曾指出：“职能型结构最大的‘硬伤’在于‘分工’带来的‘协作’不畅，即各部门始终无法协同在一起，而‘协作’必然会带来‘分工’不清，即无法独立衡量各职能单元创造的价值，因此价值分配会具有天然不平衡性，推诿扯皮、各自为政等现象必然存在，集团企业也必然存在‘母子矛盾’与‘子子矛盾’，这些都是职能型结构必然出现的问题，而且根本无解，尤其进入到新商业时代，职能型结构立刻受到重创，受伤有多严重，今天的企业应该深有体会。要想治疗‘硬伤’，只有变职能型结构为矩阵型结构。”因此，在信息透明、技术迭代加快、市场竞争激烈的今天，当企业具有一定规模后，若想进一步发展，势必要打破部门之间的屏障，提升跨部门协作能力，从职能分工与专业协作，转变为系统化、集成化管理，以便实现企业资源的有效利用，矩阵型组织就是实现转变的有效手段。

6.1.1.2 矩阵式组织理论的产生和发展

矩阵式组织的理论最初产生于美国国家航空航天局（NASA）这类专业性强、创新度高、工作内容特点突出的组织。这种类型的组织为了完成一个项目，需要临时从各部门抽调人员组成项目组，其成员既受本项目负责人的管理，又同时接受原来所在部门的管理，这样既充分利用了企业资源，又有利于项目相关问题的沟通和项目工作的开展，从而构成了矩阵式组织的雏形。

20世纪60年代到70年代，随着美国第三次并购浪潮的出现，一些大公司纷纷通过并购来实施多元化战略，由此掀起了一股多元化经营热潮，并造就了许多跨越地域、行业和市场的超大型国际企业。当跨国公司将企业拓展到不同的国家，或者大型企业将其业务拓展到国内不同的区域后，对外地分支机构的管理便既需要专业的指导又需要横向的协调。例如不同的产品线需要不同的专业人员负责整体规划和制订营销策略，但在不同的区域市场面对同一类客户时，企业的各产品线之间又需要横向协调，特别是在行政、物流、财务和信息化等领域，还需要专业管理。这种情况下，矩阵式模式成为这些企业对外地分支机构管理的必然选择。这种矩阵式组织既有效实现了专业管理、专业分工的传统管理，又实现了在运营支持系统资源的共享，同时保证了整个企业战略方向、管理思想和企业文化在不同区域市场的统一。

此外，随着经济的发展，行业的竞争日益加剧，市场环境逐渐由卖方市场转变为买方市场，客户类型也日趋复杂化，客户需求日趋个性化，企业需要以市场、客户为导向，提高效率，对客户需求快速响应，不断创新，反映在企业运营方面，就是越来越多的工作以项目形式展开。企业采用专业化的项目管理方法和技术，在新产品研究开发、市场营销、技术创新、产品产业化升级及新产品生产线更新等方面的卓越表现超越了对项目进行管理的本身，并上升为一种企业管理思想和操作化模式，这种企业管理思维模式在实际工作中被称为企业项目化管理。企业项目化管理能够帮助企业对组织中的各项活动进行高效的计划、组织、协调和控制，从而帮助企业高效实现组织战略目标。当项目化管理成为企业运作的常态时，在纵向职能组织之上的横向项目组织也就不再是临时性的，而成为企业的常态性组织，从而使企业组织结构从只有纵向的职能型演变为同时具有纵向职能管理和横向项目管理的矩阵型。

因此，企业发展到一定阶段后，无论是要解决复杂结构下的沟通协调问题还是要实现企业项目化管理，都要求企业在组织结构上从职能型走向矩阵型，这是企业组织结构发展的必然趋势。

以项目成功为追求目标的第二代研发管理，已经对企业跨部门合作提出了很高的要求，包括必须成立跨部门团队，以严格的过程控制来保证项目的成功，企业也因而必须采用矩阵式组织结构，才能获得比较好的结果。作为第三代研发管理理论代表的IPD，是以第二代研发管理为基础，将研发管理上升到战略层面，并以市场营销管理作为桥梁，实现产品开发与市场及企业战略的高度协同，企业想顺利实施IPD，同样需要矩阵式组织的支持。

6.1.2　跨部门团队

企业在由职能型向矩阵型组织结构转变的过程中，要以矩阵式组织管理模式六大原则为基础，从组织结构、项目管理机制及纵向与横向管理三个维度推进落实。矩阵式组织管理的难点在于责权利的划分不清导致的繁重的协调工作，该问题的解决需要规章制度的支撑，最重要的是需要清晰的权责和规范的流程来保证项目的顺利执行，IPD就是一套适用于强矩阵型组织结构的责权清晰、过程规范的优秀研发流程。

在矩阵式组织结构中，一方面有各种实体职能组织负责以岗位为中心的管理，即进行岗位设置、岗位分析、岗位描述、岗位监控和岗位评估等一系列活动的管理。此外，为了保证业务正常运行，还会基于流程要求设立各种跨部门的委员会、项目组，它们与实体组织配合，负责流程中各环节工作的管理和执行，共同为项目服务。这些组织通过能力素质管理，即按照流程中的角色要求选择不同能力素质的人才，匹配不同的责权利打造能力全面、配合密切、效率极高的最佳项目团队，提高项目团队的执行能力、创新能力，从而保证项目目标的达成。

在IPD的实施过程中，跨部门团队的建设是十分关键的环节，因为基于IPD流程的很多工作都需要跨部门的合作，比如产品开发、采购供应、技术开发、质量控制等。IPD流程涉及三种典型的跨部门团队：管理决策团队、规划团队和执行团队，管理决策团队负责重要事项的决策，并为决策的执行提供资源支持和保障；规划团队的主要工作是进行技术或业务的规划，提供技术或产品路线图；执行团队是在决策后根据规划进行技术或产品的开发并保证项目的成功。

基于IPD流程，企业的业务管理涉及公司级战略管理、业务单元战略管理、产品规划、产品开发及生命周期管理等多个环节，每个环节都有相应的管理和执行团队，如图6-2所示。

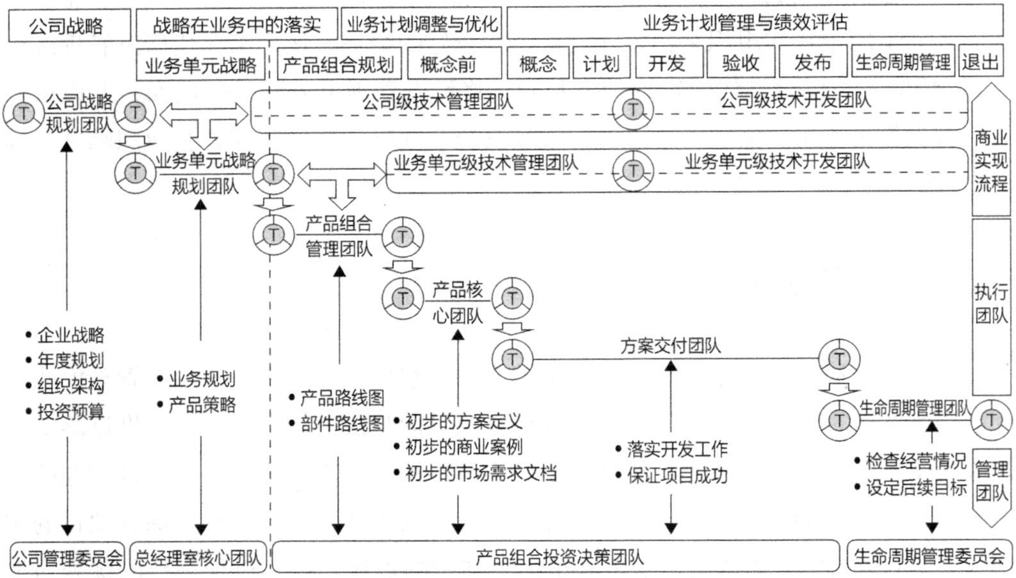

图6-2　IPD中的跨部门团队

6.2 管理决策团队

世界知名的咨询公司美国兰德公司提出“世界上每100家破产倒闭的大企业中，85%是因为企业管理者的决策不慎造成的”。诺贝尔经济学奖获得者、西方决策理论代表人物赫伯特·亚历山大·西蒙也提出“管理就是决策”的观点。管理的重心在经营，经营的重心在决策。决策正确，企业的生产经营活动才能顺利发展；

决策失误，企业的生产经营活动就会遇到挫折，甚至失败。IPD设置了跨部门的管理决策团队负责产品全生命周期过程的决策管理，与职能管理团队配合，构建了企业完整的决策体系，该体系由战略决策团队、产品组合投资决策团队、生命周期管理委员会组成。

6.2.1　战略决策团队

现代企业竞争力的核心是企业的自主创新能力，科学技术的发展及买方市场的形成使产品的更新周期越来越短，企业要拥有持续发展的动力，就必须不断进行新产品的研发和技术、管理的创新活动，并从战略层面对创新进行管理和指导。企业的战略决定了研发的策略、研发的投入、研发的方向，可以说，战略是研发的起点，而战略管理的核心是决策，可见企业战略决策团队的重要性。

战略决策团队由承担战略决策职责的高管组成，是决定组织发展和影响组织绩效的核心，是管理三要素中的“班子”，团队存在的价值是通过群策群力、取长补短来提升领导集体的威望，并对“一把手”形成制约，从而尽可能保证决策的正确性。

战略决策团队的主要职责有以下几个方面。

（1）对战略绩效全面负责。

（2）在战略制订过程中贡献自己的智慧。

（3）按程序、规则进行战略决策。

（4）对战略的落实计划进行调整。

战略决策团队并不是IPD中的跨部门组织，但由于其对企业研发的指导作用和决定性影响，还是把该团队放在管理决策团队中进行介绍，以便对企业的决策团队及彼此之间的配合关系进行说明。

公司规模和业务情况不同，战略决策团队的设置不同。规模较小或业务单一的企业只有企业级的战略决策团队；规模较大、业务较多的企业，除了设置企业级战略决策团队，还会在各业务单元设置相应的业务决策团队，负责对企业级战略的承接及本部门战略的决策。

6.2.2 产品组合投资决策团队（PIDT）

6.2.2.1 PIDT的概念

当企业确定好战略并分解为业务单元战略后，就需要对产品组合规划方案进行分析、排序并以产品路线图的形式呈现，这是一个选择决策的过程，随后一步的工作就是要通过新产品开发进行落地。新产品开发是以项目形式展开的，项目渐进明细的过程也是一个不断选择决策的过程。因为决策涉及多部门的工作内容，所以需要组建跨部门的高层团队，从多方面对产品组合规划结果进行评价决策、从多个职能部门角度对新产品开发过程中的方向进行把握并提供资源保障，以确保新产品开发项目的顺利展开及最后的成功，这个跨部门团队就是产品组合投资决策团队（Portfolio Investment Decision Team，PIDT）。

每个业务单元都是一个独立的利润中心，因此每个业务单元都需要组建自己的PIDT团队。业务单元作为利润中心，对业务的最终成败负责，本着责权对等的原则，PIDT的最高负责人由业务单元的负责人担任（一般是业务单元的总经理）。IPD流程的核心思想之一就是把新产品开发看作一种投资行为，作为利润中心的业务单元可以被看作投资人，PIDT就是投资行为的决策团队，是为业务单元的投资成功保驾护航的团队，一方面帮助业务单元确定投资总体方案及产品路线图；另一方面负责在新产品开发项目的关键节点进行决策，保证项目向低风险方向前进，还要利用PIDT各成员在职能团队中的权力，帮助项目团队协调企业内的人力资源、设备资源及供应商资源，确保新产品开发项目获得足够的投入。

6.2.2.2 PIDT的职责

一般情况下，PIDT的成员来自几个职能团队（研发、营销、财务、售后服务与支持、供应链、质量管理、生产制造及其他需要的部门）的高层，其职责如下。

（1）确保产品规划与业务单元战略一致。

（2）理顺、批准并推动业务单元投资组合的执行。

（3）将技术与产品开发相结合，并尽可能早地关注可制造性。

（4）为业务单元的整体业绩负责。

（5）及时解决问题，包括对其他业务单元项目的依赖性。

（6）确保以专业的项目管理技能来管理项目。

（7）保证有足够的资源分配给产品交付团队。

（8）激励并管理产品交付团队的绩效。

由以上职责定位可知，PIDT是产品项目层面、跨部门的管理组织，不会参与业务部门的日常运营，只承担从战略到具体业务执行的转换工作，也就是战略的落地，主要是为产品规划和新产品交付负责。PIDT的设置层级，可根据企业具体情况确定，可以是企业级，也可以是业务集团级，还可以是业务单元级。在联想，因为各业务单元为二级利润中心，所以PIDT设置在业务单元级，决策链比较短，直接面向具体产品，响应迅速，决策准确，其主要问题在于业务单元级的PIDT往往没有更多的精力关注其他业务单元的产品技术，不利于公司各业务、产品间的协同。

6.2.2.3 PIDT工作的要点

PIDT上承公司战略，下达具体产品的开发，是IPD流程运行的中枢，该团队能否很好地运作，会直接影响IPD的运行效果，因此要求PIDT成员在工作中注意以下几点。

（1）不仅身体过门，心也要过门。团队成员不能只是在会议上出现，只作为职能团队的代表，而是要全心全意参加会议并贡献自己的力量，对会议的决策要积极贯彻执行。

（2）关注共同目标，不要“屁股决定脑袋”。PIDT成员都是不同职能部门的中高层管理人员，所在团队在新产品开发项目中担任不同角色，承担不同工作，在项目进展中各角色工作之间肯定会出现冲突。比如有些项目总体开发时间缩短，有些子项工作时间要相应压缩，到底谁压缩时间、压缩多少都会直接影响各职能部门在项目中的投入和绩效，各个角色肯定都想为自己争取更多的时间；项目在运行中出现了问题，很多情况是甲可以解决，乙也可以解决，那么到底谁来解决就是问题。一个好的PIDT肯定要从保证业务成功的角度出发，以项目总体利益最大化为目标，本着快、好、省的原则进行问题的协调解决，而不是各成员站在自己小团队角度，力争自己团队的利益最大化。这就要求企业不仅从流程层面将各角色职责定义清楚，更要从企业文化、核心价值观层面入手，改变职能式组织结构下各管一段的情况，建立跨团队的协作意识、补位意识，让大家能够为共同的目标努力。

（3）做好资源的协调者、提供者。在矩阵式组织结构下，PIDT成员代表的团队往往负责某一方面的专业工作，需要同时支持多个项目，甚至同时支持多个业务单元的项目，这就要求PIDT成员做好资源的安排和协调工作，确保各项目都能够及时获得足够的资源。此外还需要PIDT成员在职能团队工作和项目工作方面合理安排。

6.2.2.4 PIDT的运行

作为产品项目层面的高级管理团队，PIDT主要是通过PIDT会议的形式对产品规划和项目开发中的问题进行决策，会议内容涉及以下几个方面。

（1）如何最大化产品组合的回报。

（2）合理调配资源，保证项目进度。

（3）迅速停止无利可图的产品。

（4）在将新产品推向市场的同时，对老产品制订详细的退市计划。

（5）合理处理业务单位预算周期和特殊客户承诺的变化。

为了保证决策的高效性、及时性、准确性，PIDT会议需要按照一定的流程执行。

产品规划决策会一般每月召开一次，主要内容是就产品路线图的调整进行讨论决策。一般由产品规划经理基于准备的方案进行汇报，PIDT基于业务需要，从各职能的角度给出建议，当出现冲突或分歧时，由PIDT负责人最终决策。

项目决策会在项目比较集中时会每周召开，在项目不多时可以两周一次或根据需要安排。因为项目决策涉及的事务较多，有很多细节性的工作，并且决策会直接对项目进展产生影响，所以决策过程比较严谨、复杂，一般可分为以下几步。

（1）方案交付经理准备项目决策总体汇报材料，各职能团队从专业角度准备自己的汇报材料。

（2）PIDT秘书处安排会议，确定议程（很多时候是多个项目需要进行不同的决策）。

（3）按照议程进行汇报：产品交付经理汇报项目总体情况，并汇总各职能团队的意见；各职能团队从专业角度进行项目情况讲解，并说明自己给出相应意见的理由。

（4）PIDT对汇报内容进行提问、讨论。

（5）给出最终决策。

会前材料的准备十分关键，直接决定会议能否高效、准确决策。一般情况下，企业需要针对不同的决策点，按职能设计不同的汇报模板，并要求不同的项目在同一决策点采用相同的模板准备材料，一方面是为了保证材料的完整性和逻辑的清晰性，另一方面也是为了帮助PIDT快速了解项目的情况。

项目决策过程实际上是风险评估过程，在这个过程中，各职能团队有建议权，PIDT主席有最终的决策权。在PIDT决策会项目汇报中，很重要的一项就是从专业角度给出当前阶段项目的开发状态，一般包括以下几类。

（1）Ready with no risk（完全就绪），没有任何风险因素。

（2）Ready with low risk（低风险就绪），有低风险因素影响项目进入下一阶段。

（3）Ready with middle risk（中等风险就绪），有中等风险因素影响项目进入下一阶段。

（4）Ready with high risk（高风险就绪），有高风险因素影响项目进入下一阶段。

（5）Not ready（项目未就绪），有关键风险因素（Gating issue）存在，项目不能进入下一阶段。

根据项目风险状态，PIDT一般会做如下决策。

（1）针对第一种情况，PIDT会允许项目正常进入下一阶段。

（2）针对第二种情况，PIDT会允许项目进入下一阶段，但需要对低风险问题保持关注。

（3）针对第三种情况，PIDT一般也会允许项目进入下一阶段，但需要确定哪些问题需要限期解决、哪些可以不解决，对需要解决的问题要明确负责人和问题解决时间。

（4）针对第四种情况，需要根据项目高风险因素的多少和影响度确定项目是否可进入下一阶段。如果不允许，要求团队在高风险因素消除后再上会决策；如果允许，需要团队就高风险问题的解决给出时间承诺，针对这种情况，一般还会明确，届时问题依然不能解决是项目暂停还是再次上会决策。

（5）针对第五种情况，绝对不允许项目进入下一阶段，项目组必须针对关键风险因素制订解决计划，待问题解决后再次上会决策。

因为PIDT对业务运营特别关键，并且成员都是高层管理人员，所以会设秘书处来支持其工作，一般会设在业务单元的运营团队，其工作职责包括PIDT会议议题的收集、会议的安排、会议纪要整理及发布、会议决策内容的落实情况跟踪，以及协助会议主持人在每次会议开始时回顾上次会议决策的落实情况等。

6.2.3 产品生命周期管理委员会（PLMC）

在新产品上市后开始进入生命周期及退市管理阶段，该阶段工作的主要内容是日常运营及退市管理，也存在一些需要决策的事项。该阶段的工作涉及的团队较少，需要决策的事项也比较少，有些企业会指定PIDT几位成员组成产品生命周期管理委员会（Product Lifecycle Management Committee，PLMC）负责产品生命周期及退市阶段的决策工作，也有些企业不单独设立PLMC，而是由PIDT直接负责，这两种模式都是可以的，对产品线众多、决策工作较多的情况建议设立PLMC。产品生命周期及退市阶段PIDT或PLMC的主要的工作内容如下。

（1）定期召开会议，了解产品运营目标的完成情况，并制订下一阶段的目标。

（2）在实际运行情况与设定目标产生较大的偏差、竞争对手或市场发生重大变化的情况下，根据生命周期管理团队负责人的要求召开决策会。

（3）根据生命周期管理团队负责人的要求召开决策会，批准产品停止营销/生产的计划。

6.3 规划团队

规划指企业为实现既定目标，依据外部环境和自身状况及其变化制订实施计划，并根据对实施过程与结果的评价和反馈调整目标的过程。一个完整的规划必须是可执行的，包括两项基本内容：发展方向和资源配置策略。规划是动态的过程，是对实现既定目标方法、途径、过程的设计，包括规划的过程和规划的结果。在IPD中，规划包括两个层面的内容：战略规划和产品规划，前者涉及企业级战略规划及业务单元级战略规划，后者是聚焦在具体业务的产品规划。规划工作十分重要，它直接决定了战略能否很好地执行，业务计划能否落地，因此规划是成功的保障。规划工作涉及两大团队：战略规划团队和产品规划团队。

6.3.1 战略规划团队

战略规划团队并不属于IPD中的跨部门团队，但对产品型企业来讲，战略是产品开发的起点，战略对产品开发也有很大影响，在这里也对其进行介绍，以更清楚地说明战略对产品开发的影响以及产品开发如何实现对战略的承接。

在一些规模比较大的企业，一般会常设企业级战略与规划组织，直接向企业最高领导汇报，负责向董事会和最高管理层提供战略决策方案。其工作内容涉及战略规划研究与制订，即围绕企业发展的全局性、战略性和前瞻性重大课题进行研究，为企业领导提供决策依据和可供选择的解决方案，研究和制订企业发展战略和中长期发展规划，指导、评估和审核下属主要公司的中长期发展战略规划的研究和制订工作，跟踪和评价企业战略规划的实施情况，提出不断改进和完善的对策建议，并在每年的经营计划中滚动调整发展目标和规划指标。战略规划团队还负责企业管理变革和制度建设职能，即负责组织协调健全企业治理结构和推进企业管理变革方面的研究工作，包括管理模式、组织架构、核心管理流程、信息化管理方案等管理制度体系建设的研究工作及组织、协调、检查企业重大管理变革方案的实施和管理制度体系的建设情况等。该团队属于战略管理的延伸团队，在总裁室的授权下监控战略规划的落实情况。

在联想，企业级战略规划管理会由常设实体职能组织——全球战略与规划部门负责，工作包括中长期战略规划与年度规划，并且监控战略规划落实情况，定期对规划进行调整。联想著名的“双拳”战略就是由全球战略与规划部门牵头制订的中长期战略。年度战略规划与落实是全球战略与规划部门的重要工作内容，每年的冬季，都会由该部门牵头，财务、人力资源等平台部门及大区销售部门、业务部门的战略运营及管理团队参与，基于数据对过去一年的业务情况、战略执行情况进行复盘，并结合市场信息、客户信息、技术趋势、经济环境等条件进行新财年的战略规划。年度规划将确定新财年在业务策略上有什么样的调整，公司业务经营财务指标如何，对应的组织结构如何进行调整，需要进入/退出哪些领域、需要加强/弱化哪些方向，并通过财务预算落实战略。财务预算是公司战略落实的重要工具，对期望发展的业务要加大投入并允许业务部门增加编制；对应该逐渐退出的业务，要减少预算、锁定编制，甚至要求业务部门制订裁员计划……年度战略规划会给公司新财年的经营定下基调、指明方向。

规模较小或业务单一的企业，只有单一的业务核算单元，在这种情况下，企业级战略就是业务战略。一些大型集团公司会根据业务的差异，划分多个独立核算的业务单元，这时企业级战略和考核指标并不能直接在业务单元中应用，需要对企业级战略进行分解，结合业务范围，确定本业务单元需要承接哪些战略和考核指标，并且要对企业级偏向宏观和方向性的战略结合具体业务进行细化。比如公司要求提高效率，在业务单元这个层面就要考虑怎么做来提高本部门的效率，是优化流程还是改变经营模式；再比如公司要求提升创新能力，在业务单元层面就要考虑是否需要增加创新考核指标、是否需要安排创新培训、是否需要建立创新激励机制等，这样才能将企业的战略要求转化为业务部门的具体举措。

业务单元战略规划一般没有常设组织，通常由运营团队承担相应职责，在企业战略规划工作启动后牵头成立业务单元的战略管理项目团队，负责整理部门运行数据、需求及新财年重点工作设想并反馈给企业战略管理团队，作为新财年战略规划的输入。在企业新财年战略规划发布后，结合本业务单元具体情况，制订本业务单元战略以及具体举措，承接企业战略要求。

6.3.2 产品规划团队

产品规划是在研究市场、探寻客户/消费者需求、分析竞争对手、衡量外在机会与风险，以及对市场和技术发展态势综合研究的基础上，根据企业自身情况和发展方向，制订出可以把握市场机会，满足消费者需要的产品的远景目标以及实施该远景目标的战略、战术的过程。产品规划是企业战略落实到产品组合的过程，是战略落地的关键环节，它上承业务单元战略、企业战略，向下则对产品开发、市场营销、资源协调起到指导作用。产品规划是一项重要而不紧急的工作，由跨部门的产品规划团队具体负责相关的工作。

一般情况下，产品规划团队由规划经理牵头，其成员包括产品、市场及开发部门的主要负责人，计划/项目团队经理、供应链经理、采购经理、服务经理、技术研发经理等，其工作职责是将最好的产品推向市场。对于规模不大，产品线比较简单的企业，受人员能力和资源限制，可以由资深产品经理牵头负责此事，或者由产品核心小组来负责。由产品规划团队的成员组成可以看出，对产品规划影响最大的是技术开发部门，尤其对那些技术驱动或供应商驱动型的企业，因为产品规划是面向未来的，需要了解行业技术发展趋势、公司已有技术方向聚焦以及技术开发的节奏，其次还有产品、市场部门，因为产品规划也需要明确的市场聚焦和定位。

产品规划团队的职责一般包括以下内容。

（1）将业务单元战略转化为产品组合。

（2）制订产品路线图，并不断更新其中的产品发布信息、项目关键日期及资金需求等内容。

（3）参与制订、管理和维护技术与产品平台规划，确保产品规划的一致性。

（4）为各区域团队的年度规划提供财务、产品路线图等方面的指导文件。

（5）其他与产品规划相关的工作。

在IPD流程中，市场管理是一个信息流动的过程，也是一个战略目标逐层落实的过程，从企业战略、细分市场、预算管理、业务战略一直到最终载体——产品方案。企业战略确定市场在哪里，如何运营业务；市场细分是基于企业的自身资源优势，确定最有吸引力、本企业可以提供最有效服务的具体市场在哪里，这部分客户的需求是什么；业务战略基于预算将企业战略和业务结合并进行细化；产品规划是衔接战略与具体产品的桥梁。产品规划作为IPD流程中战略落地的关键环节，需要依照IPD中市场管理路径中的产品规划流程展开，使产品规划团队能够高效协作，降低沟通和协调的成本（如图6-3所示）。

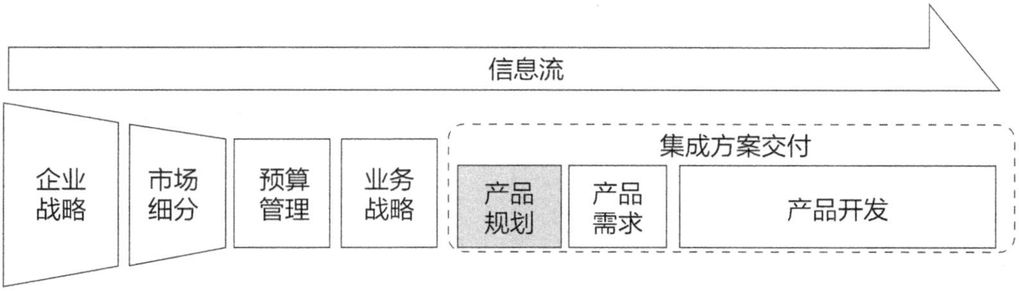

图6-3　产品规划在市场管理流程中的位置

6.4 执行团队

执行指根据规划将具体任务落实到相关部门的相关人员，在时间、成本、质量、数量等条件的约束下进行操作并完成给定任务的过程。在IPD中，负责产品开发和生命周期管理工作的具体执行的团队包括产品核心团队、方案交付团队及生命周期管理团队等。

6.4.1 产品核心团队（PCT）

在产品规划团队做好产品规划方案，报经PIDT评审通过，并以产品路线图的形式发布后，各项目团队就要按照规划来执行产品开发工作。随着市场竞争的不断加剧，产品开发周期越来越短，对全新产品项目启动前的准备工作的质量要求越来越高，工作量越来越大，但这部分内容没有纳入项目管理范围，操作上很不规范，时间上不可控，输出内容质量不高，成为项目启动的瓶颈因素。基于以上原因，联想的IPD流程在原来七个阶段的基础上增加了一个阶段：概念前阶段（Pre-Concept Phase），针对全新产品开发进行项目预启动、最初的方案定义以及业务模式研究，工作内容包括以下几个方面。

（1）完成市场需求文档及方案定义草稿。

（2）业务模式的设计、更新及分析。

（3）完成外观设计方案。

（4）完成技术方案。

（5）确定开发和运作模式。

（6）完成供应商询价等支持性工作。

以上工作的完成需要一个团队来支持，于是定义了产品核心团队（Product Core Team，PCT）。PCT由产品经理领导，项目经理、技术项目经理、采购开发经理作为PCT成员支持该阶段工作的展开。

概念前阶段，使项目工作与日常技术、研发以及管理等方面工作实现了有序衔接，能够使项目启动准备工作规范、有序地展开，保证了输出质量，有助于提高效率，缩短项目准备时间。

在PCT中，产品经理责任重大，常被称为“微总经理”，因为他需要对某个产品线的成功负责，必须有把握产品和市场的能力，又对技术有一定的了解，既要有宏观的视野，又要能从事琐碎的工作。产品经理虽然肩负很大责任却没有太多权利，为完成任务只能想方设法协调各部门的资源为己所用。因此，产品经理要有积极心态，且能关注细节，还要善于沟通，有一个好的产品经理就意味着项目成功了一半。

6.4.2 方案交付团队（ODT）

当PCT做好项目前期的准备工作，相应的文档已经齐全，便可申请项目的正式启动，经PIDT审核通过，项目正式进入概念阶段，同时方案交付团队（Offering Delivery Team，ODT）成立。ODT基于IPD流程开始正式接手新产品开发工作，一直持续到产品全面供应（General Availability，GA）。有些项目包括多款型号产品、销售到多个区域，是分批上市的，那么ODT的工作就要持续到最后一款产品、最后一个区域全面供应。

作为PIDT授权的负责新产品开发具体执行的跨部门团队，ODT的工作职责包括以下几个方面。

（1）对项目的成功负责。

（2）新产品开发、产品升级及计划变更（产品变更）请求管理。

（3）定义项目团队中的角色和职责（任务和交付物）。

（4）对ODT核心成员进行考核。

（5）按照承诺的计划推进项目（范围、成本、时间）。

（6）及时安排组织项目关键节点评审工作并保证通过。

（7）在一些关键会议上，定期更新项目进展。

（8）在需要的时候，主动寻求职能管理人员和PIDT的帮助。

ODT是IPD中的执行团队，一个企业的矩阵式管理落实好不好，IPD流程执行好不好，都可以从ODT层面看出来。作为跨部门的项目团队，成员要能脱离职能的窠臼，从保证项目成功的角度考虑问题。

因为ODT涉及的部门、人员较多，为了便于管理，一般把ODT分为核心团队和扩展团队两部分。核心团队成员包括作为新产品开发项目经理的ODTL和来自市场、研发、质量、采购供应、制造以及售后服务支持等部门的代表构成，不同企业可根据需要企业的业务特点、部门划分和岗位设置进行调整。比如联想在早期曾把财务放入了核心团队，但发觉在概念前阶段很多财务相关的内容都已经确定了，在开发过程中财务人员的职责不是特别关键，于是有些业务单元在流程中就把来自该部门的财务岗人员变为了隶属于产品市场的外围成员；联想的很多开发项目需要与供应商深度合作，因此把采购方面的职责进行了细化，分为采购和供应两个部分，并把相应团队的代表纳入了核心团队；联想很多项目比较大，产品是全球发布的，ODTL没有足够的精力处理相关事宜，于是增加项目助理角色（Planner），负责项目数据管理及产品数据发布时间管理，并协助项目经理进行项目管理工作，典型的ODT组织中往往没有此角色。由于行业不同，产品的复杂程度不同，核心团队背后的扩展团队的工作内容和职责也有很大差别。但无论什么样的行业和产品，典型的ODT组织中，核心团队成员都可被看作子项目经理，负责某一方向的工作内容，其背后的扩展团队是子项目成员，子项目成员在项目工作上要向本职能的核心成员汇报。方案交付团队的结构如图6-4所示。

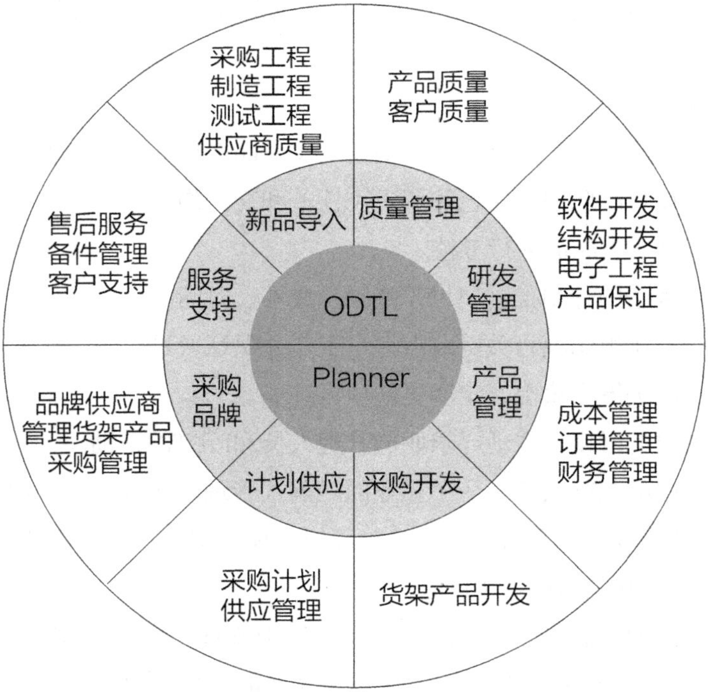

图6-4　方案交付团队的结构

ODT将整个项目组分为核心团队和扩展团队，从管理的角度看具有很多优势。

（1）提高了沟通效率，避免项目经理直接面对成员产生繁重的沟通工作，有助于项目经理将更多的精力放在项目的重要事件上。

（2）有助于资源合理调配，进一步密切各职能团队与项目的配合。核心团队成员既对项目情况比较熟悉，又对所在职能团队的工作内容和资源情况熟悉，知道在什么时候需要扩展团队参与项目工作，便于资源的合理安排，提高资源利用率。

（3）使ODT具有更大的弹性，能够很好地适应不同规模项目的需要。核心团队的存在，保证了项目团队基本架构的完整性，项目范围的变化只是意味着各职能方向工作量的变化，比如项目范围扩大并不会带来超出现有工作职责的内容，只需要调整扩展团队成员的数量即可满足需要。

ODT的设置需要同时考虑产品类别因素、市场细分因素和内部管理因素等多方面的影响，具有一定的灵活性，更多的是基于更好地满足客户需求的同时，提高企业的工作效率。比如同样的产品类别由于面向的客户群不同，方案差异很大，这时就需要设置不同的ODT。联想的一体机产品，其高、中、低端产品所属的产品线不同、采用的平台不同、设计的理念不同、面向的客户群不同、背负的责任不同，就需要不同的ODT来管理。但有些企业在业务管理上没有细分到这种程度，因为没有足够的资源支持，销售的地域范围较小，也可能会把产品打包放在一个ODT团队进行开发。总之，ODT的设置要结合企业的具体情况来做，不要认为越多越好，也不要为了简化管理，只设置少数几个ODT，这都是不合适的。

对规模不大的企业，往往岗位设置并没有像大企业那样细分，这时的ODT设置要考虑让同一个人承担不同的工作，但从工作内容的角度不能缺失，避免项目工作产生疏漏。此外，好的ODT一定基于项目经理强大的管理能力，因此对项目经理的选择要十分的慎重，最好是从团队内部寻找经验丰富，既具有很强的团队管理能力，又具有一定业务知识的人来担任。

6.4.3 生命周期管理团队（LMT）

生命周期管理团队（Lifecycle Management Team，LMT）是较小的、跨部门的团队，负责产品的生命周期管理和退出工作。新产品发布后，LMT开始与ODT进行工作交接，接受产品的生命周期管理工作，其工作内容主要是由产品经理作为产品业务的总经理，对产品的运营进行全面管理，目的是确保在整个产品生命周期内能够及时根据市场变化调整策略，保证企业利益的最大化，主要涉及以下几个方面。

（1）对产品运营权衡决策，以便为企业创造最佳收益。

（2）合理规划，保证新旧产品的顺利切换及产品的升级。

（3）解决产品生命周期管理中跨职能的问题。

（4）对产品生命周期管理委员会安排的工作负责。

由于企业的组织结构设计、产品复杂度及运营模式方面的差异，其LMT的存在形式、团队成员的构成也会有差异。

规模较小的企业，工作内容一般不会特别细化，所以产品的开发与生命周期管理并没有严格的区分，产品从立项到退市，所有工作都由一个团队来负责。有些企业为了充分发挥ODT对产品熟悉的优势，在将产品升级工作从生命周期管理中剥离并单独作为项目推动后，生命周期管理的工作并不会增加ODT太多的工作量，这时也会把ODT和LMT合并，由一个团队兼顾新产品开发和生命周期管理工作，只是不同阶段参与的成员不同。有些企业产品创新度较高，产品开发和生命周期维护工作内容差异大，并且研发团队因工作量问题始终是瓶颈，这时LMT会作为独立的团队存在，这是IPD中LMT的典型模式

典型的LMT一般由产品经理负责，财务、质量、产品营销、服务、技术支持、渠道、生产制造、计划与供应管理、订单管理等部门的人员参加，一个LMT可以管理多个产品或产品系列。

6.4.4 技术管理团队/技术开发团队（TMT/TDT）

在IPD流程中，技术管理团队主要聚焦技术趋势研究、技术和平台的规划、CBB的管理等工作，技术开发团队则是在TMT技术开发团队的规划指导下展开具体的开发工作。由于企业规模的不同、研发实力的不同，TMT/TDT存在的形式、工作的内容都各不相同。

有些企业更多是从事基于业内成熟技术的产品开发工作，并且产品比较单一，销量不大，这样的企业一般没有技术管理工作，也就没有TMT。有些企业的产品开发具有一定的创新性，拥有可满足不同客户需求的多个产品线，具有一定的市场规模，这些企业往往需要初步的CBB管理和前瞻性技术的研究，但投入并不是特别

多。这时一般会将技术管理作为产品开发工作的延伸，由产品开发团队或产品规划团队来承担相应的职责。只有那些对技术创新依赖度较高、市场规模很大的企业，在新技术开发方面投入比较大，需要系统的管理，这时才会建立较规范的TMT。一般大型企业会将TMT分为企业级和业务单元级两个层次，二者在技术管理的范围和深度方面有所区别，但职责比较相似。TMT的主要职责包括以下几个方面。

（1）根据技术发展趋势和市场竞争情况，给战略制订提供技术方面的建议。

（2）根据战略要求、市场动态及技术发展的趋势，确定技术发展方向并制订关键技术路线图。

（3）对技术创新研究项目的优先级排序进行指导，对研究项目的启动进行审批，参与启动项目关键节点的决策评审。

（4）管理与技术合作伙伴的重大技术合作项目。

（5）推动技术研究成果在产品中的应用。

企业级TMT由来自公司各业务方向的资深专家组成，业务单元级TMT由本部门各专业资深专家组成，以委员会形式展开相关工作。

在一般企业，很少有比较正式的TDT，大部分还是由研发中心、技术部门的专家组成一个小组，以非正式的管理方式进行技术开发。当技术开发成为企业工作的常态和竞争力所在的时候，为了提高效率，会以项目的形式规范地展开技术研究工作，即在项目启动后，成立跨部门的团队，依照流程要求分阶段展开技术研究，保证技术研究的效率、成功率以及最后在产品中的应用。TDT主要职责如下。

（1）向TMT负责，承接TMT给出的规划中具体的技术研究项目。

（2）研究项目计划的执行。

（3）组织关键节点的评审并落实改进建议。

（4）定期汇报项目进展及资源需求。

（5）组织项目的结项评审，并将研究成果归档，为研究成果在产品中的应用做好准备。

TDT由项目经理和团队成员组成，项目经理一般指定资深技术专家担任，成员包括涉及专业的技术人员，制造、采购、质量、服务等职能部门的代表等，TDT会遵循技术研究流程，以项目团队形式展开工作。

联想采用的是π型二级研发体系工作模式，即由联想研究院和各业务部门构成研发团队。

前者负责长期趋势性技术或产品的规划研究工作，着眼于三年以后的产品和技术。作为一级研发机构，联想研究院会基于企业战略及自己的技术趋势分析，进行前瞻性的技术研究和对企业具有划时代意义的产品平台的研究。比如联想的第一代智能手机LePhone、第一代平板电脑的雏形都是由联想研究院完成技术研究后，由业务单元进行产品化并推向市场的。

联想采用的是业务集团式组织结构，在二级研发层面的技术管理又可分为两个层次。一个是业务集团层面，关注的是具有一定通用性的、跨平台的技术或创新性较高的平台产品技术，比如具有一定通用性的一键恢复技术、用户体验研究等。另一个是业务单元层面的，关注的具体业务范围内的技术管理工作，比如下一代新产品的预研工作、CBB的管理工作及新技术的应用研究等。

π型二级研发体系是大型企业在技术研究方面常用的组织结构，有助于企业在技术研究方面实现长短结合、虚实结合。但兵无常势，水无常形，技术管理的水平代表了企业计划、开发和实现技术、完成组织战略和运营目标的能力，企业要结合自己的状况和战略要求，合理进行技术管理团队的设置，从而让技术能够成为企业发展的动力。

第 7 章

需求是新产品开发的源头

菲特勒认为，市场营销的核心是顾客需求，市场营销管理的实质是需求管理。美国卡内基·梅隆大学软件工程研究所（SEI）认为，IPD是一种面向客户需求，将贯穿产品生命周期的活动进行及时协同的产品开发的系统方法。

美国空军研究机构将IPD定义为“一种系统地运用多学科小组来集成和并行地实施所有必要的过程来生产满足客户需求的有效产品的理念”。

两个IPD的定义及市场营销管理理论都强调了一个词——需求，需求管理的重要性毋庸置疑，产品开发源于需求，产品功能设计是为了满足需求，需求是新产品开发的源头。

7.1 客户需求的根源是马斯洛需求

现在越来越多的企业开始将“客户导向”作为企业战略或企业文化。华为在1998年颁布的“基本法”中就明确了企业基于客户导向的核心价值观“为客户服务是华为存在的唯一理由，客户需求是华为发展的原动力”。客户在联想企业文化中也处于十分重要的位置，联想企业使命的第一条就是“为客户：提供信息技术、工具和服务，使人们的生活和工作更加简便、高效、丰富多彩”。在企业核心价值观“服务客户，精准求实、诚信共享，创业创新”中，客户也是处在第一位的。

从产品开发的角度来看，一个成功的产品往往是客户需求和技术的完美结合。在技术飞速发展、买方市场及客户需求日趋个性化的今日，很多情况下，客户需求比技术更为重要，只有基于客户的要求规划和开发技术，才能达到最佳匹配的目的。IPD中以市场/客户为导向的核心内容，就是时刻关注客户的需求，围绕客户需求进行产品规划和开发，从产生产品构思、建立产品概念，到产品上市直至产品退市消亡，整个过程都和客户需求紧密关联。但从实际情况来看，很多企业在产品开发过程中，从客户角度认识需求、基于客户应用场景进行设计的基本要求并没有得到很好的落实，很多产品设计人员，甚至包括一些市场人员，更多是从自身角度认识需求，有意无意地假设一些需求，给产品的后续商业成功埋下风险。

所以，如何在产品开发过程中收集、传递、分配以至实现客户的真实需求，是每个企业在规范自身产品开发过程时必须要考虑和解决的关键问题。企业梳理产品开发活动时，要将需求管理的一些内在要求与某些开发活动进行融合，通过这些活动实现需求管理的关键环节，从而达到产品需求管理的目的——保证上市的产品和客户真实需求吻合，提升产品商业成功的概率。

谈到客户需求，就不得不谈马斯洛需求，因为每一个来自客户的产品或服务需求的背后都有对应的马斯洛需求。马斯洛认为人有五种基本需求，即生理需求（如食物、水、空气、性欲、健康）、安全需求（如人身安全、生活稳定，免遭痛苦、威胁或疾病之苦）、社会需求（如对友谊、爱情及隶属关系的需求）、尊重需求（如成就、名声、地位和晋升机会）和自我实现需求（如自我实现、发挥潜能）。这些需求在一般人身上是无意识的，对个体来说，无意识的动机比有意识的动机更重要。这种无意识的需求和具体场景、产品结合，就构成了客户对产品具体功能或方案的需求。有丰富经验的工程师，通过适当的技巧，可以把无意识的需求转变为有意识的需求。Y模型比较清晰地描述了客户需求、客户目标、产品功能及马斯洛需求之间的关系（如图7–1所示）。

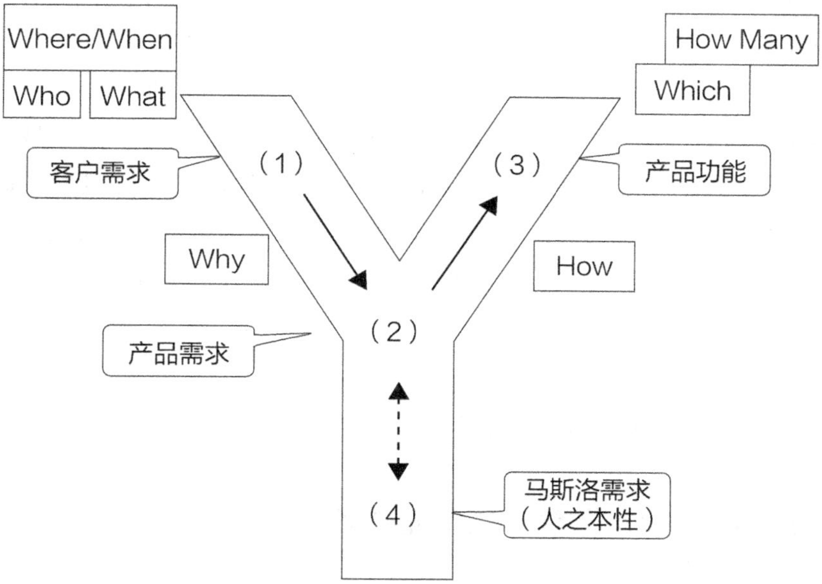

图7–1　需求分析Y模型

Y模型是对需求分析过程的抽象化，由四部分构成。

（1）客户需求。代表客户想法/概念，是起点和表象，是需求的第一种深度或称初始需求，即特定场景特定客户的需求描述，描述客户为什么有这种需求，或者客户希望获得什么样的收益。例如一位女士想买一个好一点儿的手机，希望照相效果好一点儿。

（2）产品需求。代表用户需求背后的目标和动机，是需求的第二种深度，描述客户为什么要提出这个需求，深层次的动机是什么。往往表现为痛点/问题/需求，描述客户使用产品必须完成的目标或任务，并且这个产品能够为客户提供价值。例如：原来的手机的相机太差了，拍照都不清晰，视频效果也很差。

（3）产品功能。代表客户需求的解决方案，是根据客户需求深度剖析得出的技术实现方案，是实施人员能看懂的描述，即能使开发人员实现客户需求的描述。

例如：对相机的要求为一亿像素、蔡司镜头、防抖功能、美颜功能等。

（4）马斯洛需求。代表目标和动机背后的人性需求，或者说是需求的第三种深度——人性和价值观，这代表了需求的本质。例如：某女士之所以要换手机，是因为她比较喜欢自拍，并且经常发朋友圈，希望朋友圈中自己的照片能够漂亮些，在和男朋友视频通话时，能给对方的印象更好等。这些具体需求的背后是社交需求和被尊重需求。

Y模型有助于企业对从用户需求到产品功能的过程获得全面的了解，对客户需求有更深层次的分析，通过产品功能等方面的需求挖掘出更深层次的人性方面的需求。Y模型可提升企业对需求的鉴别能力，不被表面需求欺骗，也能够帮助企业发现更多客户目标，开发能够满足客户更深层次、更长久需求的产品功能。抓住具有更高稳定性的人性，就意味着能在竞争激烈的市场中找到更多机会。

7.2 需求管理的难点及存在的问题

7.2.1 从客户需求到最终产品之间的落差

从客户需求到最终产品，有一个信息层层传递的过程。在信息传递过程，客户原因和企业原因都会造成信息错误、丢失、延迟等问题，这些问题最终会反映为客户的需求和企业交付的产品之间的差距。从客户需求到最终产品之间的信息传递会经历多个步骤，形成多个落差（GAP）（如图7-2所示）。

（1）GAP 1：客户想象的产品和客户描述的产品之间的落差。客户对期望产品的想象，更多源于自己的认知，包括个人过去的经历、个人对产品的需要、个人对市场上已有产品及企业的市场定位的了解等信息。当客户描述自己想象的产品时，由于受到知识背景和表达能力的限制，会不可避免地产生偏差。亨利·福特曾说：“如果我最初问消费者他们想要什么，他们应该是会告诉我，‘要一匹更快的马！’”

（2）GAP 2：客户对自己需求的描述与企业对客户需求的理解之间的落差。在需求搜集过程中，客户与企业在背景、阅历、出发点等方面的差异会造成企业无法真正理解客户描述的内容，也就无法很好把握客户的需求。客户需求有显性需求和隐性需求两大类，企业通过调查得知的往往都是产品功能类的显性需求，但客户的显性需求往往并不是客户真正的需求。企业需要对收集到的显性需求信息进行深度挖掘和捕获，以了解客户的隐性需求，进而分析出客户的真正需求。此外，无论是客户的显性需求还是隐性需求，很有可能都是非理性的、偶发性的或特殊性的。客户对需求的描述往往是理想状态的，是模糊的（比如某客户的需求是：我想要一款外观时尚、性能强劲、性价比高的汽车），是一种诉求，可能暂时或者永远不能形成规模化的、可持续发展的产品或服务，企业还要基于理解并借助产品原型或市场参照物将需求具体化。

（3）GAP 3：企业将对客户需求的理解转化为市场需求，再由市场需求转化为产品需求时形成的落差。市场需求不但要描述目标客户群的需求，更需要描述竞争对手对此需求的反应，是企业对客户需求和市场竞争情况的综合。产品需求是以市场需求为基础，对一个解决方案的综合性描述，或称方案需求，是从企业、客户两个角度对产品全生命周期的综合考虑，往往要涉及价格、渠道、包装、性能、易用性、保证、服务、社会接受程度、品牌等要素。企业考虑的是一类客户、一个群体的需求，很多个体的特殊需求往往会被忽略。此外，客户需求的内容繁多，在产品方案中肯定无法全部实现，企业需要按照一定的规则进行排序，做出取舍，从而使部分客户需求无法得到满足。以上种种原因会造成企业理解的客户需求到产品需求的落差。

（4）GAP 4：产品需求和产品最终实现之间的落差。产品需求具体落实到产品上时反映为产品的技术规格要求（比如对PC产品，产品需求会体现为对外观、结构、散热、噪音、存储容量、CPU性能、显卡性能等一系列具体技术参数的设计要求），设计能力、制造能力、成本限制、技术限制、供应商配合等各方面的原因都会造成技术方案无法实现、需求无法满足（比如对PC产品，在追求轻薄设计的同时要求高续航能力，但由于电池能量密度的技术限制而无法实现）。

（5）GAP 5：企业对产品的宣传与实际产品之间的落差。企业在对产品进行宣传时，会尽量让产品看起来有吸引力。比如产品的宣传照片，往往会让专业团队在特定环境下进行拍摄，并会进行后期的美化处理，让产品看起来亮丽光鲜；或者在宣传时扬长避短，只讲优点不讲缺点，只讲表现不讲限制条件。

（6）GAP 6：客户期望的产品与最终拿到的产品之间的落差。GAP 1到GAP 4是造成GAP 6的主要原因，GAP 5则进一步放大了GAP 6。

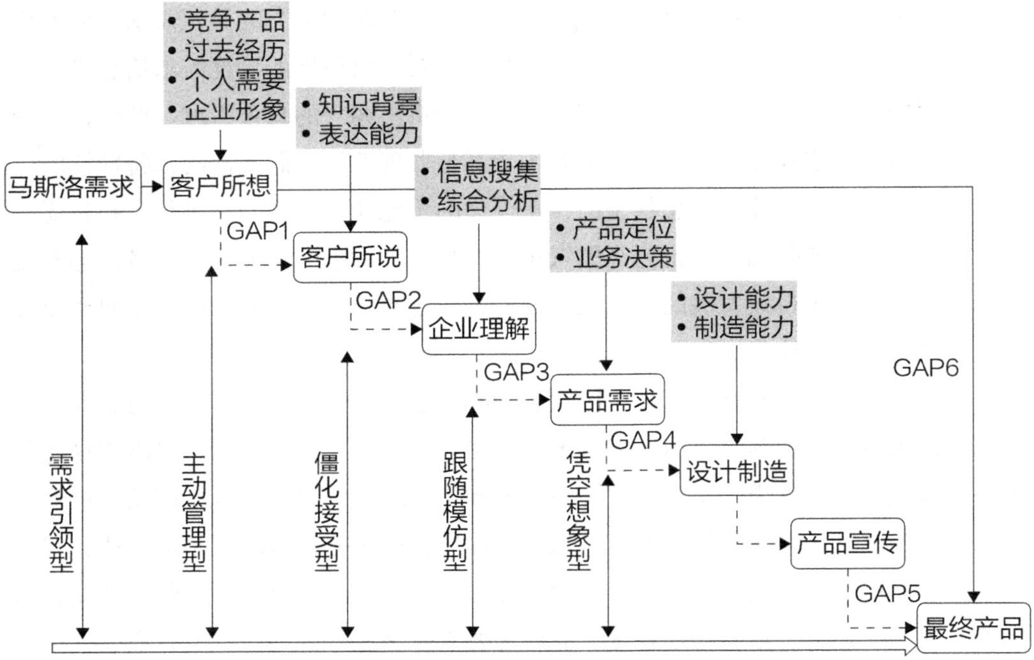

图7-2 客户需求传递路径及落差

7.2.2 客户需求管理的五种类型

前述落差的产生，是企业需求管理不到位引起的。其中，GAP 4、GAP 5更多是企业技术能力和决策造成的，属于客户需求的内部落实和呈现问题，GAP 1到GAP3则更多与企业的客户需求管理意识、需求管理能力及需求管理流程体系的完善有很大关系，它决定了企业客户需求管理的类型。根据企业对客户需求管理的层次不同，可以分为五类。

1. 凭空想象型

凭空想象型指企业凭借自己对需求的假设、想象来进行产品开发。这种情况一般会出现在技术主导型的企业中，这些企业往往在技术方面比较领先，产品经理和研发人员往往自认为能够把握技术趋势和客户使用场景，会基于技术凭空想象客户需求，并基于想象的需求进行产品开发，结果会出现技术极其领先却无市场、叫好不叫座的情况，关键原因就是GAP 4。

在摩托罗拉的“铱星计划”项目中，企业曾对客户的需求进行分析，但从客户需求到市场需求的转化时，对客户需求的分析出现了问题，过分夸大了客户的意愿，对竞争对手的发展考虑过于乐观，忽视了地面移动通信技术快速发展对项目的威胁，从而造成了项目的失败。

联想新产品开发过程中也曾出现过类似的问题。基于对互联网快速普及的预期，联想于2000年推出了网博士电脑，该电脑超前取消了光驱、软驱，只能通过网络进行软件的安装及操作系统的升级等操作。由于当时网络普及情况不理想，网络的服务能力极其有限，很多操作还是需要通过光驱、软驱来完成，客户使用十分有限，这款产品销量也十分惨淡。

2. 跟随模仿型

跟随模仿型指企业在头部企业产品上市后，选择销量较好的产品进行仿制。这类企业往往技术能力不强，市场意识淡薄，为了生存采取了跟随模仿的策略。它们主要关注头部竞争对手，竞争对手什么卖得好就做什么，并不会深入了解背后客户的需求，再加上技术实力的差距，往往产品质量不佳，短时间能够生存，长期缺乏竞争力。这种情况的出现，主要是GAP3和GAP4造成。在互联网时代的今天，“山寨”企业普遍采取这种策略。在客户需求管理方面再向前走一步，并且注重技术能力的提升和产品质量，会有助于这些企业走向一流。

飞鹰刀片是逆袭的一个典型案例。飞鹰牌刀片是美国一家公司的产品，进入中国市场后很快获得用户的认可。当时的上海刀片厂为了销量也推出了自己的“飞鹰牌”刀片，因为厂家注重技术和客户需求，产品销量越来越好，市场份额越来越高。而美国公司因不思进取，产品表现越来越差，销量也就越来越差。用户分不清美国“飞鹰”和国产“飞鹰”的区别，经常出现因美国“飞鹰”出现问题而投诉国产“飞鹰”的情况，甚至影响了国产“飞鹰”产品的销量。为了打破这种局面中，上海刀片厂出资收购了美国公司，自己来做所有产品，这正反映了企业对客户需求管理的能力。

3. 僵化接受型

僵化接受型指企业呆板地接受客户的需求并进行产品开发，客户要什么企业就做什么。当客户是大企业时，由于技术实力比较强，一般可以把需求讲得比较清楚，且大企业的需求一般具有延续性，按客户要求进行产品开发，成功概率比较高；当客户是消费类型的或中小企业时，其需求的分散性、模糊性、随意性会造成产品开发过程因需求的变化而不断变更的情况，项目成功率很低。这种情况反映在信息传递过程中，就是GAP2。目前众多OEM/ODM企业、计划模式下的配套企业，大部分都存在这种类型的问题。这些企业不具备系统的信息搜集能力和需求综合分析能力，会经常出现产品和客户需求错位的情况，如果在市场竞争激烈的环境下直接面对客户，企业长期生存的概率很低。

4. 主动管理型

这类企业能够系统地管理客户需求，保证产品的市场竞争力和技术领先性。企业以市场为导向，主动探索、全面收集、系统分析客户需求，在准确把握客户需求、技术趋势及竞争需求的基础上形成市场需求，并能够结合业务要求、产品定位准确地形成产品需求，并通过研发、制造、供应、服务等方面的能力保证产品需求的落实，从而提供满足用户需求的产品。此外，企业还能够通过需求管理，把握客户需求趋势，指导企业技术研究方向，保证企业的技术领先地位。

5. 需求引领型

这类企业除了能够系统管理需求、多方面搜集客户需求并深入分析、将客户需求准确转化为产品需求并通过技术手段保证需求的实现外，还能够通过客户需求看到更深层次的“人性需求”，把握住基于“人性需求”的技术趋势并前瞻性地进行相应技术的开发，从而引领客户需求。这体现在企业总能在客户说出、甚至是想到之前提供其所需要的产品或功能，让客户为企业所提供的产品惊叹、着迷，最终成为产品的忠实用户。

随着经济的发展和人们生活水平的提高，商品供给逐渐由卖方市场转变到买方市场，人们的需求越来越呈现出多样化和个性化。在网络越来越普及的今天，技术更新迭代加速，靠新技术获得竞争优势的难度增加，应用成熟技术满足客户的个性化需求，成为企业在市场竞争中获胜的主要手段，但大部分企业在客户需求管理方面仍然很不到位。

7.2.3 需求管理不到位的主要原因

7.2.3.1 从企业的角度看

1. 意识问题

企业并未意识到客户需求管理的重要性。有些企业虽然口头上强调客户意识，但实际上并未采取任何行动。这类企业中技术主导型、成熟型、垄断型企业较多。技术主导型企业的管理层特别注重技术的领先性，总认为“供给能够创造其本身的需求”，很容易忽视技术和客户需求及应用环境的结合，“领先半步是先进，领先三步是先烈”，这正是对执着于技术而忽视客户需求企业的忠告。成熟型企业由于规模较大，流程完善，自认已建立了完善的需求搜集体系，但需求管理者远离客户，经常把销售、渠道的描述作为客户需求，企业并未意识到其获得的二手需求信息已经与客户的真正需求差距较大。垄断型企业习惯于用自己的垄断地位获取竞争优势，完全忽视了客户需求是企业获得竞争力的持久动力。

2. 能力问题

需求管理人员的专业性不够。企业虽然设置了需求管理的岗位，但忽视了对需求管理人员的专业性要求，经常有企业把需求管理的某个环节作为全部，比如认为需求搜集就是需求管理，或者把需求等同于技术，让技术人员兼职来做。

3. 管理问题

企业需求管理的系统性不够。企业虽然安排很多有能力的人在不同岗位从事需求管理工作，但由于企业在需求管理方面缺乏系统性考虑安排，缺乏流程保障，需求分析工具方法的应用、分析结果的总结呈现形式各异，造成需求信息在各环节传递过程中出现较多问题，导致客户需求并不能得到准确的体现和实现。比如有些企业通过客服、售后服务、网络等各种渠道搜集了大量数据，但由于缺乏综合分析环节，这些数据得不到很好的应用；还有些企业虽然对客户需求进行了全面的搜集和分析，但由于产品经理的能力不足而不能很好地将需求转化为方案。

7.2.3.2 从客户的角度来看

客户和开发人员的背景不同、立场不同，客户的概括性、综合性表达能力欠缺、专业知识的不足以及对某些需求的偏执等都会给需求管理带来很大的困难。此外，人们需求的不断变化也会给企业在产品需求把握方面带来很大的影响。马斯洛和其他的行为科学家都认为，一个国家多数人的需求层次结构，是与这个国家的经济发展水平、科技发展水平、文化和人民受教育的程度直接相关的。在不发达国家，生理需求和安全需求占主导的人数比例较大，高级需求占主导的人数比例较小；在发达国家，则刚好相反。同一国家不同时期，人们的需求层次会随着生产水平的变化而变化。戴维斯（K. Davis）曾就美国的情况做过统计，结果如表7-1所示。

表7-1 美国1935年至1995年马斯洛需求的比对

马斯洛需求种类	1935年	1995年
生理需求	35%	5%
安全需求	45%	15%
情感需求	10%	24%
尊重需求	7%	30%
自我实现需求	3%	26%

中国近几十年快速的经济发展也造成了社会群体性马斯洛需求的变化，客户群开始分化。这种快速变化，会不可避免地让客户群体的高层次需求依然保留低层次需求的特征，给企业对客户需求的准确判断把握带来困难。

7.3 需求管理要听谁的

在需求管理方面，消费者、顾客、客户、用户，更应该听谁的？要回答这个问题，首先要明白这个概念之间的区别。如图7-3所示。

（1）消费者：从狭义的角度看，消费者指为达到个人消费使用目的而购买各种产品与服务的个人或最终产品的个人使用者。在宏观的层面，也即从整个社会的生产和消费的视角来看，将所有行业的企业统称为生产者，将所有的产品使用者统称为消费者。在做产品需求管理时，并不会把企业用户的需求排除在外，应该采用消费者的广义定义：对某种产品或服务占有、使用、收益的个人或组织。

（2）顾客：指与企业直接进行商业交往的人或群体，在各种交易关系中供给者所要面对的需求主体，是现实的和潜在的产品和服务的购买者。其中现实的购买者指对企业产品或服务具有需求，并与之直接发生交易关系的组织和个人；潜在的购买者指对企业产品或服务有需要和欲望而不具备购买能力，或者具备购买能力但是由于各种障碍无法与企业发生直接交易关系的组织和个人。国际标准化组织（ISO）将顾客定义为：接受产品、服务的组织或个人。

（3）客户：指通过购买产品或服务满足其某种需求的群体，也就是有直接的经济关系的个人或企业。客户除了消费关系外还有洽谈商议的关系，不是一次性的，更关注未来的再次交易、合作和交往。客户是能为企业提供特殊价值，需要被特殊对待和获得个性化服务的顾客。客户与顾客之间的具体区别表现在："对于某个企业而言，顾客可以是没有名字的，客户则不能没有名字；顾客是某个群体的一部分，客户则是以个人为基础的；顾客可以由企业的任何人为其服务，客户则由指定专人服务。"

（4）用户：指某一种技术、产品、服务的使用者。

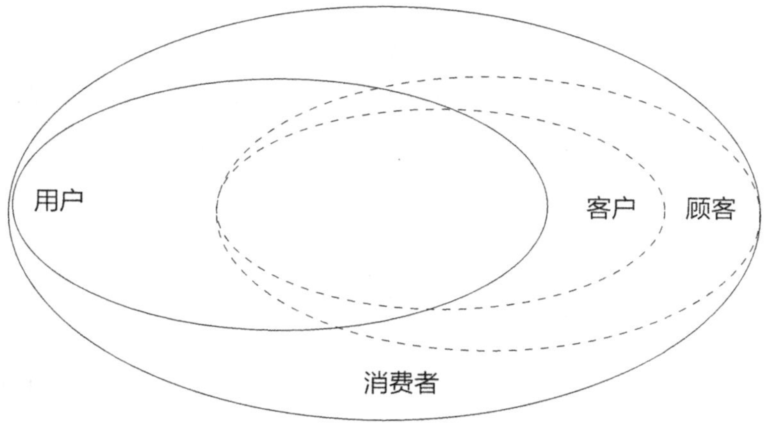

图7-3　消费者、顾客、客户和用户几个群体的关系

以上几个概念描述的角度不同，存在交叉重叠，比较容易混淆，图7-3有助于对这几个概念的理解。总体来说，消费者是从社会分工的角度来进行群体划分的，顾客、客户是从商业行为角度进行划分的，用户则是从是否直接使用产品或享受相应服务的角度进行群体划分的。

企业进行需求搜集时，要从多个角度入手，尽可能全面地考虑问题。如果是前瞻性进行产品或技术规划，更多应关注整个目标消费群体的深层次需求，获得全面的信息，以便为产品或技术平台的规划提供指导。当落实到具体产品需求时，要更多从目标客户和用户角度考虑，并且要特别关注用户的需求及使用体验。因为满足客户的需求有助于提高客户满意度，提升企业产品销售时的竞争力，塑造短时间的优势，只有在产品中考虑并满足了用户的需求，使产品能够发挥出其应有的作用，给企业和个人带来价值，才能使用户在使用中满意，塑造企业在用户心目中良好的形象，使更多的顾客变为客户，从而给企业带来持续稳定的收益。

7.4 企业需求管理流程框架

需求管理是营销管理的核心，其过程始于客户/用户/顾客的需求，终于客户/用户的满意。好的需求管理流程，能够及时准确从目标客户群获取需求信息，结合企业的营销环境和营销计划转化为市场需求，并进一步转化为对产品或服务的需求。企业基于自己的实力将需求转化为具体的产品实现方案，在客户需要的时间、以客户能够承担的价格、可以接受的质量，将产品和服务提供给客户，并最终收获客户的满意。

基于需求管理的工作可分为三个层次展开。

第一层：战略层面的定位管理，是企业基于技术和市场趋势寻找机会点，提前进行产业布局。

第二层：策略层面规划管理，基于产业布局进行的业务规划，即在年度规划中明确重点方向、产品及时间节点，以指导企业产品开发工作。

第三层：执行层面的开发管理，针对细分市场客户群的需求进行产品开发，通过技术和管理手段来保证客户需求得以满足。

前两个层次属于企业级、业务级的需求管理，是宏观层面的管理，需要通过宏观的需求管理流程——战略管理和业务规划流程来实现；最后一个层次是产品级的需求管理，是微观层面、操作层面、产品实现过程的管理，需要通过产品需求管理流程来实现。

在项目层面，所有与需求直接相关的活动统称为需求工程，需求工程被认为是“对复杂系统设计进行严格控制的有效工具”。需求工程是随着计算机技术的发展而发展的，属于软件工程的子领域，即应用已证实有效的技术、方法进行需求分析，确定客户需求，帮助分析人员理解问题并定义目标系统的所有外部特征。简单来说，需求工程就是在工程设计过程中定义、记录、维护需求各过程，常见于系统工程和软件工程领域。

需求工程活动可以分为两类：一类是需求开发，包括需求获取、需求分析、规格说明及需求验证四方面的内容；另一类是需求管理，包括需求确认、需求跟踪、变更控制三方面的内容。需求工程管理如图7-4所示。

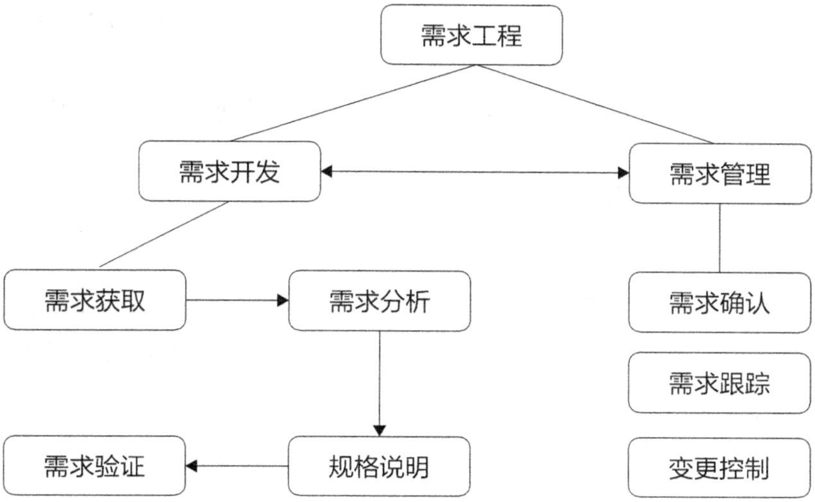

图7-4　需求工程管理

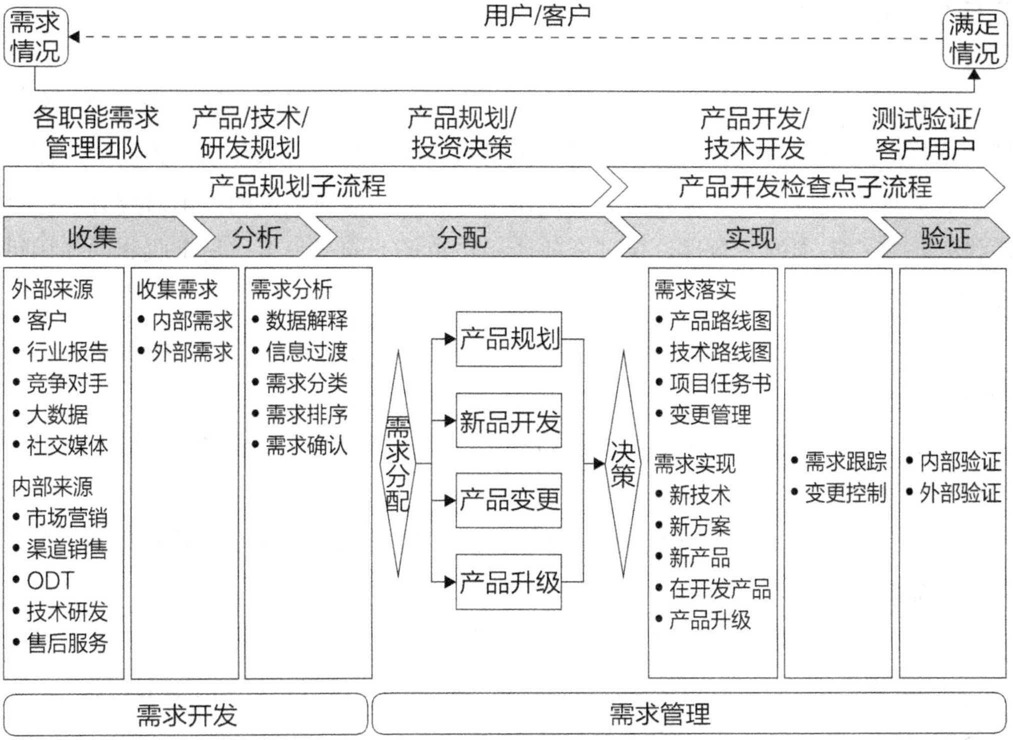

图7-5　基于IPD的需求管理流程

由以上可知，需求工程是项目级的需求活动管理，有项目时才有需求开发、需求管理的活动，而IPD是业务层面的研发管理流程，超越了项目，因此基于IPD的需求管理也就需要从整个业务层面考虑，由临时性工作转变为日常工作的一部分，从时间维度、客户群维度、产品维度等方面对需求进行持续的、综合的、全面的、全过程的管理。为此，需要基于IPD，构建能够满足研发需要的需求管理流程，该流程需要与IPD中其他子流程及相应的团队匹配，以便明确工作内容和负责人。该流程由五个步骤构成：需求收集、需求分析、需求分配、需求实现和需求验证（如图7-5所示）。这五个步骤只是给出了系统需求管理的框架，但在实际操作过程中，企业需要结合具体情况基于此框架进行细化。

7.5 需求收集管理及工具

7.5.1 需求收集的作用

需求收集是以公司产品愿景、产品战略为指导，全面了解目标市场、目标客户群需求情况的过程，其目的在于通过以市场为导向的客户需求收集，为后续的需求分析、需求筛选以及产品规划与开发提供输入，从而保证企业的技术研究方向、资源投入与客户需求的一致性，保证企业产品在市场上的竞争力。需求收集的作用可归纳为以下几个方面。

（1）深刻理解市场需求、用户需求，准确掌控行业发展趋势，保持高度市场敏感。

（2）保证产品研发围绕客户需求展开，真正实现产品研发“以市场为导向、以客户为中心”，而不是闭门造车。

（3）实现产品创新，通过有创新性的新卖点、新产品的持续不断推出，保证企业产品的竞争优势。

（4）及时获得竞争对手相关产品及市场策略，做到“知己知彼”。

（5）通过需求收集等相关活动，有机串接市场营销部门与产品研发部门，建立跨部门的、端到端的流程指导需求开发。

（6）加强与用户互动，提升用户忠诚度及黏性。

7.5.2 需求的来源

企业若想全面、准确、及时收集客户的需求信息，就需要建立广泛的渠道，保证信息不遗漏。需求从来源上大致可以分为外部来源和内部来源。

1. 外部来源包括但不限于以下几个

（1）客户反馈：客户在使用产品过程中所提的建议和意见，以及通过客户访谈等手段得到的需求信息。

（2）竞争对手产品分析：直接作为竞争对手产品的用户进行试用，总结使用体验；按照一定的流程，对竞品从包装、外观、结构、性能、用户体验、成本构成等角度进行全方位专业分析，形成竞品分析报告。

（3）社会化媒体：搜索引擎、论坛、社群、微博等社会化新媒体。

（4）传统媒体/竞争对手软文等。

（5）相关行业分析，或统计咨询类网站统计分析数据。

2. 内部来源包括但不限于以下几个

（1）企业产品战略：明确的市场细分和客户群细分。

（2）项目发起人：项目发起人推动项目立项的动机源自客户需求，虽然并不意味着从项目发起人那里得来的需求就是完善的、合理的，但一般情况下项目发起人所关注的点，往往是产品的核心所在，也是盈利点所在。

（3）客服人员：包括呼叫中心（电话、短信、传真、邮件等）、在线客服（微博、公众号、留言板等）。

（4）运营人员：企业内部运营人员在运营中产生的需求是重要的需求来源，运营人员也是系统的用户。

（5）市场营销人员：市场营销人员一般具有高度的市场敏感性，能够通过分析市场竞争力更准确地把握产业发展趋势。

（6）销售人员：销售人员要把握和挖掘产品的销售亮点，使产品更能吸引客户。

（7）技术支持：售前和售后技术支持人员负责新需求和变更需求的初级整理和调查，汇总后交由产品经理进行分析论证，产品经理协调研发人员开发满足客户需求的产品。

（8）产品用户行为分析：包括分析用户所有操作行为及交易行为等。

7.5.3 需求收集方法

除了广泛的渠道外，需求的收集需要机制的支持，即明确每个需求收集活动参与者的岗位职责、建立需求预处理流程、周期性重复需求收集活动；还要有系统的支持，企业最好能够开发需求收集IT系统，以便实现统一的需求收集。此外，需求收集的技术和方法也十分重要，合理利用工具和方法，有助于提升需求收集的专业水平。

一般情况下，战略部门负责宏观的、共性的、趋势性的需求的收集管理，用于指导战略的制订及战略项目的确定；业务部门负责具体业务范围内目标客户群共性的、趋势性的需求的收集管理，用于指导业务部门的组合规划、产品线设计、技术规划等；产品经理负责具体产品或产品线对应目标客户群的需求的收集管理，用于指导具体产品或产品线的新产品开发或产品升级工作。这里主要关注业务层面和产品层面的需求管理。

1. 用户访谈法

访谈是通过与用户或者其他关系人直接交谈获取信息的正式或非正式的方法。在访谈的时候，可以和被访者进行预设或即兴交流，并且对他们的反馈进行记录，根据具体情况访谈可以一对一，也可以一对多。最好能够邀请对业务或者需求有比较深刻认知和体验的人员进行访谈，可以设计场景谈话，也可以通过提问的方式来进行，对比较重要的议题，需要有多人参加，便于获取更多的信息。用户访谈适用于产品规划阶段针对新产品或新用户的调研，可深入探讨用户的感受、观点、个人习惯等。

2. 焦点小组法

焦点小组是与用户进行一对多聊天的沟通形式。相比用户访谈，这种方法能在较短时间内从用户身上获取较多的信息。需要注意的是，虽然都是与用户直面沟通，但两种方法的招募对象、访谈话题、调研目的等都存在差异。焦点小组适合于对用户或产品有一定了解的基础上进行，往往是针对某一主题或方向进行深入讨论，对研究人员的能力要求较高，需要有很好的现场控制能力。焦点小组特别适用于收集用户的主观偏好、态度、观点、需求和功能性方面的想法，因此可应用于产品开发的多个阶段，并且在每个阶段有不同的作用。比如在产品开发前收集用户的期望和功能性需求；在开发初期，适合收集用户的期望和功能性的需求，同时审查初期的模型；在开发后期，有助于识别和区分产品特征的优先次序。

3. 原型法

原型法指在获取一组基本需求之后，快速构造出一个能够反映用户需求的初始系统原型，让用户看到未来系统的概貌，以便判断哪些功能是符合要求的，哪些方面还需要改进，然后不断地对这些需求进一步补充、细化和修改，依此类推，反复进行，直到用户满意并由此开发出完整的系统。简单来说，原型法就是通过不断运行系统的原型来揭示、判断、修改和完善需求的分析方法。原型法适用于产品立项或概念阶段简单产品的外观或交互方面需求的确认，对复杂外观或复杂系统不太适用。

4. 问卷调查法

问卷调查又被称为调查表法或询问表法，是通过问问题的方式系统记录调查内容的方法。通过问卷可以调查客户的需求、拟改进需求的重要程度，以及拟改进需求能否满足客户要求等问题。当然，也可以通过问卷调查客户对现有状况的满意度。

问卷调查的首要特点是调查的客户数量大。问卷调查通过大量的数据来佐证客户需求的准确性，因此不会出现客户访谈可能出现的观点误导，从这个角度讲，问卷调查属于定量分析，客户访谈和焦点小组讨论属于定性分析。问卷调查还具有低成本的特点。当然，问卷调查也会因客户不积极配合，出现回应率低或回答草率等问题，在这种情况下，可以在调查时适当配发一些小礼品等来调动客户的参与积极性。问卷调查常用于用户访谈之后，通常先通过定性的用户访谈判断基本方向及要点，再通过问卷对各需求关键点进行定量验证。

5. 竞品分析法

竞品分析是从产品特征、用户特征两个角度入手，寻找竞争对手的产品，对其测试、拆解、分析，并与企业的产品进行全方位对比，从而间接获得用户需求的一种方法。这种方法一般用于产品规划或产品开发的早期，通过对竞品功能、性能参数、规格参数、成本、外观结构、包装、说明书等方面进行全方位的对比，获得竞争性需求输入，从而为产品的规划、设计提供输入。竞品分析是一种有效的获取需求的方法，一般会选择已经在市场上销售、具有优势地位的产品进行分析，这些产品经过了市场的检验，获得了用户的认可，能够真实反映用户的需求。

6. 大数据分析法

大数据分析是运用大数据挖掘、机器学习和语义分析技术，将在社交媒体、技术网站、论坛上抓取的数据以及从其他渠道搜集的数据进行分析处理，获得用户需求的方法。这种方法能够通过收集客户在购买、使用过程中的行为数据及客户在网络上发布的感受信息并进行大数据分析，精确把握市场动向、客户需求，并预测和挖掘用户的潜在需求，再通过进行为其提供优质的产品、合理建议、贴心服务和良好的体验，实现消费者价值的最大化。大数据工具既可以用于客户日常需求的收集，也可以用于产品规划或早期开发，还可用于产品售后用户反馈的检测，帮助企业及时发现用户使用中的问题，提早采取行动，避免给企业带来更大的损失。随着互联网技术的发展，大数据技术的应用越来越广泛，很多产品型企业都会运用大数据工具进行客户需求的收集挖掘，互联网企业更是能够通过大数据分析客户的喜好并有针对性地推送相关信息。有些企业甚至能够将大数据功能发挥到极致，比如利用大数据进行便利店的实时配货，能够精确到以分计时来指导店员的实时操作，包括货架的货物摆放，快餐按品种、数量及时安排预热等。

7. 第三方分析报告

市场上的第三方机构会定期或不定期发布自己熟悉领域的白皮书、调研分析报告，具有中立性、权威性、全面性的优势。企业可以结合自己的需要，通过长期合作或一次性购买的方式获得相关的报告。第三方报告一般比较宏观，更多用于产业格局判断和业务发展参考，很少能够用于产品规划和设计。第三方报告是对企业市场信息的有效补充，可帮助企业快速了解不熟悉的行业，为企业决策提供支持。

8. 客户问题分析法

企业自从有产品销售到用户手中后，就能不断从各种渠道收到用户的反馈，比如客户服务中心、售后维修站、销售渠道等，在这些反馈中，很多是客户在使用过程中遇到的问题，这些问题中往往隐藏着很多客户的共性需求。企业将这些信息进行记录，积累一段时间之后进行汇总，按一定规则排序，找出排序靠前的几个问题，就能在很大程度上了解大部分客户的需求。

联想的企业级业务，经常遇到服务器主板蠕蚀问题，即在长时间使用过程中主板线路被腐蚀，造成服务器无法正常工作。这种情况在某客户的数据中心出现特别频繁。对此，企业安排工程师进行了深入调查和长期跟踪，结果发现该数据中心数千米之外有一个垃圾填埋场，填埋场内垃圾被微生物分解后释放出填埋气，其中有硫化氢等腐蚀性气体，这些气体会随风飘到数据中心，在被主板上结露吸收形成具有腐蚀性的酸，从而造成主板的蠕蚀。针对此问题，由可靠性工程师牵头，组织团队进行研究并找到了解决方案，也形成了企业在技术上的竞争优势。

9. 行业交流法

任何一个企业都在行业中有自己的定位，有自己的合作伙伴和客户，通过与相关组织的交流能够获得技术趋势性信息和客户需求信息。企业可以通过行业交流会、合作伙伴互访、客户拜访获取相关的信息。在联想，很多业务部门会建立QTR（Quarterly Technical Review，季度技术交流）机制，定期邀请供应商来进行技术交流，分享各自的技术和需求，企业可由此把握技术发展趋势，前瞻性地与供应商进行战略合作。联想也会安排高层定期拜访典型客户，了解客户需求。

10. 用户场景模拟法

很多客户的需求是在一定的场景下产生的，企业可以通过应用场景模拟来发现客户的需求。企业的用户体验工程师往往就是通过在实验室进行用户使用场景模拟来观察客户行为、发现客户需求的。

为了让不同应用场景下的用户都能获得最佳的体验，联想YOGA团队进行了广泛的用户研究，发现选择360°自由翻转多模式电脑的用户，很多时候并不是正襟危坐在电脑桌前，而是可能将电脑立在飞机座位的小桌板上，反过来平放在大腿上，甚至挂在卫生间的毛巾杆上。这就要求YOGA的笔记本外壳和转轴要能适用各种复杂场景，这对材料的硬度、光洁度和摩擦力等方面提出了很高的要求。比如，很多年轻女性用户都表示，在单位午休、周末在家或逛街购物的间隙，她们经常会将电脑放在大腿上使用，所以可能她们就会很关心YOGA笔记本电脑背面温度会不会太高、转轴或边角会不会弄破丝袜等。经过反复体验和测试，团队对系统散热设计进行了优化，保证背面温度不会过高，优化了转轴和外壳加工工艺方案，保证不会造成丝袜被弄破。

企业在需求收集方面要充分利用各方面的渠道，对外要重视用户、客户的需求，对内要重视领导、同事及企业战略的需求。对用户，要通过问题来收集需求，即观察用户的使用感受，从他们的牢骚和吐槽中定位背后的真实问题，根据他们的实际反馈不断调整方案，完善产品。对大客户，要深入了解其业务，基于业务场景分析发现其需求。针对来自市场、运营和服务部门同事的需求，要了解产品对他们的工作产生了哪些影响，这些影响就是他们的需求的来源，要尽量协调解决，对无法解决的需求，要积极沟通协商，做到让同事满意。领导是需求的一个重要来源，要设法了解其需求提出的前因后果，协调资源去达成目标或证明不可行，给出后续的计划和建议，然后向领导做详细汇报。对于作为需求管理者的产品规划部门则要详细了解部门的产品战略目标，并将其落实在产品规划中。另一方面，要合理地利用工具，通过客户的表层问题挖掘其背后的真实需求和期望。需求收集注重广度，需求挖掘要注重深度，在广度和深度两个层面都做到位才能全面真实地获得客户的需求，为后续的需求分析和产品开发打好基础。

在日常工作中，企业的不同部门要学会从不同角度收集客户需求并用于不同目的，但总体来讲有两个归口：宏观的、产业趋势层面的需求会归口到战略部门，用于指导产品战略、技术战略的制订；产品层面、用户层面的需求会归口到产品规划部门，用于指导产品/技术规划以及具体产品开发及技术研究工作。需求归口部门要负责将零散的、分布在各个部门和岗位的客户需求进行收集和统一管理，建立需求管理库。为了保证质量，需求收集应坚持准确性、全面性、时效性的原则。

7.5.4 需求整理

通过需求收集获得的数据信息十分庞杂混乱，交叉重叠问题十分严重，很难直接进行分析，必须进行需求信息的初步整理，即对需求信息进行重新组织，让收集到的需求信息从无序变为有序，以便于利用。需求信息的初步整理包括形式整理和内容整理两个方面。形式整理是基于某一外在依据进行分类整理的方式，是一种粗线条的初步组织，比如把客户需求信息按来源的区域、客户类型、时间段等进行分类；内容整理包括数据的汇总、观点的归纳和总结等。

在需求整理中，最常用的工具为亲和图（Affinity），这是一种把收集到的大量事实、意见或构思等资料，按其相互亲和性（相近性）归纳整理，使问题明确起来，求得统一认识和协调工作，以利于问题解决的一种方法。收集到的客户需求很多都是语言描述性的，层次不一，有的是系统层面的需求（我想要一台轻薄的笔记本电脑），有的是部件层面需求（我希望键盘手感好），更多的则是从不同角度描述的同样的需求（有的描述为显示屏分辨率要高，有的则描述为显示清晰，还有的描述为图像清晰，其实都是一种需求），通过信息亲和，数据量会大大减少，内容描述也会更规范。

7.6 需求分析管理

通过需求收集，得到了很多客户的需求信息，这些信息在描述上更多是客户对表面需求的表达、对问题的描述，想从这些信息中心获取用户的真正诉求就需要进行需求分析。需求分析就是对收集到的客户需求信息进行加工处理，排除错误和弥补不足，将用户非正式的需求表述转化为完整的、正式的需求定义，形成产品规划或产品开发所需的信息的过程，最终输出需求排序表，为需求的分配做好准备。需求分析过程可分为四个步骤：需求解释、需求过滤、需求分类和需求排序。

7.6.1 需求解释

需求解释就是将客户对需求的描述转化为企业内部规划和开发人员常用的、规范的描述，并且对客户的原始需求进行查缺补漏的过程。在这个过程中，对描述清晰、来源可靠的需求可直接进行规范性描述转化；对质量低劣、内容不可靠、重复的需求要进行剔除；对信息不全或存在冲突的需求要通过交叉验证或溯源来补全信息、澄清问题，然后才可进行规范性描述转化。总之，需求解释就是将来自各方面的需求进一步提炼，形成规范有效的正式需求的过程。

7.6.2 需求过滤

需求过滤是对转化后的需求结合业务情况进行筛选的过程。需要综合考虑客户需求是否和业务紧密相关、是否与产品战略一致、是否能给企业带来更高的价值、是否已经提交、是否现有产品已经满足等诸多条件，剔除冗余、重复、不相关或不符合业务趋势的需求，形成业务需要的正式需求池，为下一步的分类工作做好准备。

7.6.3 需求分类

需求分类是针对正式需求，按照一定的规则进行分类，以便后续按类别进行需求分配处理。常用的需求分类方法有以下几种。

（1）按客户需求的紧迫程度分为长期需求、中期需求、短期需求、紧急需求等，不同紧迫程度的需求，结合竞争情况、技术成熟情况等因素，需要安排不同的分配路径和实现方式。

（2）按需求承载的研发项目类型可分为业务规划需求、新产品项目需求、老产品升级需求、技术平台开发需求等，需要不同的流程和研发团队支持。

（3）按客户需求涉及的产品范围可分为特殊机型需求、单产品需求、多产品需求、通用需求等，不同的需求类型涉及不同的技术开发流程和团队。

（4）按$APPEALS模型进行分类。$Price—价格，Availability—可获得性，Packaging—包装，Performance—性能，Easy to use—易用，Assurances—保证，Life cycle costs—生命周期成本，Social acceptance—社会接受程度。这种分类方法主要用于对细分市场的竞品进行全方位的差异化分析，驱动价值创新，梳理自己产品的核心竞争力。

（5）对软件需求一般会采用“FURPS+”模型进行分类。Functional—功能性，指特性、功能、安全性；Usability—可用性，指人性化因素、帮助、文档；Reliability—可靠性，指故障频率、可恢复性、可预测性；Performance—性能，指响应时间、吞吐量、准确性、有效性、资源利用率；Supportability—可支持性，指适应性、可维护性、国际化、可配置性。“+”指一些辅助性的和次要的因素，比如：Implementation—实现，指资源限制、语言和工具、硬件等；Interface—接口，指强加于外部系统接口之上的约束；Operation—操作，指对其操作设置的系统管理；Packaging—包装，如物理的包装盒；Legal—授权，指许可证或其他方式。

需求的分类工作一般是由业务单元的产品规划部门牵头，相关职能部门参与，并邀请公司各方面的专家，以团队的形式共同完成。对需求的分类，一般情况下会从多个维度展开，以满足需求分配的需要。

7.6.4 需求排序

需求排序指对分类后的需求进行优先级排序的过程。客户需求众多，企业资源有限，企业要在时间、资源、战略要求等众多约束条件下，优先安排等级较高的需求进行开发，这就要求企业必须对需求进行排序，这种排序往往是针对同一类需求进行的，不同类别的需求无法直接进行比较。对于需求自定准则比较，可采用价值工程法、专家调查法或层次分析法；对于方案型需求要从多个维度进行分析比较，可采用$APPEALS法，这种方法需要综合专家调查法、层次分析法等进行分析。

（1）价值工程法是以功能分析为核心，把某需求的价值（Value）定义为满足该需求所需的所有功能（Function）与满足该需求的全部费用（Cost）之比，即V=F/C，对各需求依次运用该方法确定其价值V，最后按价值V的高低进行排序，形成需求排序表。

（2）专家调查法的核心是通过匿名的方式进行几轮函询来征求专家的意见，然后通过汇总分析来拟定一个综合的结论。该方法应用过程中要注意几点：首先需求列表要比较明确清晰，不会产生歧义；其次要选择对业务比较熟悉且具有广泛性、代表性和权威性的专家；最后调查最少要进行三轮，直到排序结果具有很高的一致性为止。

（3）层次分析法（Analytic Hierarchy Process，AHP）是一种定性与定量相结合的决策分析法，能够统一处理决策中的定性与定量因素。该方法的基本思想是把复杂问题分解为多个因素，将这些因素按支配关系分组形成递接层次结构，依据对客观现实的判断通过两两比较的方式确定层次中诸因素的相对重要性，并给予定量表示，最后利用数学方法确定每一个层次全部因素的相对重要性的权值，为最终的决策提供参考。

（4）$APPEALS法是IBM设计的一套从用户视角来评判自己产品和竞品的用户购买兴趣、选择要素的框架，它包括产品价格、可获得性、包装、性能、易用性、保障、生命周期成本、社会影响八个要素，可让企业通过竞争对比分析，加强自身关注来满足客户需求。$APPEALS的八个要素只是需求的分类归集，每个要素下一般又包括多个子要素（比如对PC产品的性能要素的评价又可分为显示器性能、图像处理能力、声卡性能、存储性能、网络性能、可靠性等），因此企业需要结合具体的产品来定义八个维度的二级子要素以确保评价结果的客观性和准确性（如表7-2所示）。该分析方法涉及细分市场、竞争对手，在选择相同权重赋值的情况下，可对同一产品的不同方案进行比较，也可与竞争对手相同定位的产品进行比较；在选择不同权重赋值的情况下，可对不同定位产品的方案进行比较。为了形象直观地展示比较结果，一般会采用雷达图形式呈现。在$APPEALS法应用过程中，特别要注意的一点就是权重的赋值，只要是涉及多要素比较，各要素影响度不同，就需要对各要素赋予相应的权重，以便准确体现各要素的影响。在对影响要素赋值的过程中，一方面要广泛听取专家的意见，另一方面就是要合理利用工具，充分发挥专家调查法和层次分析法的作用来实现对各要素权重的合理赋值。

表7-2　$APPEALS模型各维度的含义

维度	内涵
产品价格（$）	这个要素反映了客户为一个满意的产品/服务希望支付的价格，用这个标准来要求供应商时，要从实际和感觉这两方面来考虑客户能接受的购买价格，其数据评估包括技术、低成本制造、物料、人力成本、制造费用、经验、自动化程度、简易性、可生产性、管理费用等
可获得性（A）	这个要素描述了客户何处、何时、如何买到产品，即顾客完整的购买体验，产品销售渠道如何与顾客期望匹配，用这个标准来要求供应商时，要考虑整个购买过程的优秀程度，包括预售的技术支持和示范、购买渠道/供应商选择、交付时间、客户定制能力等
包装（P）	这个要素描述了期望的设计质量、特性和外观等视觉特征。就软件而言它描述了交付或提供的功能包，用这个标准来要求供应商时，要考虑客户对外形、设计等的意见，还有这些属性对交付的期望的贡献程度，关于包装的考虑应该包括样式、模块性、集成性、结构、颜色、图形、工艺设计等
性能（P）	这个要素描述了对这个交付期望的功能和特性，用这个标准来要求供应商时，要从实际和感觉两方面来考虑有关功能和特性的产品性能，如产品工作得怎样、产品是否具备所有必需的和理想的特性、它是否提供更高的性能，从客户角度来衡量，包括速度、功率、容量等
易用性（E）	这个要素描述了交付的易用属性，用这个标准来要求供应商时，要考虑客户对产品的舒适、学习、文档、支持、人性化显示、感觉的输入/输出、接口、直观性等方面的意见
保证程度（A）	这个要素通常反映了在可靠性、安全和质量方面的保证，用这个标准来要求供应商时，要考虑客户在可预测的环境下关于减少他/她关注确定的性能方面如何评价整个产品，这可以包括保证、鉴定、冗余度和强度
生命周期成本（L）	这个要素描述了所有者在使用的整个生命周期的成本，用这个要素来要求供应商时，要考虑安装成本、培训、服务、供应、能源效率、价值折旧、处理成本等
社会可接受性（S）	这个要素描述了影响购买决定的其他影响，用这个要素来要求供应商时，要考虑口头言论，第三方评价，顾问的报告，形象，政府或行业的标准、法规，社会认可，法律关系，产品义务等对购买决定起了怎样的促进作用

需求的排序工作一般由业务单元的产品规划部门牵头，细分市场的营销、研发、服务、质量等部门人员参与，并邀请公司各方面的专家，以团队的形式共同完成。

7.7　需求分配管理

需求分配就是将已经获得批准、将要纳入业务的需求，按照需求的紧急程度，即需求实现交付的时间点，分配到不同的开发计划中，以便在开发计划指导下，合理协调资源，实现需求的有序开发。

由于企业业务特点不同，长期、中期、短期的时间划分有所不同，但一般会把3年以后的需求定义为长期需求，1~3年的需求为中期需求，1年以内的需求为短期需求。

由于企业业务类型、管理流程的差异，其需求分配的操作细节可能就有一些差异，但在大的方向上基本一致。下面以联想为例，说明需求分配的路径。

联想作为IT企业，产品的更新换代节奏很快，客户需求变化也比较快，因此企业采用的需求分配方式如下（如图7-6所示）。

（1）长期需求，分配到年度业务规划中。2年以上的需求为长期需求，战略级的长期需求一般会指定公司一级研发部门负责，业务单元需要做好配合，为后续在产品中的实现做好准备。产品应用层面的相关需求会落实在年度业务规划中，并用来指导技术/产品平台预研，这些需求可以凭借业务单元的技术力量来做预研。该工作由业务单元战略部门牵头，产品规划、技术规划、市场营销等部门配合，总经理室最后决策。

（2）中期需求，分配到产品路线图中。3~24个月的需求为中期需求，相关需求会根据客户群或市场的区域划分落实到相应的产品线中，并每月滚动检查需求的变化情况。该工作由产品规划部门牵头，技术规划、市场营销部门配合，PIDT最后决策。

（3）短期需求，分配到项目任务书。0~3个月或处于概念前阶段的需求为短期需求，相关需求会直接在项目任务书中体现。该工作由产品经理具体负责，产品核心团队（PCT）配合支持，PIDT最后决策。

（4）紧急需求，直接分配到项目任务书或通过产品变更形式加入项目任务书。项目正式启动到产品发布期间需求的为紧急需求。在计划阶段结束之前，需求可由ODT直接加入到项目任务书，经PIDT决策后即可落实；在计划阶段结束后，项目范围基线已经确定，需求的加入需要由ODT提出变更申请并经PIDT审批通过方可加入项目任务书。

（5）其他需求，指在产品生命周期管理期间需要通过产品升级来满足的需求。这类需求又可分为两类，一类是紧急需求，往往需要通过临时的产品升级来实现；另一类是根据技术发展需要或业务运营需要，通过提前计划好的升级来满足的需求，这些需求往往按照一定的节奏分批落实。这些工作由生命周期管理团队（LMT）或ODT负责，生命周期管理委员会（PLMC）或PIDT做最后决策。

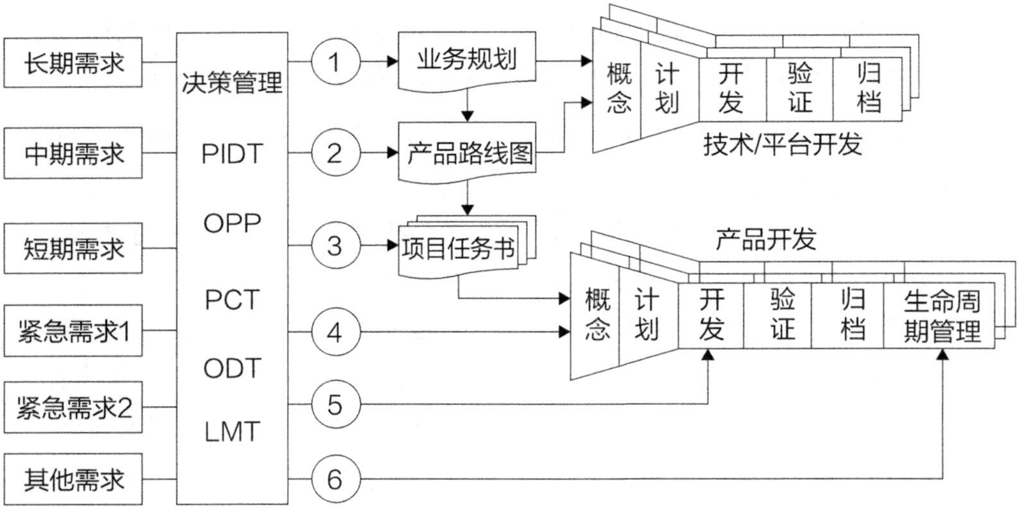

图7-6　需求分配流程

在需求分配管理工作中，要尽量减少进入开发验证阶段的紧急需求和生命周期管理期间的临时需求，这些需求往往需要通过临时增加资源来满足，会打乱产品开发或运营的节奏，给企业带来不可知的风险。

7.8　方案需求及其实现管理

企业收集客户需求进行分析并有序分配是为了最终能够提供满足客户需要的产品或服务，而需求实现指将客户需要以功能的形式落实到产品或服务中并完成开发工作的过程。但要注意到，仅按客户需求开发产品并不能真正满足客户的需要，也不能很好符合市场的要求。客户通常理解的产品指具有某种特定物质形状和用途的物品，是看得见、摸得着的东西，客户的需求通常也是基于此来描述的，而市场营销学认为，广义的产品指人们通过购买获得的能够满足某种需求和欲望的物品的总和，它既包括具有物质形态的产品实体，又包括非物质形态的利益，这就是“产品整体概念”。

7.8.1　产品整体四层次结构

产品整体概念经历了贝内特的三角形的两层次模型、库尔茨和布恩的正方形两层次模型、科特勒的三层次结构模型、莱维特的四层次结构模型、科特勒的五层次结构模型几个阶段，最终形成了被广为接受的产品整体四层次结构，即产品整体由核心产品、形式产品、附加产品和心理产品四层构成（如图7-7所示）。产品整体概念的四个层次，清晰地体现了以市场要求为中心的现代营销观念，即一个产品的价值，是由顾客决定的，而不是由生产者决定的。

（1）核心产品（核心功能）指向客户提供产品所具有的基本效用或利益，客户购买产品的目的并不是占有它，而是获得其使用价值或说是获得其功能。比如购买冰箱是因为它能够提供低温空间来实现食物保鲜的功能，购买洗衣机是因为它具有去除污物、脱水、烘干等功能。核心功能是产品的竞争力所在，是产品的价值所在，所以无论是商业竞争还是产品设计，首先都要围绕着产品的核心功能努力，即使产品的核心功能和客户的购买目的统一起来，并通过一定的具体形式让客户接受。此外，还应注意产品核心功能的动态性，即随着市场消费需求水平和层次的提高，市场竞争焦点不断转移，对企业产品提出更高要求。为适应这样的市场态势，产品核心功能的外延处在不断再外延的趋势之中。当核心功能概念的外延再外延一个层次时，市场竞争又将在一个新领域展开。比如手机产品，最初其核心功能为通话，后来增加了拍照功能、定位功能、上网功能等。

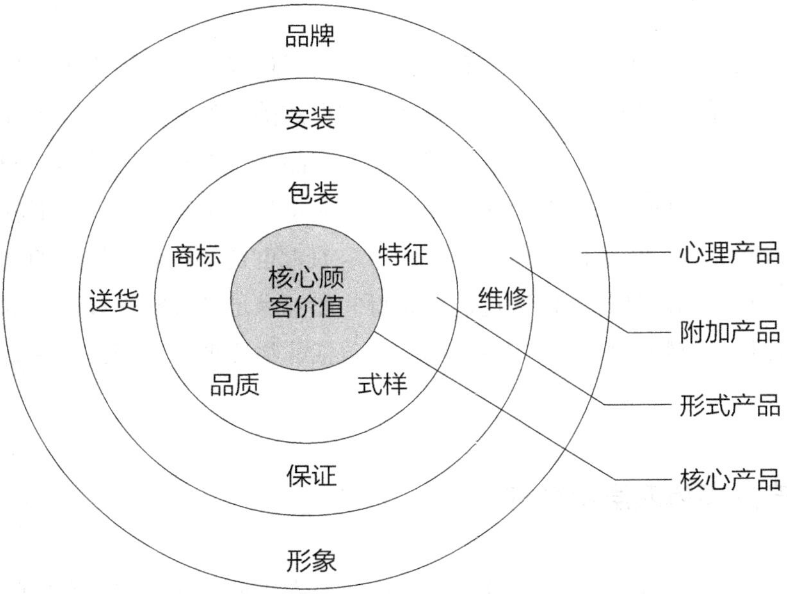

图7-7　产品整体四层次结构

（2）形式产品是产品呈现在市场上的具体形态，即产品外观形状和特征，包括产品的质量、款式、形状、商标、包装、说明书等，是产品借以实现的形式。产品的核心功能必须通过形式产品才能有效体现出来，才能被客户认知，形式产品是消费者选择产品的直观依据。随着技术的饱和及由卖方市场到买方市场的演变，各企业产品的核心功能差异越来越小，竞争越来越趋向于形式产品层面。比如冰箱产品，各厂家冰箱的制冷效果差异不大，但外观设计、内部结构、可靠性、稳定性等因素会对客户的选择产生重要的影响。

（3）附加产品指顾客在购买有形产品时获得的全部附加服务、便利及可以用价值衡量的一切有形或无形的东西，比如顾客可获得咨询、送货、安装、维修、仓储、质量保证等服务。附加产品是在核心产品、有形产品同质化严重的情况下，企业实现差异化竞争的主要手段。比如以服务质量著称的海底捞，除了提供美味的火锅这种有形产品外，还会在客户等位时提供美甲、擦鞋、护手、小吃、饮料、折纸等各种免费服务，让客户等位不再枯燥，还会在客户就餐过程成中多次提供热毛巾服务，让客户在整个过程中感受到服务的体贴及被尊重的感觉，这些附加产品也成为海底捞脱颖而出的有效手段。

（4）心理产品指产品的品牌和形象提供给客户的心理上的满足，产品的消费往往是生理消费和心理消费相结合的过程，随着人们生活水平的提高，人们越来越看重产品的品牌和形象。钻戒、8848钛金手机、诺基亚的Vertu手机、LV等奢侈品牌的箱包等都能给客户提供心理上的满足，都具有心理产品特征。一些普通产品也可以通过定制化、差异化设计来实现心理产品功能，比如联想天骄i668水晶珍藏版，就是在简约、小巧的机身上镶嵌2500颗奥地利原产的施华洛世奇水晶来实现唯美、奢华的心理产品效果。

7.8.2 方案需求的描述

如果期望通过开发过程交付给客户满意的产品整体并能够使企业因此获益，就要综合考虑顾客需求、技术需求、DFX需求、质量需求、设计规范需求、测试需求、生产制造需求、服务需求、目标市场的法律法规需求、开发过程中内部客户需求、市场竞争需求等，在此基础上形成完整的产品方案。方案需求的描述可分为如下三个层次。

（1）客户问题：客户在自己的业务中面临的问题和挑战，即客户的痛点，这里说的客户包括内部客户、外部客户及最终用户。对内部客户，可以是市场营销问题（上一代产品市场竞争不足问题）、生产制造问题、服务问题等；对外部客户和最终用户，可以是业务问题对产品的需求，也可以是最终用户在产品使用过程中发现的问题（功能问题、易用性问题、可靠性问题等）。新产品开发的重点就是要解决这些问题，满足客户在这些方面的需求。

（2）系统特性：是产品（方案）为解决客户问题所应具备的特性、功能，每个特性都可测试、可验证。该部分对应的是整体产品中核心产品的功能和服务，是客户购买产品的动力所在，也是产品市场竞争力的体现。

（3）系统需求：为支撑系统特征、全方位满足客户的具体需求，包括功能需求和非功能需求，该部分对应的是整体产品中的形式产品及附加产品的功能和服务。系统需求不仅包括来自外部客户/用户的需求，还包括内部客户在成本控制、制造、测试、运输、服务、认证等各环节的需求，是进行产品系统分析与设计的依据。

7.8.3 各阶段方案需求相关工作内容

由于项目的渐进明细性，方案需求也有一个随着项目的推进渐进明细并最终完善交付的过程。在IPD中，各阶段方案需求相关的工作内容如下（如图7-8所示）。

（1）产品规划过程：具体产品在产品路线图中出现，产品规划经理基于技术、市场、财务、品牌等多方面的约束条件，制订初步的营销策略，包括初步的目标客户群、产品定位、产品规格、开发内容、开发启动时间、上市时间等。这是针对目标市场客户需求的初次分配，更多是以市场营销策略下的市场细分为依据来操作的。

（2）概念前阶段：PCT会主导方案的准备工作，形成初步需求文档，为项目的启动做好准备。这是细分市场客户群的共性需求在具体产品方案中的呈现。

（3）概念阶段：ODT会带领团队进一步完善方案，并在概念阶段结束时输出第一个正式版本的产品方案。这是在综合考虑业务需要、市场竞争等诸多约束条件的技术，对细分市场客户群共性需求综合排序、选择的结果。

（4）计划阶段：ODT要对方案需求的可实现性进行评估并基于评估结果对方案进行修改，在计划阶段结束时形成基线方案。这是项目组在进行技术可行性评估后给出的需求选择结果及需求实现计划。

（5）开发阶段：ODT进行基线方案需求的实现及验证，并将临时需求加入方案，对方案进行升级并在项目中落实。

（6）验证阶段：产品交付能力验证，方案交付前的准备，确认交付方案满足了选择的需求。

（7）发布阶段：在发布阶段结束后，具备向客户交付方案的能力。

（8）生命周期管理阶段：由LMT团队负责方案的升级和优化。

方案需求是功能和服务层面的描述，还无法直接用于指导开发工作，这时还需要将方案需求细化为对软件、硬件、服务、生产制造等各方面的技术、操作的要求，并进一步细化

将对子系统/模块的技术要求再和企业各种技术规范相结合，形成最终指导开发实现的文件，如系统规格书、部件规格书、软件规格书、测试方案等。

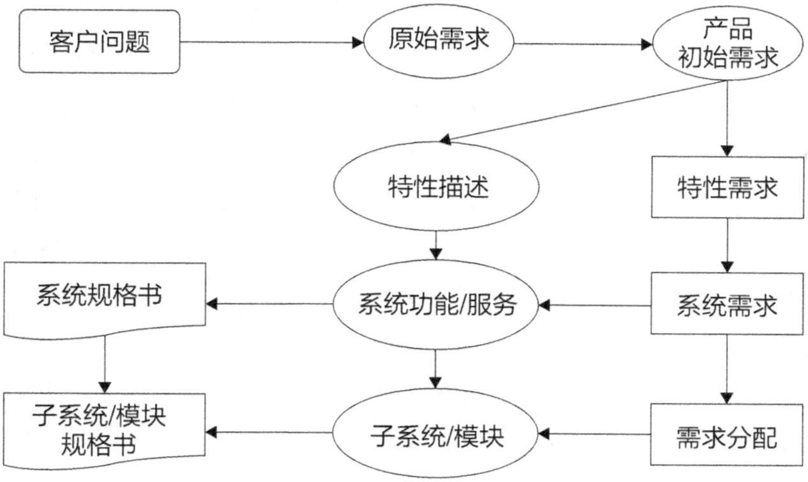

图7-8　需求的转换及产品实现

在联想，采用市场需求文档（Marketing Requirement Document，MRD）来进行方案需求的总体描述，由产品经理对其负责。在该文档中，要分析支撑方案需求的相关市场的趋势和机遇，明确市场与客户细分模型，识别目标客户的痛点和相应的需求，并对竞争对手进行深入分析，在此基础上形成产品/解决方案的概念，并进一步细化为方案软硬件定义、部件定义等。MRD文档是IPD中实现把项目当作投资来管理的关键一步，在该文档中需要对项目的投入产出、营销策略进行全方位的分析，并给出解决方案，从而确保项目经济目标的达成。

7.9　需求验证管理

“始于客户需求，终于客户满意”，这句话很好地阐释了以客户为中心、市场为导向的新产品开发工作。测试验证是确认产品是否能让客户满意的关键环节，一个新产品的开发，从收集内外部客户的问题开始，包括业务问题、产品问题、产品规划问题、细分市场客户群调研获得的问题、企业内部DFX问题等。然后将收集的问题转化为原始需求描述，经过需求分析规整形成产品初始需求。将筛选排序后的初始需求按照市场定位分解到相应的产品，并以客户可体验或可见的产品系统功能或服务的形式描述，形成系统特性。ODT团队在综合考虑系统特性、内部需求的基础上形成对产品的全面交付需求，即系统需求。系统需求只能回答产品做成什么样的问题，但无法回答要做到什么程度的问题，也并不能直接用于指导产品开发工作，因此还需要基于系统需求进行系统设计，即综合运用各有关学科的知识、技术和经验，通过总体研究和详细设计等环节，设计出约束条件下能最大限度满足系统需求的、整体最优的新系统，该过程的输出一般被称为系统设计规格书，主要说明系统的架构、各子系统或模块的功能及彼此之间的配合关系等内容。子系统需求、部件/模块需求的拆分并不是需求管理所需要的，更多是基于产品开发、技术管理以及专业配合进行拆分，与其相对应的产品实现文件为子系统设计规格书、部件/模块设计规格书，是基于系统设计，对子系统、部件/模块的技术实现的详细描述，此层面的文档已经足以支撑具体产品、部件的开发工作。

由产品开发V模型可以看出（如图7-9所示），产品的测试验证是与需求的分解逐层对应的，按倒序进行的增量过程，包括模块验证、子系统验证、系统验证、特性验证、客户验证几个阶段。

在IPD中，为了保证新开发的产品方案能够满足选择的客户需求，构建了四阶段增量集成测试流程，用于指导新产品开发的测试验证工作（如图7-10所示）。

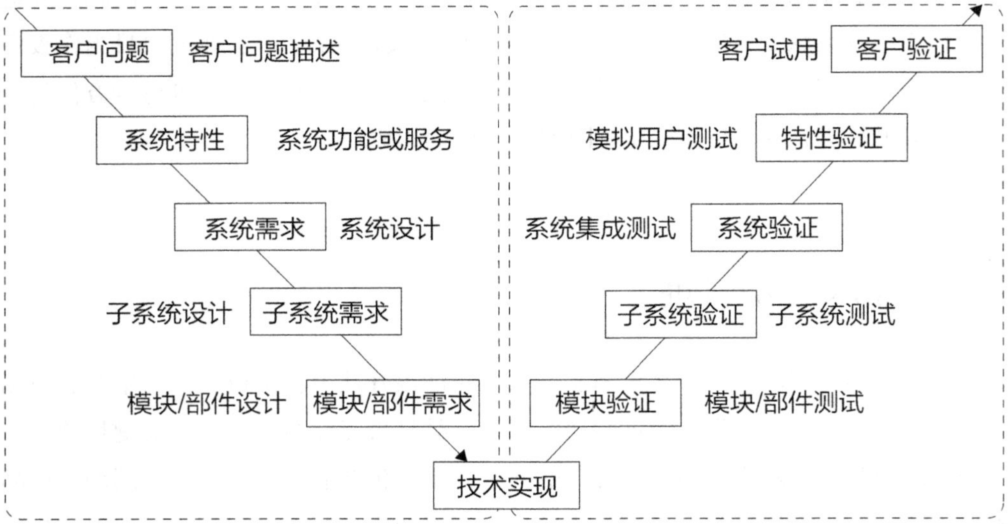

图7-9 产品开发V模型

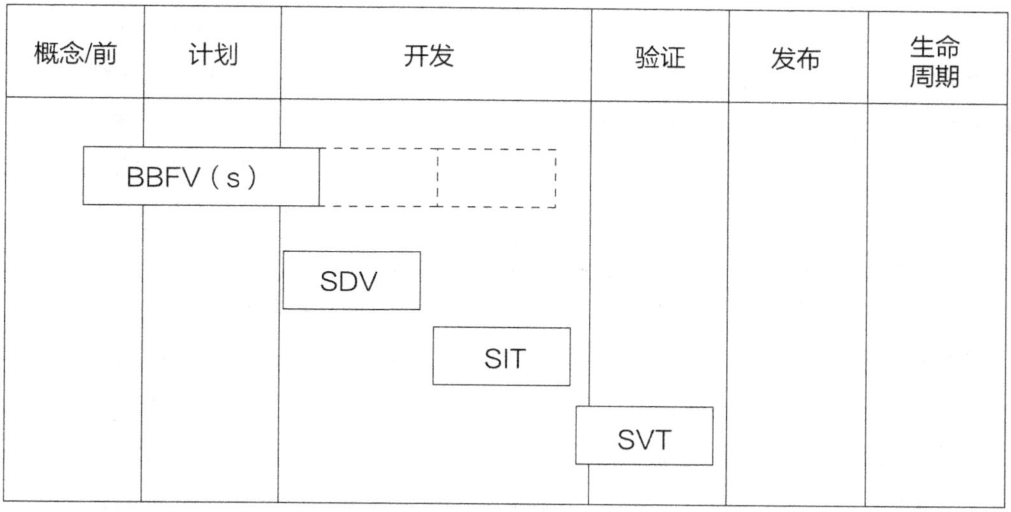

图7-10　增量集成测试流程

联想在实践中会通过主测试计划（Master Validation Plan，MVP）来实现测试工作的标准化管理，MVP模板文档包括各测试阶段的通用测试内容、通过标准、负责岗位等信息，该文档需要基于企业的知识积累不断完善。在每个项目启动后，项目组需要根据项目要求整理针对具体项目的MVP，明确通用测试项中哪些内容适用于该项目，测试的具体机型配置、部件型号及货源等内容。此外，项目组还可以根据项目的特殊需求，增加测试项、测试标准、通过标准等内容。MVP是一种高阶的、指导性管理文档，发挥其作用，还需要企业在具体的专业测试工具、测试方法、测试标准、测试流程上的支持。

在联想实践中，除了通过流程中列出的测试阶段来保证需求的实现，还有一部分未在流程中体现的测试工作，即元器件的测试验证工作，这部分工作并不属于某个项目，而是基础性的工作，是日常工作的一部分。这部分工作主要是为了保证选定的元器件能够满足验证需求和标准，为项目中元器件的选择划定范围，以保证产品的质量。

基于IPD的增量集成测试内容与V模型的测试内容有一定的对应关系，但又不完全相同，因为IPD的测试流程还要考虑生产过程的需求，其对应关系如下。

（1）模块需求：对应的测试验证为BBFV（Building Block Function Validation，构建模块功能验证），由设计人员主导，测试人员协助，验证模块级功能设计是否达到了预定目标，此阶段一般采用白盒测试方法。

（2）子系统需求：对应的测试验证为SDV（System Design Verification，系统设计验证），子系统或模块级测试，包括基本功能、性能的常规测试，以及各种可靠性测试，如针对电子产品的容错/容限测试、EMC测试、安全测试、噪声测试、热测试、环境可靠性测试等。若是机械结构类产品或部件，SDV应增加疲劳测试、结构强度测试、结构刚性测试等。SDV工作通常是以测试人员为主，设计人员参与。

（3）系统需求：对应的测试验证为SIT（System Integration Test，系统集成测试），产品整机测试，测试内容与SDV大致相同，但增加模拟用户的可用性测试、可维护性测试和包装测试。SIT在开发阶段后期，由测试人员负责完成。因为SIT阶段的产品与最终产品极为相近，所以在SIT阶段，很多企业会拿出一些产品给企业内部或外部的客户试用，听取反馈意见，为最后的产品优化提供输入。

（4）生产需求：对应的是SVT（System Verification Test，系统验证测试），是在小批量试生产情况下的测试，测试内容与SDV大致相同，但强调从试制生产线随机抽检，关注产品质量一致性，SVT必须在SIT完成之后的验证阶段完成。SVT工作由试生产人员（有时候会被称作新品导入——New Product Introduction，NPI）主导，研发人员、测试人员参加即可。SVT测试对产品本身的问题关注不多，更多是为了发现批量生产中生产线存在的问题，从生产制造角度为产品的上市做好准备。

四阶段增量集成测试流程，将测试工作拆分为四个步骤，分别对构建模块、子系统及模块、多个配置的整机、生产流程及出货级产品进行从下到上、从功能模块到量产机型的分阶段全方位测试，有助于把可能出现的问题尽可能早地暴露出来并进行修改，以消除风险，减少各种问题给项目带来的损失。

第 8 章

基于IPD的研发管理实践

IPD的具体应用和业务特点密切相关，即使在同一企业，各部门也会因业务的差异性产生对流程的不同要求。

因此，企业在推行IPD时，要在保证流程框架的一致性的前提下，允许各业务部门在执行操作层面保持一定的灵活性，并需要企业在流程管理上明确定义，确认哪些内容是统一的，哪些内容各业务可以灵活操作。

为了保证流程的覆盖性，IPD的设计会以最复杂的项目为标杆展开，因而并不是所有的项目都需要按照完整的流程走一遍，企业要根据项目的复杂程度有针对性地对流程进行裁剪，以兼顾项目执行的质量和效率。

IPD的检查点流程，是面向新产品开发的结构化的流程，不同企业在执行中会产生一定的差异，成功企业的实践经验有助于加深大家对流程的理解。

8.1 IPD流程的结构与管理

8.1.1 业务单元级IPD流程框架

流程是为达到特定的价值目标，由不同人员参与，把输入转化为输出的一系列活动的组合。作为研发流程，IPD以公司战略、市场策略及预算过程为指导，通过按业务单元进行划分的预算来将战略目标分解到各业务单元，业务单元的经营管理团队则以预算为基础，在公司战略、营销策略指导下制订部门战略并将其转化为产品组合，以产品组合路线图的形式呈现，并借助检查点流程来进行产品的开发，从而保证业务目标的达成。

检查点流程，就是IPD流程中涉及新产品开发项目执行操作的部分，包括从概念前阶段/概念阶段到生命周期阶段的所有过程，是IPD流程的重要组成。因为在这些阶段的流程中包括多个决策点、检查点，因此被称为检查点流程，以示与整体IPD流程的区别。

IPD流程作为第三代研发流程的集大成者，对企业研发管理体系的构建具有很强的指导意义；作为业务流程的一部分，又和企业的具体业务有密切的关系，需要结合业务特点进行定制。IPD流程不是固定不变的，即使在业务运行良好的情况下，也要随着企业市场的竞争变化而不断发展，要基于精益思想对流程进行升级优化，消除浪费，提高效率。

经过多年的发展，联想已经发展成为一家全球领先的智能设备及企业IT解决方案提供商，既可为客户提供包括电脑、平板、智能手机等智能终端设备，又可为客户提供企业数字化和智能化解决方案；其客户既有全球一流的大型企业，也有中小企业和个人用户，业务和客户群差异都很大。不同的业务需要不同的业务模式，面向消费客户的交易型业务，需要高度关注质量、速度和效率的均衡；面向企业客户的关系型业务，需要提供高质量的产品和最灵活的定制服务。

为了满足不同业务的差异化需求，联想在IPD流程的具体应用中允许每个业务单元在其业务模式范围内进行适当的创新，即在流程的检查点设计、交付时间和流程细节方面，基于业务需要进行个性化优化，但在流程框架层面，各业务单元都要统一。

基于业务的特点及市场竞争的需要，联想将IPD中的检查点流程划分为概念前、概念、计划、开发、验证、发布、生命周期和退出八个阶段（如图8-1所示），项目团队和管理团队在这些检查点基于事实进行决策，以尽量缩短上市时间，并确保产品和服务的高品质。通过检查点流程可尽早识别机会和问题，以便尽早采取纠正措施；在投入重大的开发资源之前，可明确定义交付物，并要求开发团队向管理层进行计划承诺；在生命终止时，可通过供求平衡尽量减少库存报废，以使项目利润最大化；还可提供反馈信息以促进持续改进。

一般情况下，IPD的检查点流程划分为概念、计划、开发、验证、发布及生命周期管理六个阶段。

联想身处IT行业，市场竞争十分激烈，要求企业不断压缩开发周期，以满足市场竞争的需要。一个全新产品项目的启动需要做大量的准备工作，比如需求的收集整理、市场分析、技术的准备等，如果以日常工作形式进行，花费的时间较多，质量也难以保证，于是联想在标准流程基础上增加了概念前阶段，通过流程启动前的准备工作进行项目化管理，提高准备工作的效率和质量，以达到缩短开发周期的目的。

联想还是一个产品型企业，从采购、生产、运输到交付产品，需要一定的周期。在决定产品退市到产品停止制造周期很长，涉及很大的产品量，并且往往伴随新产品的上市，过程也比较复杂，对企业的经营影响很大。

该阶段的工作内容和要求也和一般的生命周期管理工作有较大的区别，于是联想在流程中将退市作为一个单独的阶段进行管理。由此可见，一个优秀的流程，一定是结合企业业务特点量身定制的。

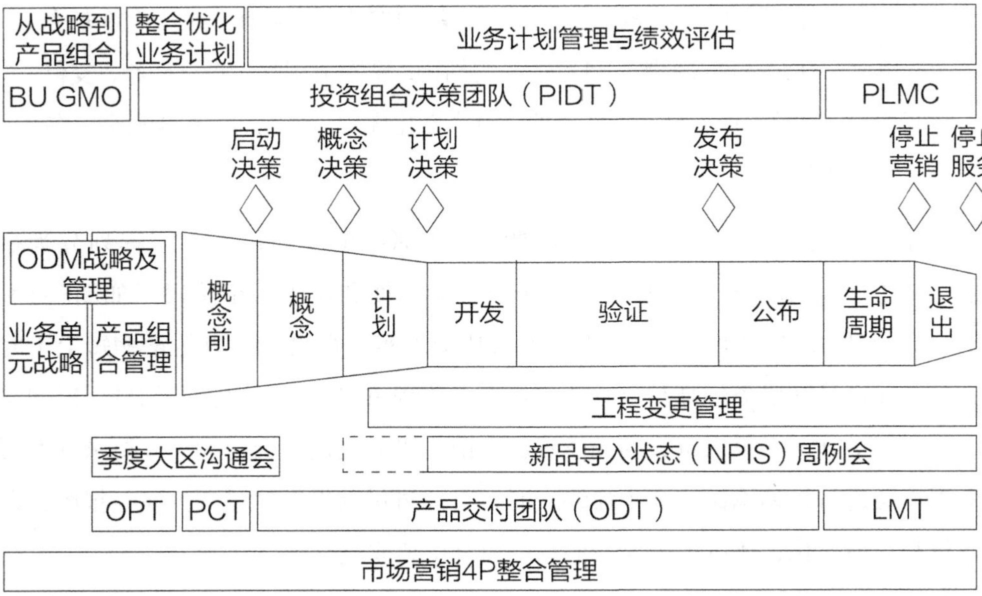

图8-1　IPD流程业务单元部分的框架

8.1.2 IPD流程内容管理的三层金字塔结构

为了兼顾流程的统一性和业务的特殊性，联想经过多年的摸索，将IPD流程内容按三层金字塔结构进行组织并分层管理（如图8-2所示）。

（1）管理层：包括流程概览、流程术语、培训材料三部分内容，这三部分内容由公司级流程管理团队进行管理，内容统一，以保证IPD流程的标准性、统一性。

（2）流程层：包括袖珍卡、检查点流程、ODT检查表、关键检查点及ECM流程等内容。其中袖珍卡、检查点流程、ODT检查表及ECM流程与业务相关性很高，由各业务单元项目管理团队负责维护管理；关键检查点设置是企业在项目管理方面多年经验的总结，是项目质量保证的重要一环，所以在公司级进行统一设置和定义。

（3）操作层：包括流程各环节所需的模板及IPD流程执行中的具体检查点设置，此部分内容由业务单元或指定的部门进行管理，需要结合业务特点和模板所对应环节的需要进行设计。

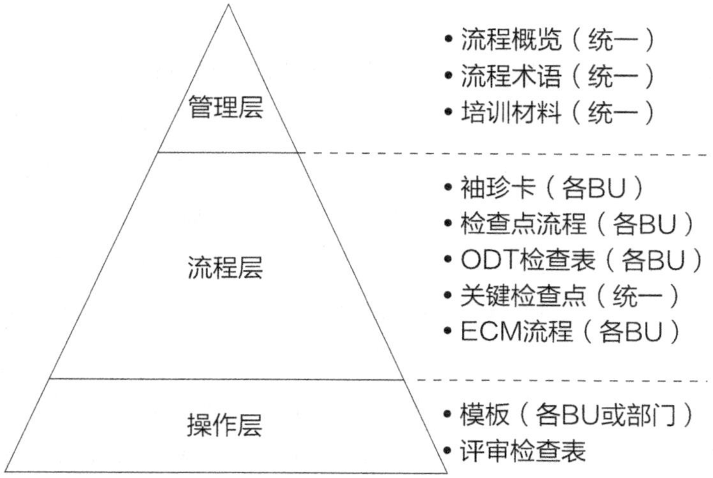

图8-2　IPD流程内容管理分层结构

IPD流程内容管理的三层金字塔结构，兼顾了流程的统一性及运用的灵活性。一方面，IPD流程是业内最佳实践的集成，企业必须要坚决贯彻执行，为了便于理解、沟通、交流及推广应用，必须保证框架、术语的一致性，这样不同部门、不同项目才能基于同样的基础进行研发工作的展开，员工才能在承接不同项目时更好发挥经验的作用，管理层才能格式化地了解不同项目的情况并采用相同的标准进行决策；另一方面，各业务的产品不同、客户群不同、运营模式不同……IPD流程在操作执行层面必须结合业务进行设计，就类似于不同的人购买同一款西服，但需要根据体型差异选择不同的号码，如此才能保证流程指导下研发活动的高效性。

8.2　IPD流程的内容展开

IPD是一种结构化的流程，具有清晰的、自上而下的层次结构，上层宏观框架逻辑清晰、结构简单，下层结构复杂、内容具体。具体内容由流程框架、袖珍卡、检查点流程、项目工作检查表、模板等构成。下面从管理层、流程层和操作层三部分详细介绍IPD流程的管理原则和内容细节。

8.2.1 管理层

管理层涉及IPD流程概览、宣贯、应用推广所涉及的材料。

（1）流程概览：是用于宏观了解IPD流程的文件，内容包括什么是IPD、IPD的工作原理、IPD的结构组织及管理、IPD流程的框架、IPD涉及的团队及其职责、关键检查点和目的等内容以及一张流程概览卡。IPD流程概览卡（如图8–3所示）概括地描述了新产品开发过程中，项目管理、市场营销、产品开发、供应链及服务等职能在流程各阶段的主要工作内容。流程概览文件一般用于快速了解IPD的概要。

（2）术语表：是IPD流程中常用缩略词及含义解释表，是工作沟通的基础。IPD流程中有许多缩略词和术语，初步接触IPD的人会被它们搞得晕头转向、不知所云，并且在流程使用过程中有些人还会自造缩略词，更提升了沟通的难度，为此，需要维护一个公司级的术语表，统一流程语言，保证沟通顺畅。

（3）培训材料：是一个从框架和应用层面介绍IPD流程的文件，内容包括IPD框架、关键检查点及目的、涉及的团队及其职责、各阶段的主要工作内容、决策点操作细节等，一般用于IPD初学者或业务部门IPD流程的普及培训学习。

8.2.2 流程层

流程层主要涉及流程具体应用操作涉及的部分子流程、检查表等内容。

8.2.2.1 流程阶段袖珍卡

如图8–4所示，流程阶段袖珍卡是对整个IPD流程分阶段细化后的图形描述方式，工作成员可以由此详细了解项目工作展开后的细节，包括所有新产品开发涉及部门在项目各阶段的主要工作内容、关键检查点以及在该阶段各部门的输出材料等内容。这部分内容已经涉及产品开发项目执行的细节，因此需要根据各业务单元具体情况来设计。

同样是台式电脑的开发，商用客户对技术延续性、产品稳定性要求较高，对价格相对不敏感，所以商用台式电脑的合作伙伴比较固定，在概念阶段只需要把报价需求（Request For Quotation，RFQ）发给供应商就能满足概念评审的要求；而消费产品往往在外观设计方面、创新方面要求比较高，各款产品之间的技术要求、成本等差异很大，消费客户对价格又比较敏感，这就要求消费台式电脑必须要有更好的价格控制和质量控制，所以新产品会经常更换供应商，因此要求在概念阶段必须通过RFQ确定供应商才能够进入计划阶段。

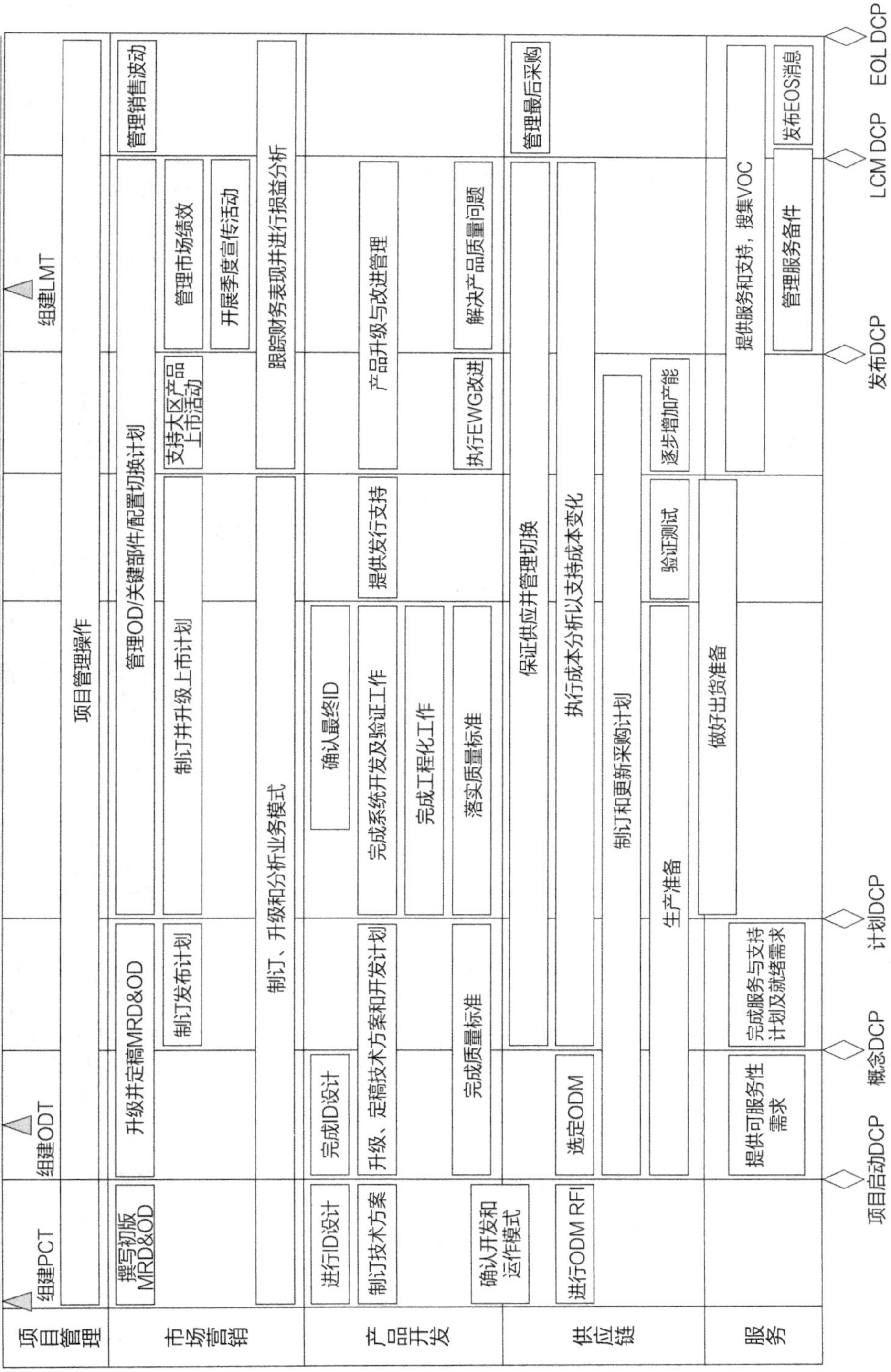

图8-3　IPD流程概览卡

角色	开发阶段工作内容	输出
项目经理	风险评估和团队管理，检查/批准或提交PCR给PIDT MDRR PCR/跨产品PCR的跟踪，项目数据就绪情况管理 DSRR	• 更新的项目状态报告 • MDRR材料包/报告 • PCR汇总 • POR
产品经理	更新上市计划	• 产品切换计划更新
研发及工业设计	BBFV/ET SDV SIT SDV到货 SDV启动 SDV结束 SIT到货 SIT启动 主板PCB锁定 模具确认 主板BOM锁定 SIT完成评审 模具制作 认证启动 SVI到货（ODM） CCC发布	• 关键部件列表 • 系统规格书 • SDV & SIT报告 • 开发计划 • 系统BOM • PA认证检查表
新产品导入	SVT及生产爬坡系统部件计划 生产爬坡计划 SCRR 产线配置	• 可制造性评估
计划供应	产能评估 预测及承诺，若无订单则跟踪早期采购需求 出货交付物流准备 供应警报 第一次API时间检查/启动量产预测 SVI API时间承诺 第二次API时间检查 第三次API时间检查 SVT到货	• 关键部件运作模式建议
采购	最终价格及FRU价格上载	• 和采购工程进行单一货源分析
质量	检查开发问题/检查每个不阶段的推出/跟踪NUDD	• 风险应对计划
服务	检查出货部件设计和样品 拿到最终BOM/SIT机器/安排培训	• 部件采购计划 • 服务与支持计划更新
成本	跟踪平台降价	
财务	根据需要更新损益表	• 损益表

图8-4　流程阶段袖珍卡

8.2.2.2 检查点流程

检查点流程涵盖了从概念前阶段到产品生命终止的过程，PCT管理概念前阶段，ODT管理概念到发布阶段，LMT进行生命周期管理。

该流程由多个流程和子流程组成，是一个多功能流程，它将所需的关键活动整合在一起，以管理方案的所有要素，目的是保证开发过程满足标准和审查要求，从而确保提供成功的、合理的交付来满足业务目标。

检查点流程由八个阶段构成，每个阶段都有明确的检查点和关键决策点（Decision Check Point，DCP），以保证项目工作顺利展开。在该层面，流程已经细化到了步骤，并明确了各步骤的责任岗位、输入和输出。检查点流程会以文字、表格的形式呈现，可以认为是对各阶段流程袖珍卡的进一步详细解释。

检查点流程每个阶段的内容都由两部分构成：表8-1所示的流程阶段指引及表8-2所示的流程阶段步骤。

阶段指引会简要描述该阶段的目标、阶段退出关键决策标准、阶段交付物及管理团队；步骤总结部分详细，说明各步骤责任、负责人、输入材料和输出内容。检查点流程是由各业务单元的项目管理团队进行维护的，决策标准、该阶段的部分内容对IPD流程的落地十分关键，因为流程只有分解到这个层次，才能对项目的执行细节起指导作用，因此也要求业务部门项目参与人员熟悉此部分的内容，对涉及自己岗位的部分更是要了如指掌，从而保证自己的项目工作顺利展开。

表8-1　流程阶段指引

<table>
<tr><th>主题</th><th colspan="2">开发阶段指引</th><th>开发步骤</th></tr>
<tr><td>阶段目标</td><td colspan="2">• 验证产品功能
• 制订上市计划
• 为SVT、物流、交付做好供应链准备
• 开始为爬坡和量产做好物料准备</td><td rowspan="4">管理项目运作
管理OD/ 关键部件 / 配置的切换计划
制订并更新上市计划
制订、更新和分析项目论证
系统成本和损益分析
确认最终 ID 影响
完成系统开发和验证
完成工程工作
管理质量标准限制
通过分析来支撑成本变化
制订并更新采购计划
做好产生准备
做出出货准备</td></tr>
<tr><td>阶段退出关键决策标准</td><td colspan="2">• 业务
√市场和竞争如何变化?
√该产品还能提供有竞争力的经济回报吗?
√该产品还能满足关键市场需求和发布时间要求吗?
• 项目执行
√需求是否被适当管理且对设定目标无影响?
√该产品是否已准备好进入认证阶段?
√该产品是否满足了所有定义的特性和需求?
√模具和印刷电路板是否已锁定?
• 运作
√供应链和合作伙伴是否准备妥当?
√各区域的发布计划是否已经完成?
√用于预测和计划的BOM是否已经提供?</td></tr>
<tr><td>阶段交付物</td><td>• 开发阶段退出决策材料包
• 更新POR、项目计划、产品切换计划业务模式和采购计划
• 项目取消通知
• SIT退出通知
• 为市场营销和服务准备SIT样品</td><td>• 电话会议材料包
• 首次、末次电话会议
• MDRR、SCRR材料包
• 高端产品上市和发布计划
• 最初预测
• SVT配置及SOVP风险采购</td></tr>
<tr><td>管理团队</td><td>• PIDT</td><td></td></tr>
</table>

表8-2　流程阶段步骤

开发阶段工作步骤及内容					
序号	步骤名称	描述/职责	责任岗位	输入	输出
1	管理OD/关键部件/配置的切换设计	• 制订和执行OD切换计划 ✓基于市场需求和产业技术趋势制订OD切换计划 ✓执行产品OD的落实，监控产品在市场上的竞争力 • 制订关键部件和配置计划 ✓与相关部门沟通，制订配置计划和升级切换计划	产品经理订单管理	• OD • POR • 最终产品规格 • 产品切换计划 • 关键部件切换计划 • 产业机会 • 产品OD升级计划 • 高端产品大区上市计划 • 竞争分析 • 部件成本趋势 • 材料验收报告	• 更新产品OD • 关键部件切换计划 • 大区关键部件计划
2	制订并更新上市计进	• 由各大区制订基于不同规格的上市计划 • 完成电话会议，基于地区和出货，概述配置和数量分配	产品经理（订单管理）	• 高端产品区域上市计划 • 配置列表 • 产品变更请求	• 高端产品全球上市计划 • 电话会议后的POR
3	制订、升级和分析项目论证	• 更新项目论证中受PCR影响的销量、成本等财务信息	产品经理（财务）	• 大区成本更新后的销量 • 来自前一阶段的项目论证	• 更新项目论证 • 进行相关分析
4	完成系统开发与验证	• 完成系统集成 ✓生产制造软件准备 ✓电路设计确认 ✓结构设计确认 ✓认证 • 执行系统验证 • 系统设计验证（SDV） • 系统集成测试（SIT）	技术项目经理	• 完成系统集成 ✓工程变更请求 ✓项目计划 ✓产品OD • 进行系统验证 ✓MVP ✓SDV退出需求 ✓FVT退出需求 ✓FVT装配计划	• 完成系统集成 ✓工程变更通知 ✓SVT电路确定 ✓SVT模具确定 • 进行系统验证 ✓SDV测试报告 ✓SDV退出通知 ✓FVT测试报告 ✓FVT退出通知 ✓SIT测试报告 ✓SIT退出通知

8.2.2.3 ODT检查表

ODT检查表是一种用于指导ODT所有成员展开具体工作的表格，它将项目工作分解到了任务层级。该表格将项目中的任务和交付物按时间顺序排列并按阶段分组，指明任务标号、任务名称/交付物、负责部门、客户部门、开始时间及完成时间等内容。并不是每个产品项目都要完成所有的任务，需要根据产品及开发模式的需要灵活进行流程的裁剪。

检查表中任务设置并不是固定，需要基于业务的要求进行设置，其颗粒度和企业管理的精细度有很大关系，任务设置越细，管理越精准，对岗位细分的要求越高，企业的投入就越大，越需要企业有更大的市场规模支持。因此，检查表任务设置，要结合企业的具体情况进行，并不是越细越好，也不是越粗越好，只有与企业管理水平相适应的检查表，才能让企业获得最佳回报。

检查表需要指定维护人员定期进行升级，以保证检查表中的任务内容与业务的需求和实际运行相符合。检查表可以是包括所有项目阶段工作任务的一张表，也可以是按部门划分的、包括部门各阶段任务的多个表格，按部门划分的检查表更清晰、应用起来更方便。

8.2.2.4 检查点

检查点指在规定的时间间隔内对项目进度、成本、质量等指标进行检查，比较实际执行结果与计划之间的差异，并根据差异进行调整，以确保项目顺利进行，企业需要结合业务情况设置的检查点。

在联想，由企业级流程团队统一对关键检查点设置、定义、管理。IPD流程的关键检查点是企业进行项目管理的框架，也是企业新品开发项目经验总结的精髓所在。

图8-5为联想IPD流程检查点设置示例，细分为项目关键决策点、项目主要检查点和项目一般检查点三种类型，其意义和目的如下。

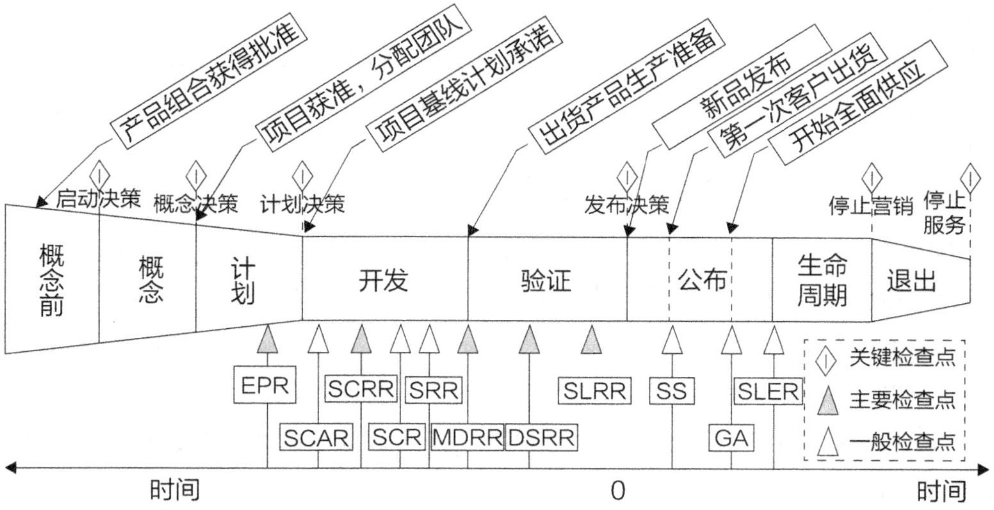

图8-5　检查点设计

1. 项目关键决策点

由PIDT主导的对提交产品方案的可用性及投资决策的评审。

（1）概念启动（Concept Kick-off）：是项目正式启动点，需要定义市场导向的客户需求和期望，启动ODT核心团队。

（2）概念退出（Concept Exit）： 对初始产品方案审查，确定项目是否能够继续，完成项目定义，许可项目指标。

（3）计划退出（Plan Exit）：是对最终产品方案的审查，承诺项目计划，升级概念内容，完成各部门的计划，确定最终方案定义，是项目投资决策点。

（4）发布（Announce）：对产品发布/全面供应准备的审查，目的是确保项目已经为产品发布做好准备。

（5）停止营销（End of Marketing，EOM）：对产品方案退出市场计划的审查，将产品切换的费用降到最低，保证新旧产品切换期客户的满意度。

（6）停止服务（End of Service，EOS）：对产品方案退出服务和支持计划的审查，确定企业不再负责提供开发、制造和采购支持的时间。

2. 项目主要检查点

由ODT主导的对项目执行有重大影响或需要为决策检查点提前做好准备的检查节点。

（1）执行计划评审（Executive Plan Review，EPR）：是对产品方案的全面评估，旨在发现项目方案的风险，为产品方案发布做好准备。需要确认产品计划的可行性，确认风险和风险管理方案，承诺项目范围、成本、资源和计划。

（2）供应链准备评审（Supply Chain Readiness Review，SCRR）：关注交付物的状态，确保需求传递和供应承诺可信。

（3）制造开发准备评审（Manufacturing Development Readiness Review，MDRR）：系统状态的总体评估，会特别关注SIT设计稳定性及SVT准备情况。需要确认开发阶段的工作已经完成、确认工厂SVT以及全面供应放量是否准时。

（4）数据及系统准备评审（Data & System Readiness Review，DSRR）：确认数据和订单启用准备就绪，实现各部门间端到端的数据加载管理，确保具备按时接单能力。

（5）出货评审（Ship Support，SS）：在全面供应放量之前对最终制造质量和系统保证的评审。

3. 项目一般检查点

由某个职能部门主导的、对项目有重大影响的检查节点。

（1）供应链评估检查（Supply Chain Assessment Review，SCAR）：是对供应链的准备情况和风险应对方案的评估，为后续的评测、批量生产做好供应的准备。

（2）供应承诺检查（Supply Commit Review，SCR）：确认系统级别的供应承诺与库存天数。

（3）软件准备检查（Software Readiness Review，SRR）：在软件发给制造之前，确认软件准备就绪。

（4）营销及销售准备检查（Marketing & Sales Readiness Review，MSRR）：确认各地区详细的市场营销和销售执行活动准备就绪。

（5）发布准备检查（Smart Launch Readiness Review，SLRR）：检查关键发布状态、出货以及全面供应准备情况。

（6）全面供应（General Availability，GA）：评审GA退出标准、制造质量及供应链评价指标。

（7）发布退出评审（Smart Launch Exit Review，SLER）：评审发布退出项目状态（数量、质量、切换）。

8.2.2.5 工程变更管理

工程变更管理（Engineering Change Management，ECM）是在计划阶段退出后，

用于对任何涉及项目范围的变更进行管理的流程。变更管理是项目管理中很重要的一项内容，对项目能否顺利完成起着非常重要的作用，变更分析是否充分，变更审核是否全面，变更影响是否充分评估，变更的信息是否可追溯、可跟踪和验证等情况都会影响项目的最终交付成果，很多项目的失败就是在项目执行过程中未能很好地管理变更。

因变更涉及的内容不同，企业对变更有不同的称呼，如设计变更请求（Design Change Request，DCR）、项目/产品/计划变更请求（Project/Product/Plan/Change Request，PCR）。

为了规范管理，联想将所有引起项目范围变化的请求统一为计划变更请求（Plan Change Request，PCR），用于管理计划阶段退出后的项目范围变化，如规格、成本、计划、目标市场、产品定位。营销团队、开发团队、财务、成本管理、采购管理、服务、运作等ODT成员都可以提交PCR。

计划阶段退出后的所有方案变更都必须形成文件并得到所有部门的同意，项目基线重要变更文档需要在执行前获得PIDT团队的批准。计划变更管理流程由各业务单元管理，结合业务情况进行个性化设计，图8-6为典型的计划变更管理流程图。在联想，各业务部门的变更管理成熟度不同，有的部门已经实现了全过程IT化，而有的部门仅对过程文档实现了管理，但无论是哪种方式，都要严格按照流程要求确保变更管理的严谨性，在优化受影响部件和产品库存水平、保证质量的前提下，将变更时间缩到最短、变更成本降到最低。

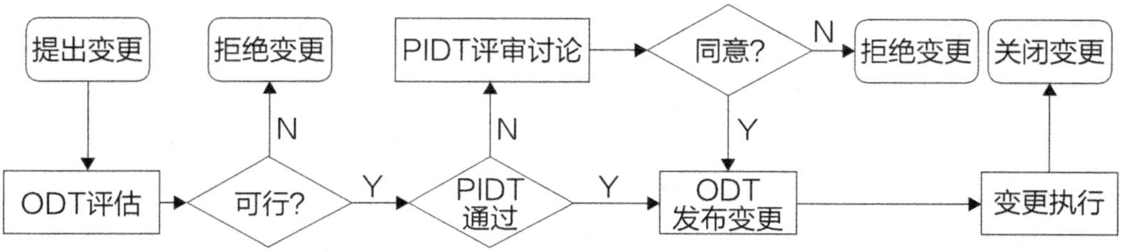

图8-6　变更管理流程

8.2.3 操作层

操作层涉及的主要是各决策点、检查点评审材料模板及评审检查表，管理目的是统一各节点汇报材料的格式，保证材料内容的完整性和格式的统一性，确保不同项目、不同负责人对同一评审能够提供相同格式的材料，便于决策团队了解项目情况并准确决策。各决策点、检查点目的不同、材料内容不同，但汇报材料格式基本相同，联想一般做如下划分。

（1）管理和评审团队：定义哪些管理人员需要参会。

（2）汇报人列表：指明哪些人需要在该评审过程中提交材料并呈现。

（3）总体评价：需要各岗位对评审的态度（Ready或Not Ready），确定全面供应承诺计划风险（高、中、低、待确认）等。

（4）风险评估：主要是评估各里程碑达成的风险，造成里程碑达成高风险、中风险、不明风险的内容。

（5）处理计划：项目中风险问题处理计划，包括时间节点、负责人等内容。

项目关键决策点、项目主要决策点及项目一般检查点设置，能够帮助项目组及时发现问题并协调资源解决问题。标准化模板和相应的检查表有助于提高汇报、决策的效率。对IPD流程的分层管理，兼顾了流程的统一性和具体业务执行的特殊性，可以认为是流程管理方面的一种创新，对多业务的集团公司推广和管理IPD具有很好的借鉴意义。

8.3 项目复杂度及流程裁剪

企业在构建IPD流程时总是希望流程体系具有完整性及全覆盖性，能够适用公司所有项目，至少是绝大部分项目，因此，企业进行流程设计时考虑的是项目最复杂、涉及部门/岗位最多、周期最长的情况。而在实际执行中，大部分项目并没有这么复杂，需要的人员没有那么多，周期也没有那么长，如果完全按照流程全部走一遍，会带来不必要的浪费。因此在具体项目应用中，需要结合项目具体情况对流程进行裁剪，以达到兼顾质量和效率的目的。

流程裁剪并不是简单地拿掉流程中某些步骤，而是在对项目具体情况进行分析的基础上，确定流程中哪些内容需要保留、哪些内容可裁剪、哪些内容可以合并的过程。裁剪对象包括过程、活动、工具、输出材料、模板格式等。

在进行流程裁剪时，除了要关注项目工作本身的复杂度，还需要关注企业与合作伙伴的合作分工，即哪些工作由企业自己来做，哪些工作请供应商来做，因为现在企业的很多项目是通过与供应商合作来完成的。项目越复杂，流程中需要执行的步骤越多，比如高端全新产品的执行流程中有很多步骤；项目复杂度较低时，可在不影响项目成果的前提下省略或合并一些执行步骤，比如一些简单产品升级项目的流程会比较简单；外包的工作越多，企业在流程中需要执行的步骤就越少。因此，在项目分类时要从项目复杂度及开发模式两个角度来定义。

为了能够针对不同项目实现流程裁剪，企业需要做好以下三方面的工作。

1. 定义项目类型/开发模式

这是流程裁剪的依据。以联想某业务为例，此项业务在项目类别上分为两类：新品项目（类型Ⅰ）和产品更新项目，前者指现有产品系列或新系列中的全新开发的产品，后者指衍生型号产品或对现有产品的扩展。产品更新项目又可根据项目范围的不同分为高复杂度项目（类型Ⅱ）和中/低复杂度项目（类型Ⅲ）。企业根据对项目的介入程度又将项目分为高介入、低介入两种模式。以上情况组合构成四种典型项目模式：类型Ⅰ+高介入模式、类型Ⅰ+低介入模式、类型Ⅱ+高介入模式、类型Ⅱ+低介入模式，详细内容如表8-3所示。

表8-3　项目类型/开发模式划分表

<table>
<tr><th rowspan="2">项目分类</th><th rowspan="2">项目类型 / 复杂度</th><th colspan="2">企业介入程度</th></tr>
<tr><th>高介入</th><th>低介入</th></tr>
<tr><td>新品项目</td><td>类型Ⅰ：新项目</td><td rowspan="2">□ 企业自己负责大部分开发工作，少部分工作由供应商承担
• 设计
• 认证
• 工程
• 测试</td><td rowspan="2">□ 开发工作更多由企业和供应商共同承担
□ 企业更多关注前端部分，如用户研究、附件和预装软件
□ 供应商更多投入于应用开发、设计、ID、工程和测试</td></tr>
<tr><td rowspan="2">产品更新项目</td><td>类型Ⅱ：高复杂度
• 准系统变化
• 新增出货国家</td></tr>
<tr><td>类型Ⅲ：中 / 低复杂度
• 关键部件和应用升级</td><td colspan="2">企业介入程度与新品项目相同</td></tr>
</table>

2. 不同项目类型/开发模式下的职责分工

在企业中，一个项目的完成需要多个部门的配合，并且随着产业分工的细化，每个项目都需在供应商不同程度的参与下完成。项目中诸多工作内容，哪些企业自己来做、哪些供应商来做、哪些需要双方配合来完成、需要配合的工作双方的参与度和职责分工如何等，都需要明确定义，以便更好地实现项目在资源、成本及质量等方面的管理。表8-4就是针对项目类型Ⅰ在高介入模式和低介入模式下，企业和供应商在各项工作中所需的资源投入情况分析。

表8-4　不同类型项目资源投入分析

工作内容	部门/岗位	类型Ⅰ/高介入		类型Ⅰ/低介入	
		企业介入	供应商介入	企业介入	供应商介入
用户研究	用户体验	●		●	
产品定义	开发经理 技术项目经理	●		●	
部件策略	研发中心	●		◑	◔
外观设计	工业设计	●		◔	◕
应用开发	软件开发	●		◑	◔
规格定义	技术项目经理	●		◑	◔
系统设计	研发中心	◔	◕		●
产品认证	认证团队	◂	◕	◂	◕
配件开发	配件团队	●	◂	●	◂
工程/变更	采购工程	◕	●	◕	●
测试验证	产品保证	◔	●	◂	●
风险评估	技术项目经理 产品保证	●		●	

3. 不同项目类型/开发模式下的流程裁剪

针对不同的项目类型及开发模式，明确流程的细节，即明确在指定的项目类型和开发模式下，哪些开发阶段需要合并，哪些决策点需要保留，哪些步骤需要省略、合并，哪些步骤需要供应商参与等，并基于这方面的定义，绘制特定项目类型及开发模式下的概览流程图。为了保证流程裁剪落地，相应的内容还需要在各业务部门的子流程、检查表中体现出来，确保针对具体的项目，各部门能够正确进行流程裁剪。

图8-7为项目类型Ⅱ/低介入模式下的流程裁剪，因为项目类型Ⅱ是一种相对简单的产品升级项目，操作流程会大大简化。从阶段层面，概念阶段和计划阶段进行

合并；在检查点层面，概念DCP取消，LCM DCP及EOL DCP与原项目一致，不需要单独考虑，因此也会取消。有些步骤工作内容或发生时间产生了变化，有些则是根据需要新增的步骤，还有些步骤被省略。如MRD的撰写内容发生了变化；制订发布计划、完成服务与支持计划及就绪需求在执行时间上发生了变化；更新报价则是升级项目新增的工作步骤；因为是升级项目，所以确定开发和运作模式、ODM RFI、执行EWG改进、逐步增加产能等步骤被省略。有些步骤则明确了需要供应商的参与，如定稿技术方案和开发计划、生产准备、验证测试等。由此可见，裁剪后的流程更符合具体项目执行的需要，在保证质量的同时更高效快捷。

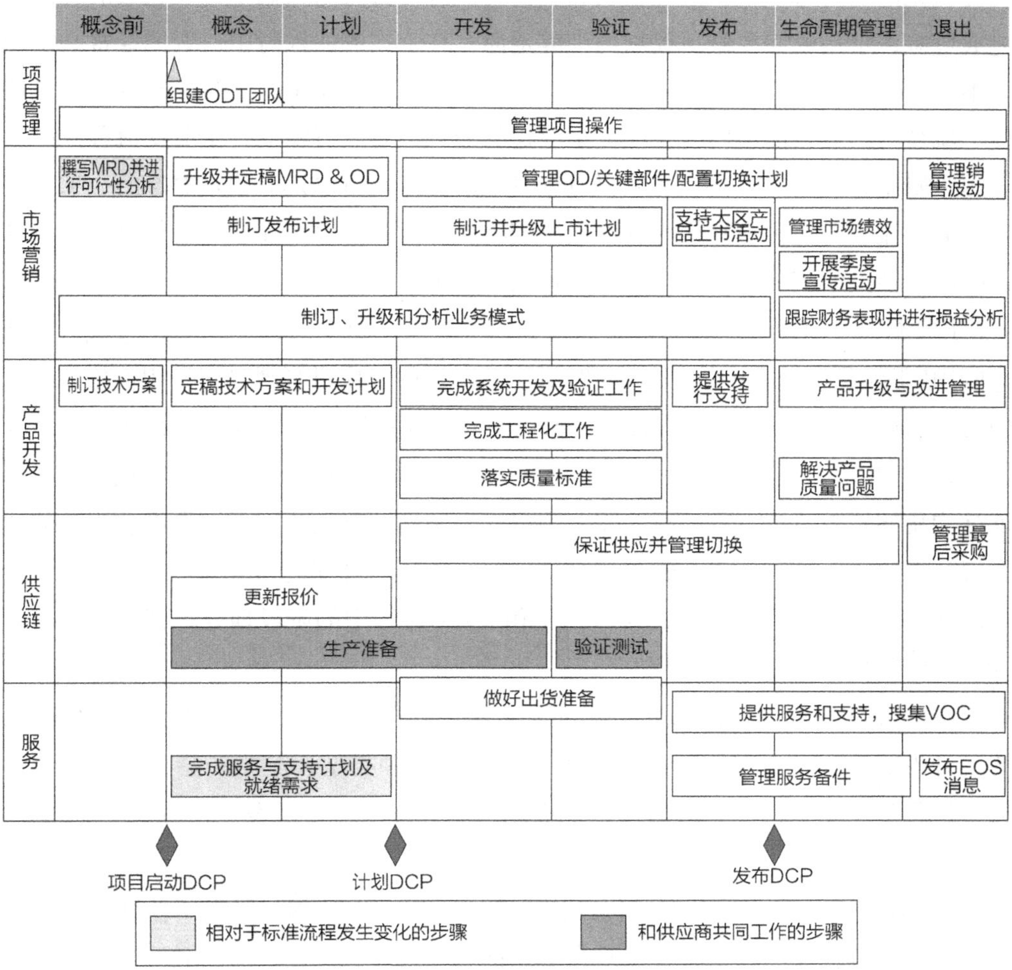

图8-7　流程裁剪示例

8.4 IPD与项目管理

著名流程专家包立南曾对流程与项目的关系有过这样一个形象的描述：流程是河道，河水是任务和工作流，制度规范是堤坝，而项目则是水流中的船。河道会约束河水，使河水按一定的路径流动，无论是否有船，河道河水都会在那里存在着。IPD流程是企业研发最佳管理经验的总结，其作用是约束研发工作按照给定的路径展开，无论是否有项目，流程就在那里。河流有时会流向人们不希望它去的方向并造成危害，于是就需要修筑堤坝约束其走向。在工作流的执行中，人们经常会发现其不足，于是就制订规章制度、规范来保证工作展开的质量。受河面宽度、水流速度、流径的约束，能够同时在河流中通过的船只数量是有限的，企业受流程效率、资源等限制，同时能够执行的项目也是有限的。因此可以说流程是静态的，项目是动态的，流程的优劣会在很大程度上决定项目执行的效果，在项目执行过程中遇到的问题则会推动流程的优化升级，二者是相互作用、相互影响的。

IPD流程可以说是项目管理方法论在产品开发项目中的具体应用，而项目管理是应用IPD流程所必需的管理技能和工具。IPD流程与项目管理之间是相辅相成的，因为IPD流程就是对众多成功的开发项目的总结和提炼，它体现了最经典的产品开发项目管理方法，包括组织、流程、工具等要素，是一种集成的最佳实践；为了保证结构化的研发流程有效执行，需要项目管理制度的有效落实；如果没有规范的研发流程，项目管理就失去了管理的基础，每个项目的管理过程就不具备一致性，也无法在多项目之间进行有效的协调与平衡；IPD流程中的阶段划分，其实就是项目管理中的项目生命周期定义。

在IPD流程中，根据性质、目的不同，将项目分为技术研究、技术（部件/子系统）开发、产品（产品平台）预研及产品开发四种类型，其中产品开发项目最常见、过程最复杂、约束条件最多，下面以产品开发项目为代表，介绍基于IPD的项目管理的内容。

IPD流程将整个产品开发过程分为概念前、概念、计划、开发、验证和发布几个阶段，项目管理的五个过程、八大要素都与之对应有具体的应用和体现，对应关系如表8-5和表8-6所示。

IPD流程中，每个阶段都可细分为启动、计划、实施、控制和收尾五个过程。

（1）对一个完整的产品开发项目，项目组收集各方面的信息，准备MRD文档，在PIDT会议上安排项目启动汇报并听取建议的过程就是项目启动过程。

（2）项目组根据开发范围、资源投入、项目模式、历史经验、业务要求等信息，安排各子团队制订详细开发计划并整合为项目开发计划，最终向PIDT做出承诺的过程就是计划过程。

（3）在计划确定后，推动项目组及各子团队按计划进行开发的过程就是实施过程。

（4）在项目进行过程中，定期召开项目组级别的会议，沟通、检查项目进展情况，并对出现的问题及时协调解决，确保项目按计划执行，就是控制过程。

（5）在项目发布后，ODT团队进行项目总结并与LMT团队进行工作交接，就是项目收尾的过程。

表8-5　项目管理五个过程与IPD流程的关系

项目管理	开发流程					
	概念前	概念	计划	开发	验证	发布
启动	• 组建PCT • 项目软启动	• 组建ODT • 项目启动会	• 计划阶段启动会 • 扩展ODT成员	• 开发启动会	• 验证启动会	• 发布启动会
计划	• 制订概念阶段工作计划 • 项目计划建议 • 业务模式计划	• 制订计划阶段工作计划 • 制订发布计划 • 制订服务计划	• 项目计划更新			
实施	• 概念前阶段工作计划执行	• 概念阶段工作计划执行	• 计划阶段工作计划执行	• 开发计划执行	• 验证计划执行	• 发布计划执行
控制	• 概念前阶段进度控制	• 概念阶段计划控制	• 计划阶段进度监控	• 开发阶段进度控制 • 变更控制 • 风险控制 • 质量控制	• 验证阶段进度控制 • 变更控制 • 风险控制 • 质量控制	• 发布阶段进度控制 • 变更控制
收尾	• 概念前阶段退出评审	• 概念阶段退出评审	• 计划阶段退出评审	• 开发阶段退出评审	• 验证阶段退出评审	• 发布结束评审

基于IPD的产品开发项目，也会从范围、计划、预算/成本、合同/采购、沟通、质量、风险和人力八大要素入手展开项目管理工作。

（1）范围管理。研发项目范围管理以产品/技术路线图为输入，路线图上承战略，明确了产品/技术项目的范围、布局、时间节点及初步目标。范围管理以项目章程作为启动过程的输出物，表明了项目的正式立项及初步范围的确定。项目组要基于项目章程、客户需求、项目约束条件来说明项目范围，在此基础上进行工作结构分解，分析项目所涉及的工作。工作分解结构（Work Breakdown Structure，WBS）是项目管理最基础的材料之一，它是计划管理、进度管理、成本和变更管理的基础。范围管理的承载文档为MRD，并通过工程变更管理流程来进行范围变更的管理。

（2）计划管理。项目计划需要以WBS为依据，确定完成项目所涉及的具体活动、活动的顺序和逻辑关系以及活动所需时间，在此基础上制订项目计划。在企业的具体应用中，路线图往往会对项目的时间给出初步定义，并在项目章程中给出项目完成的时间点，项目组需要以此为约束条件，合理安排开发活动及逻辑关系，确保项目能够在给定的时间点之前完成。因此，很多时候项目计划的制订是一个倒推安排的过程，并不是根据各活动所需时间确定最终项目完成时间，而是要根据项目完成时间来分配项目各活动的时间。项目计划是项目管理的关键内容，在IPD流程中，项目组需要在计划阶段给出项目计划基线并获得PIDT的认可，后续项目执行、监控、考核及变更管理都要以此为基础展开。项目计划一般需要通过单独的文档来呈现，基线确定后的变更需要通过工程变更管理流程来管理。

（3）预算/成本管理。IPD流程的重要理念之一就是把研发项目当作投资进行管理，预算/成本管理是达成项目经济目标的关键手段。项目组需要分析实施每项活动所需的资源，并在此基础上形成资源计划，基于资源计划形成成本估算并分配到各项工作中。预算/成本管理从性质上可划分为两部分：一部分是一次性成本，包括人力、设备、物资的投入，另一部分是产品的成本控制。前者需要借助以往项目的经验进行计算，并要考虑支付形式，比如对ODM项目中的研发费用，就需要考虑是一次性支付还是分摊到产品单价中；后者需要通过与上代产品的规格差异来确定物料成本，并通过生产工艺分析来确定制造成本。对自主研发设计的产品，需要在计划阶段确定预算/成本，如果是ODM模式，则需要在概念阶段确定相关内容，并作为选择供应商的重要参考依据。

（4）合同/采购管理。随着技术的发展以及产品复杂度的提升，产业链分工越来越细，专业化程度越来越高，很难有企业能够完全自主地完成一个产品的开发，必须和其他企业进行合作，从其他企业获得新产品开发所需的物料或服务，这就要求企业在产品开发项目中必须重视合同/采购管理。合同/采购管理的前提是研发模式决策，是自主研发、与供应商合作开发还是完全由供应商开发，这直接决定了企业需要采购什么，在什么时间进行采购。当采购内容确定后，需要制订采购文件，详细说明采购的内容和规格要求，并需要识别潜在的供应商，确定评价标准。然后由供应商投标、报价，企业按照评价标准选出最合适的供应商。在产品开发过程中，需要监督供应商的合同履行情况，如有变更需要及时修改合同，企业要按时支付合同要求的费用。在项目结束时，要进行收尾工作，确认合同约定的工作执行情况，完成合同和结算，解决遗留问题。

（5）沟通管理。针对新产品开发项目，IPD流程中建立了多级沟通机制，保证了快速准确的信息传递沟通。最底层为各职能部门的项目沟通周例会，会议主要作用是传达信息、解决问题、获取支持。往上一层为ODT周例会，由项目经理召集项目核心成员，沟通项目进展情况，统一认知，确定需要通报的问题，明确需要的支持。研发部门作为新产品开发主要承担者，一般也会安排周例会，了解所有研发项目的进展情况，研发项目负责人要通报存在的问题和需要的支持，管理层要协调资源问题，并要从全局出发平衡资源的投入。如果是ODM项目，研发部门一般会安排双周或月例会，与供应商研发高层进行沟通，通报项目进展，并针对项目中存在的问题进行研讨，确定解决方案。项目沟通管理的最高级别会议是NPIS（新品导入状态会议），PIDT各职能主要成员、各项目组ODT成员参加，全面通报各项目的进展状态、存在的问题及资源需求。NPIS会议是IPD流程中项目管理的关键会议，可全面监控业务部门所有项目的进展状态，及时进行项目问题决策和资源协调，比如对有可能造成项目变更的事项进行初步确认并提交PIDT决策，对项目中的重大问题及时组建技术小组解决，对多个项目的共性问题组建跨项目的专项问题解决小组进行攻关。

（6）质量管理。企业的产品不同，质量管理采用的流程、工具方法不同。IPD流程中的阶段划分、分阶段检查、相应的检查表、模板及职责分工、沟通决策体系、相关标准等共同构成了一个完整的质量保证体系。项目启动后，项目组会基于质量方针、产品定位等信息，在概念阶段制订质量计划，确定产品的质量标准、测试计划、测试内容等；在开发和验证阶段，通过执行测试来保证设计质量目标的达成；在生产阶段通过首件检查、制程过程检查、出货前开箱检查等手段来保证产品的质量。

（7）风险管理。IPD流程通过分段决策来消除项目的整体风险。联想在实践中引入NUDD方法论作为全面项目风险管理的载体。根据多年的项目经验总结，IT行业普遍认为项目风险主要来自四个方面：项目的新特性（New）、项目独有的特性（Unique）、项目长期存在的难点特性（Difficult）及与以前产品的差异特性（Different），NUDD方法论从这四个方面入手，全方位进行项目风险因素的识别、分析、应对和跟踪，从而能够主动、有目的、有计划地处理风险，保证项目运行的稳定。

（8）人力资源管理。IPD流程明确定义了项目团队的构成及各岗位在项目中的职责。项目经理为总体负责人，组织上由来自各部门的代表作为核心成员，其他项目人员为外围成员的二级结构，以保证决策及资源配置的及时性。在项目正式启动后组建项目核心团队，计划阶段要保证所有人员到位，完成产品发布及项目总结后团队解散。各职能经理要随时了解本职能在项目中所承担工作的进展情况，并及时保证资源到位。

总之，项目管理的知识、技能、工具和方法是企业推行IPD的基础，离开了项目管理IPD会成为空中楼阁。因此，企业要积极推动员工项目管理技能的提升，尤其是项目经理，更需要全面、深入掌握项目管理的知识，并需要通过实践不断提升项目管理能力。

表8-6　项目管理八大要素与IPD流程的关系

项目阶段	概念阶段	计划阶段	开发和验证阶段	发布和生命周期管理
资源投入	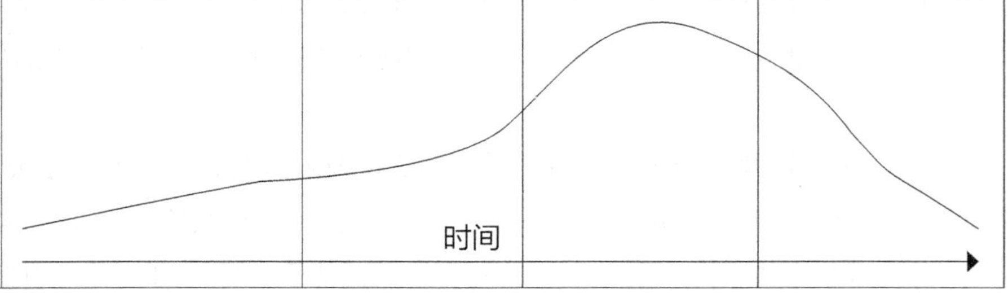			

续表

项目阶段		概念阶段	计划阶段	开发和验证阶段	发布和生命周期管理
项目管理八要素	范围	输入：技术、成本和资源约束的市场需求 输出：方案定义	优化方案 承诺方案	执行并监控计划以及计划变更	完成交付并向LMT转交职责
	计划	制订初步的概要计划	制订详细化计划 承诺计划	监控/预测/控制	评估结果
	预算	建立可行性和竞争力	承诺方案成本和损益	监控/预测/控制	评估结果
	合同	识别/定义工作	完成合同	获得产品/服务	评估结果
	沟通	提出及批准提案	提交提案	现状	记录结果 评估项目 进行改进
	质量	识别质量目标	承诺质量目标	监控/预测/控制	跟踪质量
	风险	建立风险水平 确定选择 风险管理计划	建立风险水平 确定选择 风险管理计划	监控/预测/控制	经验教训总结
	人力资源	识别可用的团队	指派团队	激励团队	释放/重定向资源 重新分配项目团队

8.5　检查点流程的执行

对全新产品项目，IPD检查点流程包括概念前阶段、概念阶段、计划阶段、开发阶段、验证阶段、发布阶段、生命周期管理以及生命终止阶段八个部分，涵盖了从项目准备到退市管理全过程。由于企业性质不同，IPD流程的框架和执行都有很大的区别，下面以联想消费业务八个阶段IPD检查点流程为例，详细介绍各阶段的主要内容及注意事项。

8.5.1　概念前阶段

该阶段以概念前阶段启动为起点，概念阶段启动为终点。概念前阶段是联想根据业务需要新增的项目阶段。联想属于IT行业，市场变化很快，产品开发周期越来越短，由于项目启动前很多准备工作缺乏有序管理经常影响项目正常启动，同时上市时间往往比较固定，这就造成项目后期压力很大，项目的质量受到影响，因此有必要把项目正式启动前的工作标准化、规范化、流程化，从而有利于高效、高质量完成项目启动前准备工作，确保项目准时启动。将更多的工作内容纳入项目是符合企业项目化管理发展趋势的。

在概念前阶段，由于项目还未正式启动，全面工作尚未展开，所以并不需要大量人员加入，产品核心团队（PCT）就可以承担所有工作。PCT由产品经理（PM）领导，项目技术经理（TPM）、项目经理（ODTL）、采购品牌经理（PBM）、工业设计工程师为团队成员，共同完成概念前阶段的工作任务。

8.5.1.1 概念前阶段需要回答的问题

在概念前阶段，要以工业设计流程/产品规划流程的成果以及技术路线图为输入，在企业内部进行项目的软启动，明确初步的方案定义并进行项目论证，完成产品的外观设计等工作内容。

1. 从业务的角度需要回答如下问题

（1）该产品是如何满足整体业务战略要求的？

（2）在规划过程中，是否考虑了产品的系列设计和品牌战略？

（3）是否有关键技术支持开发工作？

（4）该产品是如何对现有产品进行补充的？

2. 从项目执行的角度需要回答如下问题

（1）项目范围是否足够清晰，是否可以进入下一步？

（2）在保证时间、成本和质量的情况下，项目成功的关键因素是什么？

（3）能获得足够的资源来继续这个项目吗？

（4）哪些经验教训需要在项目规划中借鉴？

3. 从运营的角度需要回答如下问题

（1）项目采用自主开发模式还是ODM模式？

（2）关键市场是否有产品投放需求？

（3）是否充分考虑了和现有产品的切换？

8.5.1.2 概念前阶段的主要工作内容

概念前阶段的主要交付物为概念阶段启动DCP材料，包括市场需求文档

（Marketing Requirement Document，MRD）、系统规格书、工业设计规格书/工业设计草图、关键部件的信息请求（Request for Information，RFI）。PCT团队各成员在该阶段主要工作内容如下。

（1）方案交付经理：基于计划管理项目日常进展，解决各部门之间的问题，评估风险并提供行动计划，管理关键里程碑从而确保按时上市、按时上量，建立PCT与各部门的沟通机制。

（2）产品经理：撰写MRD和产品定义初稿（包括目标用户、产品定位、关键信息、特性列表、目标出货日期、切换计划等内容；还包括商业方面的信息，如销量、价格区间、目标市场份额、目标成本、运输模式等）。

（3）工业设计工程师：参考品牌和系列设计指引，接受客户、零售商及各地区销售的反馈，创建项目用户体验设计，包括设计概念、设计指引、CMF（Color-Material-Finishing：颜色、材料、表面处理）以及平面设计草图，完成概念评估报告。

（4）技术项目经理：根据产品规划每月的输出和产品需求，确定项目是采用自主开发模式、高介入ODM模式、低介入ODM模式还是完全由ODM主导开发。

（5）全球计划与供应经理：根据产品需求、服务及成本需求以及供应商策略，确定项目运作是自主运营模式、ODM直接出货、ODM系统级出货或半成品出货模式。

（6）采购品牌经理：根据系统规格、ID规格、项目销量、产品开发与运作模式等要求，向候选ODM发布RFI，征求技术、工业设计和成本方面的建议。

8.5.1.3 MRD的内容定义

概念前阶段的关键输出内容之一是MRD，这是一份从营销角度描述项目的单独文档，用于通过检查点流程推进产品的开发，包括主要产品属性和信息的简化文档及可用于和各地区营销沟通的材料。一般情况下，MRD的内容需要根据企业实际情况进行定义。联想对通用MRD的内容定义如下。

（1）环境趋势和市场分析：总结相关市场趋势和机遇分析，包括竞品分析、以前产品分析等，形成产品方案及针对该方案的定价策略和方法。

（2）市场/客户细分：基于对市场的调研分析，提供后续产品方案将用到的市场和客户细分模型的简要总结，确定该产品方案的目标客户；识别目标客户，找到痛点和相应的需求和期望，并按产业、客户组（大型企业、中端市场、小企业、个人用户）、地区记录差异性，提供该产品与相关产品体系结构相适应的总结。

（3）竞争分析与定位：描述企业相对于可能在目标细分市场对产品方案带来威胁的竞争对手和替代方案的定位，要同时考虑与企业其他产品及竞争对手产品的竞争差异化，描述该产品将如何改变竞争格局。

（4）产品方案概念总结：提供产品方案概念总结，需要回答向市场提供什么，为什么该产品方案会被推向市场等问题。内容包括目标客户、价值定位、关键营销元素、时机与持续时间、成功标准、测量指标、范围及条件需求，明确谁是目标用户，什么时间发布、上市、全面供应和退市，如何评估该产品方案的成功等问题。

（5）客户需求：基于市场调研分析，描述客户的要求、需求和期望，以及客户对产品方案满意度/忠诚度的驱动因素；解决客户购买行为的痛点问题。

（6）各地区反馈/输入：各地区产品方案需求和相应的提案，独特的客户或执行要求、关注点等。需要产品经理注意，推荐的各地区审查流程是提供草稿给各地区进行审查，然后在各地区的沟通会上介绍详细内容并获得反馈，同时获得对产品方案的建议。

（7）潜在机会：根据各地区和市场细分，评估该产品方案的总体市场潜力以及销量和收入目标。

（8）价值定位声明：根据行业和客户组设置声明是最有效的组织方式，因为这是各地区营销团队进入市场的方式。

（9）产品信息摘要：强调关键特性、功能、性能、设计元素和证明点。在定位描述方面，呈现预想的标题/信息概要以及支持这些信息的证据点，突出最重要的特性。

（10）产品价格策略：需要回答产品方案基于哪个主要竞争对手来定价、针对不同客户群的定价策略、与以前产品相比应如何定价等问题。

（11）外部业务风险分析：风险评估反映了企业是如何理解影响产品方案计划承诺达成的外部问题的。这些问题是不受企业控制的，需要初步总结营销、开发、销售、制造等各部门的所有潜在风险因素，通过识别风险概率、风险影响和应对计划来管理风险，明确问题解决日期来确保计划可执行。

（12）内部风险与先决条件：初步总结可能对产品方案任何方面产生负面影响的内部跨部门问题和先决条件；识别问题或先决条件的负责人、优先级和需要的行动；针对解决方案的开发，需要签署协议，定义业务单元之间如何分配解决方案的开发责任、测量指标和回报；营销问题和先决条件也应在此时识别，明确问题解决日期来确保计划可执行。

（13）项目建议：给出综合建议，明确是否需要继续产品方案的开发。

（14）项目章程/合同：针对具体的产品方案开发和业务结果，描述PIDT和ODT之间目标（章程）和协议（合同），如果情况允许，要包括总体开发费用。

（15）上市路径/销售渠道：根据客户组别，确定上市优先级；指明业务模型及客户倾向的购买模式；描述高端渠道就绪需求。

（16）产品切换：说明项目总体切换以及主力客户切换情况。

（17）MRD中未包括在此材料中的文档列表：说明哪些MRD的内容未在此材料中呈现，给出理由。

由以上内容可以看出，MRD文档既有战略和市场分析，又有投资分析建议，还有操作执行层面的内容，因此能够有效实现对业务策略的承接和对客户需求的满足，而项目开发费用分析、运营分析和财务分析，能够帮助团队强化成本的概念，增强风险意识，控制好投入产出比，保证资源的高效利用和产出的最大化，实现基于项目的收益核算，达成将产品开发当作投资行为的目的。

8.5.1.4 方案定义的主要内容

概念前阶段的另个一关键输出内容是方案定义（Offering Definition，OD），反映了基于MRD的项目/产品交付物，其主要内容如下。

（1）产品亮点：主要说明产品在软硬件方面的创新点。

（2）描述“系统是什么……”以及“系统不是什么……”：通过对比的方式说明系统包括哪些内容和哪些不属于系统的内容，主要是通过对比进一步明确产品方案的定义和范围。

（3）描述关键特征：对产品关键特征的汇总及详细描述，比如，联想要求方案定义需包括产品外形、主板、端口、操作系统/预装软件、端口支持以及合规要求；微处理器要求、芯片组、显卡、显示器等；所有主要构筑模块，CPU、LCD显示器、硬盘、光驱、电池、通信（局域网、无线局域网、广域网、蓝牙等）；系统关键尺寸、系统重量以及电池寿命目标……

由以上内容可以看出，产品方案定义的格式和内容与企业产品特点密切相关，企业需要结合自身产品特点定义模板，从而保证不同人员在进行产品方案定义时能够以相同的格式给出同等水平的内容。

8.5.1.5 概念前阶段主要活动总结

概念前阶段退出时（概念阶段启动），PCT要基于团队的工作成果，整理汇报材料并安排评审，由PIDT决策是否可以进入概念阶段。

（1）安排项目软启动，形成PCT团队。

（2）制订概念前工作计划。

（3）进行初步的项目论证及产品概念定义。

（4）完成RFI工作。

（5）完成概念前退出（概念阶段启动）决策评审材料。

8.5.2 概念阶段

该阶段以概念阶段启动为起点，概念阶段退出为终点。概念阶段的启动标志着项目的正式启动，要成立ODT核心团队。该阶段的主要任务是给出稳定的产品方案定义，通过评估产品的市场机会、可能采用的技术和制造方法/风险，成本/预计开发周期以及财务情况进一步明确产品方案。

8.5.2.1 概念阶段需要回答的问题

1. 从业务的角度需要回答如下问题

（1）该产品是如何满足整体业务战略要求的？

（2）为何企业的客户会对这款产品感兴趣？

（3）经济回报是否值得投资？

（4）成本目标是否确定并满足要求？

（5）关键技术是否成熟到可支持开发工作？

（6）该产品是否与整体产品组合相匹配？

2. 从项目执行的角度需要回答如下问题

（1）在保证时间、成本和质量的情况下，项目成功的关键因素是什么？

（2）是否有足够的资源来承担该项目？

（3）是否已通过行动计划识别和处理风险？

（4）是否已经在项目计划中考虑了经验教训？

3. 从运营的角度需要回答如下问题

（1）是否有合适的合作伙伴（ODM、技术、供应商）？

（2）是否有计划将该产品投放到目标市场？

（3）长采购周期和独一无二的部件是否已经被识别并被减到最少？

8.5.2.2 概念阶段的主要工作内容

概念阶段的主要交付物为概念阶段退出DCP材料，包括升级的市场需求文档、产品方案定义、关键部件采购计划初稿、升级的系统规格书、项目计划初稿等内容，针对消费业务，还需要确定供应商，完成工业设计手板评审等。ODT核心团队各成员在该阶段主要工作内容如下。

（1）产品经理：根据各地区的反馈，升级MRD（目标用户、产品定位、关键信息、特性列表、预计销量和税前收入、目标出货日期、切换计划等）与升级产品方案定义（工业设计、产品规格、范围、成本、时间表执行计划）。对销量、价格区间、目标成本、运输模式等内容进行更新，对项目盈利能力进行分析。

（2）工业设计工程师：确认产品工业设计方案，包括CMF、材料和工艺，根据结构工程师的反馈修改设计，和结构设计、新品导入团队确认可行性。

（3）技术项目经理：升级技术方案和计划，包括技术规格和关键特性解决方案。制订详细的项目开发计划（系统技术方案计划、BOM/EC计划、测试计划、软件计划、说明书和附件计划、产品认证计划、部件开发计划等）。

（4）质量工程师：对ODM输出通用质量标准以满足最基本的质量要求；与供应商沟通协商后确认最终质量标准；通过DFMEA/NUDD工具识别所有风险。

（5）采购品牌经理：管理RFQ（Request for Quotation）过程，整合各部门RFQ评估结果，推动ODM合作伙伴的选择及合同授予。制订和升级采购计划，即根据交期和数量预测，对所有确定的关键部件进行可得性审查，以制订测试计划和支持批量生产；明确货源，以指导采购资格和生产的BOM范围。

（6）服务：向TPM提供售后服务方面的需求，以满足RFQ的要求，进行产品可服务性评估。

（7）新品导入：制订模具数量及就绪节奏草案，评估可制造性，制订SVT/SOVP/发布计划，对新的生产制造及其二级供应商进行稽核，为生产制造做好准备。

8.5.2.3 概念阶段涉及的两个关键决策点

概念阶段涉及的两个关键决策点是概念阶段启动决策和概念阶段退出决策。前者主要看PCT团队是否已经在业务和运作分析方面做好了启动准备工作；后者主要看客户需求识别、产品方案定义技术可行性、项目关键日期确定、项目与各地区沟通情况等内容是否已经满足要求，项目整体方案是否能够获得大家的认可等。PIDT会听取市场营销、工业设计、研发、质量、新品导入、服务等各部门的汇报及进入下一阶段的风险建议，ODTL会对项目整体状态进行总结，并给出进入下一阶段的整体风险建议，PIDT根据汇报情况决策是否可进入下一阶段。

概念阶段并未涉及主要检查点和一般检查点，但从技术的角度，研发部门会安排一个概念设计和产品方案定义评审——设计同行评审（Design Peer Review，DPR），邀请业务单元内（或公司内）营销、研发、采购、质量、产品保证、新品导入等方面的专家听取各部门的汇报，检查根据产品方案定义确定的构建模块是否满足产品目标，项目范围是否明确、市场需求是否完整、产品方案定义是否可满足市场需求，指出各部门在该阶段工作中存在的问题并给出改进建议，确保需求、策略和可靠性目标能够找到可行、适用的技术支撑，为概念阶段退出决策扫清障碍。

8.5.2.4 概念阶段主要活动总结

在概念阶段退出时，ODT需要基于项目团队的工作成果整理汇报材料并安排评审，由PIDT确定项目是进入计划阶段还是要取消。对于ODM项目，由于概念阶段已经完成RFQ，项目范围已经确定，概念阶段退出后的任何影响RFQ结果的变化，都需要通过PCR流程来导入。

（1）安排概念阶段启动，接受项目章程，组建ODT核心团队。

（2）制订概念阶段的工作计划。

（3）详细定义并基本确定业务需求和产品方案定义。

（4）安排技术评审，确保项目范围的明确性、市场需求的完整性以及产品方案定义对需求的覆盖性。

（5）对ODM项目，需要完成RFQ并授予合同。

（6）撰写概念阶段退出评审材料，给出项目风险建议。

（7）安排概念阶段退出评审，由PIDT决策项目是进入下一阶段还是取消。

8.5.3 计划阶段

该阶段以概念阶段退出为起点，计划阶段退出为终点。计划阶段的主要工作是建立ODT扩展团队，将产品方案定义细化，ODT可据此制订并承诺产品方案开发及上市的项目计划，由ODT向PIDT承诺项目范围、时间计划及成本。计划阶段退出评审是计划阶段的终点，获得批准的项目计划将作为接下来各阶段衡量的基准线，计划阶段退出后的变更，需要提交计划变更请求（PCR）来实现。计划阶段退出评审又被称为投资决策评审，因为在该评审后进入开发阶段，模具开发、部件的开发验证工作都要展开，项目开始需要大量的人力物力投入，因此，计划阶段退出评审需要特别慎重。

8.5.3.1 计划阶段需要回答的问题

1. 从业务的角度需要回答如下问题

（1）目标客户为什么会对这款产品感兴趣？

（2）业务案例中关键的假设和风险是什么？

（3）市场是否已经得到验证？

（4）成本目标是否确定并得以满足？

2. 从项目执行的角度需要回答如下问题

（1）产品需求是否已明确定义？

（2）项目计划是否足够稳健？

（3）在多大程度上进行了可行性研究？

（4）是否能投入最好的资源来降低项目风险？

3. 从运营的角度需要回答如下问题

（1）关键部件路线图是否已经在产品生命周期规划中考虑？

（2）是否有详细的发布和产能提升计划？

（3）产品是否能够以给定的良率目标进行生产？

8.5.3.2 计划阶段的主要工作内容

计划阶段的主要交付物为计划阶段退出DCP材料，包括升级后的产品方案定义、最终版的项目计划和业务案例、采购计划、发布计划、DFMEA/NUDD、最终版的系统规格书、产品组合切换计划、关键部件切换计划、质量标准、营销需要的外观样品、研发需要的功能手板、产能提升计划、新供应商导入计划、服务与支持需求等内容。ODT核心团队各成员在该阶段主要工作内容如下。

（1）产品经理：根据各地区的反馈，升级MRD与产品方案定义（目标用户、产品定位、关键信息、特性列表、预计销量和税前收入、目标出货日期、切换计划等），定稿产品方案定义，包括工业设计、产品规格等。制订发布计划，包括地区清单、全面供应日期、数量/组合、发布活动安排，以及各地区发布排序策略。制订关键部件切换计划。在计划阶段退出前确定业务案例，包括销量、价格区间、目标成本、运输模式等内容，对项目盈利能力、设计费用预估进行分析。

（2）技术项目经理：升级技术方案，包括技术规格和关键特性解决方案；确定最终技术方案，包括关键特性解决方案和整个系统的规格；确定技术计划，包括BOM、认证、预装、说明书及附件、测试、构建模块、主板、散热等。向ODM合作伙伴提供结构工程设计和功能样机，以便启动模具制作。

（3）质量工程师：确定部件和系统的质量标准，重点关注与项目新特性相关的关键部件的质量标准。

（4）全球计划与供应经理：与各地区及业务单元沟通，收集产能提升计划和预测；重点关注长采购周期部件计划阶段后的时间表，为量产提供保障；管理新产品供应的导入，以满足出货时间和地区的数量要求；管理老产品供应的退出，尽可能减少过剩和报废，使切换引起的财务损失降到最低。

（5）采购品牌经理：根据交货期和数量预测，对所有关键部件的准备情况进行检查，以制订测试计划和支持批量生产；明确货源，以确定采购资格和生产的BOM范围。

（6）新产品导入：评估模具，确订模具数量及就绪节奏初步方案；进行DFMEA/NUDD分析，全面识别风险；评估可制造性，制订SVT/SOVP发布计划。

（7）服务：根据品牌和服务策略，完成服务和支持计划，包括报修条款和条件、服务成本、备件返还物料授权计划等；根据品牌和服务策略，提供服务和支持就绪需求文件，包括BOM、样品数量、培训、硬件维护手册、视频、技术支持文档、制造数据、问题列表和限制、特殊需求等。

8.5.3.3 计划阶段设计的决策点和检查点

计划阶段涉及一个关键决策点：计划阶段退出决策评审。这是项目中特别关键的一个评审，因为一方面ODT要向PIDT进行项目承诺；另一方面，一旦通过评审，企业及合作伙伴就要开始对项目进行大规模投入。在该决策点，PIDT重点对ODT的项目承诺进行审查，确认ODT的项目承诺是否能在范围、时间和成本方面满足各地区的要求，在销量、收入、利润等财务回报方面是否可满足或超越目标，设计是否稳定且可实现，产品是否可制造，全面供应日期是否可达成等内容，确保项目方案能够满足市场的需求，项目计划具有很高的可行性，项目风险考虑周全，保证项目财务目标的实现，达成企业经营目的。

计划阶段涉及一个主要检查点：执行计划评审（Execution Plan Review，EPR）。这是一个ODT层面的检查点，由ODTL牵头，营销部门产品经理、研发部门软件经理、采购部门成本经理、研发部门项目技术经理、研发部门产品保证工程师、新品导入工程师、采购品牌经理、质量工程师、服务工程师等ODT成员从各自职责角度汇报项目进展情况及风险状态评估并听取管理团队的意见和建议，

在计划阶段，研发部门会安排一个技术检查：DPR2。邀请业务单元内（或公司内）营销、研发、采购、质量、产品保证、新品导入等方面的专家听取各部门的汇报，确认产品技术方案的准备情况，明确哪些需求可以满足，哪些需求从技术上无法实现，指出各部门在该阶段工作中存在的问题并给出改进建议，为开发阶段消除风险。

8.5.3.4 计划阶段主要活动总结

在计划阶段退出时，ODT需要基于项目团队的工作成果整理汇报材料并安排评审，由PIDT决策项目是进入开发阶段还是取消。在计划阶段，经PIDT认可的项目基线计划已经确定，后续任何项目范围的变更，都需要通过ECM流程来导入。

（1）根据项目需要，增加ODT外围成员，建立完善的ODT团队，启动计划阶段的工作。

（2）制订计划阶段的工作计划。

（3）制订项目各部分的详细计划并承诺资源支持，以保证项目计划目标的达成。

（4）进行系统详细设计，安排DPR2，确定产品方案定义。

（5）对各地区就全面供应日期、成本和产能提升计划进行承诺。

（6）根据需要安排EPR。

（7）部分部件的BBFV。

（8）完成并确认最终的产品方案定义。

（9）撰写计划阶段退出评审材料，给出项目风险建议。

（10）安排计划阶段退出评审，由PIDT决策项目是进入下一阶段还是取消。

8.5.4 开发阶段

该阶段以计划阶段退出为起点，SIT退出为终点。开发阶段的主要工作是开发验证产品功能，制订上市计划，为SVT、物流和交付做好供应链准备，并开始为产能提升和批量生产准备物料。在该阶段，需要通过ECM流程完成对变更需求的评估和导入。该阶段是开发验证落实阶段，大量资源开始投入，大量问题开始出现，因此需要做好资源平衡与风险应对工作。

8.5.4.1 开发阶段需要回答的问题

1. 从业务的角度需要回答如下问题

（1）市场和竞争发生了什么变化？

（2）该产品是否依然能提供有说服力的财务回报？

（3）是否满足了关键的市场需求和发布时间要求？

2. 从项目执行的角度需要回答如下问题

（1）需求是否得到适当的管理而不影响设定目标？

（2）产品是否做好进入验证阶段的准备？

（3）是否满足了所有定义的特性和需求？

（4）模具和印刷电路板是否确认？

3. 从运营的角度需要回答如下问题

（1）是否已具备合适的供应链和合作伙伴？

（2）各地区的发布计划（日期、数量和配置）是否已经确认？

（3）详细的产品发布和推出计划的执行是否已经步入正轨？

（4）是否提供了预测和计划所需的BOM？

8.5.4.2 开发阶段的主要工作内容

开发阶段的主要交付物是开发阶段退出决策点材料，包括升级后的项目计划、产品组合切换计划、业务方案（基于PCR）、采购计划等内容，如果项目取消则需要发布项目取消通知。此外还需要发布SIT退出通知，向营销和服务部门提供SIT的样品，安排与各地区的沟通会，整理MDRR、SCRR材料。如果是高端产品，还需要细化上市与发布计划。确定SVT的配置，给出SOVP风险采购通知。ODT团队各成员在该阶段的主要工作内容如下。

（1）产品经理：在订单方面，根据市场需求和产业趋势，制订产品方案定义切换计划。执行产品方案定义的落实，监控产品在市场中的竞争力；和各地区、采购品牌经理、供应和计划经理以及ODT密切配合，制订配置策划和升级切换计划。对高端产品，与各地区密切沟通，根据出货日期列出配置和数量分配。在财务方面，要升级业务方案，更新受PCR影响的销量、成本以及相关的财务指标。

（2）技术项目经理：完成系统集成，包括软件生产准备、主板设计确认、结构设计确认（完成结构设计，确定用于SVT的结构设计）、有序推进各地区的认证并保证在出货前完成。进行系统验证，包括系统设计验证（SDV）和系统集成测试（SIT），前者主要是验证设计层面的系统功能，大部分测试基于主板和功能手板进行；后者主要验证产品方案对设计规范、机构认证要求、行业标准和企业标准的合规。以上属于系统开发验证工作。BOM和机器类型型号（MTM）的发布，包括产品结构和BOM的发布，意在定义产品的所有内容，以便OEM进行产品的生产。附件确认，为量产进行产品说明书和附件的最终确认。

（3）质量工程师：管理质量标准限制，支持批量生产。

（4）采购品牌经理：进行成本分析并提供结果给ODT，以支持对PCR的决策；基于交期和产量预测，对所有关键组件的准备情况进行检查，以制订测试计划并支持量产；明确货源，以指导采购验证和生产的BOM范围。

（5）新产品导入：评估模具，制订模具数量及就绪节奏初步方案；进行DFMEA/NUDD分析，全面识别风险；评估可制造性，制订SVT/SOVP发布计划。完成SCAR、SCRR评审，对新产品进行首件检查（First Article Inspection，FAI）

（6）服务：根据服务和支持要求文件，核对准备就绪材料；确保服务和支持做好准备，以便在发布之日起就能够给产品和客户提供支持。

8.5.4.3 开发阶段涉及的检查点

开发阶段并无关键决策点，但有两个主要检查点：供应链准备情况检查（SCRR）和制造开发准备（MDRR）检查。SCRR重点关注交付物的状态，以确保可靠的需求通道和供应承诺。MDRR的目的是获得对整个项目状态的独立评估，并会特别关注SIT设计的稳定性、最终出货产品装配准备情况、发布和全面供应产品订单需求计划保证能力。由这两个检查点内容可以看到，虽然项目处于开发阶段，但从风险管控角度已经开始为接单、生产及全面供应做准备。其中MDRR评审通过是开发阶段结束的判断条件之一。

开发阶段有三个一般检查点：供应链评估检查（SCAR）、供应承诺检查（SCR）和软件准备检查（SRR）。SCAR是对供应链准备情况以风险应对的早期评估，为后续的SCRR消除风险做好准备。SCR是对供应承诺和库存周期的检查，确保后续的供应。SRR是确认包括预装软件、驱动在内的就绪状态，确保MDRR中软件做好了准备。

在开发阶段，研发部门会从技术和项目管理层面安排多个检查点：SDV启动、SDV退出、SIT启动以及SIT退出，其中SIT退出检查也是开发阶段的退出检查。

SDV是一项集设计验证（Design Verification，DV）、功能性验证测试（Functional Verification Test，FVT）及构建模块功能验证（Building Block Functional Verification，BBFV）为一体的综合性测试活动，其目的是表明需要进行SIT的系统设计已经验证，并且没有缺陷，或者确认已经制订计划来修复所有主要缺陷。SIT主要是验证产品方案对设计规范、机构认证要求、行业标准及企业标准的合规情况，以及系统早期的表现和系统稳定性，其目的是证明经过验证的产品设计是可以交付给客户的且已完整地发布给制造。

SDV启动检查主要是针对产品涉及部件成熟情况的检查，是从技术角度检查项目是否已经为SDV的启动做好准备，包括检查系统规格的准备情况，SDV需求以及测试验证计划的准备情况，测试时间、资源以及测试设备的准备情况。SDV所需的软硬件的开发评测要求能够满足SDV的时间要求等，只有SDV启动检查通过，项目才能正式启动SDV。

SDV退出检查是基于SDV测试结果对系统技术成熟度进行的评估，包括确认所有的测试验证计划和程序都已成功执行，所有已知的构建模块层面和系统层面的问题都已经记录和报告并且针对所有关键问题制订了行动计划，以及SDV退出未达标问题列表。

SIT启动检查主要是对产品方案系统成熟情况的检查，是从技术角度检查项目是否已经为SIT的启动做好准备，检查内容包括前期发现的关键问题是否已经解决或已有批准的解决方案，最终的系统功能规格是否已经确认，关键测试的测试时间是否已经确认、资源是否已经到位，认证签批时间是否能够满足出货要求，SIT测试所需的工具和测试计划是否已经准备好等。只有SIT启动检查通过，项目才能正式启动SIT。

SIT退出检查是基于SIT测试结果对产品方案系统的技术成熟度、产品稳定性进行评估，确认产品的功能、性能已经达到设计要求，具备交付给客户的资格，检查内容包括认证签批可在出货前完成，关键料件的设计寿命满足要求，所有SDV/SIT测试计划中的测试内容都已经成功完成，所有的测试问题都已经被记录且有效跟踪，所有关键问题都已经解决、非关键问题已经关闭或有明确的计划，所有工程变更的开发验证已经执行完成，所有开发阶段的变更都符合前期功能规格定义，所有基于功能规格的SIT退出标准已经得到满足等。SIT退出检查也是开发阶段的退出的关键条件之一，只有SIT退出检查通过，开发工作才能告一段落。

8.5.4.4 开发阶段主要活动总结

开发阶段的退出以开发工作的基本完成和生产准备工作的就绪为标志，SIT满足退出条件及MDRR检查的通过，是开发阶段退出的两个关键条件。

（1）按照增量集成测试（Incremental Integration Test，IIT）流程，进行BBFV、FVT、SDV、SIT测试。

（2）组织BBFV、SDV、SIT相关技术评审。

（3）更新并执行上市计划。

（4）组织SCAR、SCRR、SCR、SRR、MDRR检查，为SVT、物流和交付做好供应链准备。

（5）开始为试生产提升产能及量产准备物料。

8.5.5 验证阶段

该阶段以SIT退出为起点，SVT退出为终点。验证阶段的主要工作是保证生产制造的就绪，为发布做好准备。进入验证阶段，开发工作开始收尾，验证主要集中在技术问题的解决方面，包括做好生产环境的准备工作，并按客户出货标准进行产品的生产流程测试，进一步验证设计的可靠性、物料的一致性与稳定性；在新产品投入大批量生产前确认工艺保证性及制造效率，保证制造准备就绪、产品可量产和上市。在该阶段需要完成SVT，以验证达到出货水平的生产制造流程的可靠性，将达到出货水平的部件组装成产品，确保量产条件下产品可正常工作。

8.5.5.1 验证阶段需要回答的问题

1. 从业务的角度需要回答如下问题

（1）各地区的预测是否仍支持发布？

（2）最初的客户反馈是什么，有什么致命的问题吗？

（3）早期接单窗口是否已经支持各地区最初的订单？

（4）成本降低的策略是什么？

2. 从项目执行的角度需要回答如下问题

（1）是否解决了所有关键部件的采购问题？

（2）是否已经为量产做好准备？

（3）从现在开始，如何管理需求/变更？

（4）是否已经做好ODT管理切换计划？

（5）产品合规文件是否已经签署完成？

3. 从运营的角度需要回答如下问题

（1）供应链及合作伙伴是否为试生产提高产能做好准备？

（2）是否已经为目标市场的服务和支持做好准备？

（3）是否已经为出货做好系统数据准备？

8.5.5.2 验证阶段的主要工作内容

验证阶段的主要交付物为更新的产品订单需求、项目计划、产品组合切换计划、业务案例、上市发布计划以及采购计划等，ODT团队各成员在该阶段的主要工作内容如下。

（1）产品经理：根据市场需求和产业趋势，制订并落实产品方案切换计划，进行产品方案定义的实现，并监控产品在市场上的竞争力；和各地区、采购品牌经理、供应和计划经理以及ODT密切配合，制订配置策划和升级切换计划。对高端产品，与各地区密切沟通，根据出货日期列出配置和数量分配。

（2）技术项目经理：完成认证文档的签发，为产品发布做好工程准备工作。

（3）全球计划与供应经理：收集试生产提升产能计划，根据各地区的输入，从采购订单中收集发货支持后的制造计划，并分解到平台层级；为大规模生产提供保障，确保供应以支持预测和订单；做好新品供应管理工作，以满足发货支持时间要求及各地区供货量需求。

（4）服务：根据服务和支持要求文件，检查就绪情况，确保服务和支持做好准备，能够在产品上市后为客户提供支持。

（5）新品导入：进行发货支持检查，确保制造质量、产品认证、服务支持到位，供应承诺满足要求。

8.5.5.3 验证阶段涉及的一个关键决策点和两个主要检查点

验证阶段涉及一个关键决策点：发布决策点。这是开发过程中的最后一个决策点，功能是确认各职能部门是否已经为新产品发布做好准备。

验证阶段还涉及两个主要检查点：数据及系统准备情况检查/营销及销售准备情况检查（DSRR/MSRR）、发布准备情况检查（SLRR）。DSRR主要是检查采购、销售及业务部门之间端到端数据的加载情况，订单管理IT系统的准备情况，为出货和接单做好准备。与DSRR同步进行的还有MSRR，主要是检查各区域市场营销和销售活动的准备情况。SLRR检查发布准备的情况，确认是否已经做好出货和全面供应的准备。

从开发管理的角度，研发团队在此阶段还需要SVT进入和SVT退出两个检查点。SVT进入主要是检查SVT的准备情况，包括物料是否到货、生产线是否做好准备、软件是否做好准备等，为SVT的启动消除障碍。SVT退出主要是检查SVT是否已经顺利完成、发现的问题是否已经妥善处理、产品出货认证是否已经确认等，以确保生产的稳定性及产品能够满足出货要求。

8.5.5.4 验证阶段主要活动总结

（1）完成发布准备活动，包括确定最终价格、广告安排、新闻稿、早期信息披露、早期订单系统等工作。

（2）按最终出货标准，进行SVT系统的组装及测试。

（3）启动批量生产及试生产的产能提升。

（4）进行SVT退出评审，产品支持和发货支持评审。

（5）安排发布决策评审。

8.5.6 发布阶段

发布阶段以SVT退出为起点，全面供应达标为终点。发布阶段的主要工作是制造可交付给客户的产品并逐步提升产能。

8.5.6.1 发布阶段需要回答的问题

1. 从业务的角度需要回答如下问题

（1）是否能够按照计划在所有的目标市场进行产品发布？

（2）产品是否满足最初的业务目标？

（3）客户最初的反馈和满意度水平如何？

2. 从项目执行的角度需要回答如下问题

（1）如何管理变更请求？

（2）产品切换计划、更新策略是什么？

（3）ODT是否将职责顺利过渡到LMT？

（4）ODT是否完成了经验教训总结？

（5）各机型的产品升级计划是什么？

3. 从运营的角度需要回答如下问题

（1）供应链及合作伙伴是否可提供稳定的生产？

（2）发布过程是否发现重大质量问题？

（3）生命周期管理和生命终止指南是什么？

（4）在目标市场如何进行服务和支持？

（5）是否已准备好数据来支持各地区？

8.5.6.2 发布阶段的主要工作内容

发布阶段的主要交付物是更新后的产品订单需求、产品组合切换计划、业务案例、上市发布计划以及采购计划，ODT团队的经验教训总结，生命周期管理和生命终止指南。发布阶段是项目的收尾阶段，要实现从项目管理到运营管理的切换。ODT团队主要成员在该阶段的主要工作内容如下。

（1）产品经理：根据市场需求和产业趋势，制订并落实产品方案切换计划，进行产品方案定义的实现，并监控产品在市场上的竞争力；和各地区、采购品牌经理、供应和计划经理以及ODT密切配合，制订配置策划和升级切换计划；监控所有地区的产品上架状态，跟踪上市计划执行情况，提供初步的客户反馈，支持全面供应相关问题的解决；跟踪销量、纯收入、成本等指标，进行损益分析，包括产品利润空间、业务案例/设计费用计划与实际情况比较等。

（2）技术项目经理：进行通用部件或操作系统等不需要MRD的、小的产品升级，从质量和营销角度（如服务需求、质量问题以及筛选过的客户之声）对市场产品进行改进。

（3）质量工程师：进行出货早期问题改进。因为新产品的很多部件和特性都是新的，在上市之初的质量指标是不可知的，为了确保新产品无设计风险，在上市之初的一段时间内，所有与产品质量相关的团队都需要跟踪新产品的质量数据，直到产品质量稳定，如有设计风险，需要尽快改进。

（4）全球计划与供应经理：收集试生产提升产能计划，根据各地区的输入，从采购订单中收集发货支持后的制造计划，并分解到平台层级；从各地区按设备类别型号收集预测，以保证量产供应；保证部件的量产供应，以支持预测和订单；管理新品供应的导入，以满足发货支持时间要求和各地区的数量要求；管理老产品的生命终止供应，将过量采购和报废造成的损失降到最低。

（5）采购品牌经理：进行成本分析并提供结果给ODT，以支持对PCR的决策；基于交期和产量预测，对所有关键组件的准备情况进行检查，以制订测试计划并支持量产；明确货源，以指导采购验证和生产的BOM范围。

（6）新品导入：进行全负荷生产，评估早期质量绩效。

（7）服务：管理呼叫中心、现场服务以及备件运作中心的服务活动，实现有效的服务管理以实现客户满意；通过服务活动管理收集客户之声并反馈给业务部门，用于下一代产品的改进。

8.5.6.3 发布阶段的检查点

发布阶段有三个一般检查点：出货支持（Ship Support，SS）、全面供应（General Availability，GA）、发布退出检查（SLER）。SS检查点主要是在开始量产后，检查研发团队是否能按承诺时间开始供货给客户并完成订单交付。GA主要检查新产品是否已经能够开始供应所有的机型。SLER主要检查供应和销售情况、质量情况、新老产品切换情况，以决策是否可结束项目，产品进入生命周期管理阶段。

8.5.6.4 发布阶段主要活动总结

（1）完成试生产的产能提升，保证全面供应。

（2）进行渠道备货。

（3）出货演练及早期出货。

（4）在全面供应时开发销售订单窗口。

（5）顺利完成新老产品的切换。

（6）制订生命周期管理计划。

（7）全面评估项目目标达成情况。

8.5.7 生命周期管理阶段

不同企业对生命周期管理阶段的定义不同，有的认为其范围涵盖从项目启动到产品退市启动，一般的企业认为其范围涵盖从产品全面供应到产品退市启动。联想根据自己的业务特点，将全面供应达标以及LMT全面运作为起点，以生命周期终止获准为终点。生命周期管理阶段主要涉及市场营销、生产制造及服务支持三方面的工作，在制造方面要保持持续的量产供应；在营销方面要及时调整策略，以满足市场竞争需求；在服务支持方面，要及时协调资源解决客户问题，保证客户满意度，从而确保业务目标的达成。在此期间，还要注意客户对新产品意见的反馈，为下一代产品的改进开发提供素材。

8.5.7.1 生命周期管理阶段需要回答的问题

1. 从业务的角度需要回答如下问题

（1）产品是否达成了总体业务目标？

（2）是否满足或超越客户期望？

（3）是否使产品的财务收益最大化？

2. 从项目执行的角度需要回答如下问题

（1）对产品绩效表现的跟踪是否足够密切？

（2）计划如何进行客户迁移？

（3）是否已经和各地区沟通了迁移计划？

（4）计划如何进行产品生命终止，合作伙伴是否已经做好准备？

3. 从运营的角度需要回答如下问题

（1）最后一次采购的数量是否已经锁定？

（2）减少库存、报废和备件的计划是什么？

8.5.7.2 生命周期管理阶段的主要工作内容

生命周期管理阶段的主要交付物包括生命终止获得批准、客户满意度调查、最终的生命终止计划、业务绩效指标、产品路线图升级输入、更新的产品组合切换计划等。LMT团队各成员在该阶段的主要工作内容如下。

（1）产品经理：根据市场需求和产业趋势，制订并落实产品方案切换计划，进行产品方案定义的实现，并监控产品在市场上的竞争力；和各地区、采购品牌经理、供应和计划经理以及ODT密切配合，制订配置策划和升级切换计划。监控业务绩效，通过管理系统定期跟踪产品业绩，监控产品综合销量、财务分析报告、市场竞争力、供应、质量和制造情况，向生命周期管理委员会提交降低成本、产品方案更新以及生命周期结束的建议。制订产品方案更新计划，在产品发布后，根据技术升级、市场竞争和客户需求情况，制订和升级产品方案更新计划，重要的更新需要提交ODT执行。进行定期的市场推广活动以提升销量和品牌形象；识别产业趋势和成本降低的机会，通过推动各地区与后端的密切配合来实现；通过全球计划与供应经理获得负债数据并和采购订单经理合作制订切换计划。跟踪销量、纯收入、成本等指标，进行损益分析，包括产品利润空间、业务案例/设计费用计划与实际情况比较等。

（2）技术项目经理：进行通用部件或操作系统等不需要MRD的、小的产品升级，从质量和营销角度（如服务需求、质量问题以及筛选过的客户之声）对市场上的产品进行改进。

（3）质量工程师：解决产品质量问题，包括反馈到质量例会的产品质量问题、现场质量问题等。管理问题和ODM质量，包括整机层面的关键质量问题、采购方面的质量焦点，管理工厂停止生产/出货流程；进行供应商生产制造资质认证以及供应商具体问题的纠正措施管理。

（4）全球计划与供应经理：定期验证各地区的预测，保证量产供应；产品生命周期部件切换管理，管理老产品的生命终止供应，将过量采购和报废造成的损失降到最低。

（5）采购品牌经理：进行成本分析并提供结果给ODT，以支持对PCR的决策。

（6）服务：管理呼叫中心、现场服务以及备件运作中心的服务活动，实现有效的服务管理以实现客户满意；通过服务活动管理收集客户之声并反馈给业务部门，用于下一代产品的改进。提供服务备件消耗计划，在停止服务之前，根据预测，制订备件消耗计划，以实现消耗节奏的有效管理，降低备件短缺或过剩的可能性，减少库存并保持在安全水平；根据部件生命终止计划，发布最后一次采购计划并执行最后一次采购，从而有效管理库存，减少服务备件短缺风险。

进入生命周期管理阶段，产品管理由项目阶段进入运作阶段，虽然成立了LMT团队，但并没有明确的、基于时间计划的具体任务要求，更多是基于各自职责的日常工作。

在生命周期管理阶段，LMT团队负责业务目标的达成，包括销量、价格、成本、销售地、毛利、特性、质量等，会定期汇报运行情况，确定下一阶段的目标。如果运营结果超出了允许偏差范围，LMT团队需要临时安排向生命周期管理委员会汇报，确定下一步的动作。

在生命周期管理阶段，要设置一个合适的退市触发标准，可以是销量、盈利能力、技术动向、产品路线图中的安排、产品竞争力或其他因素。生命周期终止动作触发后，LMT需要制订生命周期终止计划并提交PIDT批准。

8.5.7.3 生命周期管理阶段主要工作总结

（1）组建LMT团队。

（2）项目经验教训总结。

（3）ODT团队的绩效考评及解散。

（4）产品的营销、生产和服务管理。

（5）制订产品生命周期终止计划。

（6）安排生命周期终止计划决策评审。

8.5.8 生命周期终止（退市）阶段

标准IPD流程阶段划分中并没有退市阶段，联想基于业务需要，将生命周期管理阶段进行了拆分，把从生命周期终止计划获得批准到宣布停止服务这一阶段定义为退市阶段。该阶段的主要工作是按照生命周期终止计划完成相应的活动，将库存负债、报废和备件降到最低。

8.5.8.1 退市阶段需要回答的问题

1. 从业务的角度需要回答如下问题

（1）是否已经制订客户迁移计划？

（2）如何为新产品创意收集客户反馈？

（3）如何将对目前客户的负面影响降到最低？

2. 从运营的角度需要回答如下问题

（1）对库存和备件是否有消耗计划？

（2）采购和服务关键供应商的退货处理是否已经完成？

（3）在数据和系统层面是否已经为产品退市做好准备？

3. 退市阶段的主要交付物

（1）退市恢复计划（EOL阶段的销量低于计划，或者PLMC批准了特别需求）。

（2）库存消耗计划。

8.5.8.2 退市阶段各成员的主要工作内容

退市阶段包括四个顺序动作：停止营销、停止生产、停止开发支持与停止服务，完成产品在市场上逐步收尾的过程。各成员在该阶段的主要工作内容如下。

（1）产品经理：依据产品生命周期终止计划，监控产品退市工作的执行情况，管理退市启动后对采购供应的新需求，为进一步的产品需求制订权变方案（恢复计划）。

（2）计划和供应管理：进行最后一次采购计划制订和执行，进行退市阶段部件的采购、供应、退料管理。

（3）服务：根据PIDT的决策发出信函，正式向服务提供商发布停止服务声明，并通过各种渠道通知客户；审核部件消耗计划，停止所有服务和支持活动。

第 9 章

基于IPD的质量管理实践

随着科学技术的发展和市场竞争的日趋激烈，质量越来越被人们重视。人们的质量观念也由符合性质量、适用性质量、满意性质量逐渐向感知性质量演变。

从作为行政职能的事后检验及生产过程统计质量控制，到以改进职能为核心的全面质量管理，再到作为战略职能的生态链质量管理，质量管理的工具方法不断丰富，质量管理在企业中的地位不断提升，影响范围和影响力不断扩大。

随着质量管理上升到企业战略职能层面，质量文化对质量管理的影响越来越大，并成为不断提升质量管理水平的重要支撑。

因此，企业的质量管理一方面要重视质量文化建设，不断研究建设特色质量文化的方法和手段，另一方面还要在工具、方法方面不断探索、创新，最终形成具有企业特色的质量管理体系，以适应企业发展和市场竞争的需要。

9.1 质量观念及质量管理的演变

9.1.1 中国古代的质量管理观念

虽然质量管理作为一门科学，直到20世纪70年代末才开始在中国推行，但朴素的质量管理观念的产生和发展，在中国有很长的历史。

先秦时期，要求兵器制作“物勒工名，以考其诚，工有不当，必行其罪，以究其情”（《礼记》），可以认为这是中国早期的产品质量追溯制度。此外，秦国工匠还根据经验，制订了一些武器部件的标准，保证了武器的标准性及部件的可互换性，这比惠特尼提出可互换零件的概念早了两千多年。系统化的生产方式，标准化的方法、过程质量控制，保证了工匠可以高效生产优质的标准化武器。

南京明城墙不仅是当时世界上最长的城墙，也是迄今世界上最坚固的城墙之一，历经风雨强震、电闪雷击以及炮火的洗礼，依然屹立在那里，这主要得益于建造过程中严格的质量管理。首先，是对关键物料——城砖做了明确的规格尺寸定义，保证不同来源的城砖规格一致；其次，对制砖工艺做了严格规定，从取土、踩泥、制坯、晾干、装窑、烧制柴草、火候控制都有明确的要求，并严格落实“物勒工名”制度，每块城砖上都会注明责任人的名字，以便对验收不合格的城砖追究责任；最后，制订严格的验收机制，一旦不合格砖块超过规定比例，该批城砖即被定为不合格产品，责令重烧，如两度检验不合格，就要严惩各级责任人。此外还有对完工城墙的抽检，朱元璋甚至亲自去工地检查，拿大锤敲击城墙，如听到城墙里传出回声，则会严惩负责人。

由上述可见，极致的产品、名留千古的工程，其背后都有严格的质量管理做支撑。

9.1.2 质量观念的演变

质量管理观念源远流长，它伴随着商品的出现而出现，几乎贯穿于人类的所有活动，并随着社会的发展不断发展。企业如想做好质量管理，首先要了解什么是质量。

什么是质量？世界著名的质量管理专家朱兰认为，质量有两个对质量管理来说十分重要的含义。其一，从用户的使用角度出发，“质量”意味着能够满足顾客的需要从而使顾客满意的那些产品特征。其二，从产品过程角度，“质量”意味着免于不良，没有需要重复工作（返工）或会导致现场失效、顾客不满、客户投诉等差错。

美国的另一位质量管理专家克劳斯比则从生产者的角度出发，把质量概括为产品符合规定要求的程度。国际标准化组织1994年颁布的ISO 8402—94《质量管理和质量保证——术语》中，把质量定义为：“反应实体满足明确和隐含需要的能力的特性总和”，这里的实体指可以单独描述和研究的事物，可以是活动或过程、产品、组织、体系、人或它们的任何组合……

近年来，在质量4.0概念出现后，质量的定义又演变为“顾客感知价值”。可见，人们的质量观念并不是一成不变的，它随着经济发展和社会进步不断演变。质量观念变化的背后是质量管理的理念、工具、方法、范围等条件的变化，质量专家、组织对质量的解释反映了这些变化。人们质量观念的变化大致经历了四个阶段（如表9-1所示）。

（1）20世纪初—50年代，符合性质量，认为质量就是产品或服务符合规定的技术标准。符合性质量是以技术标准作为产品规格要求的，符合的程度反映了产品质量的一致性，企业要想办法保证递交到客户手中的产品满足规格要求。

（2）20世纪60年代—70年代，适用性质量，认为质量是产品或服务在使用/履行时能够成功满足用户需求的程度。这意味着，质量的衡量依据已经从产品规格标准转移到客户需求，关注点从企业本身转移到了市场，从产品和生产制造过程拓展到了设计研发、生产制造、销售及服务等过程，形成了广义质量的概念。

（3）20世纪80年代—21世纪10年代中期，满意性质量，认为质量是反映实体满足明确和隐含需要的能力的特性总和（ISO 8402 2.1定义），是一组固有特性满足要求的程度（ISO 9000）。满意性质量体现了“以客户为关注焦点”的原则，不仅要满足客户对产品的稳定性、可靠性、性能、寿命、安全性等质量指标以及价格、服务等方面的要求，还要满足客户的个性化需求、竞争性体验、服务过程心态感受等方面的需求，需要全方位、持续获得客户认可，最终实现客户的满意，这对企业提出了很高的要求。

（4）21世纪10年代中期至今，感知性质量，认为质量是顾客对产品或服务的感知价值。感知价值指顾客购买某一产品或服务所期望获得的产品价值、服务价值、人员价值和形象价值等构成的总体利益与顾客为购买某一产品所耗费的时间、精神、体力以及所支付的货币资金等构成的总体成本之间的差额。顾客感知价值由三个核心驱动要素构成，即产品价值、服务价值和体验价值。

表9-1　质量观念的演变

	符合性质量	适用性质量	满意性质量	感知性质量
时间	20 世纪初—50 年代	20 世纪 60 年代—70 年代	20 世纪 80 年代—21 纪世 10 年代中期	21 世纪 10 年代中期至今
含义	一组固有特性满足规定要求的程度	一组固有特性满足使用要求的程度	一组固有特性满足要求的程度	顾客感知价值
范畴	技术管理	项目管理	企业经营管理	生态链管理
质量观	狭义质量	广义质量	大质量	大质量
质量职能	辅助职能	行政职能	改进职能	战略职能
协调者	质量经理	项目经理	质量管理委员会	战略管理委员会
关注点	产品质量、产品过程质量	产品、服务质量	经营质量	战略质量
管理方法	质量检验、统计质量控制	全面质量管理	全面质量管理、标准化管理	数字化质量管理

9.1.3　质量管理发展的四个阶段

以1908年泰勒发表《科学管理》为起点，质量管理走向科学轨道之后的一百多年来，经历了质量检验、统计质量控制、全面质量管理、生态系统质量管理四个发展阶段，下面分别进行介绍。

9.1.3.1　质量检验阶段

20世纪初期，以泰勒制的观点为代表，科学管理理论提出了对人员进行科学分工的要求，即将计划职能与执行职能分开，中间再加一个检验环节以监督、检查对计划、设计、产品标准等项目的贯彻执行。该理论促使产品的质量检验从加工制造中分离出来，质量管理的职能从操作者转移给工长。随着企业生产规模的扩大和产品复杂程度的提高，对零件的互换性和标准化的要求越来越高，工长无力承担质量检验与质量管理的职责，于是企业开始设置专职的质量检验岗、专职的质量检验员和专门的质量检验部门，使质量检验的职能进一步得到了加强。该阶段质量检验所使用的手段是各种检测设备和仪表，方式是严格把关，进行百分之百的检验。质量检验的专业化，有力地推动了产品技术标准（技术规范）的落实和公差制度的日趋完善，各种检验工具和检验技术也随之发展，为质量管理的进一步发展奠定了技术基础。随着社会科技、文化的发展，质量检验的诸多弊端开始暴露。

（1）事后检验，不能起到预防和控制作用，质量损失难以挽回。

（2）全数检验工作量大，容易出现错检漏检，并且由于操作手法问题，不能保证检验结果百分之百准确。

（3）有些检验具有破坏性，根本无法实现百分之百检验，从而造成判断质量和保留产品之间的矛盾。

质量检验阶段的特点：事后检验为主体；“三权分立”——计划设计、生产操作、检验监督各有专人负责，质量检验机构具有独立性。

9.1.3.2 统计质量控制阶段

随着工业化的发展，质量检验的弊端愈发明显。企业规模越来越大，产量越来越高，检验人员的数量越来越多，最多占到了员工人数的30%，并且质量检验不能减少不良品，反而是检验人员水平越高，不良品检出越多，对企业成本控制没有任何帮助。因此，必须找到一种方法，能够在生产过程中便发挥预防和控制作用，减少不良品的产出，帮助企业减轻成本压力，并且满足无法进行事后检验的产品的质量控制要求。

为了实现质量预防，20世纪20年代，贝尔实验室成立以休哈特为领导的过程控制课题组，并提出了“实现控制，预防废品”的观念，主张对生产过程进行控制，应事先做好生产设备的调试工作、生产环境的整顿工作、技术人员和生产人员的培训工作，并要求生产人员在生产过程中规范操作，保证生产过程处于控制之中，从而达到稳定质量的目的。为了实现这些理念，休哈特创立了“控制图”，运用控制图可提前发现生产过程的异常，提醒工作人员及时采取必要措施消除异常，保证生产过程的稳定性，从而避免更多不良品的出现。

为了解决质量检验工作量大和有些产品无法进行百分之百检验的问题，贝尔实验室还成立了以道奇为首的产品控制课题组，道奇和他的同事罗米格提出了“产品检查允许不合格品率的概念及抽样方案”以及“平均检出质量极限的概念及抽样方案”，并设计了“抽样检查表”，以达到减少总检查量的目的。

休哈特生产过程控制理论和道奇的抽样检验理论是质量管理理论和实践的一次

飞跃，实现了从“事后把关”到预先控制的转变，并很好地解决了全数检验和破坏性检验带来的问题，而第二次世界大战的爆发又极大促进了统计质量管理方法的应用普及。

统计质量控制方法的推行是质量管理的一大进步，但也存在一定的局限性。首先是过分强调质量控制的统计方法，使人们经常误认为质量管理就是统计方法，而统计方法应用过于复杂，让人望而生畏，难以推广，从而使质量管理成为专家的任务；其次，质量控制工作只限于制造和检验部门进行工序质量控制，忽视了其他部门的工作对质量的影响，也就无法发挥企业各部门和广大员工对质量控制的作用，也就是说，质量预防的范围还有进一步扩大的必要。

统计质量管理阶段的特点：由依靠百分之百检验事后把关发展到工序控制与抽样检验，实现了预防控制与科学检验相结合的管理。

9.1.3.3 全面质量管理阶段

20世纪50年代以来，伴随着第三次科技革命，生产力迅速发展，科学技术日新月异，科学技术和工业生产的发展以及社会的进步，对质量管理提出了更高的要求。

首先是空间技术、原子能技术、计算机技术的突破，促进了火箭、宇宙飞船、电子计算机、核反应堆等大型、精密、复杂产品和工程项目的出现，在这些产品和工程中，影响质量的因素众多，任何一个细节的疏忽都会造成全局的质量问题，因此，仅依靠少数部门和部分工作环节无法保证质量。这就要求人们运用系统工程方法，把质量问题作为一个有机整体加以综合分析研究，实施全员、全过程、全企业的质量管理。

其次，第二次世界大战后经济的繁荣及第三次科技革命，使欧美发达国家的经济水平不断提升，生活方式逐步走向现代化，买方市场逐渐形成，人们对产品质量的追求从单纯的使用性能发展为对耐用性、美观性、安全性、可靠性及经济性的全面关注，实现了需求特征从量化、规模化到质化和个性化的转变，这对质量管理提出了新的课题。

此外，在消费者运动的推动下，消费者组织日渐强大和普及，日本、澳大利亚、欧美等国家和地区先后颁布了一系列法律法规来保护消费者权益，从而进一步推动了消费者在争取社会公正、保护自己合法利益、改善生活地位等方面的意识的提高，也让消费者在经济活动中逐步从市场附属者变为市场的核心，这些变化迫使企业在质量管理方面必须转变思路。

在这种背景下，费根鲍姆于20世纪60年代初提出了全面质量控制（Total Quality Control，TQC）的概念，并将其定义为“为了能在最佳 经济水平并考虑充分满足顾客要求的条件下，进行市场研究、设计、生产和服务，把企业内部各部门的研制质量、维持质量和提高质量的活动构成一体的一种有效的体系”。日本的公司在戴明和朱兰的指导下率先对TQC方法进行了实践，并相应开发出一系列新的实用的工具、技术和实操系统。20世纪70年代，受日本产品对市场的渗透以及费根鲍姆、朱兰、戴明和克劳斯比等人的影响，美国开始发展全面质量管理。世界各国和地区的质量组织、学术机构研究他们的思想，并把他们的理念与质量管理相结合，最终形成了全面质量管理（Total Quality Management，TQM）的概念。不同国家、地区的文化、社会、思想的差异造成了美国、欧洲和日本对TQM的理解和执行上的差别。随着全面质量管理理念的普及，1987年，国际标准化组织颁布了ISO 9000系列标准，实现了对全面质量管理的标准化；1996年4月，日本科学技术联盟将TQC改称为TQM，其对象从原来的“商品、服务的品质”扩大至“经营系统品质”，至此实现了对TQM的统一认知。

全面质量管理就是一个组织以质量为中心，以全员参与为基础，通过让顾客满意和本组织所有成员及社会受益而达到长期成功的管理途径。全面质量管理充分体现了现代质量管理的基本原则，其核心思想如下。

（1）以客户为中心：全面质量管理的核心是满足客户的需求，为客户提供最大的满意度。企业内的客户就是“下一道工序”，在企业的各工作环节都应树立“为下道工序服务的思想”，使每道工序的工作质量都能经受住下道工序客户的检验。企业只有能为外部客户提供产品和服务才能生存，没有外部客户，企业就无法获利，满足外部客户的需求，主要是赢得客户。

（2）预防为主：对产品质量进行事前控制，把事故消灭在发生之前，使每一道工序都处于可控状态。

（3）用数据说话：依据正确的数据资料进行加工、分析和处理，找出规律，再结合专业技术和实际情况，对存在的问题做出正确判断并采取正确措施。

（4）持续改进：企业要持续不断地改进产品或服务的质量和可靠性，确保企业获取对手难以模仿的竞争优势。

全面质量管理的目标是获得更低的产品或服务成本、更高的收益、惊喜的客户以及被给予更多权力的员工。

全面质量管理的特点是“三全一多样”。

（1）全过程的质量管理，要体现以预防为主、不断改进的思想和为顾客服务的思想。

（2）全员的质量管理，要做好全员的教育、培训；要制订各部门、各类人员的质量责任制，落实责、权、利；要开展多种形式的群众性质量管理活动。

（3）全企业的质量管理，要保证和提高产品质量必须使企业的研制、维持和质量改进的所有活动构成一个有效的整体。

（4）多种方法的质量管理，要在质量管理中，广泛应用各种方法和工具。

全面质量管理将质量管理提升到了经营层面，是质量管理理论的一大进步，但在实际执行中，仍然存在高层领导对质量管理重视程度不够、质量管理仅限于研发和制造部门、对客户重视程度不够、无法前瞻性和动态性把握客户需求等问题。

9.1.3.4 生态系统质量管理阶段（质量4.0）

互联网的出现让信息实现了像水一般自由流动，信息变得越来越透明，企业和顾客之间的信息越来越对称，信息不对称的传统经济模式受到极大影响。信息的对称使新产品保持领先优势的时间不断缩短，产品迭代速度越来越快，全球性产能过剩，企业竞争越来越激烈，这都迫使企业去探索新的业务模式。互联网的普及使厂商可以低成本获取客户的个性化需求信息，并推动了人们对个性化产品的追求，从而使个性化定制成为一种趋势，以上变化让工业4.0的诞生具备了技术和市场基础。

工业4.0指利用信息物理系统（Cyber Physical System，CPS）将生产中的供应、制造、销售信息数据化、智能化，最后达到快速、有效、个人化的产品供应。其目标并不是创造新的工业技术，而是统合所有与工业相关的技术、销售与产品体验，并在商业流程及价值流程中整合客户及商业伙伴，通过由集中式控制向分散式增强型控制的模式转变来建立一个高度灵活的个性化、数字化的产品与服务的生产模式。工业4.0充分将物联网和服务互联网渗透到工业的各个环节，实现了经营管理系统、制造执行系统、生产设备及物料之间的联通，形成了高度灵活、个性化、智能化的生产模式，推动生产方式向个性化定制、服务型制造、创新驱动转变。

工业4.0是一次大的工业革命，使企业的竞争形态从产品转变为商业模式，关注焦点从产品、实现过程及体系转变为客户体验，竞争力的核心由企业内生动力转变为业务生态的健康与生存能力……作为工业革命变革引擎的质量管理也势必要与时俱进，于是质量4.0（生态系统质量管理）的概念应时而生。

在质量4.0之前，人们是从缺陷的角度来描述质量的，关注点在企业内部，这显然不能满足质量4.0聚焦客户体验的需求，于是人们借用美国营销领域知名专家Zeithaml在1988年从客户角度提出的客户感知价值理论，将质量的定义修改为“顾客感知价值”，即客户对所能感知到的利得与其在获取产品或服务中所付出的成本进行权衡后对产品或服务效用的整体评价。客户感知价值的质量定义，解释了原来用满意度无法回答的问题，比如某些产品或服务满意度不高但销量很好，就是因为其较高的感知价值。客户满意度是一个相对概念，指客户的期望值与最终获得值之间的匹配程度，客户满意度调查结果可使企业了解客户对产品和服务的认知，并为改良和提升提供参考，客户感知价值则反映了客户使用某项产品或服务的本源驱动——获取某种利益/价值，能使企业更为直接地预测客户下次购买行为。在市场竞争日趋激烈的今天，感知价值越来越成为对企业营销非常重要的概念，并被广泛应用到企业经营过程中，也势必会为质量管理打开一片新的天地。

质量定义的变化导致了其衡量标准的变化。由于顾客感知价值的主观性、影响因素的多样性和模糊性，其构成已经超越了产品、实现过程及体系等传统质量管理范围，顾客感知价值存在于企业和客户的每一个接触点，涉及企业运营管理的方方面面，是企业持续竞争力的体现，只能用战略质量绩效进行衡量，从而也将质量管理第一次提升到了战略层面。

质量4.0是“工业4.0时代的质量管理”，是为适应第四次工业革命带来的颠覆性变化而提出的一种全新的质量观，它将质量管理的范围由企业内部拓展到了整个生态系统这一围绕用户综合体验模式提供所有相关的产品与服务的企业集群，因此质量4.0又可被称为生态系统质量管理，这也是在质量管理方面第一次先于实践提出理论框架。质量4.0具有如下特征。

（1）将质量管理提升到战略层面，从关注产品、生产过程和体系转变为关注创新，试图从模式、产品和方法三个层面提升顾客感知价值，从而达到提升战略质量绩效的目的。

（2）充分利用大数据/小数据及其分析工具，寻找顾客感知价值与产品规格标准、产品设计、生产制造、营销及售后之间的关系，及时发现运营中的质量问题，预测未来质量趋势，为决策的准确性、透明性提供支持。

（3）利用大数据、人工智能、机器人等工具，不断优化制造管理流程，不断减少检测等标准化操作的人工参与，使质量人员将重点从保证质量转移到创新和改进质量上。

目前基于生态系统的质量4.0仍处于发展初期，远未形成成熟的理论体系，在具体应用上也仅有部分企业进行了探索，但已经展现出良好的发展前景。

质量管理整体的发展趋势总结如表9-2所示。

表9-2　质量管理发展趋势

趋势	质量检验 QI	质量控制 QC	质量保证 QA	全面质量控制 TQC	全公司质量控制 CWQC	全面质量管理 TQM	供应链质量管理 SCQM	生态系统质量管理 （质量4.0） ECQM
理念	质量是检验出来的	质量是制造出来的	质量是设计出来的	质量是习惯出来的	质量是经营出来的	质量是经营管理出来的	质量是合作出来的	质量是创新出来的
策略	结果导向 （规格）	过程导向 （制程）	源头导向 （设计）	全员参与 质量成本	全员参与 PQCDSM管理	全员参与 流程导向	跨组织合作 信息共享	跨组织合作数字化管理
重点	产品质量			管理质量	经营管理质量	经营文化管理质量	信息管理质量	战略管理质量
常见技法	• 标准化 • 测量方法 • 抽样技巧 • 检查表	• 控制图 • 4MIE • QC七手法 • 防呆等	• 可靠性 • 实验计划 • 产品规划	• QCC • 提案改善 • QC story • QIT等	• 方针管理 • 日常管理 • 功能管理 • 供应商管理	• 客户导向 • 远景规划 • 策略与方针管理 • 流程管理 • 企业标杆 • 并行工程等 • 供应商管理	• 客户导向 • 远景规划 • 策略与方针管理 • 流程管理 • 企业标杆 • 并行工程等 • 跨组织绩效管理	• 大数据 • 数据分析 • 人工智能 • 物联网 • 数据协同 • 云计算
				• ISO 9000	• 企业诊断	• 质量文化/意识/成本		• 环境质量

9.2　企业质量文化是质量管理的基础

9.2.1　什么是企业质量文化

从成品的质量检验到生产过程质量控制，从公司范围内的全面质量管理到跨企业的生态系统层面的质量管理，质量管理的范围越来越广、层次不断提升、复杂度也越来越高。无论是客户满意度还是客户感知价值的提升，都无法简单通过质量工具和体系来实现，而是要解决质量管理精神层面的问题，即员工的质量意识问题。质量管理并不像拧开水龙头那样简单直接，它是一种文化，是一个企业的生活方式，因此需要借助质量文化建设来提高质量管理水平。

企业质量文化一般指企业在生产经营活动中所形成的质量价值观、质量意识和质量品味，它是企业内部明确的或隐含的处理质量问题的方式与机制，并广泛包括和体现于企业的产品、员工所表现出来的质量形象上。质量文化既是企业质量管理的职责，又是企业质量管理的成果。

9.2.2 联想的企业质量文化建设

联想在企业质量文化建设方面做了很多有益的尝试，对企业质量管理水平的提升发挥了重要作用。

举办质量月：每年9月都会举行质量月活动，主要活动内容有经验教训交流、质量论坛、精益六西格玛论坛、NUDD研讨、TRIZ应用研讨、知识邮件、系列漫画、创新建议有奖征集、外出参观创新工场以及客户眼里的质量等，以普及质量相关的知识、提升员工质量意识。

举办质量论坛：定期邀请质量专家、知名企业家、一线工作的质量之星员工、质量创新人员等，开展各种座谈、交流、培训活动，利用会议、网络等渠道传递质量信息，以增强员工对质量管理工作参与的积极性。

创设质量学院：为了更好地提升全员质量意识及质量管理水平，由质量团队主导成立了质量学院，建立了生产线实操道场，开发了数十门课程，内容涵盖专业技术、流程体系、质量工具方法、创新工具、质量基础知识、实操训练等方面，定期为质量、研发、采购等部门员工及供应商进行培训，为质量意识改变、质量知识普及、专业技能提升提供支持。

推行精益六西格玛：由专职团队在进行精益六西格玛推广，建立了完善的精益六西格玛培训、认证及考核体系，定期进行黄带、绿带、黑带的培训和认证。以业务单元为单位，定期进行六西格玛项目的检查、辅导，通过项目使精益六西格玛和业务紧密结合。每年组织公司层面的精益六西格玛项目评优及黑带授证，打造公司级精益六西格玛文化，使精益六西格玛成为组织绩效提升的利器。

建立质量激励机制：从上到下，从大到小，建立完善的激励机制。既有针对日常工作的即时激励，又有针对优秀质量员工、优秀质量项目的年度评优和表彰，激励对象既有从事质量工作的个人或团队，也有其他部门在质量工作方面做出贡献的个人或团队。这使质量团队同时拥有“胡萝卜”“大棒”两种工具，有助于密切质量团队和其他团队的合作关系，最终达到提升质量的目的。

发挥领导作用：在质量文化建设中，领导作用不可忽视，联想多位高管都曾对自己的质量管理经验进行总结并应用于实际的质量管理工作中，丰富了企业质量文化内涵。他们的经验总结，对增进员工对质量工作的理解、营造企业质量氛围、提升员工质量意识起到了积极的引导作用。

王会文提出的质量工作十六字方针：

眼高手低——眼光放长远，有战略思维；同时，两手沾泥，重执行；

瞻前顾后——首先要重视端到端思维，其次是极限左移，前置管理；

以小见大——重视细节，小中见大，做好复盘管理，质量在每个人手中；

举重若轻——在重大问题面前能够坚持原则，不因为各方面的压力而轻易放行。

丁晓辉提出的质量工作之道PERFECT：

Professional（专业）——专业自己，专业他人；

Effective（有效）——简捷有效，兑现承诺，选对方向，做对事情；

Respect（尊重）——尊重自己，尊重他人，尊重事实，尊重流程；

Fun（乐趣）——享受过程，享受成功；

Efficient（效率）——快速行动，创造价值；

Collaboration（协作）——内外协作，高效领导；

Transparent（透明）——数据驱动，过程透明。

9.3 基于IPD的质量管理及企业实践

2000版ISO 9000国际标准中给出的质量管理的定义是：“在质量方面指挥和控制组织的协调的活动。通常包括：制订质量方针和质量目标、质量策划、质量控制、质量保证、质量改进。”

即使在基于生态系统的质量管理时代，质量管理的内容并没有发生质的变化，质量管理仍需要遵循七个原则：以顾客为关注焦点、领导作用、全员参与、过程方法、持续改进、循证决策、关系管理。

但质量管理的范围、地位和层次有很大的改变和提高，由关注产品、流程、体系到关注组织整体并拓展到合作伙伴，由工程师主导上升为核心管理层主导，由关注产品质量形成过程到关注战略质量规划的决策，由关注项目、产品质量绩效到关注战略质量绩效……质量管理的重点由高效和有效性转向持续学习和适应性、基于客户纽带的企业集群战略协作质量、生态系统的全局性及生产过程的可视性、产品质量的可追溯性等，企业也更加重视质量文化建设的作用。下面将结合企业实践，分享联想基于IPD的质量管理经验。

9.3.1　质量方针

质量方针指由组织的最高管理者正式发布的该组织总的质量宗旨和方向。

质量方针体现了组织在一定时期的质量战略决策，是组织关于质量的总纲领、管理体系的龙头，是组织在质量方面的声明和承诺、组织向顾客和社会打出的质量大旗。它表明了企业对质量和质量管理的态度及实现手段，以使顾客放心。此外，质量方针还是员工展开质量活动的指导准则，员工必须了解质量方针并能通过日常工作来实现质量方针的要求。质量方针应具有号召力、凝聚力，并且要有引导员工参与市场竞争的活力，应在企业使命确定的经营范围、目标市场、主要客户等框架下陈述组织在质量方面的追求和方向，承诺满足客户要求和对质量体系的持续改进，即从组织的实际出发，力求扎根于企业，体现企业特点。

联想质量方针基于企业使命、中长期战略以及质量管理七原则制订，由CEO批准，发布后形成文件，传达到全体员工，并在公司范围内执行。质量方针体现了对顾客满意和持续改进的承诺。

联想质量方针：

联想致力于提供优质产品、服务和解决方案，以满足客户、员工和利益相关方的需求。对质量做出承诺并实现承诺是联想企业文化的重要组成部分。

联想的领导者负责建立可测量的目标，并推动以客户为中心的质量及业务流程的持续改进。

联想致力于贯彻和保持质量管理体系和业务流程，确保其满足客户需求，承担社会责任，满足法规要求，并履行环境职责。

联想所有员工都应为质量管理体系的成功做出贡献，以实现对客户满意的承诺。

9.3.2 质量策划

质量策划是质量管理的一部分，致力于制订质量目标并规定必要的运行过程和相关资源以实现质量目标。通过质量策划，可以明确质量目标，明确为达到质量目标应采取的措施和作业过程，确定应提供的必要条件，如人员、设备等，明确各参与方或岗位的质量职责。质量策划的结果可通过质量计划、质量技术文件等表达。

质量策划一般包括五个步骤：设定质量目标；识别谁是顾客；确定顾客需求，开发反映顾客需求的产品特征；开发能够产生满足客户需求的产品特征的生产过程；开发满足顾客需求的过程控制。

在组织中，质量策划的种类繁多，按质量策划的对象不同，可以分为质量管理体系策划、过程策划、产品质量策划和改进策划等；按质量策划的层次，可以分为组织的质量策划、部门的质量策划和个人的质量策划等。其中最常见的是项目质量策划。

项目质量策划就是将获得的市场和客户需求信息转化为项目的质量目标和质量标准，然后自上而下将质量目标进行分解，以便为项目运行过程的策划提供指导。基于IPD的新产品开发，在概念阶段和计划阶段，质量策划是项目的关键工作内容之一，是整个项目质量管理活动的基石。项目质量策划包括项目质量目标策划、项目运行过程策划及编制项目质量计划三部分。

在联想的实践中，由于新产品开发具有一定的继承性、延续性，因此其质量目标和质量标准会参考前一代的产品要求并结合项目的具体情况进行制订，对比较复杂的产品会参考上一代产品的指标并在某些方面适当放松要求。

第一代的一体式台式电脑，由于其结构外观都是全新设计，大部分都采用非标准部件，产品结构复杂，又采用了很多新工艺，因此在直通率方面就会比传统的分体式台式机的要求有所降低。对全新产品带来的一些全新的质量标准要求，会从用户使用场景、使用模式出发，通过反复试验确定标准要求。比如A600一体机的独特设计，其屏幕容易晃动，影响客户使用感受，于是结合用户对显示器的体验要求，经过多次试验确定了颤动恢复时间及测试方法，保证了用户使用过程中的良好体验。

项目运行过程策划，首先是根据质量目标分解的结果，确定实现该目标的活动并对其进行组织，以获得形成项目质量的作业流程；其次是为各项活动配置人力、设备、材料等资源，保证项目活动的顺利展开；最后是制订质量控制计划和确定质量职责。IPD流程已经将新产品开发过程化、结构化、标准化，整个开发过程由数个阶段、数十个步骤及数百个活动构成，针对不同的项目，只需对流程进行裁剪就可以直接套用。在流程中，对大部分岗位和工作职责都有明确定义，大大简化了项目运行过程策划的工作量，质量控制计划可行性大大提高。

项目质量计划是质量策划结果的体现，其内容包括质量管理计划、操作定义、各种检查和报告清单。项目质量计划融入联想的IPD流程，成为流程的一部分，并通过标准化模板、分阶段工作内容定义保证了质量计划的可行性及动态性。

9.3.3 质量目标

质量目标指在质量方面的目的追求。质量目标有不同的分类方式，按期限长短可分为中长期目标、年度目标和短期目标；按照达到预期成果的特点可分为突破性目标和控制性目标；按是否量化可分为定量目标和定性目标；按涵盖范围可分为企业目标、部门目标和项目目标等。

企业质量目标是组织为满足要求和持续改进质量管理体系有效性的承诺，质量目标要给出实施的标准，为组织提供关注的焦点，有助于激发员工工作的积极性、提升产品质量、提高工作效率、提升财务绩效、提高相关方的满意度。

制订合理的企业质量目标，首先要明确企业存在什么问题，知道企业的强项和弱项，针对企业现状和市场未来前景来制订企业质量目标，既要结合组织的实际，包括资源、能力、核心竞争力、关键业务过程等因素，又要结合组织未来的发展，具有竞争性、前瞻性和挑战性。质量目标应符合SMART原则，即质量目标应该是明确的、可衡量的、可达成的、与企业整体发展相关的且应有时间限制。为了保证质量目标的达成，在企业级质量目标确定后，需要逐层展开，上一级的举措往往就可以作为下一级的目标，质量目标的分解要横向到边纵向到底，分解落实到各职能部门和各级人员。质量目标的制订有一个从上到下、从下到上多次反复的过程，并且要保证各子目标之和大于等于总目标。质量目标展开后要落实到具体的部门或负责人，并针对每项质量指标编制计划，以充分调动员工的积极性，确保质量目标的达成。在质量计划执行过程中，要检查相应的计划、措施是否得以落实，及时发现执行中的问题并加以纠正或预防，对最终的目标达成情况要进行评价，以保证质量绩效的真实性。

联想每年依据质量方针和年度战略规划来制订公司质量目标并由首席质量官发布，各业务部门根据总目标并结合业务的运行制订部门的质量目标或KPI。质量目标包括日常业务过程中的质量、顾客满意和持续改进、供应商管理和对应产品的质量目标等，这些目标会被定期监控和测量。

9.3.4 基于IPD的质量保证

质量管理的精髓是质量保证，质量保证是为了使产品或服务与规定的质量要求相符合并提供足够的置信度所必需的一系列有计划的系统化的活动，目的是确保产品在被购买前、购买时和购买后其用途性都能得到保证，并且能够在某一特定时期内充分且持续地发挥产品功能。质量权威朱兰认为，质量保证就是向用户出示证据，表明该产品在严格的质量管理中完成。

质量保证有助于赢得客户的信任和忠诚，提高企业信誉，提高经济效益。随着生产的发展，劳动分工越来越细，产品和服务越来越复杂，顾客在接收产品和服务时，判断其是否满足要求也越来越困难，因此企业需要向顾客提供证据，证明企业有能力提交合格的产品或服务，这些证据是有计划的和系统的质量活动的产物。就企业而言，质量保证可以分为外部质量保证和内部质量保证。外部质量保证是使顾客确信企业提供的产品或服务能够达到预定的质量要求而进行的质量活动。内部质量保证是为了使企业内部各级管理者确信本企业本部门能够达到并保持预定的质量要求而进行的质量活动。为了提供这种信任，通常要对企业质量体系中的有关要素不断进行评价和审核，以证实该企业具有持续稳定地使产品或服务满足规定要求的能力。

企业是一个有机的整体，是一个复杂的系统，质量保证活动必须是系统的、有计划的、持续的，为此就必须建立质量保证体系。质量保证体系指企业以提高和保证产品质量为目标，运用系统方法，依靠必要的组织结构，把组织内各部门、各环节的质量管理活动严密组织起来，将产品研制、设计制造、销售服务和情报反馈的整个过程中影响产品质量的一切因素统统控制起来，形成的一个有明确任务、职责、权限，相互协调、相互促进的质量管理的有机整体。质量保证体系的实质就是责任制和奖罚，涉及质量保证组织系统、职责分工、质量保证执行、流程/规范/指引/标注/检查表/模板等体系文件，而IPD流程本身就是一个严谨的新产品开发质量保证体系（如图9-1所示）。

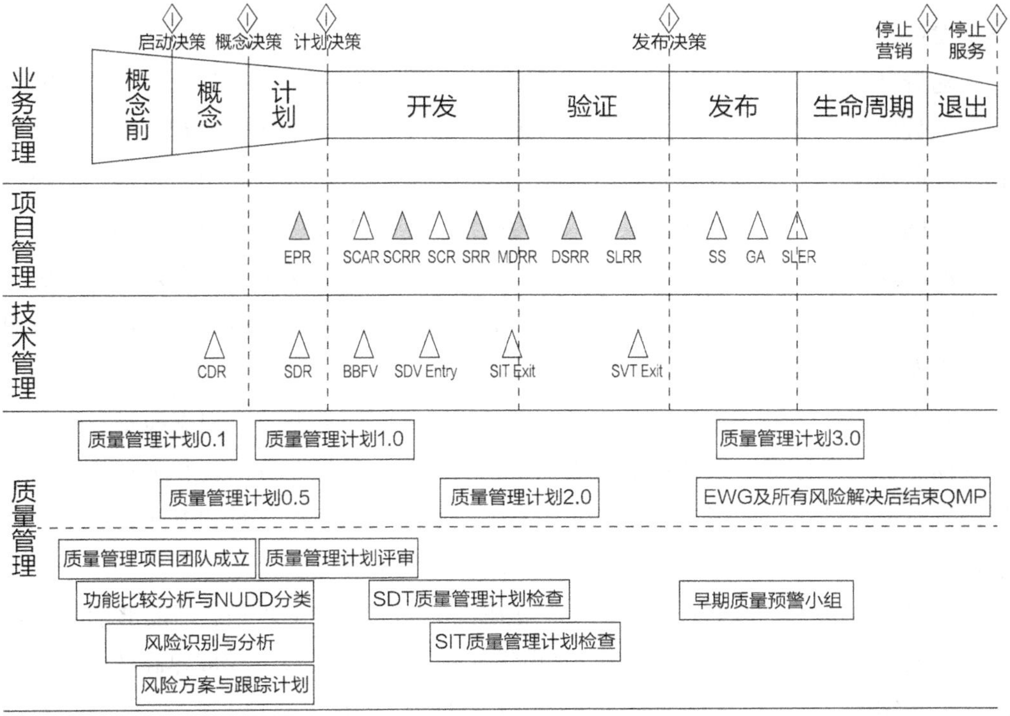

图9-1　基于IPD的新产品开发质量保证体系

在业务管理方面，IPD设置多个决策点，通过分段决策消除风险，将损失降到最低，为市场成功提供了保证。

在项目管理方面，IPD集成众多的业内最佳实践，将新品开发展开为由多个阶段构成的过程，并设置了多个检查点，与检查表、模板配合，保证了项目的成功。

在技术管理方面，分层次进行技术准备情况检查，保证了最终上市产品所采用技术的成熟性。

在质量管理方面，通过质量管理计划，合理使用工具，保证了开发和生产过程质量，通过早期质量预警小组保证了上市初期质量问题能够得到快速解决。

在基于IPD的质量保证体系中，与各决策点、检查点相配合的模板、检查表、标准的作用十分关键，其内容是否完善、详细，会直接影响评审检查的效果，也会直接决定质量保证体系是否真正有效。这部分内容是质量保证体系的基础，也是IPD流程落地的基础，需要企业花费大量的时间进行分析、整理，并要随着业务的发展不断完善。很多企业在推行IPD时往往对这部分工作不够重视，使IPD流程无法真正发挥作用。

随着数字化设计技术的成熟和互联网的普及，众多的数字化技术、互联网技术、大数据技术等被用于产品开发与管理中，成为产品质量保证的有力工具。比如利用互联网工具来吸引客户参与新产品设计、收集客户需求，利用网络爬虫从技术论坛、网上商店、社交媒体收集信息，为收集质量需求提供了保证。利用数字工具进行产品设计、仿真，消除设计中的问题，为最终产品的质量提供保证。利用生产管理系统，实时监控生产情况，记录生产数据，并采用人工智能及时分析，在最短时间内发现问题。

联想会根据市场变化和企业战略要求进行质量组织的调整；根据质量数据、客户反馈进行质量标准、设计规范、流程工艺的调整；根据业务需要和项目执行情况反馈进行流程的优化升级；根据技术的发展，及时引入新的工具和方法，以确保质量保证体系的系统性、符合性、有效性、动态性和预防性。

质量保证致力于按照正确方法、在正确的时间做正确的事情，即能够前瞻性地从制度上、做事方法上为开发出好产品提供保障，确保项目以一套成熟高效的做事方法开展和实施，其关注点在于质量活动相关的政策、制度、流程、规范等。从项目管理的角度，质量保证属于执行过程，其内容是审计质量要求和质量控制结果，目的是过程改进，预防缺陷的发生和建立对未来交付物的信心，是一种管理手段。一般情况下，质量保证人员独立于项目组，不受项目经理管理，以更好地发挥监督作用。

9.3.5 质量控制

质量控制指为达到质量要求所采取的作业技术和活动。质量控制通过监视质量形成过程，消除质量环上所有阶段引起不合格或不满意效果的因素，以实现达到质量要求、获取经济效益的目的。在具体的工作中，会收集控制对象的质量数据，运用各种质量工具分析并整理数据，把测得的质量数据与相关标准进行比较，找出差异或异常，分析差异或异常的原因，给出并实施相应措施进行纠正，以保证所有质量过程和活动始终处于受控状态且波动尽可能小，从而达成在高度一致性的情况下满足质量要求的结果。

质量控制大致可分为七个步骤：选择控制对象；确定对控制对象需要检测哪些质量特性；明确需要监控的质量特性的规格标准；确定测量设备和测试手段；对项目实施情况进行跟踪监测、检查，记录监测结果并与计划或标准相比较；分析造成实际测量结果与给定规格之间差异的原因；采取相应的纠正措施。

进行质量控制关键的两点是质量控制系统设计和质量控制技术选用。

质量控制系统设计，就是分析需要控制的过程，确定影响产品或服务的关键环节，找到每一环节需要测量或测试的关键点，针对指定的质量控制点确定检验方法，明确检验样本的大小，确定检验人员，从而使质量控制能够落地。

质量控制技术主要是抽样检验和用于过程质量控制的新/旧QC七大手法。抽样检验主要是在生产前对原材料的检验或生产后对成品的检验，根据随机样本的质量检验结果决定是否接受该批原材料或产品。QC七大手法主要用于在生产过程中系统收集与产品相关的各种数据，并对数据进行整理、加工、分析，生成各种图表，找出质量变化的规律，实现对质量的控制。

联想一直强调质量管理的前瞻性，因此在项目中会更加关注设计开发过程质量控制，下面从设计开发和生产制造两个过程来介绍。

在设计开发验证阶段，更多是通过评审、仿真、测试来实现质量控制。在IPD检查点流程中，会严格执行概念设计评审（CDR）、系统设计评审（SDR）、部件功能验证（BBFV）、系统设计验证（SDV）、系统集成测试（SIT）、系统验证测试（SVT）来实现对设计开发质量的控制。

在设计阶段，通过概念设计评审来确定客户需求、技术需求合理性并转化出具体的技术、质量指标，为后续的质量控制提供标准。通过技术方案评审来实现对整体技术方案的质量控制，确保技术方案的先进性、合理性和可实现性。引入结构、散热等仿真分析系统，通过仿真来控制设计质量。针对部件开发，不同部件有不同的BBFV方案，全新部件则基于公司标准、设计要求、系统配合等诸多影响因素来制订BBFV方案，在专家协助下对方案进行改进完善并通过相关组织的评审，确保测试方案的完整性和有效性。在完成BBFV后组织专家对该部件的测试情况进行评审，确认在功能、性能等方面是否满足要求，是否可进行量产，遗留问题如何解决等。针对系统，进行功能样机测试、评审，确认设计方案在技术方面的可行性，及时剔除不成熟的技术，调整不合理的设计，以实现对整体设计方案的质量控制。

在开发验证阶段，严格按照主测试计划（MVP）给定的方案进行测试。MVP是针对整个产品开发过程最权威、最完整、最详尽的测试方案，MVP要给出不同阶段需要测试的系统类别、配置、配合的部件型号、数量、测试内容、负责人、通过标准等内容。严格执行MVP能够及时发现设计开发及生产中存在问题，有助于在产品到达客户之前解决问题，使最终产品能够满足质量标准且具有高度的质量一致性。

在设计开发过程中，质量控制不到位大部分是测试方案不细致、不完整及测试方法不当造成的，这些情况会影响测试的准确性和有效性，从而不能及时发现问题，也就无法采取措施解决问题。此外，决策评审执行也对质量控制有很大的影响，很多时候通过测试发现了问题，但受项目时间、改进成本、业务运营等方面的压力，决策时往往带病放行，影响了质量控制的结果。

针对生产制造质量控制，在管理层面采用了多个工厂联合管理的方法，对内统一管理、统一规划、统一流程、统一标准，资源共享、知识共享；对外接口统一、输出统一，确保各工厂在质量控制方面的工具、方法及效果的一致性。在具体执行层面，通过多年的不断完善，已经在来料检验、生产过程质量控制及出货检验方面形成了成熟的、规范的质量控制方法，员工已经掌握并能够熟练运用各种工具进行监控、检验。同时不断引入各种数字化工具，实现对自有工厂和合作工厂生产状态的实时监控，及时发现并解决生产过程质量问题，保证生产制造质量的稳定性和一致性。

总之，质量控制会以质量保证体系中相关的政策、制度、流程、规范等为依据，检测并记录质量活动的结果，识别造成过程低效或者产品质量低劣的原因，并采取措施来消除这些原因，保证些物料和产品的各种性状符合已经确定的质量标准。质量控制由项目组成员具体操作实施并对项目经理负责，预防和检查是实施质量控制的主要办法。

9.3.6 持续改进

质量改进指为向本组织及其顾客提供增值效益，在整个组织范围内采取的提高活动和过程的效果与效率的措施。质量改进的目的是消除系统性的问题，对现有的质量水平在控制的基础上加以提高，使质量达到新水平、新高度。

质量改进依据PDCA循环可分为七个步骤：明确问题，一般会围绕质量、成本、交货期、安全、激励、环境等几方面选择问题；把握现状，针对选定问题，通过调研分析明确当前状况；分析原因，根据现状分析和经验，确定可能的原因，并通过进一步调研分析，确定主要原因；制订并实施对策，针对原因制订对策方案，通过评估确定最终方案并实施；确认改进效果，通过收集、分析改进后的数据，客观评价改进效果；结果固化，对有效的措施进行标准化并纳入流程、文件或标准，并进行宣传、推广和实施，以防止类似问题发生；总结，对改进效果不明显的举措及实施过程中出现的问题及时总结，为下一次质量改进活动提供依据。

在质量改进方面，经过多年的探索，联想也形成了自己的一套方法。在战略层面，要明确质量改进目标，比如明确要求关键质量指标每年提高5%以上。在具体实施方面致力于数据驱动下的质量改进，依据目标设定、数据分析、问题改善、效果验证四步法操作。第一步是目标设定，可设定年度目标、季度目标，公司、部门、个人目标，研发、制造、供应商目标等；第二步是数据分析，基于完善的质量信息系统对比分析问题；第三步是问题改善，以推动研发、制造、供应商进行改进；第四步是效果验证，定期召开分析总结会议，持续跟踪改进项目，确认改进效果，并对具有普遍意义的改进方案及时进行推广固化。

联想还将复盘的方法应用于质量管理中，将之作为持续改进的有效工具。开始只是挑选重要的系统性质量问题进行复盘，后来加入了最佳实践的分享，系统地总结吸收经验教训，并通过IT系统、研讨会、评奖等方式，在各业务中进行共享，增加经验积累，不断驱动业务的持续改进。

在质量改进方面，联想还十分注重六西格玛工具应用，建立了公司级专职精益六西格玛推进团队，全面负责精益六西格玛的推广、培训、认证及项目推进工作。每年定期安排精益六西格玛黄带、绿带、黑带培训、认证，传播精益六西格玛的知识和理念，培养人才；针对各业务部门安排专人进行辅导，协助建立精益六西格玛管理委员会，以便对本部门的学员、项目进行指导；为了保证推进力度，从公司层面以KPI形式下达对各部门在精益六西格玛方面的考核指标，比如绿带或黑带认证人数、六西格玛项目数量、通过六西格玛项目产生的效益等，并将六西格玛认证和员工的升迁挂钩，将之作为员工升迁的重要考核要素；定期举办精益六西格玛评优大会，奖励在六西格玛推进、六西格玛项目方面做出贡献的员工，塑造良好的六西格玛文化氛围。通过以上措施，有效实现了工具方法、部门业绩、个人成就的三结合，使六西格玛能够获得员工、业务部门的认可，成为对企业真正有效且能落地的工具。

9.4 质量管理的工具和方法

质量管理工具是人们在长期工作中总结出来得更快、更好完成质量工作的必要知识和方法，质量管理水平的提高，不仅需要一个完整的系统或体系，也需要使用一些具体的工具和方法去界定问题、分析问题、解决问题。掌握各种质量管理工具是每个从事质量工作的人员的必备技能，有效运用质量管理工具有助于密切团队的合作，保证解决问题的过程符合规定，可提高问题解决的效率，保证问题不再重复出现并能提供事件记录形成知识库以备参考。常用的质量管理工具和方法有APQP、SPC、FMEA、MSA、PPAP五大工具以及检查表、层别法、柏拉图、亲和图、关联图、矩阵图等新/旧QC七手法，此外5W2H、5M1E、8D等工具也经常被用于质量管理问题的分析和解决。除了应用以上等常用工具外，联想结合企业实践经验，总结出了一些自己的工具和方法，如NUDD、EWG、管理设计指引等。

9.4.1 风险管理工具NUDD

9.4.1.1 什么是NUDD

随着信息化时代的到来，知识传播的速度越来越快，在产品开发方面表现为新产品采用的技术越来越新、新功能越来越多、开发周期越来越短，给项目质量风险控制带来很大的困难。我们需要一种工具或方法，以便能在项目早期准确找出开发过程中存在的风险，正确应对和跟踪，有效降低新产品质量风险。NUDD就是企业实践的一套新产品质量早期风险管控体系，是联想PC质量负责人王会文及全球精益六西格玛总监黄震亚共同推动建立起来的。它是为解决新品开发过程中因为新功能新特性越来越多、开发周期越来越短等情形带来的质量风险提高的问题而设计的一种全新的质量风险管理机制，是一个端到端的新产品开发质量风险管理工具。

NUDD即New（新）、Unique（独）、Difficult（难）、Different（异）。在长期的质量风险管理工作中，通过分析历年的质量问题，根据统计规律和归纳总结，发现质量风险的根源主要来自四个方面：全新特性、独特性、长期存在的难点和差异化设计，即NUDD四个方面。在项目风险管理中，只要能从这四个方面入手识别风险并有效应对，就能够十分有效地达到降低项目风险的目的。

要在项目中准确识别NUDD，首先要结合企业的具体情况进行NUDD的定义，不同企业可以有不同的定义，以下可作为参考。

（1）New（新特性）：在企业本业务单元内，一段时间内的历史记录中，第一次运用于产品策划、开发、评测、采购、生产、销售和服务等环节的技术、产品（含部件）、方法或特性，包括行业已经采用，而在业务单元第一次使用的功能、流程和运作模式等。

（2）Unique（独特性）：行业内（和竞争对手相比），在设计、开发、制造、服务、用户体验等环节具有的唯一特性，包括在产品项目中首次采用的特有功能、流程和运作模式等。

（3）Difficult（难点特性）：负责产品交付的整个价值链的各部门，在产品生命周期过程中，从时间、成本、质量三个维度，用量化指标识别出来的影响目标达成的困难点和不确定因素，包括在设计、制造和服务过程中的难于实现的制造和服务的功能等。

（4）Different（差异特性）：在企业本业务单元内，与上一代产品或已经量产的其他产品线相比，在产品功能、结构、尺寸、制造、服务、客户使用等方面存在的差异，包括与上代产品在尺寸、方法和流程中存在的不同等。

9.4.1.2 NUDD的应用原则

NUDD可帮助企业设置一条新产品质量风险管理的标准化路径，用于指导资源的分配，帮助企业在新产品开发过程中，提升有益事件发生的概率和影响，降低有害事件发生的概率和影响。其覆盖范围涵盖了所有影响新产品质量的风险，包括新产品项目的全过程：新产品需求、设计、测试、验证、制造、服务、运作模式、UE、供应链等。

NUDD的应用需要遵循以下原则。

（1）聚焦在产品：NUDD的识别需要以项目为载体，以产品为聚焦点展开。

（2）关注整个价值链：NUDD的识别并不局限于研发，还可以包括采购、运作、生产、运输、服务等各环节的内容。

（3）遵循顺序：NUDD的识别要遵循新、独、难、异的顺序，即针对将要识别的内容按照新、独、难、异的顺序判断属于哪个类别。

（4）适时截止：即某一内容一旦被识别要为某一较高优先级的风险关注点，则不需要再分析是否属于某优先级低的风险关注点。

（5）群体参与：NUDD的识别要借助团队的力量，并要对结论达成一致。

9.4.1.3 NUDD方法论框架及实施

质量风险管控体系以NUDD四个方向为核心，按I（Identification，识别）、A（Analysis，分析）、R（Response，应对）、T（Tracking，跟踪）四个阶段展开工作，其应用框架如图9-2所示。

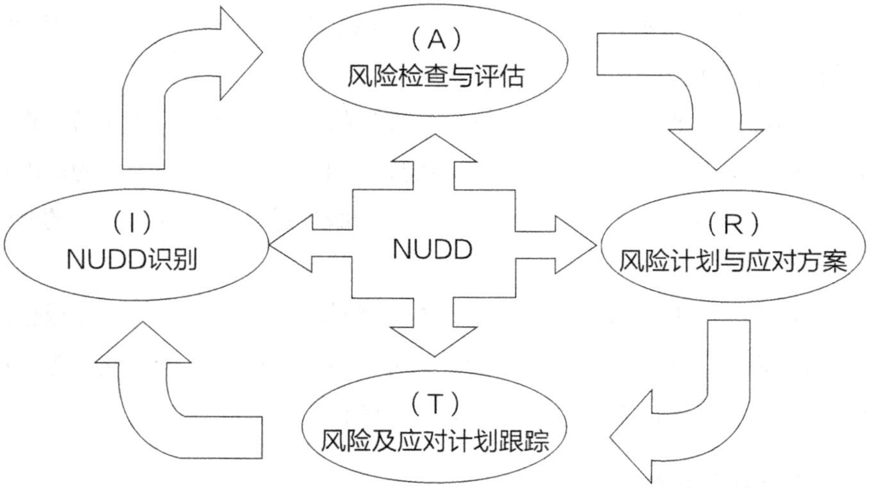

图9-2　NUDD应用框架

（1）识别阶段：完成项目NUDD识别和分类。在NUDD子项目启动后，成立NUDD团队，邀请项目经理或产品经理介绍项目或新产品的情况，并以项目启动文档、市场需求文档、上一代产品相关文档为输入，基于NUDD的定义和新旧产品的功能特性比较分析，给出项目NUDD分类表。

（2）分析阶段：完成项目风险登记表。回顾以往项目的经验教训、设计方案、规格书、检查表等内容，基于项目NUDD分类，识别项目风险，对识别的风险进行定性、定量分析，确定风险排序，对风险进行根本原因分析，输出风险登记表。

（3）响应阶段：完成风险响应表，制订风险监控计划。基于风险登记表，通过分析，制订风险应对方案并进行可行性分析，确定风险的应对方案（规避、转移、缓解、接受），形成风险响应表；基于项目计划、开发流程及风险响应表，制订项目风险监控计划。

（4）跟踪阶段：根据项目情况，更新风险登记表和风险监控计划。根据项目流程，定期进行项目风险状态审查，针对出现的风险，按给定的方案及时应对，及时更新风险登记表和风险监控计划，在项目完成且所有风险问题关闭后完成跟踪工作，并对流程、KPI及经验教训进行审查，相应文档归档。

作为NUDD方法论在联想的创始者、推广者之一，龚振青曾这样描述他对NUDD的应用体会："NUDD确实有助于团队在项目早期较为全面地发现潜在的质量风险，但更重要的是在发现风险后能够真正安排团队去跟踪、分析和消除风险。"在某项目中，他就曾对通过NUDD发现的风险问题进行排序，并从中选出前几个，安排质量工程师牵头，组成一个个小组，对风险问题进行深入分析研究，给出对策和解决方案，取得了很好的效果。

9.4.2 早期预警小组（EWG）

统计数据表明，电子产品的故障率随时间变化存在一定的规律（如图9-3所示），变化曲线形似浴盆。在产品投入使用的初期，故障率较高且具有迅速下降的特征，这个阶段被称为早期故障期，这一阶段问题的原因大多是设计、原材料和制造过程中的缺陷。在产品投入使用一段时间后，故障率降低到一个较低的水平，基本处于稳定状态，可以近似认为故障率为常数，这个阶段被称为偶然故障期，这一阶段问题的主要是质量缺陷、材料弱点、环境和使用不当等偶然因素引起。在产品经过长时间的稳定使用后，故障率迅速上升直至产品报废，这个阶段被称为老化故障期，这一阶段的问题主要是老化、疲劳、磨损、腐蚀等耗损性因素造成的。早期故障在产品投入使用后很容易较快暴露出来，如果能够及时进行搜集、分析，找出问题的原因，并在设计、材料制造过程采取措施进行优化，将有助于大大降低早期失效阶段的故障率，节省企业的维修成本。为此，联想一直致力于早期预警小组（Early Warning Group，EWG）措施的实施和落实，以便能在第一时间获得用户的意见和建议，第一时间改善新产品的各种反馈问题，以最负责任的态度应对售后问题；第一时间将新产品的质量问题降到目标范围，以最有效地响应支持整个供应链的运作；第一时间在用户中建立起良好的产品口碑，以支持合作伙伴开拓市场。

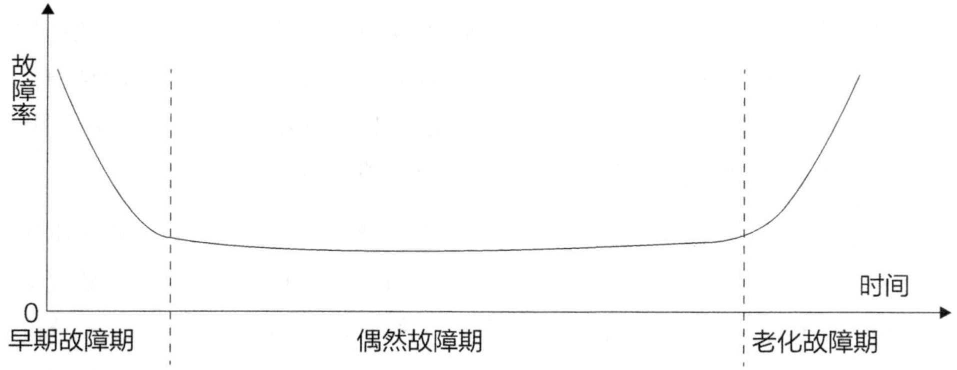

图9-3　电子产品故障率曲线

EWG的作用是通过产品上市初期的质量数据、生产和售后质量问题、客户反馈的跟踪、监控，确保尽早发现产品存在的各种问题和缺陷，以便及时纠正和解决，保证后续量产的产品质量稳定，满足质量要求，同时跟踪系统集成测试以及系统验证测试过程中遗留问题的解决状况和新产品变更。联想结合企业产品特点，将早期预警阶段设为三个月，企业在具体实施过程中，可结合资源情况、产品特性等条件，设置适合的早期预警周期。

每一个新产品正式上市时，针对此产品的EWG流程即正式启动，这是一个集多个部门的资源于一体、前后端通力合作、追求快速响应的组织。一般情况下，EWG的工作流程如图9-4所示，涉及的角色（部门）和职责如下所述。

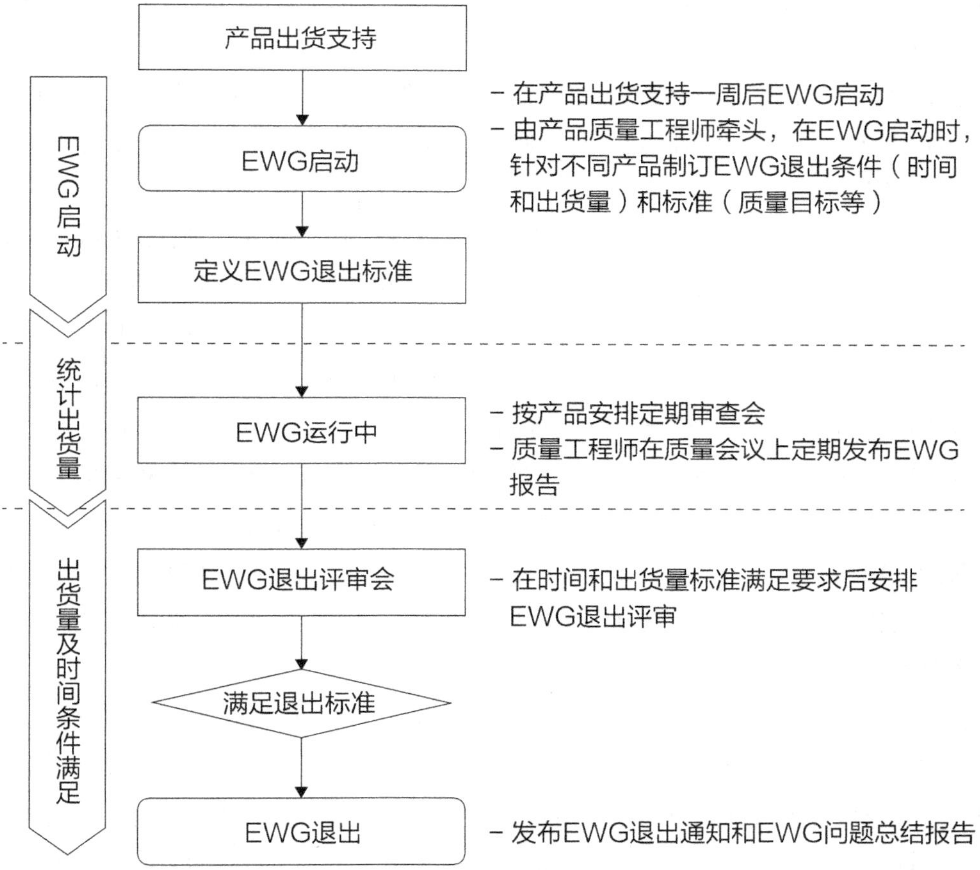

图9-4　EWG工作流程

（1）产品质量工程师：EWG负责人，负责定义EWG退出条件和标准，检查所有相关的报告、资料，在EWG运行期间牵头解决所有质量问题。

（2）KPI工程师：根据维修报告、问题反馈等信息，发现早期问题和客户关注点；通过大数据搜集和总结产品/竞品的用户抱怨，并将这些问题反馈给产品质量工程师做问题分析。

（3）研发工程师：解决开发阶段的遗留问题，对EWG阶段发现的设计问题进行深入分析并提供技术支持，牵头进行项目复盘讨论。

（4）制造质量工程师/ODM系统质量工程师：针对EWG阶段的部件质量问题进行深入分析，提供方案和落实方面的支持，提交生产制造状态报告，包括质量突发问题、一次开箱合格率、直通率、停线等紧急问题，推动研发团队或ODM快速分析问题，确认解决方案在制造厂的导入等。

（5）客户质量工程师/服务支持工程师：客服中心的数据收集与分析，提请团队关注现场批量问题/严重问题，对维修中心的问题提供支持，审查和评估EWG问题解决方案反馈。

（6）DOA（Dead on Arrival，开箱即损）管理中心：DOA详细信息的收集与分析，提请团队关注批量问题/严重问题，对DOA返回的机器进行故障分析。

在流程执行过程中，市场和服务部门需要在产品上市后立刻启动用户意见建议收集工作，汇总和分析用户在新功能新应用方面遇到的各种问题；质量部门需要详细分析重要的用户问题，寻找问题出现的根本原因，调查问题的影响范围并给出问题的解决方案，同时持续地统计和监控各项质量指标；研发部门为各种问题的解决方案给予技术上的支持；供应链部门推动各级供应商提供最大的资源支持，在最短的时间内将解决方案导入产品的生产过程，使后续生产的产品能有更优的质量表现。通过各部门的协作，实现新品质量问题的快速发现、快速跟进解决、快速方案落实及效果跟踪，使企业的损失降到最低。

在EWG流程中，还可以增加一些操作，使EWG的工作更有效。比如对新品上市后的前一百台返修机器，质量部门在第一时间组织工程师赶赴现场详细分析返修原因，寻找设计上的改善方向；针对重要部件复杂质量问题，从供应商处邀请技术专家共同到返修中心进行会诊，找出根本性的解决方案，为后续的生产提供更高的质量保证；对新品上市后前3个月的各种用户咨询和报修，要求客服中心的工程师详细记录客户反馈内容，分析用户提出的建议或问题，从海量数据中发掘用户共性问题，质量部门为每一个共性问题提供最佳售后方案，让用户体验到最舒心的售后服务。

EWG流程采用了两级管理机制，即由产品质量工程师主导、工程师参加的EWG周例会及由高管参加的质量月例会。EWG周例会主要是进行上市后遗留问题解决情况、生产情况、客户质量问题等方面的通报，并针对质量问题进行快速反应；质量月例会主要是由产品质量工程师通报EWG情况，并针对重大质量问题的资源需求获取高层的支持。

9.4.3 系统设计规范

9.4.3.1 产品质量问题产生的原因

设计规范是质量保证的有力工具，是产品设计的输入条件，也是企业知识积累的载体。从业务分层管理我们知道，IPD将业务分为组件/部件层、子系统层、产品平台层和交付方案层，这是为了从管理上实现各部门的专业化发展与产品创新的有机衔接，因此不同的底层技术和构建模块会由不同的工程师和团队负责。不同的团队或个人对技术的理解不同，对技术的描述和呈现也会有差别，一个产品是由多个构建模块构成的，各模块之间需要密切配合，而专业化分工会造成各种各样的配合方面的问题，最终都会从产品质量上体现出来。

基于对多年质量问题相关资料的分析，对技术相关问题进行筛选，并对原因进一步分类和细化，可以将产品质量问题产生的原因归结为以下六个方面。

（1）部件配合引起的问题。每个部件都符合规范，但部件配合结果却导致系统性能无法达标。

> 联想某一体式台式机产品采用了嵌入式摄像头，即在摄像头外面还有一层玻璃。这部分功能的实现涉及摄像头和玻璃盖板两个部件，二者是由不同的工程师负责的。对摄像头和玻璃都有明确的规格要求，比如透光率都要求是90%以上，以满足成像需要。从各自专业的角度来看设计规范是没有问题的，但当两个部件配合使用时，成像系统的透光率就只有81%，无法满足成像质量要求。这种问题在非标产品上尤其突出，各部件以前没有配合使用过，工程师各自从专业角度进行部件设计，但组成系统时体现的是各部件配合的效果，往往由于缺乏周密的考虑而造成系统质量问题。

（2）产品技术需求描述不清，导致供应商不能准确把握企业的技术需求。这种问题在ODM项目中出现较多，因为缺乏统一的技术规范，不同工程师输出的技术需求内容和标准经常会有差异，再加上供应商的理解问题，最终体现为产品规格不能满足目标要求。

（3）设计检查不到位，导致很多明显的设计错误未能被发现。设计检查是常用的质量控制手段，由于工程师能力和经验的差异，在没有标准的情况下不同人检查的结果差异很大，经验不足的工程师往往不能比较全面地发现问题。

（4）未能很好地传承以前的经验教训，导致在一个产品上出现的问题在后续的产品上继续出现。很多企业都存在知识积累和经验传承不足的问题，缺乏有效的载体，很多知识经验往往只是各部件彼此之间的定性要求，传统的技术规格书很难承载。

（5）新技术、新材料、新工艺引起的问题。

（6）关键部件设计未标准化，导致不同机型采用不同的设计，从而引发质量问题。

以上这些问题中，除因采用新技术新工艺引起的问题由于具有不确定性没有很好的解决方案进行预防外，其他的问题可以通过完善部件规格、建立部件关联设计指引、整理检查项列表等手段来有效地规避，其中的关键是部件关联设计指引。

9.4.3.2 关联设计指引的设计

关联设计指引的概念是联想在2010年左右进行一体式台式电脑开发过程中总结提炼出来的，指构成产品的某部件在设计过程中对其他关联部件的定性/定量的需求或强制要求。在一体式台式电脑出现之前，主流产品是分体式台式电脑，由于技术十分成熟，部件大部分已经标准化，彼此之间很少出现配合问题，但一体式台式电脑的很多部件都是非标设计，部件规格需要多方协调才能保证系统的性能，这也就要求将设计理念由原来关注单体部件转移到关注系统整体配合上，除了各部件详细的规格书外，每个部件对其他相关部件的设计需求更要受到重视，要以文档的形式规范呈现，体现系统设计的理念，而这个设计理念的载体就是关联设计指引。企业可按照以下步骤操作以构建关联设计指引。

第一步：在对产品系统进行详细分析的基础上进行拆解，要拆解到部件/组件层面，这些部件/组件在技术上或实体上是独立存在的。比如可将一体机产品拆解为CPU、风扇、内存、连接线、BIOS、电源、主板等独立部件。

第二步：在系统拆解的基础上，分析各部件之间的相关性，可以是物理层面的接触，也可以是信号方面的关联，还可以是功能方面的关联，由此构建各部件的关联矩阵。比如对一体式台式电脑，在对其软件、硬件、认证等进行详细分解的基础上创建关联矩阵，即确定各软件、硬件、认证等之间的关联关系，如表9-3所示。

表9-3　PC系统部件关联矩阵

部件	CPU	风扇	内存	连接线	主板	电源	接口挡板	机箱	ODD	HDD
CPU	/	*	—	—	*	*	—	—	—	—
风扇	*	/	—	—	*	*	—	—	—	—
内存	—	—	/	—	*	—	—	—	—	—
连接线	—	—	—	/	*	—	—	*	*	*
主板	*	*	*	*	/	*	*	*	*	*
电源	*	*	—	—	*	/	—	*	*	*
接口挡板	—	—	—	—	*	—	/	*	—	—
机箱	—	—	—	*	*	*	*	/	*	*
ODD	—	—	—	*	*	*	—	*	/	—
HOD	—	—	—	*	*	*	—	*	—	/

第三步：给出各部件的关联设计指引，即由工程师给出所负责的硬件、软件或认证对其他硬件、软件、认证的需求，这种需求不是固有的部件规格，而是某类产品设计的特定的需求，这种需求可以是推荐需求，即关联部件按这种要求去做会使系统性能更好，也可以是强制需求，即关联部件必须实现的需求。

触摸模块对主板的需求是“预留接口应尽量远离高能量、高频信号”，这样能尽可能避免高能量、高频信号对触摸功能的影响，确保触摸功能的精度和灵敏度，这就是建议性需求。

硬件电视卡对连接线的要求是“线材插针的拉拔力不得小于1千克”，以确保在运输或使用过程中，连接线不会因为震动脱落，这就是强制性需求。

这些需求是众多工程师经验的总结，是企业的知识经验积累，可有效保证质量。

以前的部件规格书基本上是部件本身的技术规格，是部件在材质、料件、接口等技术方面的详细定义，现在要把其他关联部件对该部件的需求加入部件规格书中，形成新的部件规格书。这样的技术规格书既能够在技术方面说明详细设计要求，又能与供应商进行经验分享，加深对产品的了解，确保产品设计质量。

好的技术方案需要通过技术检查来确保技术需求的落实，由于工程师经验的差别，不同的工程师进行设计检查的效果差异很大，设计检查表的创建就是为了消除经验对设计检查结果的影响。设计检查表包括关联设计指引、部件技术规格书、交互设计指引中的关键项目，详细描述了检查的方法及标准，确保工程师对设计检查不会出现遗漏及标准不一等问题，保证设计检查效果的一致性。

以上内容设计完成后并不是固定不变的，而是要随着知识积累和经验教训的总结不断完善，联想每个季度会有技术管理团队组织研讨，按流程对相关内容进行更新升级。

关联设计指引、部件技术规格书、设计检查清单以及设计指引更新流程，一起构成了设计指引系统，结合设计指引管理系统，有效实现了技术经验的积累、传承和更新，能够大大降低技术问题导致的质量问题发生的概率。

9.4.4 供应商质量管理

9.4.4.1 供应商质量管理方法

从检验质量、统计质量管理到全面质量管理，对质量管理的要求越来越高、范围越来越大，但还是停留在企业内部。随着科学技术的进步及产品的复杂化，产品的开发工作由企业内部资源的整合发展为跨企业的合作，并且，随着需求环境的变化，原来被排斥在供应链之外的最终用户、消费者获得前所未有的重视并被纳入供应链范围，由此构成了一个从需求提供到需求满足的闭环。为了更好地满足客户的需求，企业要对分布在整个供应链的产品质量的产生、形成和实现过程进行管理，从而实现供应链环境下产品质量控制与质量保证。基于此，有人把21世纪的质量管理称为供应链质量管理，其主要工作内容就是管好供应链各环节的供应商，这就要求企业把质量管理的范围由企业内部拓展到整个供应链，把自己的质量管理需求、理念、方法传递到各供应商，实现整个供应链各环节质量管理水平的同步发展。联想供应商众多、规模庞大，在与供应商多年合作的基础上，摸索出了一套独具特色的供应商质量管理方法。

1. 针对系统供应商的多维度动态管理

（1）严格的供应商选择。企业要根据业务和项目的需要，有针对性地进行新供应商的选择，一旦确定范围，就要按照标准对入围供应商进行稽核比较，确保最适合的供应商入选；对入选的供应商要签订质量协议并共同设定质量目标。

（2）严格的过程控制。一旦确定要进行新产品合作，就要对工厂进行详细的稽核，检讨设计问题以及以往的经验教训，制订品质管理计划，并在新品导入前进行全面评估，并对首件下线产品进行详细检查，对生产过程中的问题，按流程及时处理。

（3）严格的绩效监控。对生产过程进行实时管理，收集生产相关信息和数据，通过数据分析发现问题，及时进行预防和改善。

（4）推动持续改进。定期对供应商进行综合考核，推动供应商进行持续改进。

2. 针对部件供应商的部件综合质量管理

（1）逆向SPC质量控制。指对目前存在的组合部件，通过统计分析的方法来监控组合部件的质量波动和异常，根据组合部件的质量情况，随时调整组合部件中单体部件供应商质量控制规格、数据，从而达到反向控制组合部件质量的目的。

（2）流程节点来控制。通过BBFV、SDV、SIT等环节进行循序渐进的部件质量控制。

（3）部件阶梯质量标准控制。即设计质量标准要求要高于产品开发质量要求，产品开发质量要求要高于出货产品实现质量要求，给质量波动留出阈量，确保出货产品满足质量要求。

（4）不合格品溯源。对部件失效案例进行分析，通过团队合作共同寻找部件问题的失效模式，从而寻找供应商管理、产品设计或生产中存在问题并加以改善。

（5）部件质量管理责任矩阵法。部件质量管理离不开各部门共同努力，为了避免因“一言堂”导致的部件质量问题，需要针对部件质量区分职责和范围，各部门互相支持、互相制约，通过这种协调与制衡的部件质量矩阵管理，达到提升质量管理效果的目的。在部件质量责任矩阵中，产品质量管理工程师负责产品部件质量标准整合，部件质量工程师负责部件质量及供应商管理，系统质量工程师负责整机在生产企业的质量监控。

3. 针对重要供应商的质量工程师联合认证制度

对一些重要供应商的质量岗位，采取质量工程师联合认证制度，即对合作伙伴的质量工程师进行系统全面的培训，分享质量管理的理念、工具和方法，对参加培训并考试通过的工程师授予相应的证书，只有通过认证的质量工程师才能在合作项目中承担质量工作。

9.4.4.2 项目中供应商管理的“一二三四五”

企业与供应商的合作载体是产品项目，基于对以往与供应商合作问题的分析，可以发现众多产品项目中的质量问题基本上可归纳为项目控制、资源与绩效管理、沟通管理及系统工具几个方面。为了便于记忆理解，可将管理要点梳理为“一二三四五”的管理体系，即一个闭环、二个控制文件、三级沟通机制、四级能力和绩效评价管理以及五个关键控制点。

1. 一个闭环

即将供应商年度绩效评价与项目报价请求打分相关联。企业和供应商之间理想的关系是合作共赢，这种局面的达成需要双方的共同努力与持续合作。供应商要靠技术实力和服务态度获得企业的认可，这种认可要体现在项目的授予过程中。企业要通过与供应商的长期合作来建立战略合作伙伴关系，只有长期合作，供应商才能真正了解企业的需求，传承企业的经验、能力和工作模式，与企业形成默契的合作伙伴关系和利益共同体，才愿意投入资源来提升质量。因此，有效实现供应商日常表现与项目获得资质的结合，即在RFQ打分表中，供应商的年度绩效考核要有一定的占比，有助于项目质量的提升。

2. 二个控制文件

即企业需求列表和供应商需求列表，这两个文件有助于企业与供应商明确各自的需求，避免相互的误解，减少沟通时间和降低沟通成本。企业内部经常存在部门墙，流程不畅和职责不清是造成部门墙的原因之一。在企业与供应商之间往往也存在障碍，影响双方在项目中的合作，这往往是沟通不畅、需求表达不清造成的。在企业与供应商的项目合作中，如果企业需求表达不清，就会造成项目执行过程中的误解或频繁变更，供应商也就无法交付企业期望的产品。如果企业仅关注自己需求的表达，不听取供应商的要求，也就不知道自己的需求表达是否足够清晰，提供的资料、资源是否能够支撑供应商对项目的了解和开发工作的落实。

因此，在项目合作之初，企业需要明确输出项目在产品技术规格、成本、质量、时间、服务等各方面的要求，并且要明确在项目各阶段、各专业技术方面需要供应商输出哪些材料、文档、信息，以便供应商提前做好准备。此外，也要通过标准模板，搜集供应商对企业的需求，企业也要提前做好准备，充分满足供应商的合理需求，很多企业没有意识到这方面的重要性。

3. 三级沟通机制

为了保证项目沟通的顺畅，建议企业与供应商建立三级沟通机制，即每周由工程师主导的项目沟通会、每月（或双周）的供应商与研发中层管理人员沟通会、每季度的双方高层业务沟通会和技术交流会。三级沟通机制，能够确保双方信息畅通，不同的问题在不同层面解决，这一机制理顺了双方合作的节奏和责任。

（1）工程师层面的周例会。由双方的工程师、项目经理、职能经理层面的人员参加。会议内容主要是项目状态和绩效的跟踪，项目问题解决方案的确定及落实推动，工程变更状态跟踪，及时上报项目团队无法解决或无法及时解决的问题等。每项需要跟踪的具体工作内容，都要有明确的负责人、需要采取的行动以及关闭日期。

（2）中层负责人层面的月（或双周）例会。由双方中层管理人员及项目团队参加，会议内容主要是双方对项目状态理解的同步，协调解决双方在项目团队层面无法解决的问题，对影响计划或项目绩效的重大问题进行资源协调、技术攻关，确保项目目标的达成。

（3）业务层面的季度例会。由双方业务负责人参加，其他部门项目成员直接上级列席。会议会全面呈现供应商在成本、供应、开发、质量以及服务等方面的合作支持情况，指出优点和不足，明确需要的帮助及下一步的工作重点，确保双方合作的顺利。

以上三个层级的沟通涉及的范围，既包括正在开发项目，也包括上市后正常出货的项目。

4. 四级能力与绩效评价管理

即项目RFQ之前的入围企业全面能力审核、项目授予前的项目团队成员能力及总体资源情况审核、项目完成后项目团队的绩效评价以及年度合作情况总体评价，目的是确保供应商具备项目执行所需的能力并在合作中有令人满意的绩效表现。

（1）项目RFQ之前入围企业全面能力审核，是在项目启动之初对供应商入围资格的审核，主要是针对新供应商或在业务范围内首次合作的供应商。这是对供应商的综合能力进行全面评估，这种评估不是随意的，而是基于标准评分表的综合评估。评分表是基于企业业务特点、以往项目合作经验以及技术能力方向制订的一种通用工具。联想的评分表包括技术项目管理能力、工程能力、产品保证能力及认证能力四大项，每一项下面又展开为多个方向，每个方向又包括数个具体的评价条目，从而保证企业能够对供应商实现客观、细致、全面的综合能力评估，保证入围企业的综合能力能够满足项目最低要求。

（2）项目授予前的项目团队成员能力及总体资源情况审核的主要目的是确认关键岗位工程师是否胜任、供应商提供的人力资源是否能够满足项目需求。一个项目能否做好，一方面受限于企业的总体水平，另一方面则要看企业的支持情况，这反映在投入资源的多少和人员能力水平上。富士康既是苹果的供应商，也和其他很多企业有合作关系，其中苹果的项目执行情况是最好的，就是因为富士康把最好的资源放在了苹果的项目上。所以，在项目授予前，要对供应商提供的项目团队关键岗位进行评估盘点，确认工程师的项目经验、专业技术水平、沟通表达能力及项目工作在其个人所有工作中的占比等情况，确保工程师能够胜任并有足够的时间支持项目，并要求锁定关键岗位人选，如果后续换人，供应商要提前通知并保证候选人能够满足能力要求。

（3）项目团队的绩效评价是在项目完成后对供应商项目团队的综合绩效评估，指明供应商在项目中哪些方面做得比较好、哪些方面做得不好，有什么样的经验教训，下一步还需要做什么等。这种对项目团队综合表现的客观评价，也是通过评分表形式来实现的。这个阶段的评价更多注重经验教训总结，以使在下一次项目合作中能够做得更好。

（4）年度合作情况总体评价是对供应商一年内与该业务部门在所有合作项目上的综合表现的评价。一方面是基于打分表的客观、公正的评价，另一方面是所有供应商的打分排名，对排名靠前的供应商进行表彰。这个排名会影响下一财年的项目授予和出货配比。在该阶段还会与供应商分享其他项目的经验教训及一些战略信息，包括产品路线图和技术路线图等，以便供应商为下一年度的合作做好准备。

5. 五个关键控制点

在项目过程中，需要在五个方面/节点做好控制工作，即询价与项目授予、设计检查控制、变更管理控制、物料清单控制及首件检查控制，对这些关键点的控制能有效减少项目中的质量问题。

（1）询价与项目授予，指对入围供应商进行询价并挑选最合适供应商授予项目的过程，项目授予是一个十分关键的控制点。在这个过程中，企业要尽可能把自己的需求讲完整、讲清楚并确认供应商真正理解了项目需求，要尽可能在所有入围供应商中挑选最合适的供应商，确保该供应商提供的解决方案在成本、质量方面是最有竞争力的，在开发周期上是能够满足上市时间要求的，对供应商的项目团队要进行能力资格确认，确保关键岗位人员具有足够的经验和能力来承担项目工作。这要求企业严格按照RFQ流程展开相应的工作，包括RFQ文档的准备工作、供应商综合能力评估、讲标工作、企业与供应商需求的整理确认、供应商项目团队关键岗位胜任能力评估、RFQ评分以及最后的项目授予工作等。这一步是项目质量保证的基础。

（2）设计检查控制，指在项目开发过程的各个阶段，组织有经验的专家和项目相关工程师一起，对供应商系统设计方案、关键部件按照检查表逐项详细检查，安排实验室对供应商的测试结果进行复测确认，确保设计符合设计规范、产品性能达到标准要求，发现设计中存在的问题并推动供应商进行改进。在设计检查方面，除了常规检查内容外，还有一些比较有代表性的设计检查，比如对系统，在计划阶段会有功能手板的检查，这是项目组第一次拿到能够工作的系统，需要对各项功能进行详细检查，找出设计中存在的问题；在开发阶段SDV之前，需要对第一批工程样机进行详细检查，确保设计细节满足企业标准要求，并且要对供应商的测试结果进行抽查验证，确保供应商测试结果与复测结果的一致性。

在项目中，通过设计检查测试能够及时发现并解决质量问题，为产品最终高质量出货提供保证。在与某ODM厂家合作的项目中，用于CCC认证的样机在联想实验室测试中被发现电磁干扰辐射超标，无法满足认证要求。供应商认为，产品已经通过了其内部实验室的测试，没有任何问题，强烈坚持送测。但项目组对自己实验室的测试结果更有信心，认为ODM厂家在测试流程、测试环境、测试手法或测试设备等方面存在问题，于是安排工程师到现场进行实验室资质的确认，最终发现对方实验室的问题所在，推动供应商进行了实验室整改，并在后续企业能力审核中增加了实验室资质认证这一项。对新产品的电磁干扰超标问题，供应商安排资深工程师到现场与联想专家一起公关，最终确认了解决方案，并发放到了供应商工厂，保证了认证通过和出货产品的质量。

（3）变更管理控制，指项目组为适应项目运行过程中与项目相关的各种因素的变化，保证项目目标的实现而对项目计划进行相应的部分变更或全部变更，并按变更后的要求组织项目实施的过程。项目的一次性和独特性使项目在执行过程中存在很多不确定性，也就造成了项目实际执行、实际结果与计划偏离的情况，需要采取相应的措施来应对变化，并要对影响计划的应对措施进行管控，以确保项目目标的达成，这就是变更控制。变更控制并不是禁止变更发生，而是实现对变更的有序管理，即通过变更控制流程，确保处于动态环境中的项目变更始终处于可控状态。变更控制是项目质量控制的关键内容之一。经验告诉我们，基本上所有项目都会在基准计划确定后发生变更，如果管理不当，就会引起项目失控。尤其是在与供应商合作的项目中，在RFQ结束后，项目计划、产品规格、成本等内容都已经确定，后续任何影响时间计划、产品规格、成本的变化都应该通过正规的变更流程执行，避免信息不对称对项目产生的影响。但在实际执行过程中，供应商经常会有意或无意隐瞒变更，造成项目一定程度上的失控，有时会给企业带来不必要的损失。因此应提前对变更流程进行宣贯，并在执行中加强检查，及时发现变更触发条件，通过规定的流程进行变更控制。

C300一体式台式电脑开发项目是联想与国际某知名厂商合作的ODM项目，

这是联想第一次在一体机领域与该厂商合作，缺乏配合上的默契，供应商也未能严格按照流程进行操作。这是一个准系统开发合作项目，由供应商进行开发验证并提供准系统，联想加装光驱、硬盘、内存等部件及其他辅材后出货。在一次检验中发现来料不符，缺失硬盘风扇，调查发现是因为产品设计变更导致的变化。供应商内部已经下发变更并通过邮件通知联想，但并未提交正式的变更申请，也未申请新的物料编号，因为供应商认为设计变更并未影响产品的性能质量，但是这将给物料管控、售后服务、认证管理等带来不可预测的问题。因此，联想针对不符物料挑选后返回供应商，由供应商申请新的物料编号后更换标签再出货。这对当时的新产品生产供应产生了很大的影响。

（4）物料清单（Bill of Material，BOM）控制。BOM就是以数据格式来描述产品结构的文件，是生产制造的核心文件，是连接产品和物料、工艺的纽带，是成本价格控制的基础，是质量问题溯源的工具，其重要性不言而喻。在企业和供应商之间，由于文件格式、IT系统、物料编码等方面存在差异，从企业的BOM到供应商的BOM需要有一个转换的过程，如果手工转换，工作量很大，对人员的素质要求很高，必须是经验丰富的员工才能胜任，因此对需要手工转换BOM的供应商必须对负责BOM转换的岗位严格管理，确保胜任能力，并要建立审查机制，确保BOM转换的准确性。联想在与供应商的合作过程中，曾多次出现因为BOM转换造成的质量问题，因此要尽可能推动企业实现BOM转换和管理的IT化，减少因BOM导致的质量问题。

（5）首件检查（First Article Inspection，FAI）控制。这是对每个批次刚开始时或过程中发生改变后加工的第一件或前几件产品进行的检验，检验合格后方可继续加工后续产品。这个检查主要是为了防止产品出现成批错误、超差、返修、报废，是预先控制产品生产过程的一种手段，是产品工序质量控制的一种重要方法，是企业确保产品质量、提高经济效益的一种行之有效、必不可少的方法。FAI需要严格按照检验流程和检查表逐项完成相关操作。联想将FAI分为外观检验和功能检验两部分，外观检验主要检查标签位置、文字、颜色及是否有刮伤等内容；功能检验是检查相应的元器件是否有漏装、安装型号是否符合要求、相应功能是否能正常实现等。

以上这些流程、工具、方法是企业在供应商质量管理实践中摸索出来的，从理论上不够系统，但基本上涵盖了供应商质量管理的方方面面，能够有效地解决绝大部分由双方配合引起的质量问题，具有很强的实用性。当然，具体的实操方面，还需要企业结合自己的具体情况，完善相应的流程、检查表等内容，形成系统的质量管理体系。

第 10 章

研发创新需要“双引擎驱动”

21世纪，企业开始进入商业模式、产品、技术、服务等多层次竞争的时代，越来越多的企业开始接受“以客户为中心”的理念，并通过满足客户差异化的需求获得了竞争优势。

但2018年年末的互联网寒冬更让大家认识到，依靠非技术性的业务、商业模式获得的增长红利会因为缺乏竞争门槛而很快消退，技术和产品创新才是企业进步和行业发展永远的内驱力。

这就要求企业一方面要重视客户和市场，通过洞察客户体验来引导产品和服务的发展方向，塑造差异化竞争优势；另一方面则要求企业必须把创新作为重要战略内容，围绕技术和产品的研发创新，加强研发管理体系建设，消除企业内部任何影响创新的因素，从组织结构、流程、业务规则等方面入手，以使命愿景、战略文化、IT系统等为支撑，构建一个有机系统来帮助企业实现优质高效的研发业务管理，推动企业在产品、技术上不断突破，并引导和培养客户需求，在已有产品上实现渐进性创新，满足客户需求，提升客户感知价值。

10.1 构建“双引擎驱动”研发管理体系

知识经济时代，研发的地位日益提高，研发创新能力和研发效率已成为企业成败的关键。现在的研发管理体系一般会强调顾客或市场驱动，认为企业应该了解顾客的需要，按照顾客的需要来设计和开发产品。这就要求企业把顾客作为产品开发的着眼点，在产品开发之前，通过市场调研与顾客分析深刻了解顾客的需求，并在产品设计中通过各种手段来满足顾客的需求，以期获得目标顾客群的认可，从而在细分市场获得竞争优势。很多学者的研究结果也证实了顾客/市场驱动的产品开发策略能够对企业的业绩有直接贡献。但在快速多变且日渐成熟的市场环境中，单一的顾客/市场驱动模式已经表现出了很多不足。

（1）顾客需求的模糊性。顾客/市场驱动研发模式的思路是“向顾客提供他们想要的东西”。企业调研分析顾客需求是一种发现行为，基于顾客在购买产品前甚至是在产品设计之前就知道自己需要什么。但由于顾客认知能力、表达能力的局限性，很多高层次、潜意识的需求难以表达清楚，从而造成企业获得的需求和顾客真实需求上的差异，企业也就无法提供真正满足顾客需求的产品。

（2）顾客认知的局限性。亨利·福特曾说过：“如果我最初问消费者他们想要什么，他们会告诉我‘要一匹更快的马!’”如果所有的企业都完全依照顾客的需求去做，就不会有汽车、飞机、触摸屏手机等新事物出现了，因为顾客只能描述他们所能接触到或想象到的需求，而很多新生事物是顾客从未接触过的，也超出了他们的想象。

（3）顾客需求的多变性。顾客的需求不是一成不变的，而会随着社会环境、个人认知等因素的变化而变化，从而给企业期望通过准确把握顾客需求并及时在产品功能中体现来获得竞争优势带来很大的难度。比如我们按照顾客的需求去开发某款产品，而在此期间竞争对手可能推出了具有更新、更强的功能，能够更好满足顾客需求的产品，而顾客需求也随之产生变化，从而造成产品还未上市就已经落后。

（4）忽视了顾客需求的可引导性。顾客的需求会受到自己认知的约束，企业可在深入分析顾客需求基础上，运用创新技术来满足顾客需求，并通过宣传推广来改变顾客的认知，从而实现对顾客需求的培养和引导。比如我们在购买茶叶时商家往往会赠送几包更好的茶叶来引导消费，有些企业会不断推出概念产品来引导消费等。

（5）顾客/市场驱动下获得的竞争力经常很容易被复制。互联网的普及和大数据工具的应用，使顾客需求获取变得容易，也使改进顾客体验的竞争举措很容易被周知，从而使基于成熟产品和非突破性技术的渐进性创新、基于传统销售和营销触点的用户体验改进很容易被竞争对手模仿。

（6）对当前顾客过于细腻的观察与研究会影响企业的创新。许多管理上非常好的公司，由过度听信顾客，把大量精力集中在顾客想要的产品上，造成了企业在产品上的落后，难以在市场中保持竞争优势。因为顾客需求的变化有一个渐进过程，很多需求可以通过产品、技术的升级来满足，从而使企业热衷于在老产品上修修补补而忽略突破性产品的研究，企业的技术也渐渐落后于竞争对手。

这些问题的存在，要求企业在研发管理体系的构建过程中，不仅要重视顾客/市场的拉动作用，还要注重创新型技术、产品的推动作用，使企业借助突破性的新产品、新技术来开拓新市场，推动企业的发展进入良性循环。“技术推进论”的提出者凡纳瓦·布什认为，只要企业在产品创新中所涉及的特定技术具备一定的实用价值和科技含量，以该技术为基础的创新产品一旦投放到市场中，便会在市场上产生一定的商业价值。因此，突破性的技术/产品能创造一个新的市场，帮助企业实现由市场驱动到驱动市场的转变，即通过创造消费者未曾要求甚至未曾想象的产品功能来引导消费，推动形成更高层次、更大规模的新的消费市场，让企业在保证竞争优势的同时，能够在技术、产品创新方面由被动跟随变为主动引领，从而获得创新的主动性、前瞻性。

德鲁克认为，企业只有一个定义，那就是创造顾客，新产品、新技术与顾客需求进行结合，就是一个创造顾客的过程。在新产品、新技术走向市场的过程中，需要不断与客户互动，通过客户需求来对新产品、新技术的方向、细节进行修正、完善，而客户与新产品、新技术接触的过程，对企业来讲就是一个需求挖掘、需求培养的过程。

滴滴、美团、京东等平台型企业，在业务模式建立之初就需要广大客户参与，并且经历了大量补贴、长期亏损的过程，这是一个培育客户需求、完善技术平台的过程。

小米公司第一代“铁人三项”中的MIUI，在开发过程中就极度重视用户的参与，借助“三三”法则，通过开放参与节点、设计互动方式、扩散口碑事件等，让用户参与到开发过程，满足用户“在场介入”的心理，从而构建了一个用户与产品共同成长的体验环境。

一个新的技术或产品一旦面世，顾客在使用过程中会不断发现问题并提出自己的需求，这些需求对产品的升级完善有很大的帮助。技术/产品的突破性创新往往是短暂的、一次性的，而技术/产品的升级、完善却是长期的、重复性的，也是企业利润的主要获取手段，特别是在市场竞争激烈、客户追求个性化的今天，小批量、定制化生产已经是未来的趋势，因此企业也必须重视顾客/市场的引导作用。

基于以上原因，企业在研发管理机制的构建方面，需要综合考虑技术/产品创新这一企业内驱力的推动作用以及顾客/市场的引导和拉动作用，形成“双引擎驱动”研发管理模式。即一个企业的研发管理体系要有以技术/产品为核心的推动引擎及以顾客/市场为核心的牵引引擎两个动力源，并通过复盘工具相连接，形成一个完整的架构。前者以技术/产品为核心，期望通过提升研发管理、质量管理、技术创新管理等综合能力，以创新的产品、技术来引领、满足顾客需求。后者则以顾客或市场为核心，借助对客户需求的把握来指引研发方向，确保产品创新不与市场脱节，并拉动已有技术或产品逐步完善升级。复盘工具则是连接两个引擎的纽带，是保证技术或产品的创新与顾客或市场需求同步的重要手段。三者协同工作，构成了一个有机的整体，使企业的研发创新工作既能高效稳步前行，又能保持方向的正确（如图10–1所示）。

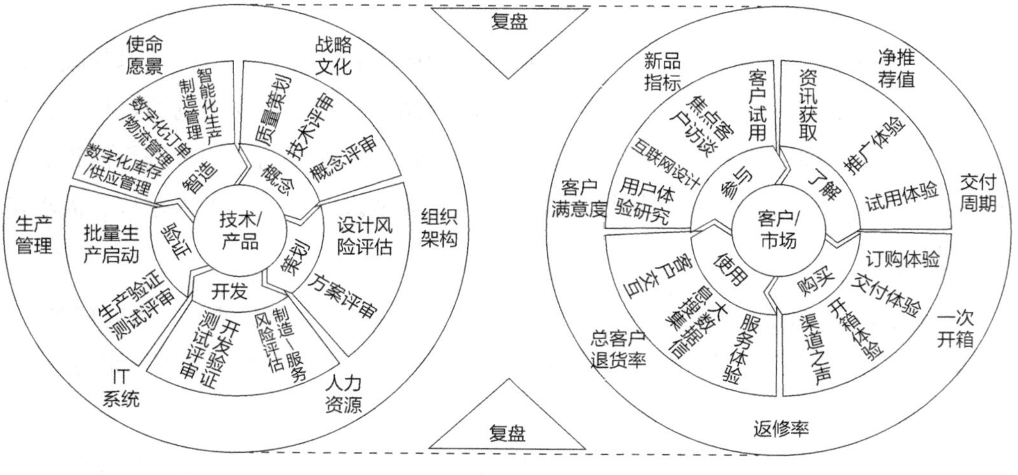

图10–1 “双引擎驱动”研发管理模式

10.2 以技术/产品为核心的推动引擎

10.2.1 内容架构

研发管理机制中的推动引擎，是以企业技术/产品的研发为核心，由研发流程、标准、规章制度等内容构成的保证体系和由使命愿景、战略文化、组织架构、人力资源、IT系统、生产管理系统等内容构成的支撑体系两个层次的内容构成，前者可以保证技术/产品研发的创新性、高效性及可重复性，后者则是从企业大环境的角度为研发管理提供全方位的支持。

企业存在的价值在于能不断提供合适的产品和服务，有效满足客户的需求。为了满足创新的渐进性、供应的持续性、质量的稳定性，企业就需要提升自己的管理能力，从无序走向有序，化复杂为简单，摆脱工作对个人的依赖，实现工作的可重复性。实现以上目的，需要企业建立各种流程、标准、规章、制度，使企业从“人治”走向基于流程、标准、规章、制度的“法制”，反映在研发管理上，就是要建立针对产品开发管理、技术创新管理的流程机制。

首先要建立基于流程的新产品开发保障机制，包括流程的阶段划分、各阶段的工作内容及执行决策、配套的模板、配套的检查表、检查点设置、评审决策机制、评审决策标准等内容，以及技术标准规范、检验规范和各种配套的子流程等内容，以保证企业具有持续稳定的新产品交付能力，这是企业生存的基础。

其次要建立基于流程的技术创新管理机制，包括创意的收集、创意的评审、创意的实现、创意实现方案向产品的转化、创新的激励等内容，在企业内营造良好的创新氛围，使员工愿意创新、能够创新，创新结果能够转化，转化后能够产生效益。这就要求企业要针对创新构建体系化的系统架构，包括创新目标、战略计划、创新方法、组织安排、创新流程、财政预算、多元化制度等，使渐进性创新、突破性创新都有孕育的土壤和生长的环境。

研发管理与技术创新管理流程机制的建立有一个循序渐进的过程，不能期望一步到位，也不要盲目追求流程表面的完美而忽视基础性的细节工作。流程的复杂程度要与企业的发展阶段、业务的规模及企业整体管理水平相适应，适应的流程机制才是最好的，超越企业研发能力的流程反而会成为累赘。流程机制的建立很重要，但执行更重要，没有执行，再好的流程也会成为水中月、镜中花。

企业的研发管理水平，固然和流程、标准、规范的成熟度及执行情况有关，但也会受到企业管理大环境的影响，包括战略、文化、人力资源、生产管理等。

战略：企业要把研发和技术创新放到公司级战略层面进行考虑，协调整个公司的资源来保证研发创新目标的达成。

组织：企业需要意识到组织结构对研发管理水平、研发效率有直接的影响，需要根据企业的发展阶段，及时调整组织结构。

文化：企业文化能够对员工起到引领的作用，弥补管理的不足；能够给予企业管理者和员工原则性的指引，可以帮助他们更高效地决策和行动。尤其是在矩阵式、流程式、网络式有机组织结构下，员工对企业文化的认同，有助于发挥员工工作的自主性和创造力。

人力资源：人力资源管理一方面要保证研发团队能够招聘到一流的人才，还需要为人才的成长提供良好的环境，需要建立适合研发人员的激励机制，以调动研发人员工作的积极性。

IT系统：IT系统是研发管理不可或缺的工具，能够帮助企业实现部分或全部研发活动的日常管理，如产品生命周期管理、人员负荷管理、项目进度管理、工作量统计、研发问题记录。IT系统已经成为企业提升研发效率、实现跨企业绩效管理及产品生命周期管理的有效手段。

……

企业的研发与技术创新管理是企业管理的一部分，会受到企业整体管理水平的制约，很多企业在推行先进的研发管理流程时无法取得预期的效果，往往是因为忽视了研发管理和企业整体管理的关系。比如在企业进行新流程的导入时，必须要确认企业在矩阵式组织结构方面的推行情况，确认企业是否在职责分工、文化意识、能力建设、问题解决、目标管理等方面已经做好了准备，能够有针对性地进行流程梳理和治理机制的建设，否则就有很大可能出现新流程无法落地的情况。因此，企业在构建以技术/产品为核心的推动引擎时，要综合考虑研发流程、标准、规章制度和企业的使命愿景、战略文化、组织架构、人力资源、IT系统等内容，结合企业的具体情况进行新流程导入方案的设计，如此才能真正发挥技术/产品引擎的推动作用。

10.2.2 推进步骤及工作内容

一个领先的、成熟的研发管理体系的构建并不是一步到位的，需要结合企业的具体情况循序渐进，分层次、分阶段逐步完善，过于冒进，新的手段有可能无法推进到位，原有手段又被打乱，造成整个研发体系的混乱。

> 某年产值30多亿元、员工5000多人的包装企业曾出现过在研发管理上冒进的情况。该企业经过多年的摸索，已经形成了一套员工熟知、适合业务的流程体系。后来因为业务发展的需要，企业直接引入了基于门径管理的新产品开发流程，但由于细节设计不到位，且未能进行固化推行，结果就是老流程被摈弃、新流程得不到执行，业务效率受到很大的影响。

一般来讲，一个完善的研发管理体系的构建可分四个层次进行推进。

第一层次：技术/产品/项目层面的研发管理体系，使项目成功具有可重复性。

第二层次：研发部门层面的研发管理体系，通过流程重整、组织结构调整、管道管理等手段提升研发效率。

第三层次：公司/业务部门层面的研发管理体系，通过战略、营销与研发流程的整合，摆脱研发的孤立性，实现研发效益最大化。

第四层次：生态系统/价值网层面的研发管理体系，以客户为纽带，创新为核心战略，通过全球化的研发网络及战略联盟来实现模式创新、产品创新及方法创新。

1. 技术/产品/项目层面的研发管理体系构建

这是企业对研发管理最基本的要求，目的是保证企业能够持续、稳定地推出新产品。该层面要求企业在技术方面形成初步的技术标准、规范，如部件标准、系统标准、设计规范、测试规范、生产规范，使企业的知识能够沉淀、传承，摆脱对个人能力的依赖。在项目管理方面，能够应用初步的项目管理工具，如目标管理、项目结构分解、里程碑管理、项目计划管理，实现项目管理的规范化，保证项目有效推进及顺利完成。从产品开发层面则将其展开为一系列的决策过程，通过技术评审找出和消除其中的缺陷，以保证产品在技术层面的成功。以上工作是企业研发管理从无序到有序需要迈出的第一步。

2. 研发部门层面的研发管理体系构建

当企业具有一定技术基础、项目管理能力及产品开发能力后，如果想进一步提升研发效率，就需要进行研发部门内部的流程梳理及组织结构调整，推动业务分层管理。该层面需要建立成体系的开发流程、标准、规范，内容要涵盖产品开发、部件开发、标准化、设计、检验评测等各方面；对开发流程进行细化，分阶段、分步骤展开并明确里程碑事件及相应的评审，各评审需要有详细的检查内容及通过标准；按业务流程对组织调整，实现团队建设专业化；推行业务分层管理，将技术开发与产品开发分离，实现并行开发；在产品层面实现销售一代、开发一代、预研一代的策略。这时的企业研发已经具备完善的管理体系，实现了研发流程与管理系统的有机融合，能够很好地进行资源的平衡，高效地完成新产品开发工作，提供充分的产品质量保证，并具备一定的创新能力，可有效支撑企业以产品为中心的管理模式。

3. 公司/业务部门层面的研发管理体系构建

企业能够高频度保持项目成功且能够不断推出有创新性的产品时，就说明企业研发已经具备了正确地做事能力，下一步就需要企业能够把握方向，保证研发做正确的事情，从而实现产品成功。

研究表明，造成上市产品开发目标无法达成的影响因素中，市场营销因素占比超过60%，而在进入市场前就遭受失败的新产品中，80%是受到了市场营销方面错误的影响。因此，新产品开发不再是纯粹的工程技术范畴的问题，其成功很大程度上取决于企业是否能够合理有效地运用市场营销的方法和技巧，这就需要将研发管理提升到公司/业务部门的战略层面，将市场营销与新产品开发管理紧密结合，构建面向市场的研发管理体系，以适应日趋激烈的市场竞争的需要。

一方面要求企业具有产品战略规划能力，即通过调查研究，在了解环境、理解战略、了解市场、了解竞争对手、了解外在机会与风险以及市场和技术发展态势的基础上，根据公司/业务部门自身的情况和发展方向，制订可以把握市场机会、满足消费者需要的产品的远景目标和实现该远景目标的战略、战术，并最终体现在产品/技术路线图上。

另一方面企业要能够针对具体的产品、特定的市场与客户群，根据产品定位确定战略需求、根据产品场景确定功能需求，并综合用户反馈、管理层的要求、内部人员的反馈以及产品管理人员的思考形成需求池，通过分析、验证，将目标市场、客户群的消费需求及未来消费倾向展示出来，从而使开发出来的产品在上市后能够达成预期的目标。

因此，市场营销与研发的结合，既能通过市场研究为研发提供动力，还能通过营销策略为研发解决后顾之忧，让企业具备与一流竞争对手同台竞技的能力。这时的企业研发体系从架构上已经具备了市场营销和产品开发管理两条线，并实现了二者的有机融合，打通了从战略到实现的各环节，让管理层、市场人员直接参与到新产品研发项目中，解决了产品开发的驱动力、产品的适度领先性、风险决策、资源协调、产品的市场认可等问题，实现了面向市场研发，可有效支撑企业实现从以产品为中心到狭义的以客户为中心管理模式的转变。

4. 生态系统/价值网层面的研发管理体系构建

企业具备了公司级/业务级完善的研发管理体系，能够实现面向市场的产品开发，代表着企业已经能够在竞争激烈的市场中占有一席之地，企业若想成为行业翘楚并能不断拓展新的市场，则需要建立基于生态系统/价值网的研发管理体系，实现从狭义的以客户为中心管理模式到广义的以客户为中心管理模式的转变。狭义的以客户为中心指企业基于业务范围，在价值链最后环节，面向客户提供企业业务范围内的产品或服务这一单一价值；广义的以客户为中心指企业作为平台，将关联技术整合到同一技术体系中，在价值网中的所有环节，面向客户提供一体化的、具有综合价值的、平台范围内的产品或服务解决方案。

从企业的角度，互联网特别是移动互联网的出现，使企业和顾客之间的沟通方式和平台发生了巨大的变化，每个组织都找到了最短、最便捷的途径与顾客进行连接。组织失去了信息不对称时代的地位优势，没有组织可以百分之百地确定谁是自己的竞争对手，所有行业的边界已经被打破。行业之间的界限越来越难以界定，组织之间的竞争转化成无边界的竞争，经常出现如《三体》中所说的“我消灭你，与你无关”的情况，但无边界竞争也进一步带来了无穷大的需求以及几何级增长的市场。

从客户的角度看，生产力的提升形成了买方市场，产品种类的不断丰富让顾客开始追求“感知价值”，其需求逐渐变得个性化、多样化，其期望也变得极具流动性，跨越了不同产品和服务类别，这都迫使企业越来越重视体验，并从产品驱动的体验（User eXperience，UX）、触点驱动的体验（Customer eXperience，CX）逐渐过渡到价值引领的体验（Business eXperience，BX），让客户感受到自己真正成为企业经营的中心。

从技术的角度看，技术系统越来越复杂，社会分工越来越细，技术迭代速度越来越快，高层次技术人员的增多以及人才流动带来的创新知识的快速扩散，在技术上也越来越容易被模仿，企业依靠内部研发很难保持长久的竞争力。企业之间的竞争点已经从单一产品的功能、价格转移到产品的完美性、周边产品的丰富性以及围绕产品的价值生态系统协同创新方面。这就要求企业必须重视外部知识资源，采用开放式创新的模式。

以上变化迫使企业将创新上升为经营的核心策略，一方面将之作为企业拓展市场、获得国际竞争力的重要手段，并从模式、产品和参数三个维度进行突破；另一方面则要进一步密切与其他企业的合作关系，从合作伙伴上升为战略联盟，并进一步形成基于价值网的生态系统，解决好企业与合作伙伴在发展理念、利益诉求、协调管理等方面的冲突，并在研发合作过程中通过技术共享、联合开发、战略协同等方式来保持整个系统的稳定性及持续的发展。

在开放式创新环境下，常见的模式有拿来主义、共同研发、技术社区、平台整合等，平台整合即生态系统，是最复杂、难度最大、最具有竞争力的模式，作为核心企业，如果想构建一个良好的生态系统，需要关注以下几个方面。

（1）明确企业在生态系统中的定位并体现在企业战略中。在商业生态系统环境下，企业的角色可分为核心型、支配主宰型、坐收其利型及缝隙型，核心型企业是构建生态系统的关键。

（2）明确企业的研发战略。企业要在综合考虑自身能力、产业发展趋势、竞争对手、客户群特点等因素的情况下，制订自己的研发策略，明确企业研发的基调是独立研发、合作研发、购买还是外包，并在此基础上由业务部门制订针对具体产品和技术的研发策略。

（3）搭建好创新平台。创新平台是企业技术创新生态系统中的核心，是与生态系统中其他企业合作的桥梁，它包括技术标准、信息资源、产供销渠道等内容。其中的技术标准是创新生态系统的中枢，是不同技术、不同企业进行技术协同的基础；信息资源共享有利于提升信息的利用率；产供销渠道是创新成果转化为商品过程的关键环节。核心企业肩负着创新平台的搭建、各方关系的协调以及保证系统长期稳定发展的责任。

（4）制订好生态系统的运行规则。生态系统存在的基础是互惠共赢，核心企业作为生态系统的主导者，要通过构建生态系统中企业广为接受的文化和理念来营造良好的文化氛围、制订公平公正的游戏规则、建立有效的运作协调机制来保证创新平台的良性发展。

基于开放式创新的生态系统的构建，是企业发展过程中的一次跨越，有助于企业分散技术创新风险、快速应对客户需求、提升自己的竞争力，获得跨领域价值下的利益最大化。但企业也面临经营理念和目标转变及企业界限变大的风险，这就要求企业必须从生态系统整体考虑问题，协调好企业、合作伙伴及客户之间的管理，保证生态系统的良性发展。

总之，以产品/技术为核心的推动引擎对企业保持已有市场、开拓全新市场至关重要，发挥其作用的前提是要构建以产品/技术为核心的研发管理体系，这是一个步步为营、层层推进的过程，企业在每一个层次都要稳扎稳打，夯实基础，不要期望实现跨越式发展。

10.3 以顾客/市场为核心的牵引引擎

10.3.1 内容架构

研发管理机制中的牵引引擎，以目标客户群/目标市场为核心，是由客户需求/体验管理流程、工具、方法等内容构成的过程管理体系和由净推荐值、交付周期、一次开箱、返修率、总客户退货率、客户满意度、新品质量指标等内容构成的评价管理体系两部分内容构成的。前者以客户了解产品、购买产品、使用产品、参与产品设计等环节为基础，以客户体验研究为手段，通过在各环节与客户的互动来发现产品设计、购买、使用过程中的问题，并基于客户要求提供解决方案，通过让客户对产品生命周期过程的深度介入使客户获得参与感，从而达到提升产品/服务功能与客户需求的契合度、提升企业竞争力的目的。后者通过在传统质量指标的基础上，引入净推荐值、客户满意度、客户费力度、总客户退货率等综合指标构成的客户体验指数，实现对客户需求满足情况的客观衡量，使产品的质量呈现从企业视角转换到客户视角。

与客户需求相结合的产品/技术才有市场，实现对客户需求精准洞察的手段便是客户体验管理。客户体验管理就是战略性地管理客户对产品或企业全面体验的过程，其内容包括接收客户的反馈，将反馈内容与业务指标相关联，进行综合分析。

企业可以通过这些数据洞察目前客户体验中存在的问题，进而开展行动进行改善，最终规划可提升客户体验的战略。企业想做好客户体验管理，实现以产品为中心到以客户为中心的转变，就需要重视客户体验，设立客户体验研究管理的岗位或部门，建立和推广以客户体验为核心的文化，实现客户体验日常化管理，从多个视角审视客户体验，优化客户体验旅程，向价值引领的体验思维转型。

客户体验管理的第一步是实现产品驱动的用户体验管理，即企业基于以客户为中心的设计原则，将用户体验研究的工具、方法、内容与新产品开发流程相结合，洞察客户体验，发现客户潜在的需求，并把这些需求转化为产品的设计参数，形成预期目标，最终提供具有良好体验的产品，产品体验是客户体验管理的基石。在此基础上要不断丰富完善客户体验旅程，将客户体验上升到企业战略、品牌和商业成功层面，充分发挥大数据等工具的作用，构建价值引领的体验管理体系。

领先的体验管理流程、工具、方法、体系，有助于企业提升产品设计、生产、交付和服务的质量，改善和提升客户体验。合理的客户体验及衡量指标，对企业展开内部体验管理规划工作、及时发现体验管理工作的不足并做出改进，具有指导性的作用。因此，对于客户体验的评价，企业要转换视角，将衡量指标从新品指标、交付周期、一次开箱、返修率等企业视角的指标，转换到客户满意度、净推荐值、客户费力指数等客户视角的指标，这有助于企业客观评价客户体验管理的效果。

（1）客户满意度（Customer Satisfaction，CSAT）：即客户满意指数，它要求用户评价对特定事件/体验的满意度，主要是测量客户期望值与客户体验的匹配程度。匹配度越高，客户的满意度也就越高。计算公式为“客户满意度（CAST）=（非常满意的人数＋满意的人数）÷总样本数量×100%”。

（2）净推荐值（Net Promoter Score，NPS）：又称口碑，是一种计量某个客户向其他人推荐某个企业或服务可能性的指数。它通过测量用户的推荐意愿了解用户的忠诚度。计算公式为“净推荐值（NPS）=（推荐者数÷总样本数）×100%－（贬损者数÷总样本数）×100%”。

（3）客户费力指数（Customer Effort Score，CES）：又称客户费力度，指客户在使用产品和服务过程中的费力程度，即消费者通过企业的产品来满足需求而要付出的努力程度。客户在满足需求的过程中花费的精力越少，意味着企业提供的产品和服务越让客户省心省力，对应的客户忠诚度就越高。计算公式为“客户费力指数（CES）=反馈得分的总和÷反馈数”。

以上三种是最常用的客户体验度量指标。其中CSAT简单且扩展性强，比较适合衡量短期内的客户体验，也可帮助企业深入挖掘、定位客户不满的原因，找到优化的方向，但CAST无法准确地预测客户的未来行为，也不能作为衡量客户忠诚度的标准。CES可短期内衡量客户满足需求的难易程度，以此来发现客户对产品最真实的评价和痛点。虽然CES可以指出客户获得服务的障碍，但并不会深究为什么客户会遇到问题，或这些障碍是什么。NPS的核心思想是按照忠诚度对客户进行分类，并深入了解客户推荐或不推荐背后的原因。NPS指标易于理解和接受，并能直接与竞争对手比较，帮助企业明确业务优先次序，填补了客户满意度调查信息多而杂的不足，缺点是需要结合客户具体情况进行分析，应用相对比较复杂。此外还有客户流失率、客户保持率等指标，企业需要基于产品、业务性质，合理构建客户体验衡量指标体系。

总之，以客户/市场为核心的牵引引擎对于引导产品/技术的前进方向、实现产品/技术和市场的结合起着至关重要的作用，发挥其作用的前提是要构建基于客户旅程的客户体验管理流程体系和基于客户视角的衡量指标体系。对客户体验的洞察能够帮助企业准确把握客户需求，而客户视角的衡量指标体系能够客观评价企业是否准确实现了从客户需求到产品参数、功能的转换，二者相互配合，才能真正发挥客户/市场牵引引擎的作用。

10.3.2 推进步骤及工作内容

德鲁克认为，企业存在的理由是创造客户，在他看来，客户原本是不存在的，是企业和企业家通过对市场与客户需求的洞察做出产品和服务而创造了客户和市场。随着经济的发展和市场竞争的加剧，企业管理关注的对象逐渐从生产、产品转移到了客户，客户在企业中的地位不断提升，以客户为中心的经营理念逐渐被企业接受。客户/市场牵引引擎是帮助研发团队实现从以产品为中心到以客户为中心迁移的有效工具。

10.3.2.1 牵引引擎的过程管理体系

一个完善的客户/市场管理体系中，过程体系的构建可分三个层次推进。

第一层次：产品驱动的客户体验管理体系，即将客户体验研究的工具、方法、内容与新产品开发流程相结合，通过对客户使用场景的研究来洞察客户需求，并用于指导新产品的开发工作，从而实现产品和服务功能的创新。

第二层次：触点驱动的客户体验管理体系，即围绕产品和服务，优化客户接触点，力求在所有接触点为客户创造积极和一致的体验。企业通过衡量指标对客户旅程或特定接触点体验设计的有效性进行评估，用于指导客户体验的改进，以期创造出新型的产品和服务。

第三层次：价值引领的体验，要求企业对客户体验的关注超越产品和服务，关注企业的产品和服务给客户带来的价值，帮助客户获得对他们而言最为重要的成果。

1. 产品驱动的客户体验管理（UX）

该层次的客户体验管理，强调客户优先的设计模式，聚焦能够通过界面与客户产生交互的产品、系统和内容，关注产品在特定环境中为特定客户使用时所具有的有效性、效率和客户主观满意度。在该阶段，企业要基于UCD（User-Centered Design）原则，将客户体验管理与新产品开发流程相结合，明确客户体验设计的参与部门及其在开发过程中各阶段的工作内容，确定客户体验相关的要素及各要素的影响因素，制订客户体验设计检查表，确保新产品中软硬件设计客户体验的不断提升。如图10-2所示。

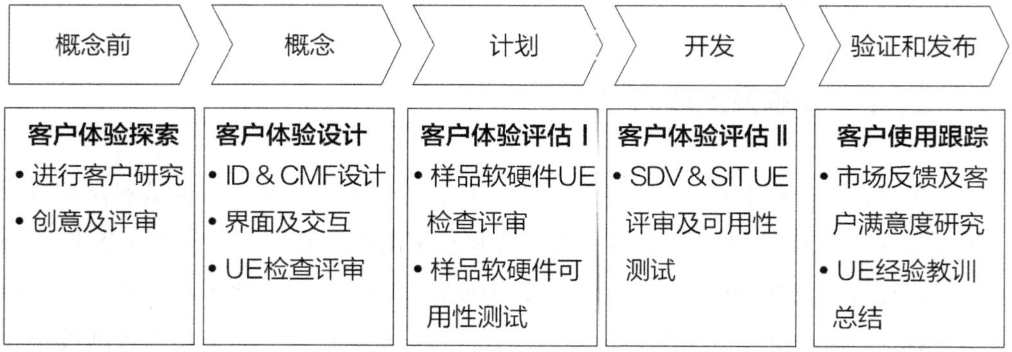

图10-2　客户体验设计流程示例

2. 触点驱动的客户体验管理（CX）

关注客户从首次接触品牌直至下单，并享受产品或服务期间与品牌互动的全过程，让客户体验良好的产品设计、便捷的购买渠道、极具吸引力的店面、服务周到的店员、简洁易用的程序和网站、及时体贴的售后服务、目标准确的智能信息推送等，抓住与用户接触的每个“关键时刻”，从而影响客户的决策，促进用户的购买行动。CX将客户体验从用户使用场景拓展到了营销和服务触点，通过客户旅程地图，全面洞察客户需求，发现与客户交流互动中不够理想的服务环节，找出这些环节背后产品设计或服务流程中存在的问题并进行改进，从而提供给客户统一流程的全旅程体验。图10-3所示为某品牌笔记本电脑客户体验旅程设计示例。

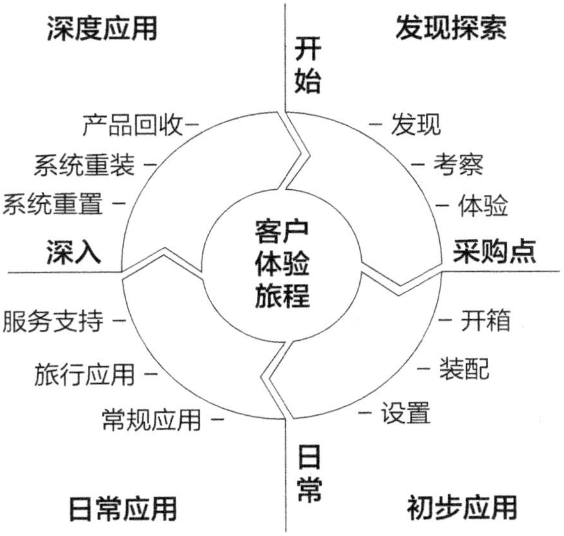

图10-3　某品牌笔记本电脑客户体验旅程设计示例

3. 价值引领的客户体验管理（BX）

埃森哲认为，出色的体验并非由产品与服务所决定，而是在于企业如何帮助客户获得对他们而言最为重要的价值，并将这种新体验模式称为“价值引领的体验”。打造价值引领的体验，需要企业所有高层注重客户体验，让体验的理念渗透到企业运营的方方面面。要求企业把客户需求至上作为企业的行动指南，想方设法挖掘客户未被满足的各种需求；让体验创新成为日常习惯，从而推动企业行为方式的变革；全面推广体验文化，使企业所有人员能够在提供最佳客户体验目标引导下密切联系、相互协作；注重技术、数据和人才的同步升级，重新配置数据、技术和人才，将其重新投向新的绩效和增长机遇当中，以提高敏捷性，不断释放效能。对于研发团队，则要重视与大数据相结合的洞察/设计研究，以发现用户驱动的机遇。

总之，从UX、CX到BX，是一个客户体验之旅不断细化、丰富、完善的过程，是一个关注重心从产品到客户转移的过程，是客户体验从技术层面上升到企业战略层面的过程，是客户体验管理从被动到主动的过程。在这些过程中，通过对客户体验的洞察，全面深入挖掘客户在功能、互动、服务、业务等层面未获满足的需求，企业可实现功能、服务、商业等不同程度的创新。研发团队则需要更多关注与功能、服务相关的未获满足的需求，用于引导企业在产品、技术方面的创新。

10.3.2.2 牵引引擎的评价管理体系

一个完善的客户/市场管理体系中，评价体系的构建可分两个层次推进。

第一层次：企业视角的评价体系，包括产品内在质量指标、开发过程工作质量指标、生产过程工作质量指标等内容。产品内在质量指标是产品适合一定用途、满足一定需要的特性，反映其使用效能的大小，它取决于产品的内在质量与外观质量。开发过程、生产过程质量指标反映的则是工作质量的好坏和管理水平的高低。

第二层次：客户视角的评价体系，是企业客户体验管理能力的重要组成部分，是从不同维度对客户体验的好坏进行数字化衡量，主要用以查明客户体验存在的问题并加以改善。常用的体验指标有客户满意度、净推荐值和客户费力度三个指标，有些企业还会采用顾客保持率、顾客总退货率、客户生命周期价值等评价指标。

1. 企业视角的评价体系

企业视角的评价体系中指标的高低和客户满意度有一定的相关性，一般是基于企业和行业的水平制订，用于评价企业经营管理的有效性。该评价体系的构建，一方面需要确定采用哪些指标进行评价，另一方面还需要建立相应数据收集的渠道，最后还需要有团队采用相应的工具方法对相关数据分析，给出结论，用于指导研发与生产管理工作的改进提升，这样才能发挥该评价体系的真正作用。该体系是对企业自身能力的评价准则，是生产导向的客观指标体系，用于确认企业是否具有达成设定的产品、服务性能指标的能力，这是企业提供良好客户体验的基础。

> 企业视角的评价体系是随着企业的发展而不断发展的。比如评价体系中的质量指标，联想在最开始采用的是业内常用的质量指标，包括整机直通率（FPY）、出货检验合格率（OOB）、到货即损率（DOA）、售后返修率（RA）等，但随着企业在质量管理方面能力的提升，原有的指标已不能满足管理精细化的要求，于是又逐步引入了一些具有企业特色的指标。

及时保证质量：用于总体评价新产品开发及生产导入期间的质量水平。

WMDC：用于衡量传统质量指标未涵盖的物料缺失（Miss）、物料错误（Wrong）、物料有缺陷（Defect）、外观问题（Cosmetic）等质量问题。

批量问题：用于评估涉及产品数量较大的质量问题。

关键质量问题解决周期：用于衡量重大质量问题的响应速度。

2. 客户视角的评价体系

构建客户视角的评价体系是为了对客户体验这一主观感受进行管理而确定的测量或评价用户体验的方法、数据体系，客户视角的评价体系又可称为用户体验度量模型。企业不同，业务特点就会不同，所需要的度量模型也会不同，比如有适用于传统网站的PULSE模型、谷歌的HEART模型和GSM模型以及阿里的五度模型。建立评价体系的目的是对产品或服务进行改进，因此评价体系中除了包括客户体验主观指标外，还要有对产品或服务进行描述的客观指标，以便企业能够从不同维度对产品或服务体验进行评价。评价体系中的客观指标要选择顾客认为重要的指标，涉及的领域要在企业能力控制范围之内，指标必须可以进行统计、计算和分析，可以和竞争对手进行比较。客户视角的评价体系（度量模型）的构建一般可分为以下几个步骤。

（1）聚焦体验的问题，在业务链路或客户旅程地图中找出最能提升客户体验的关键问题，并把这些问题进行可度量转化。也就是明确客户体验需要由哪几个指标维度构成，企业的业务类型、业务阶段、业务规模、资源情况不同，评价指标体系也就不同。

（2）进行数据采集和度量模型的优化，通过不同的渠道进行相关数据的收集，并通过对用户体验场景的深入研究，优化度量模型中的指标。

（3）基于分析诊断结果优化客户体验相关设计，即对收集的数据按照一定的规则进行分析，发现具体的体验问题，给出改进方向。

为了满足技术创新和提升客户体验，联想在对业务特点深入分析的基础上，探索出了独具特色的客户体验指标。联想以各大电商、社交论坛等的用户评论为数据源，运用大数据挖掘、机器学习和语义分析技术，将片段化的互联网用户评论转化成统计学层面的用户满意度，直观体现用户需求被满足的程度，得到客观的用户体验评价，从而发现设计中存在的问题，为产品的改进指明方向。该指标被命名为产品满意度指数（Product Satisfaction Index，PSI），计算公式为“PSI=10×（正面评论数－负面评论数）÷（正面评论数＋负面评论数）”

在联想及其合作伙伴中多年的应用表明，PSI指数与NPS、CES等客户体验指标及DOA、RA等质量指标具有很好的一致性，能够有效帮助企业实现客户体验管理水平的不断提升。

总之，以顾客/市场为核心的牵引引擎可以被看作技术/产品开发的导向引擎，起到引领方向、防止误入歧途的作用。为了充分发挥该引擎的作用，企业要结合业务特点，不断丰富完善客户体验旅程，构建适合企业特点的度量模型，并充分发挥互联网、大数据等工具的作用，为技术创新和产品开发指明方向，提升产品或服务的客户体验水平，从而达成提升企业竞争力的终极目标。

10.4 复盘

10.4.1 复盘的概念

“复盘”是围棋的一个术语，指对局完毕，反复推演该盘棋的过程，以检查对局中招法的优劣与得失关键。通过复盘，分析经历过的情况，当类似情况再出现时，往往就能够知道自己应如何应对。

柳传志将复盘理念用于企业管理，使其成为一个实现组织知识积累、团队能力提升普适性的方法，并在应用中获得了广泛的认可。复盘可以在不同层面应用，对公司战略的不断复盘，可让企业目标清晰，不动摇；对具体策略的不断复盘，可让企业认识更客观，路线更务实；对单个项目的不断复盘，可让企业积累经验，能力不断提高。

联想将“复盘”分为四个步骤，并使用四象限图来呈现，各个步骤的内容如图10-4所示。

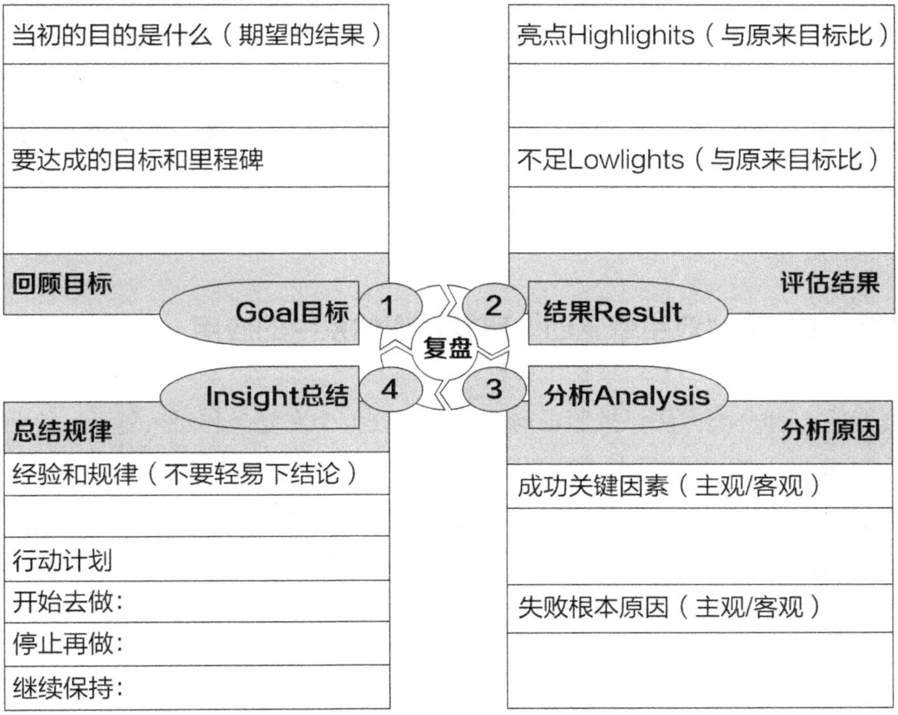

图10-4　复盘四象限图

第一步，回顾目标，就是针对准备复盘的事件，确认最初的目的和目标是什么，以及相对应的目标分解和里程碑是什么。回顾目标是一个溯源的过程，就是抛开现状中诸多影响因素回到事件的源头，去确定当时为什么要做这件事，期望达成的结果是什么。

第二步，评估结果，就是把最终的结果和最初设定的目标进行比较，明确哪些地方做得好，哪些地方做得不好，哪些计划的内容没有做，哪些计划外的工作得到了实施，目的是找出成功点、问题点，为下一步的总结分析提供方向。

第三步，分析原因，就是针对工作中的亮点和不足，逐一分析影响因素，寻找根因，确定哪些是客观因素、哪些是主观因素，各因素的影响度如何，亮点的经验是什么，不足点的解决方案是什么等。这是复盘过程中工作量和难度都最大的一个环节，也往往是问题最多的环节。

第四步，总结规律，就是从分析得到的经验教训中总结出具有代表性、普适性的内容并呈现出来，以便在团队内部或与相关团队分享。总结出来的内容要找到载体或负责人以便传承。

复盘就是做完了事情后，再从头过一遍，在复盘的过程中不断检验和校正目标，分析得失，找原因、找方案，提升认知并总结规律，成功的经验要得到保持和重复应用，出现的错误要避免再犯，从而实现打造学习型组织，不断提升团队能力的目的。

10.4.2 复盘在“双引擎驱动”研发管理体系中的应用

复盘有多种分类方法，按照参与人数，可分为个人复盘和团队复盘；按照影响范围，可分为活动/事件复盘、项目复盘、业务复盘和战略复盘；按时间跨度可分为即时复盘、阶段复盘和系统复盘；按业务单元，可分为质量复盘、市场复盘、研发复盘、生产复盘、供应复盘和售后复盘等。因此复盘具有广泛的适用性，既可以对业务得失进行系统分析，也可以聚焦具体项目进行经验教训总结，还可以针对某一问题来推动改善。

在“双引擎驱动”研发管理体系中，复盘的应用可分为三个层次。

战略复盘，从宏观角度对研发策略、研发模式、产品路线、技术路线、研发流程等内容进行复盘；项目复盘，在一个新产品开发项目结束后，对项目过程进行总体回顾及经验教训总结；事件复盘，在与研发相关的重大问题、重大事件处理完成后，对过程进行总体回顾及经验教训总结。

1. 战略复盘

一般每年进行一次，作为业务部门年度战略规划流程中的一个重要环节。在业务部门年度规划工作启动后，第一步就是要对过去近一年的工作进行复盘，以便为下一年度的规划提供参考和输入，而研发战略是其中的重要组成部分。业务部门的管理层和骨干员工都需要出席复盘会议，回顾上个年度的计划及目标达成情况，对计划执行过程进行分组研讨，总结过程中的经验教训，并以此指导下个年度的战略制订。

2008年，由于收购IBM PC业务后对消费业务重视不够，联想消费台式机业务发展低迷，高端产品在一线城市占有率下滑严重。通过复盘，总结的原因为产品创新度不够、研发效率较低，为此，该业务单元制订了如下的发展策略。

其一，加大创新力度，完善产品组合，对新技术和全新产品形态进行研究开发。

其二，积极推行ODM开发模式，以充分利用供应商资源。

其三，优化开发流程，缩短开发周期。

基于以上策略，消费台式机业务后续的全新产品研发项目周期普遍缩短了2个月以上，并陆续推出了1升的小机箱产品和系列一体机产品，大大提升了竞争力。

2. 项目复盘

项目复盘在联想内部被称作经验教训总结（Lesson Learn，LL），是每个项目结束前的最后一项工作，其结果往往会触发流程/知识的更新、供应商绩效的改进、现有产品的升级等动作。在项目结束前，项目经理会召集项目组成员进行项目总结，并启动LL工作，该工作包括三个步骤。

（1）LL启动，介绍项目背景，回顾项目目标达成情况，介绍项目中出现的问题、问题解决的过程、问题的影响，正式启动项目LL。

（2）问题分析，找出问题背后的流程或技术原因，并基于分析，给出防止该类问题再次发生的行动计划。

（3）措施落实，将LL制订的行动计划和改进举措落实到流程、规范、工艺、设计等方面，整理汇总材料并进行汇报，文件归档，正式结项。

3. 事件复盘

事件复盘是针对工作中的重大问题、重大事件进行的及时复盘。在日常工作中，经常有影响较大的问题、事件发生，在这些问题、事件得到妥善处理后，负责人需要及时召集相关人员进行复盘，寻找问题、事件发生的根本原因，给出改进举措，制订改进计划，并将改进举措落实到流程、规范、工艺、设计等方面，以避免类似的问题、事件在以后的工作中再次发生。

2009年8月，联想质量团队陆续接到客服中心、售后维修中心多起投诉，客户反馈自己购买的A600一体机遇到阴雨天气屏幕上就会有水雾，根本看不清楚，机器无法正常使用。A600是联想消费台式电脑事业部在2009年3月推出的一款无边屏设计的高端一体机产品，不及时解决该问题，企业将面临更多的客户投诉，甚至会造成客户退货。

针对该问题，产品质量工程师牵头，成立了由系统设计师、结构设计师、可靠性工程师、测试工程师等人员参与的问题处理小组，经过多次分析和试验验证，最终通过调整结构设计解决了问题。

在复盘过程中发现，该问题的发生和无边屏设计及低温高湿环境密切相关，因此团队在调整了A600的结构设计后对无边屏的设计规范进行了升级完善，对采用无边屏设计的所有项目进行检查，执行新的设计规范，并将该项内容列入了设计检查表，以避免该类问题再次发生。

总之，复盘有助于发现战略、项目和日常工作中在研发方面存在的问题，推动企业及时调整研发的方向、流程、规范、工艺，使研发能够兼顾市场驱动和驱动市场两个方面。

参考资料

[1]“中国企业成功之道”联想案例研究组. 联想成功之道[M]. 北京：机械工业出版社，2012，5.

[2]默尔·克劳福德，安东尼·迪·贝尼迪托. 新产品管理[M]. 11版. 刘立，王海军，译. 北京：电子工业出版社，2018，1.

[3]Edward B. Magrab，等. Integrated Product and Process Design and Development [M]. CRC Press Taylor & Francis Group，1997，7.

[4]Klaus Pohl. 需求工程：基础、原理和技术[M]. 彭鑫，等译. 北京：机械工业出版社，2012，7.

[5]S Vajna，etc. 集成产品开发[J]. 陆新，译. 工业工程与管理，1999（3）：40-46.

[6]V Paashuis. The Organization of Integrated Product Development [J]. Springer， 1998，1.

[7]彼得·德鲁克. 管理的实践[M]. 齐若兰，译. 北京：机械工业出版社，2009，9.

[8]曹虎，王赛. 什么是营销[M]. 北京：机械工业出版社，2020，9.

[9]陈春花，赵海然. 共生：未来企业组织进化路径[M]. 北京：中信出版集团股份有限公司，2018，9.

[10]陈建勋，于姝. 消费者、顾客与客户的区分及其营销意义[J]. 兰州学刊，2007（11）：61-62.

[11]陈强，等. 企业产品研发管理：发展趋势、模式比较及启示[J]. 科技进步与决策，2016，33（18）：86-91.

[12]陈中. 复盘：对过去的事情做思维演练[M]. 北京：机械工业出版社，2013，8.

[13]代凯军. 管理案例博士点评：中外企业管理案例比较分析[M]. 北京：中华工商联合出版社，2000，7.

[14]翟丽. 技术与市场的集成——集成产品开发的核心[J]. 研究与发展管理，9（5）：7-10.

[15]樊春良. 19世纪德国合成染料工业的兴起——以科学为基础的产业发展之示例[J]. 自然辩证法通讯，1997（2）：54-63.

[16]樊尚·迪克雷. 华为传[M]. 张绚，译. 北京：民主与建设出版社，2020，5.

[17]菲利普·A. 劳塞尔，等. 第三代研发[M]. 赵凤山，译. 北京：机械工业出版社，2004，1.

[18]菲利普·科特勒，加里·阿姆斯特朗. 市场营销：原理及实践[M]. 16版. 楼尊，译. 北京：

中国人民大学出版社，2015，8.

[19] 菲利普·科特勒，等. 市场营销原理（亚洲版）[M]. 2版. 何志毅，等译. 北京：机械工业出版社，2010，8.

[20] 付瑶. 价值竞争：以客户为中心的销售转型 [M]. 北京：机械工业出版社，2017，7.

[21] 郭士纳. 谁说大象不能跳舞 [M]. 北京：中信出版社，2010，1.

[22] 华牧. 创华为：任正非传 [M]. 北京：华文出版社，2016，9.

[23] 杰伊·R. 加尔布雷斯. 如何驾驭矩阵组织：像IBM与宝洁那样运作 [M]. 张浩林，译. 北京：清华大学出版社，2011，1.

[24] 黎万强. 参与感：小米口碑营销内部手册 [M]. 北京：中心出版集团有限公司，2014，8.

[25] 李海东，林志扬. 组织结构变革中的路径依赖与路径创造机制研究 [J]. 管理学报，2012，9（8）：1135-1146.

[26] 李建立. 联想再造 [M]. 北京：中国发展出版社，2004，3.

[27] 李连利. IBM百年评传——大象的华尔兹 [M]. 武汉：华中科技大学出版社，2011，9.

[28] 连翠芬. 浅议市场驱动型营销与驱动市场型营销——企业营销理念的变迁 [J]. 科技情报开发与经济，2006，16（23）：149-150.

[29] 凌志军. 联想风云 [M]. 北京：中信出版社，2005，1.

[30] 罗伯特·卡普兰，等. 平衡计分卡——化战略为行动. 刘俊勇，等译. 广州：广东经济出版社，2004，6.

[31] 罗勃特·G. 库珀. 新产品开发流程管理：以市场为驱动 [M]. 4版. 青铜器软件公司，译. 北京：电子工业出版社，2013，3.

[32] 吕守升. 战略解码：跨越战略与执行的鸿沟 [M]. 北京：机械工业出版社，2021，2.

[33] 马勇. 产品创新的市场拉动与技术驱动战略 [J]. 商业时代，2007（4）：27-28.

[34] 迈克尔·E. 麦格拉思. 培思的力量：产品及周期优化法在产品开发中的应用 [M]. 徐智群，等译. 上海：上海科学技术出版社，2004，5.

[35] 迈克尔·E. 麦格拉思. 下一代产品开发：如何提高研发生产率、降低成本和缩短开发周期 [M]. 朱战备，等译. 北京：清华大学出版社，2005，3.

[36] 妮可·拉齐维尔，等. 质量4.0：未来质量的起点 [J]. 北千里，编译. 上海质量，2018（4）：25-27.

[37] 邱昭良. 复盘+：把经验转化为能力［M］. 北京：机械工业出版社，2018，8.
[38] 石川馨. 质量管理入门［M］. 3版. 刘灯宝，译. 北京：机械工业出版社，2016，7.
[39] 苏杰. 人人都是产品经理2.0——写给泛产品经理［M］. 北京：电子工业出版社，2015，5.
[40] 孙冰，周大铭. 基于核心企业视角的企业技术创新生态系统构建［J］. 商业与经济管理，2011（11）：36-42.
[41] 王凤彬，刘松博. 联想集团“波形”轨迹下的组织演变［J］. 中国工业经济，2012（3）：121-132.
[42] 王海瑶，等. 企业新产品研发项目的质量策划［J］. 莆田学院学报，2018，25（3）：50-53.
[43] 王会文，索胜军，等. ODM模式下一体式台式电脑质量管理体系的搭建与实施［J］. 中国质量，2015（9）：87-89.
[44] 王会文，索胜军，等. 双引擎驱动质量管理模式，助力联想由中国制造走向中国创造［J］. 中国质量万里行，2015（12）：66-68.
[45] 威廉·L. 米勒，等. 第四代研发：管理知识、技术与革新［M］. 关山松，等译. 北京：中国人民大学出版社，2005，7.
[46] 许胜江. 核心产品及其开发与评价［J］. 系统工程，24（3）：122-126.
[47] 许玉林. 组织设计与管理［M］. 2版. 上海：复旦大学出版社，2010，2.
[48] 许正. 与大象共舞——向IBM学转型［M］. 北京：机械工业出版社，2013，4.
[49] 薛求知，等. 西方企业R&D的演进及其启示［J］. 研究与发展管理，16（3）：28-33.
[50] 杨少杰. 进化：组织形态管理［M］. 北京：中国发展出版社，2014，9.
[51] 于晓霖，陈仕华. 质量管理［M］. 上海：上海交通大学出版社，2011，1.
[52] 詹姆斯·埃文斯，等. 质量管理与卓越绩效［M］. 岳盼想，等译. 北京：中国人民大学出版社，2016，1.
[53] 张凤荣. 质量管理与控制［M］. 北京：机械工业出版社，2011，6.
[54] 张利华. 华为研发［M］. 3版. 北京：机械工业出版社，2017，9.
[55] 张涛. 柳问：柳传志的管理三要素［M］. 杭州：浙江人民出版社，2015，1.
[56] 张小平. 再联想：联想国际化十年［M］. 北京：机械工业出版社，2011，12.
[57] 朱兰，戈弗雷. 朱兰质量手册［M］. 5版. 焦叔斌，等译. 北京：中国人民大学出版社，2003.

常用术语表

缩写	英文描述	中文描述	备注
AVL	Approved Vendor List	选定供应商列表	
BB	Building Block	构建模块	
BBFV	Building Block Functional Verification	构建模块功能验证	
BOM	Bill of Material	物料清单	
BX	Business eXperience	价值引领的体验（商业体验）	
CAST	Customer Satisfaction	客户满意度	
CDR	Concept Design Review	概念设计评审	
CES	Customer Effort Score	客户费力度	
CX	Customer eXperience	触点驱动的体验（客户体验）	
DCP	Decision Check Point	决策检查点	
DCR	Design Change Request	设计变更请求	
DFX	Design for X	面向X（成本、质量、生产、测试、服务……）的设计	
DOA	Dead on Arrival	到货即损	
DSRR	Data & System Readiness Review	数据和系统准备评审	
ECM	Engineering Change Management	工程变更管理	
EOM	End of Marketing	停止营销	
EOS	End of Service	停止服务	
EPR	Execution Plan Review	执行计划评审	
FAI	First Article Inspection	首件检查	
GA	General Availability	全面供应	
IOD	Integrated Offering Delivery	集成方案交付	同IPD
IPD	Integrated Product Development	集成产品开发	
IPMT	Integrated Portfolio Management Team	集成组合管理团队	
LL	Lesson Learn	经验教训总结	
MDRR	Manufacturing and Development Readiness Review	制造和开发准备评审	
MM	Market Management	市场管理	
MRD	Marketing Requirements Document	市场需求文档	
MRR	Manufacturing Readiness Review	制造准备评审	
MSRR	Marketing & Sales Readiness Review	营销及销售准备检查	
MVP	Master Validation Plan	主测试计划	
MWDC	Missing, Wrong, Damage, Cosmetic	丢失，错误，损坏，外观	
NPD	New Product Development	新产品开发	

续表

缩写	英文描述	中文描述	备注
NPI	New Product Introduction	新产品导入	
NPIS	New Product Introduction Status	新产品导入状态会议	
NPS	Net Promoter Score	净推荐值	
ODM	Original Design Manufacturer	原始设计制造商	
ODT	Offering Delivery Team	方案交付团队	同PDT
OEM	Original Equipment Manufacturer	原始设备制造商	
OOB	Out of Box	开箱检查	
OPP	Offering Portfolio Planning	产品组合规划	
PACE	Product and Cycle-time Excellence	产品及周期优化法	
PDT	Product Development Team	产品开发团队	
PCR	Plan Change Request	计划变更请求	
PCT	Product Core Team	产品开发核心团队	
PIDT	Portfolio Investment Decision Team	组合投资决策团队	同IPMT
PLM	Product Lifecycle Management	产品生命周期管理	
PLMC	Product Lifecycle Management Committee	产品生命周期管理委员会	
QBR	Quarterly Business Review	季度业务交流	
QTR	Quarterly Technology Review	季度技术交流	
RA	Repair Action	售后返修率	
RFQ	Request for Quotation	报价请求	
SCAR	Supply Chain Assessment Review	供应链评估检查	
SCRR	Supply Chain Readiness Review	供应链准备评审	
SDR	System Design Review	系统设计评审	
SDV	Systems Design Verification	系统设计验证	
SIT	System Integration Test	系统集成测试	
SOVP	Start of Volume Production	开始量产	
SPC	Statistical Process Control	统计过程控制	
SRR	Software Readiness Review	软件准备检查	
SS	Ship Support	发货支持	
SVT	System Verification Test	系统验证测试	
TDT	Technology Development Team	技术开发团队	
TMT	Technology Management Team	技术管理团队	
TPM	Technical Project Manager	技术项目经理	
TQM	Total Quality Management	全面质量管理	
TTM	Time to Market	按时上市	
TTQ	Time to Quality	按时上质	